KB054043

나를 채우는 인문학

백 권의 책을 담은 한 권의 책_ 인문편

문득 내 삶에서 나를 찾고 싶어질 때

나를 채우는 인문학

초판 1쇄 발행 2019년 2월 14일
초판 10쇄 발행 2021년 9월 15일

지은이	최진기
펴낸곳	이지퍼블리싱

기획/책임편집	서진
편집진행	이현진
진행	김수아 최민지

마케팅 총괄	김정현
마케팅	이민우
영업	이동진
SNS	이태희

디자인	강희연

주소	경기도 파주시 광인사길 209, 202호
대표번호	031.946.0423
팩스	070.7589-0721
전자우편	edit@izipub.co.kr
출판신고	2018년 4월 23일 제 2018-000094 호

ISBN 979-11-963764-9-9 03100

문득 내 삶에서 나를 찾고 싶어질 때

나를 채우는 인문학

최진기 지음

izi 이지퍼블리싱

조금만 먹어도 속이 불편하고 소화가 안 되는 증세가 한 달 넘게 지속
돼서 의사 선생님을 찾아갔습니다. 의사는 환자인 저를 진찰하고 병명을
진단해 약을 처방해줄 겁니다. 어떤 의사도 "시간이 약입니다"라거나 "저
도 젊었을 때 가끔 그랬습니다. 아픈 거 좀 참아보세요"라고 하지 않습니
다. 상투적인 말이지만 당분간 술 담배를 피하고 푹 쉬는 게 좋다고 말을
해줄 겁니다. 그것이 당연한 것이지요.

그러나 마음의 병은 참 다른 것 같습니다. 세상을 살면서 상처를 받았
을 때 누군가를 찾아 상담을 하면 시간이 약이라거나 젊었을 때는 다 그렇
다거나 심지어 뭐 그것도 참지 못하냐며 핀잔을 주기도 합니다.

육체적 상처나 마음의 상처는 본질적으로 다를 것이 없습니다만 그것
을 대하는 사람들의 태도는 이렇게나 차이가 납니다. 우리는 육체의 상처
에 대해서는 꽤나 과학적으로 접근을 하지만 마음의 상처는 매우 소극적
으로 접근합니다. 그런데 그렇게 해서는 상처를 치유할 수도 없을 뿐 아니
라 때론 상처를 더 악화시키기까지 합니다.

위염을 진단받은 뒤 낫게 하려면 위의 소화기능과 염증 발생 원인을
알아야 하듯 삶에서 받은 마음의 상처를 치료하기 위해서는 삶에 대한 정

확한 이해가 우선돼야 합니다. 마찬가지로 직장생활에서 상처받았다면 직장이란 무엇인지 사회생활에서 상처를 받았다면 사회가 무엇인지, 더 나아가 상처를 받는 마음이란 무엇인지를 알아야 합니다. 그리고 사랑 때문에 상처를 받았다면 사랑이 무엇인지 알아야 하는 것이죠. 사랑에 대한 막연하고 추상적인 해법이 아니라 인간이 향유하는 사랑의 본질에 대한 이해가 필요합니다.

그래서 이 책의 첫 번째 큰 주제를 상처로 정해보았습니다. 우리가 살아가면서 받게 되는 상처에 대해 공감하고 이해하는 데 도와줄 수 있는 책들을 소개해보려 합니다. 1장에서는 직장생활에서 상처받은 사람들을 위한 책을 소개합니다. 2장에서는 상처를 받는 주체인 마음에 대해 살펴보겠습니다. 그리고 4장에서는 사랑에 상처받은 사람들을 위한 책을, 6장에서는 사회생활에서 상처받은 사람들을 위한 인문학 책들을 다루고자 합니다.

정말 좋은 의사는 환자를 잘 치료해주는 의사기도 하지만 병의 발생 원인까지 찾아주는 의사일 겁니다. 처방만 해주는 의사가 아니라 왜 병이 났는지를 문진(問診)하는 의사 말입니다.

"잠은 하루에 몇 시간이나 주무세요?" "근무시간은 하루에 몇 시간인가요?" "하시는 일은 무엇인지요?" "무엇을 즐겨 드시나요?" 같은 질문을 던지는 의사 말입니다. 그 의사는 아마 속으로 이렇게 생각하고 그런 질문들을 던지고 있을 겁니다. '위염을 치료하는 것도 중요하지만 더 중요한 것은 이 환자에게 위염을 가져온 근본 원인을 알아내는 것이지. 그렇지 않으면 이 환자는 또다시 위염을 앓게 될 게 뻔하니까'라는 생각을 품고서 말이죠. 그런 의사가 우리가 찾고 있는 훌륭한 의사가 아니겠습니까? 마찬가지로 우리의 마음의 상처를 진정으로 치료하기 위해서는 본질적인 이유를 찾는 일이 중요합니다.

　그렇다면 사람과 사회에 상처를 받은 우리는 어떻게 해야 상처를 치유할 수 있을까요? 떠나간 애인을 강제로 붙잡아올까요? 사표를 쓰고 멋지게 회사를 때려치울까요? 아마도 여러분 모두 그것이 답이 아니라는 걸 아실 겁니다. 육체의 상처가 아물고 재발하지 않기 위해서 충분한 휴식이 필요하듯 마음의 상처가 아물고 재발하지 않기 위해서는 노동과 사랑의 현장에서 잠시 벗어나는 것이 당연한 이치일 겁니다.

　예전에 주술사들이 의사 역할을 대신할 수 있었던 가장 큰 이유는 아편을 사용했기 때문입니다. 하지만 아편은 증상에 따른 고통을 잠시 잊게 해줄 뿐 본질적으로 병을 치료해주지 못하며 오히려 병을 악화시킬 수 있습니다. 자칫 아편 중독을 가져올 수도 있고요.

　마음도 그렇습니다. 마음에 잘못된 방법을 위안으로 삼으면 아편과 같은 부작용이 일어날 수 있습니다. 노동 강도가 강해지면 퇴근 후 알코올 도수가 높아지고 음주량이 많아집니다. 당장은 힘들었던 노동의 피로가 눈 녹듯 사라지지만 점점 출근이 힘들어지고 알코올 의존증이나 중독자가 되는 것도 마찬가지일 겁니다.

　또한 과중한 감정노동에 시달리는 분들이 다른 감정 노동자에게 또 다른 감정노동을 강요함으로 위안을 찾는 경우처럼 말입니다. 갑에게 당한 을이 열심히 또 다른 을을 찾아 갑질을 함으로써 자신이 받은 상처를 해소하려는 것이지요. 하지만 그러한 위안은 또 다른 문제의 씨앗에 불과합니다. 내가 맞았다고 다른 사람을, 그것도 제삼자를 때린다고 문제가 해결되겠습니까? 개인적으로도 올바른 해결책이 아닐뿐더러 사회적으로도 갑을 관계의 보편화를 부추길 뿐입니다.

그래서 이 책의 두 번째 큰 주제는 위안으로 잡아보았습니다. 잠시 사회생활과 직장생활 그리고 사랑의 격전장에서 벗어나 마음에 위로가 될 수 있는 주제를 다룬 책들을 소개하겠습니다.

사실 마음의 상처는 이전까지 알아온 사람들과의 관계 사이에서 발생합니다. 그래서 사람과의 관계를 떠나 잠시나마 여러분의 마음에 진정한 위안을 줄 책들을 찾아보았습니다. 모르핀처럼 모든 것을 잊게 만드는 것은 아니지만 여러분의 마음의 상처에 위안을 줄 수 있는 그런 약과 같은 책을 말입니다. 3장에서는 상처의 해결을 본질로 하는 예술의 영역 중 하나인 미술에 대한 책을 소개하고, 5장과 7장에서는 우리 삶에 위안이 될 수 있는 여행과 음식을 주제로 한 책을 소개합니다.

만약 이 책들을 통해 마음에 위안을 얻으셨다면 이제 힘을 내어 앞으로의 삶을 걸어가시기 바랍니다. 그러기 위해서는 미래에 대한 희망을 만들어나가야 합니다. 그래서 이 책이 담고 있는 세 번째 큰 주제를 희망으로 잡아보았습니다. 8장에서 희망을 달성하는 데 꼭 필요한 자원이 되는 교육에 대한 책을 소개합니다. 또한 과거를 모르면 미래를 희망할 수는 없는 법, 9장에서는 역사가 담긴 책을 보겠습니다. 그리고 마지막으로는 그러한 희망을 가지고 삶을 살았던 인물들에 대한 책을 다루겠습니다.

아마 이 책은 솔직히 여러분을 위한 책이 아니라 저를 위한 책이 될 것 같습니다. 저 역시 여러분처럼 너무나 많은 마음의 상처를 받고 살아왔습니다. 젊은 시절 순간의 실수로 인해 10년 가까운 시간 동안 신용불량자로 살았고요. 좀 유명해진 다음에는 일부 언론에 의해서 좌빨, 도박꾼이라는 누명을 쓰기도 했습니다. 또 어떤 정부로부터는 억울하게도 탈세범 취급을 받기도 하고 전문가라는 분들로부터는 학생과 대중을 상대로 얕은 지식을 팔아먹는 장사치라는 모멸적인 비난을 받으며 마음에 커다란 상처를 입었습니다.

이 책을 쓰고 있는 동안에는 진보를 자처하는 유명 사회자의 조소 거리가 되었습니다. 지금도 저를 조롱하는 댓글을 읽으면 저 역시 평범한 인간이기에 분노하고 잠을 이루지 못합니다. 이러한 마음의 상처는 쉽게 잊히지 않습니다. 그러나, 그러나, 그러나 그 힘든 삶 속에서도 그나마 저 역시 제 삶을 붙잡고 다시 한번, 다시 한번, 다시 한번을 외칠 수 있었던 이유도 바로 이런 책들 덕분 아니었나 싶습니다. 삶에 진정한 벗이 될 수 있는 위로의 인문 도서들이 여러분의 책장에도 자리 잡길 바랍니다.

"아무리 생각해도 책은 유튜브보다 소중합니다."

2019년 2월
최진기

I took it is a gift you can open again and again

서문 • 5

백 권의 책이 담긴 한 권의 책 시리즈 | 인문편 도서 목록 | • 16

|1장|
직장생활에서 상처받은
당신에게 악수를 청합니다

꽉 막힌 근면 사회를 속 시원히 만드는 게으름의 가치 • 23
게으를 수 있는 권리 / 폴 리파르그

직장인의 워라밸할 수 있는 권리 • 34
하우투 워라밸 / 안성민

우리 시대의 값진 감정들 • 48
감정노동 / 앨리 러셀 혹실드

제자리걸음은 멈춤의 의미가 아닙니다 • 59
4차 산업혁명이 막막한 당신에게 / 박재용

| 2장 |

마음이 궁금하다면
멀리 그리고 더 가까이 보라

꿈속을 걷는 감정, 꼭꼭 숨어버린 이성 · 87
아내를 모자로 착각한 남자 / 올리버 색스

세상이 망해도 행복은 항상 거기에 있다 · 100
행복의 기원 / 서은국

신이 사라진 시대의 마음 탐구 방법 · 115
스키너의 심리상자 열기 / 로렌 슬레이터

| 3장 |

아름다운 것들이
우리에게 선사하는 위로의 빛깔

서로 다른 두 획으로 탄생한 새로운 세상 · 151
화가 VS 화가 / 허나영

나의 마음을 닮은 그림의 말들 · 161
도쿄 미술관 예술 산책 / 명로진·이경국

한국의 아름다움에 새로이 눈을 뜨는 법 · 172
오주석의 한국의 미 특강 / 오주석

| 4장 |

사랑이 우리에게 남기고 간 것들

영원한 고전이 들려주는 마음의 예술 · 209
사랑의 기술 / 에리히 프롬

우리의 사랑은 어떻게 진화하는가 • 218
도대체, 사랑 / 곽금주

인간의 섹스는 동물의 섹스와 어떻게 다른가 • 228
인생학교: 섹스 / 알랭 드 보통

|5장|

여행으로 당신이 얻을 수 있는 작은 기적

반드시 그곳이 아니어도 되는 목적이 다른 여행 • 255
나는 더 이상 여행을 미루지 않기로 했다 / 정은길

듣기만 해도 가슴 설레는 그곳, 쿠바 • 268
쿠바 다이어리 / 권근혜

취미가 여행이 되고 여행이 글이 되는 곳 • 281
내가 찾은 료칸 / 가시와이 히사시

|6장|

사회생활에서
상처받은 사람에게 건네는 따뜻한 한 마디

소속과 비소속의 희한한 마음 경계 • 311
구별짓기 / 피에르 부르디외

세대 간 존중으로 우리가 지킬 수 있는 것들 • 326
지상 최대의 경제 사기극, 세대전쟁 / 박종훈

사회의 모순과 부조리 그 간극 안에서 • 337
82년생 김지영 / 조남주

| 7장 |

음식이 당신에게 위안이 되어준다면

최악의 음식과 최고의 음식이 주는 교훈   • 371
음식문화의 수수께끼 / 마빈 해리스

때로는 몰라도 되는 진실이 필요하다   • 381
달콤한 제국 불쾌한 진실 / 김경일

세상이 진짜 더 맛있어지는 독서   • 394
세상을 바꾼 음식 이야기 / 홍익희

알고 먹는 냉면이 더 맛있다   • 404
냉면열전 / 백헌석 · 최혜림

| 8장 |

교육이 희망이라면

우리가 학교에게 바라는 것들   • 433
학교란 무엇인가 / EBS 학교란 무엇인가 제작팀

끝 모를 배움의 가치로 세상을 품다   • 448
서머힐에서 진짜 세상을 배우다 / 채은

| 9장 |

과거를 통해 미래를 전망하는 역사

미쳐야 미친다 / 정민   • 489

종횡무진 서양사 / 남경태   • 492

그들이 본 임진왜란 / 김시덕   • 495

학교에서 가르쳐주지 않는 일본사 / 신상목 • 498

러시아 혁명사 강의 / 박노자 • 501

2차대전의 마이너리그 / 한종수 • 504

주경철의 유럽인 이야기1 / 주경철 • 507

역설 / 백승종 • 510

역사 / 이이화 • 513

한국의 레지스탕스 / 조한성 • 515

|10장|

다시 만날 수 있다면
다시 만나고 싶은

청춘의 독서 / 유시민 • 521

프리다 칼로와 나혜석 그리고 까미유 끌로델 / 정금희 • 524

중국인 이야기 / 김명호 • 527

닥터 지바고 / 보리스 파스테르나크 • 529

체 게바라의 홀쭉한 배낭 / 구광렬 • 532

이회영 평전 / 김삼웅 • 535

스티브 잡스 / 월터 아이작슨 • 537

모딜리아니, 열정의 보엠 / 앙드레 살몽 • 539

파블로 네루다 자서전 / 파블로 네루다 • 542

그리스인 조르바 / 니코스 카잔차키스 • 545

백 권의 책이 담긴 한 권의 책 시리즈

1장 : 직장

〈1〉 게으를 수 있는 권리 / 폴 라파르그

〈2〉 하우투 워라밸 / 안성민

〈3〉 감정노동 / 앨리 러셀 혹실드

〈4〉 4차 산업혁명이 막막한 당신에게 / 박재용

〈5〉 일 / 기타오 요시타카

〈6〉 아웃라이어 / 말콤 글래드웰

〈7〉 지적자본론 / 마스다 무네아키

〈8〉 지키겠습니다, 마음 / 김종달

〈9〉 실어증입니다, 일하기 싫어증 / 양경수

〈10〉 데일 카네기 인간 관계론 / 데일 카네기

2장 : 마음

〈11〉 아내를 모자로 착각한 남자 / 올리버 색스

〈12〉 행복의 기원 / 서은국

〈13〉 스키너의 심리상자 열기 / 로렌 슬레이터

〈14〉 스키너의 심리상자 닫기 / 김태형

〈15〉 생각에 관한 생각 / 대니얼 카너먼

〈16〉 보통의 존재 / 이석원

〈17〉 미움받을 용기 / 기시미 이치로·고가 후미타케

〈18〉 나이 들수록 왜 시간은 빨리 흐르는가 / 다우베 드라이스마

〈19〉 가끔은 제정신 / 허태균

〈20〉 오래된 연장통 / 전중환

3장 : 미술

〈21〉 화가 VS 화가 / 허나영

〈22〉 도쿄 미술관 예술산책 / 명로진·이경국

〈23〉 오주석의 한국의 미 특강 / 오주석

〈24〉 지식의 미술관 / 이주헌

〈25〉 명화는 왜 유명할까? / 아멜리아 아레나스

〈26〉 세계명화 비밀 / 모니카 봄 두첸

〈27〉 인문의 바다에 빠져라 2 / 최진기

〈28〉 스페인 미술관 산책 / 최경화

〈29〉 진중권의 서양미술사 / 진중권

〈30〉 지금 이 순간을 기억해 / 이주은

4장 : 사랑

〈31〉 사랑의 기술 / 에리히 프롬

〈32〉 도대체, 사랑 / 곽금주

〈33〉 인생학교: 섹스 / 알랭 드 보통

〈34〉 섹스의 진화 / 제러드 다이아몬드

〈35〉 결혼하면 사랑일까 / 리처드 테일러

〈36〉 왜 사람은 바람을 피우고 싶어할까 / 헬렌 피셔

〈37〉 철학적으로 널 사랑해 / 올리비아 가잘레

〈38〉 나는 아내와의 결혼을 후회한다 / 김정운

〈39〉 나는 외롭다고 아무나 만나지 않는다 / 양창순

〈40〉 타인이라는 여행 / 틱낫한

5장 : 여행

〈41〉 나는 더 이상 여행을 미루지 않기로 했다 / 정은길

〈42〉 쿠바 다이어리 / 권근혜

〈43〉 내가 찾은 료칸 / 가시와이 히사시

〈44〉 여행의 기술 / 알랭 드 보통

〈45〉 너도 떠나보면 나를 알게 될 거야 / 김동영

〈46〉 세계 최고의 여행기 열하일기 / 박지원

〈47〉 이븐 바투타 여행기 / 이븐 바투타

〈48〉 영국인 재발견 / 권석하

〈49〉 조용헌의 사찰기행 / 조용헌

〈50〉 북유럽 신화 여행 / 최순옥

6장 : 사회

〈51〉 구별짓기 / 피에르 부르디외

〈52〉 지상 최대의 경제 사기극, 세대전쟁 / 박종훈

〈53〉 82년생 김지영 / 조남주

〈54〉 정의론 / 존 롤스

〈55〉 괴짜 사회학 / 수디르 벤카테시

〈56〉 코끼리는 생각하지 마 / 조지 레이코프

〈57〉 부자의 경제학 빈민의 경제학 / 유시민

〈58〉 소비의 사회 / 장 보드리야르

〈59〉 개인주의자 선언 / 문유석

〈60〉 진정한 우정 / 장 자끄 상뻬

7장 : 음식

〈61〉 음식문화의 수수께끼 / 마빈 해리스

〈62〉 달콤한 제국 불쾌한 진실 / 김경일

〈63〉 세상을 바꾼 음식 이야기 / 홍익희

〈64〉 냉면열전 / 백헌석 · 최혜림

〈65〉 역사학자 정기문의 식사(食史) / 정기문

〈66〉 음식의 언어 / 댄 주래프스키

〈67〉 커피인문학 / 박영순

〈68〉 요리 본능 / 리차드 랭엄

〈69〉 그때, 맥주가 있었다 / 미카 리싸넨·유하 타흐바나이넨

〈70〉 생각하는 술꾼 / 벤 맥팔랜드 · 톰 샌드햄

8장 : 교육

〈71〉 학교란 무엇인가 / EBS 학교란 무엇인가 제작팀

〈72〉 서머힐에서 진짜 세상을 배우다 / 채은

〈73〉 교육의 차이 / 김선

〈74〉 페다고지 / 파울루 프레이리

〈75〉 최고의 교육 / 로베르타 골린코프 · 캐시 허시-파섹

〈76〉아이의 미래를 바꾸는 학교혁명 / 켄 로빈슨·루 애로니카

〈77〉최고의 교수 / EBS 최고의 교수 제작팀

〈78〉도올의 교육입국론 / 김용옥

〈79〉아무도 의심하지 않는 일곱 가지 교육 미신 / 데이지 크리스토둘루

〈80〉이끌지 말고 따르게 하라 / 김경일

9장 : 역사

〈81〉미쳐야 미친다 / 정민

〈82〉종횡무진 서양사 / 남경태

〈83〉그들이 본 임진왜란 / 김시덕

〈84〉학교에서 가르쳐주지 않는 일본사 / 신상목

〈85〉러시아 혁명사 강의 / 박노자

〈86〉2차대전의 마이너리그 / 한종수

〈87〉주경철의 유럽인 이야기1 / 주경철

〈88〉역설 / 백승종

〈89〉역사 / 이이화

〈90〉한국의 레지스탕스 / 조한성

10장 : 인물

〈91〉청춘의 독서 / 유시민

〈92〉프리다 칼로와 나혜석 그리고 까미유 끌로델 / 정금희

〈93〉중국인 이야기 / 김명호

〈94〉닥터 지바고 / 보리스 파스테르나크

〈95〉체 게바라의 홀쭉한 배낭 / 구광렬

〈96〉이회영 평전 / 김삼웅

〈97〉스티브 잡스 / 월터 아이작슨

〈98〉모딜리아니, 열정의 보엠 / 앙드레 살몽

〈99〉파블로 네루다 자서전 / 파블로 네루다

〈100〉그리스인 조르바 / 니코스 카잔차키스

많이 사랑하는 여인이 있었습니다. 그런데 연락이 안 됩니다. 애가 타고 미칠 것만 같습니다. 무슨 일이 있는 건지 그녀의 집 앞에 가도 통 만날 수가 없고 핸드폰에는 '미안해 그만 만나자'라는 문자만 남아있습니다.

그렇게 발을 동동 구르다가 그녀에게 새로운 남자가 생겼다는 것을 알게 되었습니다. 그리고 결국 사랑을 포기했습니다.

너무 뻔한 스토리라고요?

자 그런데 여러분! 그 여자가 어떤 이유로 헤어진 줄 아십니까? 알고 봤더니 성격 차이나 노력의 부족이 아니라 역시 돈 때문이었습니다. 당신의 직장이 변변찮다는 이유로 그래서 경제적 미래가 보이지 않는다는 이유로 당신을 떠났다는 사실을 듣게 된 순간 정말 커다란 마음의 상처를 받게 됩니다.

돈 때문에 받는 마음의 상처처럼 큰 상처가 없을 겁니다.

빌어먹을 놈의 돈 그깟 돈이 뭐라고!

하지만 우리는 돈을 벌기 위해 오늘도 직장으로 나섭니다. 그리고 마음의 상처를 받습니다. 직장에서 받는 상처는 본질적으로 돈 때문에 받는 상처라 그 크기가 더 큰지도 모릅니다.

그런데 이 직장에서 받는 마음의 상처는 이상하게도 체념이 빠릅니다. '뭐 어떡하겠어. 그놈의 돈이 원수지'라는 말 한마디로 끝내고 맙니다. 엄마의 잔소리라면 벌써 이불을 뒤집어쓰거나 집 밖으로 나갔겠지만 상사의 잔소리에는 '그래, 참자. 열심히 떠들어라. 그래도 25일 월급날은 돌아온다'라며 묵묵히 참습니다.

그러나 우리는 잠자는 시간보다 더 많은 시간을 직장에서 삽니다. 그러기에 직장에서 받는 상처는 만성화되기 쉽습니다. 마찬가지로 위염에 계속 술을 먹으면 위암이 되고 폐렴에 자꾸 담배를 피우면 폐암이 되는 이치와 같습니다.

또한 묵묵히 반복해서 듣는 상사의 잔소리는 마음의 암이 될 수 있습니다. 직장에서 받는 마음의 상처가 다른 상처보다 위험한 이유이기도 합니다.

자 이제 직장에서 받은 상처가 암이 되기 전에 한번 크게 심호흡을 해봅시다.

1장

**직장생활에서
상처받은 당신에게
악수를 청합니다**

A book is a gift you can open again and again

A book is a gift you can open again and again

꽉 막힌 근면 사회를 속 시원히 만드는 게으름의 가치

『게으를 수 있는 권리』

폴 라파르그

동창(同窓)이 밝았느냐 노고지리 우거진다

소 치는 아희놈은 상긔 아니 일었느냐

재 넘어 사래 긴 밭을 언제 갈려 하느니

— 남구만, 『동창이 밝았느냐』 중에서

약천(藥泉) 남구만의 시조입니다. 중학교 때부터 시험에 너무 많이 출제되어 달달달 외우고 있는 시입니다. 부지런함은 미덕이고 게으름은 악덕이라는 절대 명제에 아주 충실한 시조입니다. 선조 남구만님이 들으면 기절할 제목입니다. 게으를 수 있는 권리라니요.

마르크스의 인간관은 이전의 인간관과는 달랐습니다. 그는 인간의 본질을 이성과 같은 추상적인 것에서 찾지 않았습니다. 그가 생각한 인간의 본질은 바로 사회적 노동을 하는 존재였습니다. 그래서 그는 이렇게 주장하지요.

'인간의 유적(類的) 본질은 노동이다'라는 말입니다. 그만큼 노동을 중시했던 사상가입니다. 사회주의 사상가로서 당연하지요. 하지만 마르크스의 사위이자 이 책의 저자인 폴 라파르그는 마르크스의 영향을 받은 사회주의자임에도 불구하고 정반대되는 주장을 내놓습니다. 게으름이야 말로 신성한 권리다'라고 말입니다.

하기는 저도 고등학교 때 학교를 다니면서 항상 이상하다고 생각했던 게 있습니다. 사회시간에 배운 건데요. 시민의 권리를 둘로 나누는 것이었습니다. 근대의 시민혁명을 통해서는 언론, 출판, 집회, 결사의 자유와 같은 자유권적 기본권을 획득하였고 현대의 복지국가가 성립하면서는 노동권, 환경권, 교육권과 같은 사회권적 기본권을 획득하였다는 내용입니다.

쾌적한 환경에 살 권리인 환경권과 배울 수 있는 권리인 교육권까지는 이해를 하겠는데 노동할 수 있는 권리인 노동권이라니. 도대체 속으로는 잘 이해가 가지 않았습니다. 거기다 사회권은 권리이자 의무라고 합니다. 즉 노동은 권리인 동시에 의무라는 말입니다.

지금 제가 살아가는 대한민국은 일하는 것이 권리이자 의무인 사회입니다. 일을 해야만 하는 동시에 그것이 권리인 시대 말입니다. 어찌 보면 맞는 말입니다. 개인은 실업의 고통에서 빠져서는 안 됩니다. 한편 모든 개인들이 일을 하지 않는다면 사회는 멈추게 될 겁니다. 그래서 노동은 권리인 동시에 의무일 수 있겠죠. 하지만 속으로는 뭔가 찝찝합니다. 노동이 신성시되고 있는 느낌입니다.

더욱이 국가가 우리에게 노동을 강제한다는 느낌을 지울 수 없기 때문입니다. 일하기 싫으면 일하지 않아야 하는 거 아닌가요?

아니나 다를까 폴 라파르그는 노동에 대해 이렇게 선언합니다.

"노동은 금지되어야지 강제되어서는 안된다."

뭔가 속이 다 시원하지 않습니까? 더 나아가 책 제목에서처럼 이렇게 이야기합니다. 당신이 누려야 할 진짜 권리는 노동이 아니라 게으름이라고 말입니다.

학원 강사 시절 주당 80시간의 강의를 소화하던 시절이 있었습니다. 수업시간 내내 목이 쉬도록 떠드는 와중에도 스스로에게 힘을 주기 위해 수업을 마치고 집에 가서 캔 맥주 한캔 하는 상상을 하면서 힘을 내곤 했습니다.

그리고 열 몇 시간의 강의를 마친 뒤 집에 오자마자 캔 맥주를 들고서 침대에 반쯤 눕습니다. 그러자 온몸에 긴장이 풀리고 피로가 몰려옵니다. 막상 캔 맥주를 눈앞에 두고 '아, 저거 먹어야 하는데…. 꼭 먹어야 하는데….' 하면서도 눈꺼풀이 너무 무겁게 떨어져 그대로 잠이 들곤 했습니다.

당시에는 열심히 일하는 내가 너무 자랑스러웠습니다. 또 제가 신용 불량자 시절이라 이렇게 돈을 벌면 몇 년 뒤에는 신용불량을 벗어날 수 있다는 희망에 아침에 힘 들이지 않고 눈을 뜨곤 했던 것 같습니다. 그렇게 6~7년 쯤 살았을까요? 학원 강의가 온라인화 되면서 상대적으로 강의 시간이 줄어들기 시작했습니다. 굳이 주당 80시간씩 강의를 하지 않아도 예전의 수입보다 많은 수입을 갖게 되었습니다.

그래서 처음에는 일요일에 강의를 하지 않기로 했습니다. 어찌 보면 참으로 당연한 것이지요. 그렇게 일요일을 두세 번쯤 쉬었을까? 어느 순간부터 일요일에 일이 없다는 것이 불안해지기 시작했습니다.

'내가 일요일이라고 놀 때 다른 강사들도 놀까?', '그 강사들은 악착같이 새로운 학원을 개척하거나 강의 준비를 하고 있을 텐데 이러다가 뒤처지는 것은 아닐까?' 하고요.

결국 내린 결론은 '일요일 하루 종일 일을 안 하는 것은 말도 안 돼, 오전에만 쉬고 오후에는 사무실 나가서 교재연구를 하자'였습니다. 아마 그때쯤 제가 워커 홀릭이라는 것을 깨달았던 것 같습니다. 지금도 마찬가지입니다. 외국 가는 비행기에서까지 노트북을 펼쳐들고 있다니 제기랄!

가만히 생각을 해봅시다. 한국사회 어떻게 보면 정말 이상하지 않은가요? 드라마에 나오는 멋진 남자 주인공들은 모두 일 중독자입니다. 심지어 드라마 속에서는 재벌 2세들까지 모두 일 중독자입니다. 물론 드라마 속에서는 연애하는 장면이 더 많이 나오지만 설정은 아무튼 일만 아는 남자로 나옵니다. 심지어 젊은 청춘이 겪는 직장에서의 애환을 다룬 최고의 드라마 〈미생〉도 생각해보면 장그래가 진정한 일 중독자가 되어가는 과정을 그린 드라마라고 말할 수 있을지 모릅니다.

그렇다면 도대체 누가 우리를 이렇게 일 중독으로 몰아가고 일중독 자를 찬양하고 그렇지 않은 사람을 게으른 자로 몰아가게 만들었을까요? 또 그게 대한민국 오늘만의 이야기일까요?

라파르그가 살던 19세기 후반의 유럽 역시 마찬가지였나 봅니다. 하긴 그때는 8시간 노동제는 커녕 12~14시간 노동이나 아동노동도 보편적인 시절이니까요.

라파르그의 탁월한 시선은 바로 부정의한 이데올로기가 노동을 신성시하고 게으름을 악덕시하는 사회를 만들었다는 것입니다. 그리고 그 부정의한 이데올로기로, 하나는 기독교 윤리와 또 하나는 자유주의 사상가로 대표되는 부르주아의 윤리를 예시로 듭니다.

먼저 기독교 윤리입니다.

니체가 서구를 지배해온 기독교 사상의 전복 없이는 새로운 사회가 없다고 말했듯 라파르그 역시 기독교 윤리의 문제점을 지적하고 있습니다. 기독교가 피지배계층에게 근면은 아름답고 심지어 신성하다는 윤리를 강요하고 있다고 말입니다. 사실은 기독교만이 아니라 많은 사상이 그런 측면을 가지고 있습니다. 고대의 플라톤부터 가볼까요?

플라톤의 주장에 따르면 통치계급은 지혜로워야 하고 전투계급은 용감해야 하고 생산계급은 부지런해야 합니다. 한편으로는 맞는 말입니다만 생산계급 입장이 제일 짜증나는 거 아닌가요?

이것을 그대로 가지고 온 것이 바로 중세 기독교 철학자 토마스 아퀴나스입니다. 플라톤의 이론을 중세의 봉건계급에 그대로 적용을 시킵니다. 단선적으로 이야기하면 영주는 지혜로워야 하고 기사는 용감해야 하고 농노는 부지런해야 한다는 것이요. 사회학에서는 넓은 의미로 이것을 기능론이라고 합니다. 사회를 하나의 커다란 유기체 즉 살아있는 생명체로 바라보는 관점 입니다. 마치 인간이라면 두뇌는 지혜롭고 심장은 용기 있고 위장은 절제해야 한다고 생각하듯 사회 역시 그래야 한다는 주장이지요.

동양의 유교주의자들이 꿈꾸던 사회라고 다를까요. 다르지 않습니다. 소 치는 아이는 해뜨기 전에 일어나서 밭을 갈아야 하고요. 내 자식은 해뜨기 전에 일어나 서당에 가서 글을 읽어야 합니다. 각자 맡은 일을 근면히 해나가서 조화롭게 발전하는 사회! 참 멋있지만 저만은 거기서 예외로 해주었으면 좋겠습니다. 저는 절대로 해 뜨기 전에 일어나고 싶지 않거든요.

근대의 부르주아가 만든 사회 역시 다를 바 없다고 라파르그는 주장합니다. 신분에 의해 직업이 결정되던 봉건시대를 지나 자본주의 사회에서 직업은 어떻게 결정이 됩니까? 여러분이 지금 직업을 가지고 계시다면 그 직업이 어떻게 결정되었냐 말입니다. 대답하기 어려우실 겁니다. 하지만 사실은 아주 간단합니다. 만일 당신이 직장인이라면 당신의 직업은 당신의 자유로운 의사에 따라 어느 날 근로 계약의 당사자들끼리 계약을 맺으면서 시작된 것입니다. 이전시대와 다른 것은 바로 근로계약서를 작성하고 근로를 시작한다는 것이지요.

이렇듯 자본주의 사회는 계약 덩어리입니다. 개별 계약이 잘 수행되어야만 사회는 존속될 수 있습니다. 때문에 그 개별 계약이 잘 이루어지기 위해서는 계약당사자들이 자발적으로 그 계약에 충실해야 할 겁니다.

만일 자본가와 노동자의 계약이라면 자본가는 반드시 월급날 월급을 주어야 할 것이고요. 노동자는 노동시간에 반드시 최선을 다해 노동을 제공해야 할 겁니다. 그것이 바로 자본주의 사회의 기본적인 미덕입니다.

월급을 제때 주지 않는 자본가에게 사회적 비난과 법적 처벌이 이루어지듯 자신의 노동의 책무를 다하지 않은 노동자에게 사회적 비난과 해고가 이루어지는 것은 참으로 당연한 일입니다. 자본가와 노동자 모두에게 대등한 것처럼 보이는 계약입니다만 여기에 노동자에게만 이상한 책무가 하나 더 붙습니다. 노동자가 노동에 최선을 다하지 않으면 그것은 노동자의 잘못이지만 자본가가 월급날 월급을 주지 않는 것은 자본가만의 잘못이 아닐 수도 있기 때문입니다.

왜냐면 자본가는 월급을 주기 위해 최선의 노력을 다했어도 노동자들이 노동을 태만했거나 자본가 사이 경쟁이 너무 치열해서 회사가 어려워지면 월급을 주지 못할 수도 있기 때문입니다. 그런 경우 회사의 사장은 월급을 주지 못해도 사회적 비난이나 법적 처벌의 대상이 되지는 않습니다.

그러기에 노동자는 노동에 최선을 다하는 것을 넘어 회사의 이윤과 존립까지도 책임을 져야 하는 존재가 되는 겁니다. 그러니 계약을 충실히 해나가야 하는 것은 물론 그것을 뛰어넘는 노동책임까지 지게 되는 겁니다.

"회사가 문 닫게 생겼는데 야근을 안 해?" 혹은 "회사가 문 닫게 생겼는데 야근수당을 꼬박꼬박 챙겨?"

가만히 생각하면 말도 안 되는 이야기입니다. 야근은 강요되어서는 안 되고 또 당연히 대가가 지불되어야 하는 노동이니 말입니다. 하지만 저 말이 틀린 이야기일까요? 회사가 망하게 생겼는데 정시 출근 정시 퇴근을 합니다. 회사가 망하게 생겼는데 야근을 한 동료에게 야근수당 챙기라고 재촉을 합니다. 그래야 나도 야근하고 야근수당을 당당히 받아갈 수 있다고 말입니다. 당연한 말일 수 있지만 그렇게 이야기하는 직원에 대해서는 사장뿐 아니라 같은 직원들도 곱지 않은 눈초리를 보낼 겁니다.

반대로 생각해보면 그러한 비수 같은 눈초리가 바로 우리 사회를 점점 근면한 사회로 몰아넣는 것은 아닐까요? 세상은 참 어렵습니다.

아무튼 라파르그의 책을 읽으면 속 시원해집니다. 라파르그에 따르면 프롤레타리아는 이러한 복잡한 문제를 떠나 자연의 본능에 충실해야 한다고 주장합니다. 취업 규약을 넘어 기독교의 성경구절이나 부르주아의 인권선언문보다 백배는 더 중요한 것이 바로 프롤레타리아의 본능이라는 겁니다. 그리고 그 본능을 보장하는 게 바로 게으를 수 있는 권리라는 것입니다.

"하루에 세 시간만 일하고 나머지 시간은 여유와 파티를 위해서 남겨두자. 더 이상 숭고하지 않은 노동을 숭고한 척하지 말고 인간의 당연한 권리인 게으름을 행사하는 자에게 손가락질을 하지 말자."

멋지지 않습니까?

한마디로 노동은 신성하지 않다. 그 논리는 지배계급이 만든 것이기에 우리는 그 논리를 가슴속에서부터 철저히 거부해야 한다. 우리는 신성하지 않은 노동에서 벗어나 마음껏 게을러져야 한다. 게으름은 인간의 특권이다. 모든 이는 게을러져야만 한다. 지배계급이여 우리의 게으름을 건들지 마라! 캬~

출근 시간에 좀 늦었습니다. 김 과장이 그럽니다. "이 대리 오늘 왜 늦었어?"

그러면 대답은 대개 이렇습니다.

"죄송합니다 차가 막혀서요, 애기가 열이 나서 병원 좀 데려다주느라고요, 어제 야근을 너무 늦게까지 해서요…."

자 이제부터는 이런 대답이 아니라 이렇게 대답하는 겁니다.

"좀 피곤해서 늦잠 잤어요. 과장님도 오늘 얼굴이 피곤해보이는데 반차 내시고 좀 쉬시죠?"

속이 다 시원하지 않습니까?

'게으를 수 있는 건 내 권리야! 네까짓 게 간섭할 수 없는 천부인 권리라고!' 이렇게 말하는 거 같지 않습니까?

여기서 조금만 더 가보셔야 합니다. 라파르그가 말하는 게으름은 우리가 생각하는 게으름과 같으면서도 조금은 다릅니다. 만일 누군가 하루 종일 TV 앞에 앉아서 멍 때리고 있다고 생각해봅시다. 아주 게으른 행위이지요. 만일 라파르그가 이 행위를 본다면 뭐라고 할까요?

"아, 이 친구는 정말 게으를 수 있는 권리를 제대로 행사하는 멋진 친구야. 멍 때리기 시합에 나가면 우승할 수 있을 거야"라고 할까요?

그렇지는 않을 것 같습니다. 왜냐면 라파르그가 말하는 게으름은 바로 부지런한 게으름이어야 하기 때문입니다. 부지런한 게으름이 말이 되냐고요?

근대의 많은 사상가들은 노동을 통해서 인간이 인간다워진다고 생각을 했습니다. 뒤에서 자세히 다루어보겠지만 바로 로크—애덤 스미스—마르크스로 이어지는 노동가치설도 바로 이러한 주장에 기반하고 있습니다.

하지만 여러분은 직장에서 노동을 통해 여러분이 인간다워지고 자아를 실현할 수 있다고 생각하시나요? 아마 대부분이 그렇지는 않다고 생각하실 겁니다. 그렇다면 우리는 도대체 어디서 인간다움을 가져야 합니까?

바로 그 현실적인 대안을 라파르그는 게으름에서 찾습니다. 이제 인간은 그 게으름이라는 시간 속에서 인간다움을 찾기 위해 노력해야 한다고 주장을 하는 겁니다. 이제 인간이 인간다워지기 위해서는 노동에서 벗어나 공원을 천천히 산책해야 합니다. 그리고 그 산책을 통해 끊임없이 자신의 내면을 탐색하여 인간다움을 찾아 나가야만 합니다.

노동의 고단함에서 벗어나 TV 앞에서 멍 때리는 것이 아니라 고요한 명상을 통해서 자아를 회복하여야 합니다. 고된 노동을 망각하기 위해 독한 술을 마시는 것이 아니라 취미생활을 통하여 자신에게 숨겨진 능력을 고양시켜 나가며 운동을 통해 숨어있는 근육을 찾아 자신의 인간다움을 찾아나가는 것이 필요합니다. 그러니 이런 게으름을 떨기 위해서 어찌 아니 부지런할 수 있겠습니까? 여러분은 지금 부지런한 게으름을 실천하고 계신지요?

자 이제 결론을 향해 갑니다.

인간은 사회적 동물입니다. 아무리 생각해도 이처럼 타당한 명제를 찾기는 참으로 힘든 것 같습니다. 그러기에 인간은 인간관계를 맺고 살아가야 하는데 사실 자본주의시대의 공장 노동에서는 인간관계 자체를 맺기가 어렵습니다. 〈모던 타임즈〉 속의 찰리 채플린의 노동을 생각해봅시다. 그는 하루 종일 인간이 아닌 기계와만 관계를 맺습니다. 공장에서 그는 옆에서 자기와 비슷한 노동을 하는 인간만을 바라볼 뿐입니다.

그가 사회적 동물이 되기 위해서는 이제는 노동하고 있는 공장이 아니라 퇴근을 해야만 시작할 수 있을 겁니다. 그래서 퇴근을 하고 나서 차 한 잔, 소주 한잔 그리고 같은 취미를 공유하는 인간관계 속에서 시작해야 합니다. 우리의 조상들이 맘모스와 같은 대형 포유류를 사냥하면서 그 사냥 노동을 통해 인간관계를 맺고 그 인간관계 속에서 자신을 확인하고 사회생활을 실천했다면 이제 우리는 노동을 벗어난 공간과 시간에서 다른 인간과 만나 아주 열심히 게으름을 공유하면서 살아가야 할 겁니다.

저도 여러분도 그리고 우리 모두 지금부터 열심히 게을러집시다!

두껍지 않고 아주 어려운 내용도 없어서 다른 고전에 비해서 쉽게 읽을 수 있는 책입니다. 이 책의 독서에 있어 반드시 고려해야 할 것은 지금 불고 있는 4차 산업혁명이 가져올 결과에 매우 큰 시사를 던져주는 책이라는 점입니다.

저자는 이야기합니다. 산업혁명 시대에 기계 발달로 인한 혜택을 과연 노동자가 향유하고 있는지 말입니다.

마찬가지로 4차 산업혁명 역시 인류의 노동을 절감시킬 겁니다. 하지만 그 혜택이 누구에게 어떻게 돌아갈까요? 이 시대에 절실한 고전입니다.

TIP

제가 좋아하는 가수가 있습니다. 요조입니다. 아름답기도 하지만 고음과 샤우팅으로 승부하는 지금과 같은 시대에 잔잔한 목소리만으로 노래를 해주니 너무 좋습니다. 몸에 한 문신도 더 아름답습니다.

그리고 최근 요조님이 팟캐스트 활동을 하고 있습니다. 소설가 장강명 씨와 함께 진행하고 있는데 참 좋은 프로그램입니다. 〈책 이게 뭐라고〉라는 프로그램입니다. 요조 씨는 서점도 직접 운영하셨고 예전에는 tvN의 〈비밀독서단〉에도 나오셨지요. 참, 이 책은 같은 프로에서 강신주 씨가 추천해주셨던 책입니다.

직장인의 워라밸할 수 있는 권리

『하우투 워라밸』

안성민

워라밸이라는 용어가 지난 몇 년간 꾸준히 유행을 하고 있습니다. 일(work)과 삶(life)의 균형(balance)을 이뤄야 한다는 의미로 사용됩니다.

워라밸 이야기에는 다음의 두 가지 반응이 대표적입니다. 젊은 분들을 중심으로는 '봐라! 얼마나 일과 삶의 불균형이 심했으면 이런 이야기가 나오겠는가? 우리도 이제는 일만이 아니라 삶을 돌아봐야 한다'라는 말이 나올 듯 하네요. 한편으로는 나이 지긋한 어른들을 중심으로는 '이제 먹고 살 만하니까 아주 난리굿을 피는구나'라는 반응이 나옵니다. 다시 말해 일하기 싫으니까 별 쓸데없는 말을 다 만들어낸다는 견해입니다.

물론 저는 개인적으로 젊은 분들의 말에 동의를 합니다. 그리고 워라밸이 이루어지지 않는다면 더 이상의 생산성 향상도 어려울 거라는 생각을 합니다. 그리고 더 나아가 설령 생산성 향상이 이루어지지 않는다고 해도 인간이 인간다운 삶을 살기 위해서는 일과 삶의 균형이 당연히 필요하고 꼭 이뤄져야 한다는 입장이지요.

그런데 워라밸이라는 단어에 대해서는 좀 불만이 있습니다. 왜냐하면 워라밸이라는 단어에 조화라는 단어가 사용되고 있기는 합니다만 work는 악이고 life는 선이라는 등식을 전제하고 있다는 생각 때문입니다.

저도 일요일만 되면 월요일이 무섭습니다. 특하나 일요일 밤마다 되풀이되는 그 지긋지긋한 고민이 싫습니다. '차가 막힐 거니까 아예 새벽에 일어나서 갈까? 아냐, 좀 자고 막혀도 음악 들으면서 천천히 가자.'

한마디로 좀 더 자자니 차가 막힐 것 같고 일찍 일어나자니 아침잠이 아쉽다는 이야기입니다. 황당한 것은 이런 고민을 하면서 일요일 밤마다 뒤척이고 있다는 겁니다. 정말 짜증이 납니다. 자 그렇다면 노동은 왜 이렇게 힘들고 짜증나는 것이 되었을까요? 재밌고 신나는 노동은 없을까요?

저는 일부 자기 계발서처럼 '모든 것은 마음먹기 달려있다. 그러므로 오늘부터는 당신의 일을 즐겨라. 그래야 성공한다' 뭐 이런 소리는 하고 싶지 않습니다.

책 이야기는 잠깐 뒤로 하고요. 먼저 직장이라는 공간에 대한 이해부터 합시다. 직장이라는 공간은 구체적으로는 육체노동에 종사하는 분들에게는 공장이 될 것이고 정신노동에 종사하시는 분들에게는 사무실이 될 겁니다.

그러나 아무튼 직장은 노동이 이루어지는 공간입니다. 예를 들어 남구만의 시조에 등장하는 소 치는 아이의 직장은 바로 논밭이었을 겁니다. 그러니 직장을 이해하기 위해서는 먼저 노동이라는 단어와 피할 수 없는 정면 승부를 벌일 수밖에 없습니다.

사실 우리는 하루 중 많은 시간을 노동에 보내면서도 노동에 대해서만큼 공부를 하지 않는 단어도 없을 것 같습니다. 취미로 마시는 와인에 대해서는 떼루아가 어쩌고저쩌고 하면서 전문가인 척하면서도 노동에 대해서는 전문가가 되려고 하지 않습니다. 그래서 막상 노동이 뭐지? 라고 물으면 답을 잘 하지 못합니다. 우리의 삶에서 가장 많은 시간을 차지하는 노동에 대해서 한번은 점검하고 생각해보고 가야 하지 않을까요?

우리는 직장에 가면 노동을 하고 그 대가로 급여를 받습니다. 당연한가요? 아뇨. 노예제 사회에서는 노동을 하고 채찍을 맞았고요, 봉건제 사회에서는 노동을 하고 나면 발생하는 결실물인 곡물을 오히려 소작으로 바쳤습니다. 공산주의 사회에서는 노동을 열심히 하면 보너스가 아닌 훈장이나 칭찬을 받았습니다. 배급을 받지 않았냐고요? 아뇨. 노동하지 않는 사람도 배급을 받기는 마찬가지였습니다. 바로 노동을 하고 나면 급여를 받는다는 것! 그것이 바로 우리가 살고 있는 자본주의 사회의 특성을 보여주는 대표적인 사례입니다. 왜 자본주의 사회에서는 노동을 하면 그 대가로 급여를 받을까요?

그 이유를 알기 위해서는 자본주의라는 사회의 토대를 만든 사유재산권이라는 개념에 대한 이해로부터 출발해야 합니다. 사유재산권이라고 하면 우리는 그냥 내 재산은 내 거니까 함부로 건들지 마라는 논리로 이해를 합니다. 맞는 말입니다. 그런데 왜 내 재산은 남이 함부로 건들면 안될까요?

모두 평등하게 가지는 게 더 좋은 거 아닌가요? 내가 왕이라면 남의 것을 함부로 가져도 되는 거 아닌가요?

하지만 많은 근대 사상가들이 주장하고 자본주의의 토대를 만든 노동가치설에 따르면 그래서는 안됩니다. 노동가치설은 사유재산제를 정당화시킵니다.

'내가 가지고 있는 내 재산에는 나의 신성한 노동이 들어가 있기 때문에 함부로 남이 건드려서는 안된다. 나의 노동을 투입해서 만든 물건에 대해서는 내가 배타적이고 독점적인 권리를 가진다.'

이것이 바로 사유재산제의 핵심입니다. 좀 더 구체적인 사례로 설명드릴게요.

노동하면 힘들고 짜증난다는 생각이 드시지요. 하지만 노동이 꼭 그렇지만은 않을 수도 있습니다. 가정을 해봅시다.

김 씨에게는 너무 사랑하는 여인이 있습니다. 그 여인의 직업은 소설가입니다. 하루 종일 의자에 앉아서 일을 하는데 의자를 마음에 들어 하지 않습니다. 그래서 김 씨는 의자를 만들어주기로 결심합니다. 그리고 숲에서 적당한 나무를 찾아 도끼질을 하고 망치질을 하고 대패질을 해서 드디어 아주 예쁘고 실용적인 의자를 만들었습니다. 자 그렇다면 그 의자는 누구의 것일까요?

그렇죠. 김 씨가 베기 전의 나무야 누구의 것이라고 하기 어렵겠지만 김 씨가 만든 의자는 누구나 김 씨의 것이라고 이야기할겁니다. 왜냐면 그 의자에는 김 씨의 노동력이 들어갔기 때문입니다. 이렇게 자신의 소유가 된 의자를 김 씨가 여인에게 선물합니다. 여인은 행복에 겨워 활짝 웃습니다. 그 순간 김 씨도 행복합니다. 김 씨는 아마 노동 과정에서도 이러한 결과를 기대하면서 행복했을 겁니다.

이렇게 즐거운 노동도 있습니다. 어떤 노동이냐고요? 김 씨처럼 내가 원해서 하는 즐거운 노동도 있습니다. 『톰 소여의 모험』이라는 소설 기억나시죠. 그 소설에는 이런 이야기가 나옵니다. 톰 소여가 담장 칠하기를 흥겨운 척하면서 하자 친구들이 서로 담장을 칠하겠다고 나섭니다. 이에 톰 소여는 담장을 칠할 권리를 팔고 그 권리를 산 친구들은 아주 즐겁게 담장을 칠한다는 내용입니다. 이렇듯 노동은 자발적으로 하면 즐거운 것이 될 수 있습니다.

그런데 자발적인 것만으로는 좀 부족합니다. 이게 결정적인 것인데요. 자발적인 것과 더불어 노동의 전 과정을 자신이 통제해야 한다는 겁니다.

예를 들어볼게요.

전업주부인 미옥 씨는 사랑하는 남편에게 요리를 해주기로 마음을 먹습니다. 그래서 무엇을 요리할지 고민하다가 갈비찜을 해주기로 결심합니다. 그리고 나서 장을 보고 요리책과 컴퓨터를 뒤져가면서 갈비찜을 만듭니다. 중간에 그만둘까 생각도 했지만 남편이 좋아할 것을 기대하면서 힘을 내 계속합니다. 옥신각신 끝에 드디어 완성.

남편이 올 때만을 기다립니다. 띵동, 벨이 울리고 남편이 와서 갈비찜을 뜨는 순간 미옥 씨가 묻습니다. "어때?"

그때 무심코 남편이 대답을 합니다. "뭐 좀 짜."

그 순간 둘의 사이는 돌아올 수 없는 강을 건너고 맙니다. 남편은 그냥 음식에 대한 평가를 한 것만이 아니라 사랑하는 아내의 노동에 대해 무차별 무시를 한 것이기 때문입니다.

미옥 씨가 힘든 요리 노동을 하면서도 즐거웠던 이유가 무엇인가요? 남편이 행복해할 거라는 기대도 있었지만 노동을 자발적으로 그리고 더 중요한 것은 자기가 주체가 되어 노동 전 과정을 지배했기 때문입니다.

무슨 요리를 만들까 고민하는 것부터 시작해 간을 맞추는 과정까지 미옥 씨는 완전히 요리노동의 주체가 되어 전 과정을 지배했습니다. 똑같은 요리 노동이라도 김치 공장에서 노동자로 9시부터 6시까지 배추를 소금에 절이는 일만 한다고 생각해보세요. 즐거울 리가 없겠죠?

어찌 보면 배추의 노예가 되었을 뿐입니다. 즉 행위의 주객체가 바뀌었습니다. 이제 주체는 사람이 아닌 배추가 되었고요. 사람은 단지 객체가 되었을 뿐이라는 것이지요. 사실 저는 예를 들어 설명을 했을 뿐 이 모든 이야기는 위대한 철학자와 경제학자들이 이야기한 겁니다.

노동이 들어간 사물에 대한 지배권은 그 노동을 투여한 사람에게 절대적으로 귀속되어야 한다는 것이 명예혁명의 이론적 토대를 만든 존 로크의 주장이고요. 즐거워야 할 노동이 산업혁명에 따라 극도로 분업화되어 고통으로 변했다는 주장을 편 것은 바로 『국부론』으로 유명한 애덤 스미스의 주장입니다.

한 사람이 모든 과정을 거쳐 바늘을 만들면 열 개 밖에 만들지 못하지만 여러 사람이 공정을 나누면 만 개도 더 만들더라는 이야기를 알고 계시죠? 그래서 교과서에서는 분업을 하면 효율이 발생한다는 설명에 그치지만 애덤 스미스는 그러한 분업화된 노동 속에서는 인간이 결코 행복할 수 없다는 철학적 이야기까지 다룹니다.

더 나아가 주객체가 바뀌어 배추가 주체인 인간의 객체가 되었다고 말한 사람은 사회주의 사상가 마르크스입니다. 그는 이러한 현상을 소외라는 단어로 담아내지요. 즉 그에게 소외란 외로움이 아니라 주체와 객체가 전복되는 현상을 말하는 겁니다.

인간을 기계의 부품으로 전락시킨 자본주의 사회에서 인간은 노동을 통해서는 행복을 찾을 수 없기 때문에 자본주의를 타도하고 공산주의 사회를 사회주의를 건설하자고 주장을 한 것이지요.

자 그렇다면 워라밸이 아예 필요 없어지는 방법이 있습니다. 바로 일이 행복하면 되는 겁니다. 하지만 대부분의 사람들에게는 불가능한 이상적인 이야기일 수밖에 없을 겁니다. 워라밸이 필요 없기 위해서는 자신이 하는 일이 자발적이어야 하고 또 일하는 과정을 자기가 모두 주도해야 합니다.

하지만 직장에서 그런 일을 찾는다는 것은 사막에서 바늘을 찾는 것보다도 더 힘든 일 아닐까요?

그럼에도 제가 이런 이야기를 하는 이유는 두 가지 측면 때문입니다. 하나는 자신의 진로를 두고 고민하는 젊은 분들에게 뭔가 말하고 싶기 때문이고요. 또 하나는 4차 산업혁명이란 말이 나올 정도로 급격히 산업구조가 변하고 있기 때문입니다.

먼저 젊은 분들의 많은 고민 중 하나입니다.

내가 하고 싶은 일을 하자니 돈이 안 되고 미래는 불확실하고. 그렇다고 대기업이나 공무원 취업을 준비하자니 성공하기는 어려울 것 같고, 된다고 해도 다니기가 만만치 않을 것 같습니다. 그렇다면 저는 과감히 하고 싶은 일을 하기를 권유하고 싶습니다. 가장 큰 이유는 웃기지만 한국사회가 절대적 빈곤은 벗어난 사회이기 때문입니다. 교과서에도 그렇게 써있습니다. 직업의 목적은 두 가지라고요.

하나는 자아실현 그리고 또 하나는 생계유지입니다. 둘 다 중요하지만 더 중요한 것은 생계유지겠지요. 대한민국이라는 나라가 완전히 생계유지의 문제를 모든 국민에게 해결해준 것은 아니지만 솔직히 직장에서 큰돈을 벌지 않아도 생계유지는 가능한 사회 아닌가요?

그래서 역설적으로 직업의 목적 중에서 생계유지보다는 자아실현이 더 강조되는 사회가 되어가는 겁니다. 이때 등장하는 대표적인 단어가 워라밸입니다. 워라밸이란 바로 더 이상 생계만을 위해 직장을 다니지는 않을 거야라는 외침이기 때문입니다.

진로를 고민하는 청춘들이 있다면 더욱 더 자신이 하고 싶은 일을 선택하시기를 권합니다. 남들이 보거나 특히 부모님이 보면 희망이 없어 보이는 길이라도 말입니다. 저는 나름 사회과학을 공부한 사람입니다. 그냥 낭만적인 충고가 아니라 저는 그게 아주 합리적인 충고라고 생각합니다.

왜냐면 모든 선택에는 편익과 기회비용이 따릅니다. 그런데 여러분이 생각하는 것처럼 대기업 혹은 공무원 취업이 주는 편익이 생각만큼 크지는 않습니다.

여러분이 하고 싶어 하는 일을 접고 대기업 취업을 준비한다고 생각해봅시다. 취업을 위해 스펙을 쌓으려고 열심히 노력했는데 막상 취업에 도움이 되지 않는다면 아무 쓸데없는 것이 됩니다.

취업을 하려면 토익과 같은 점수를 따야 합니다. 그런데 가만히 생각해보십시오. 여러분이 힘들게 딴 토익점수가 취업 이외에 어디서 써먹을 수 있나요?

외국 대학갈 때 도움이 되나요? 아니면 회화에 도움이 됩니까?

그 돈과 노력을 영어회화에 쏟아부었다면 이미 여러분은 네이티브 스피커 못지않은 영어회화 실력을 갖추었을지도 모릅니다. 취업을 위해 활동했던 대학생활을 생각해보십시오. 그 노력을 통해 다행히 취업이 되었다면 다행입니다만 만약 실패했다면 학점과 자격증이 여러분의 미래에 무슨 도움이 되겠습니까?

만일 그 시간과 노력을 여러분이 하고 싶은 일에 쏟아부었다면?

심지어 취업에 성공했더라도 아시다시피 그 편익은 대단하지 않습니다. 그것을 보여주는 자료는 어렵게 취업한 사람들이 1년 안에 직장을 그만두는 비율이 27.7퍼센트라는 겁니다. 또한 취업 후 해야 하는 노동은 일반적으로 철저히 분업화된 노동입니다. 그러기에 기회가 된다면 젊은 청춘분들은 하고 싶은 일에 도전하시기 바랍니다. 그게 합리적인 선택입니다.

책으로 돌아와봅시다. 먼저 이 책은 다른 책과 달리 워라밸에 대해서 정의를 하고 갑니다. 대한민국의 노동시간이 너무 길다. 직장 문화가 너무 수직적이다. 야근이 너무 당연시되고 있다. 출세를 위해서는 능력보다 끈을 잘 잡아야 하는 것이 현실이고 그러므로 워라밸이 꼭 필요하다는 식의 출발이 아니라 그러한 문제 역시 중요하지만 먼저 자신에 대한 점검에서부터 출발해야 한다고 합니다. 인용해보도록 하겠습니다.

> *"일터에서 당신은 정말 필요한 사람인가? 그리고 자신이 해야 할 역할을 충분히 해내고 있는가? 혹시 위 질문에 조금이라도 부끄러움을 느낀다면 책을 덮고 일을 먼저 하기 바란다. 직장에서 워크work의 역량은 부족하면서 라이프life에만 치중하려는 사람을 흔히 민폐라고 부른다. 워크와 라이프의 밸런스는 사회적으로 매우 많은 논의와 개선이 시급한 안건임은 확실하지만 적어도 워라밸Work and Life Balance이 일 못하는 사람들의 핑곗거리로 쓰이지는 않아야 한다.*
> *우리가 Life and Work Balance가 아니라 Work and Life*

Balance라고 말하는 이유는 다 함께 살아가는 사회에서 나의 권리
를 행사하려면 반드시 의무가 선행되어야 하기 때문이다." [1]

심상정이라는 분 아시죠? 대통령 후보로 나왔던 분입니다. 그분은 노동운동가 출신입니다. 당시 일부 대학생들은 독재 정권을 타도하고 민주 정부를 세우기 위해 공장에 위장취업을 했습니다. 그들은 노동조합을 만들어 노동자가 주인이 되는 세상을 만들고자 했습니다. 심상정 의원도 그랬을 거고요.

노동조합을 만들기 위해 노동자들을 설득할 때 가장 필요한 덕목이 무엇이었을까요? 투철한 사상? 넘치는 카리스마? 친절한 태도? 탁월한 언변?

아닙니다. 심상정 의원의 말에 따르면 그런 것이 아니라 누구보다도 일을 잘해야 했다고 합니다. 봉제공장에 들어갔으면 누구보다도 봉제 일을 잘해야 한다는 겁니다. 그래서 옆에 있는 노동자가 혹시 실수를 할 때 자기 일을 다 하고 그것을 도와줄 수 있는 일에 대한 실력을 가져야 한다는 겁니다. 그래야만 노동자들로부터 신뢰를 받을 수 있고 자신의 주장을 펴나갈 수 있다는 겁니다. 그렇지 않고 일을 제대로 못해서 툭하면 옆에 사람의 도움을 받으면서 독재를 타도하자니 노동조합을 만들자니 하고 떠들어봤자 헛소리가 된다는 겁니다. 돌아가신 노회찬 님도 용접자격증을 가진 최고의 용접공이었음은 말할 것도 없고요.

물론 사회적으로 워라밸에 대한 사회적 합의 수준이 높아져야 합니다. 이 책에서도 그것을 인용하지요.

---

1 안성민, 『하우투 워라밸』 미래의창, 2018.

"한국인이 취직해 열심히 일하고자 일명 한국 스타일로 열심히 야근을 했더니 프랑스인 상사가 "우리가 오랜 세월 힘들게 만들어놓은 소중한 기업 문화를 망치지 마라. 너로 인해 누군가는 저녁이 있는 삶, 가족과 사랑을 주고받는 시간을 포기할 수도 있다.

스웨덴을 대표하는 모 통신사에 근무하는 지인의 말을 빌려보면 스웨덴 사람들은 기본적으로 회사는 효율적으로 일하는 곳으로 생각한다고 한다. 그래서 그들에게는 근무시간이 정해져 있어도 자신의 효율에 따라 유연하게 활용하는 게 일반적이다. 그렇기 때문에 야근을 하는 직원은 일을 못하는 직원으로 낙인 찍혀 매우 낮은 평가를 받고 경고를 받기도 한다."[2]

당연히 이렇게 사회가 바뀌어야 하고 우리 모두 사회가 이렇게 바뀌도록 노력을 해야 합니다. 하지만 모든 변화는 사회적 변화와 더불어 개인적 변화가 수반되어야 합니다. 워라밸을 이루기 위해서 개인적으로는 어떤 노력이 필요할까요? 보셨지만 저자는 당신이 회사에 필요한 사람이 되는 것이 급선무라고 합니다. 책에 나오는 구절이지요. 대화체로 바꾸어보겠습니다.

"임원: 자네, 앞으로 회사에서 꿈이 무언가?
사원: 그냥 부족하지 않을 정도로만 적당히 벌고 적당히 살았으면 좋겠어요."

---

2 같은 책.

임원은 할 말을 잃을 겁니다. 임원이 원하는 답은 '저도 열심히 회사생활해서 임원이 되고 싶습니다'였을 겁니다. 그리고 사원 역시 그것을 모르지는 않을 터, 회사를 옮길 생각을 하기 전에는 저런 말을 하기 쉽지 않을 겁니다. 웬만한 자신감을 가지기 전에는 말입니다.

이 책은 그러한 자신감은 모든 일에 자신을 숨기고 예스(yes)라고 대답하는 것이 아니라 노(no)라고 대답하는 사람이 되는 것으로부터 출발한다고 말합니다.

예를 들면 이런 겁니다.

회식자리에서 술을 권합니다. 술을 좋아하기는 하지만 이런 자리에서 술을 먹기는 싫습니다. 그럴 때 많은 직장인들이 이렇게 대답을 합니다. '제가 원래 술을 못 먹습니다'라고요.

하지만 그래서는 워라밸은 오지 않습니다. 그렇게 이야기해서 술을 안먹고 집에서 자기 시간을 가지면 워라밸이 올까요?

아니요. 그건 현실을 회피한 채 자기 위안을 하는 것에 그칠 겁니다. 어쩌면 그렇게 답하는 것은 여전히 우리가 중학생 수준에 머무르고 있다는 반증일지 모릅니다. 중학교 때 기억나시죠? 부모에게 거짓말을 하고 학교 끝나고 땡땡이를 칠 때 말입니다. 땡땡이를 치면서도 뭔가 찜찜한 기분 말입니다. 가만히 생각해보면 방과 후 급우들과 어울려 노는 것은 자연스러운 중학생의 권리일 텐데 말입니다.

지금은 술을 먹고 싶지 않다고 말하는 것! 그것이 진정한 워라밸의 시작이라고 이 책은 이야기를 합니다. 그리고 그 구절이 정말 마음에 듭니다. 모든 것에는 기회비용이 따르는 법. 그렇게 한다면 당신은 일단 직장 상사와의 관계는 나빠질지 모릅니다. 하지만 여러분의 워라밸을 위한 공간과 시간은 점점 늘어날 겁니다.

더구나 더 이상 술을 마시지 못하는 척을 할 필요도 없습니다. 시간이 흐른 후 여러분이 먼저 부장님께 다가가 "부장님 오늘 소주 한잔 사주십시오. 부장님과 한잔하고 싶습니다"라고 말해보십시오. 아마 잃었던 점수를 다 만회할지 모릅니다. 책은 그런 의미에서 이런 이야기를 덧붙입니다. 진정한 워라밸을 위해서는 자존감을 높이는 게 가장 중요하다고 말입니다.

어찌 보면 저자는 워라밸을 위해서는 개인이 변해야 한다는 걸 지나치게 강조하는 것처럼 보이기까지 합니다. 하지만 저자는 기업에게도 워라밸이 필요하다는 것을 놓치지 않고 지적합니다.

> "최근 기업들은 마치 유행가의 가사처럼 지속가능경영〈corporate sustainability management〉을 줄곧 주창하고 있다. 어떻게 해야 지속 가능경영이 가능한지는 모르겠지만 적어도 하나 확실한 건 기업들이 원하는 지속가능경영을 위해서는 기업의 구성원인 개인들에게 지속가능한 삶이 먼저 보장되어야 한다는 것이다.
>
> 내 삶이, 내가 속한 사회가 지속가능할 것이라는 믿음이 없는데 과연 그들을 기반으로 하고 있는 기업들이 지속가능한 경영을 할 수 있을까?
>
> 워라밸은 개인이 필요에 의해 만들어나가는 것이지만 결국에는 기업들의 정상적인 운영을 위해서도 반드시 필요하다."[3]

---

3 같은 책.

저자님! 멋지십니다.

독서법 ──────────────────────── *Reading method*

어렵지 않습니다. 쑥쑥 넘어갑니다. 직장을 다니는 분들이라면 공감하는 내용이 무척 많을 겁니다. 바쁘고 다 읽기 힘들다고 생각이 되도 4장만큼은 꼭 읽기 바랍니다. 4장의 제목은 '워라밸을 위해 바꿔야 할 작은 것들'입니다.

많은 자기 계발서들처럼 추상적인 말들을 하지 않습니다. 시간 관리 뽀모도로 기법을 소개한다든지 수면 시간을 현실적으로 늘리라든지 SNS 시간을 줄이고 녹색과 접하라 등 아주 현실적인 팁을 설득력 있게 제시하고 있습니다.

TIP

자칫 굉장히 부담스러울 수 있는 충고를 부담 없이 받아들일 수 있도록 말하는 법을 저자는 알고 있는 듯합니다. 아마 저자가 오랜 직장생활을 했기 때문일 겁니다.

저자는 자신을 생계형 인문학자라고 이야기합니다. 생계를 위해서는 자기의 주장이 무엇이냐 보다 자기의 주장을 어떻게 전달할 것인지가 더 중요하다는 것을 저자는 알고 있는 듯합니다. 워라밸을 다루고 있는 책 중 으뜸이라고 생각합니다.

우리 시대의 값진 감정들

『감정노동』

앨리 러셀 혹실드

여러분이 직장에 다니고 계시다면 아마 사회보험에 가입되어있을 겁니다. 사회보험은 흔히 4대 보험으로 대표됩니다. 아플까 봐 의료보험, 늙을까 봐 국민연금, 잘릴까 봐 실업보험 그리고 다칠까 봐 산재보험입니다.

이 중 산업발전과 아주 밀접한 보험은 역시 산재보험입니다. 전쟁에 나가는 병사를 생각해보십시오. 의료지원이 없다면 누가 용감히 싸우겠습니까? 당장은 의료지원 부대가 없는 것이 효율적으로 보일지 몰라도 전쟁에서 승리하기 위해서는 의료지원 부대가 필수적일 겁니다.

마찬가지로 산재보험은 산업발전을 위해 필수적인 보험입니다. 그래서 일반적으로 산재보험이 다른 어떤 사회보험보다도 먼저 실시됩니다.[4]

---

[4] 우리나라의 4대 보험제도의 시행년도는 다음과 같다. 산재보험(1964), 건강보험(1977), 국민연금(1988), 고용보험(1995).

그런데 현실에서는 다쳐도 보상을 받지 못할 때가 너무나 많습니다. 특히나 마음의 상처에 대한 보상은 더더욱 잘 이뤄지지 않는 것이 현실입니다.

세상에는 많은 직업들이 있습니다. 그중 가장 마음의 상처를 받기 쉬운 직업군의 사람들은 누구일까요?

말할 것도 없이 감정 노동자일 겁니다. 사실 감정 노동자라는 말이 등장한 것은 그리 오래된 일이 아닙니다. 아마 이 책을 읽으시는 대부분의 독자 분들은 학창시절에는 감정노동이라는 말을 들어본 적이 없을 겁니다. 얼마 전에 생겨나 지금은 아주 보편화된 단어입니다.

아무튼 우리는 보통 감정 노동자하면 고객을 응대하는 직업을 가진 사람들을 떠올립니다. 콜센터에서 일하시는 분을 생각하기도 하고요. 백화점에서 물건을 판매하시는 분을 생각하고는 합니다.

그런데 정확히 감정노동이란 무엇일까요? 당신은 감정노동을 하는 사람일까요? 아닐까요? 참 쉽지 않은 질문입니다. 택시 기사님과 버스 기사님을 생각해봅시다. 그분들을 감정 노동자라고 부를 수 있을까요? 그러기는 어려울 것 같습니다. 왜냐면 그분들이 서비스하는 것은 운전 서비스이지 감정 서비스가 아니기 때문입니다. 그렇다면 감정 서비스가 뭐냐고요? 너무 추상적이라고요? 아닙니다. 그냥 TV나 영화 속 배우를 생각하시면 됩니다.

영화배우가 무릎을 꿇고 사랑을 고백합니다. 이 배우는 진짜 사랑의 감정을 가지고 있는 걸까요? 아니지요? 그럴듯하게 그러한 감정을 가지고 있는 것처럼 연기를 하고 있을 뿐입니다. 우리는 이렇듯 가짜 감정을 상대를 위해 표현하는 일을 하거나 일하는 과정에서 이러한 표현을 주로 해야만 하는 사람들을 감정 노동자라고 합니다. 한마디로 슬프고 화가 나도 직장에서 미소를 지어야 하는 노동자를 말하는 것이지요. 그런데 가만히 생각해보면 예전에도 감정노동을 하는 사람들은 있었습니다. 그런데 왜 요새 들어서 감정노동이라는 표현이 부쩍 늘어났을까요?

그것은 바로 감정노동이 급속한 산업화 과정을 거쳐 하나의 기업자산이 되었기 때문입니다. 예를 들어 우리는 배우의 연기를 단순히 감정노동이라고까지 부르지 않습니다. 오히려 훌륭한 연기자라고 표현을 하지요. 그런데 그러한 연기들이 모여 산업이 되면 이제 그것이 감정노동이 되는 겁니다.

예전에도 사람들은 감정을 팔았습니다. 하지만 그전에는 그러한 감정을 한 기업의 자산으로 여기지 않았고 또한 개인은 언제든 그 감정 서비스를 중단하면 그만이었습니다. 그러나 이제는 꾸며낸 감정이 하나의 기업자산이 되었으며 기업이 한 구성원의 감정노동을 중단한다 해도 곧 다른 사람의 감정노동으로 대체되는 시대가 되었다는 겁니다.

대한항공이나 아시아나항공을 생각하시면 되지요. 주식시장에서 평가받는 대한항공의 자산 가치에 거기서 일하는 노동자들의 감정노동이 포함돼 있지 않겠습니까? 만일 대한항공 승무원들이 감정노동을 거부한다면 대한항공의 주가는 그날로 하한가를 기록할 겁니다. 이렇듯 감정노동을 제대로 이해하기 위해서는 감정노동을 기업이나 자본과 결부시켜 이해해야만 합니다. 책의 내용을 인용해보겠습니다.

"여러분, 근무할 때는 진심을 담아 웃어야 합니다. 미소는 여러분의

가장 큰 자산입니다. 나가서 그 자산을 활용하세요. 웃으세요. 진
심을 담아서 웃는 겁니다. 진심으로 활짝 웃으세요."[5]

조종사가 승무원들을 향해서 한 강연의 내용입니다. 여기 숨은 뜻을
가진 구절이 있지요. '미소는 여러분의 가장 큰 자산입니다'가 아니라 정확
히는 '여러분의 미소야말로 우리 회사의 가장 큰 자산입니다'라는 의미일
것입니다. 책에서는 또 이렇게 표현을 합니다.

"벽지를 생산해내는 데 있어서 벽지를 만드는 사람이 벽지를 좋아
하느냐 좋아하지 않느냐는 중요하지 않지만 감정 노동자에게는 그
감정노동을 좋아하느냐 좋아하지 않느냐가 중요하다."[6]

더 정확하게는 감정 노동자가 그 감정노동을 좋아하느냐 좋아하지 않
느냐보다 감정노동을 받는 사람으로 하여금 상대가 감정노동을 좋아서 하
고 있다고 믿게 만드는 게 중요하다는 겁니다.

다시 말해 식당에 가서 서비스를 받을 때 종업원이 친절하면 손님의
입장에서 기분이 좋을 것입니다. 하지만 그 서비스에 진짜 감동을 받는 순
간은 식당종업원이 손님을 대하는 것이 억지가 아니라 스스로 정말 좋아
서 한다고 느낄 때라는 겁니다. 그렇지 않나요?

제가 강의를 할 때도 마찬가지지요. 학생들이 진짜 좋아할 때는 제가

---

5 앨리 러셀 혹실드, 『감정노동』 이매진, 2009, 18쪽.
6 같은 책 20쪽.

친절하게 설명을 해줄 때이기도 하지만 저의 친절한 설명이 억지로가 아니라 진짜 내가 좋아서 한다는 느낌을 받을 때라는 겁니다. 제가 진짜로 좋아서 친절하게 설명하든 그렇지 않든 말입니다.

이 책은 그러한 감정노동에 종사하는 대표적인 직업을 대조시켜 책을 풀어나갑니다. 하나의 직업이 승무원이고 하나의 직업이 추심원입니다. 추심원이 왜 감정 노동자냐고요? 그는 회사가 대출해준 돈을 받아내기 위해서 자신의 기분과는 상관없이 항상 분노하고 격정적이고 혹은 무슨 짓이라도 저지를 듯한 감정을 드러내야 하니까요. 돈을 당장 갚지 않으면 그 자리에서 할복이라도 할 사람처럼 말입니다. 승무원이 항상 상대에게 환한 미소와 친절한 목소리를 제공해야 한다면 추심원은 상대에게 언제나 화난 표정과 겁박하는 목소리를 해야 합니다. 아주 다른 듯 보이지만 두 직업 모두 자신의 감정을 숨겨야 한다는 점에서 가장 대표적인 감정 노동자라고 할 수 있을 겁니다.

먼저 승무원부터 보겠습니다. 혹시 이 두 사진을 보고 누가 진짜 행복해서 짓는 미소인지를 구별할 수 있겠습니까?

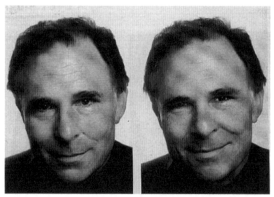

가짜 웃음　　　　진짜 웃음(뒤센의 미소)

유명한 '뒤셴의 미소(Duchenne's smile)'입니다. 뒤셴이라는 사람이 이 야기를 해서 뒤셴의 미소라고도 하고 다르게는 팬암의 미소라고 합니다. 팬암기의 승무원들이 짓는 미소라는 겁니다. 그만큼 승무원은 가장 대표 적인 감정 노동자일 겁니다. 책을 한 번 더 인용해보겠습니다.

> "유나이티드 항공의 어느 승무원은 이렇게 설명했다. "유나이티드 항공에서는 마 앤 파 케틀*Ma and Pa Kettle* 같은 사람들에게 어필하고 싶 어 합니다. 그래서 백인 아가씨들을 원하죠. 마*Ma* 같은 미국 아줌마 들이 자신을 뚱뚱하다고 느끼게 만들 만큼 예쁜 건 아니지만, 그렇 다고 파*Pa* 아저씨들이 만족하지 못할 정도로 평범하지도 않아야 합 니다. 이 시장은 계속 성장하고 있고 그래서 회사에서는 이 사람들 에게 어필하려고 옆집 소녀의 이미지를 이용하는 겁니다.
> 프렌들리 스카이스*Freindly Skies*라고 아시죠? 여기서는 주부와 아이 들에게 할인을 제공합니다. 이미지에 맞지 않는다고 생각하기 때 문에 몸매가 풍만한 여성들은 뽑지 않습니다."[7]

참 어렵습니다. 평범한 부부가 비행기를 탔을 때 승무원의 미모는 아 내의 질투를 가져오지 않으면서도 남편의 눈길을 만족시켜야 합니다. 거기에다가 아이들을 대할 때는 친절한 누나와 언니의 모습을 갖추어야 한다는 겁니다. 그게 유나이티드 항공사에 입사하는 지름길이라는 것이 지요.

---

7 같은 책, 130~131쪽.

미국과 같은 서구의 경우에는 노동조합의 발달이나 사회적 환경의 변화로 승무원에게 부여되는 감정노동이 많이 완화되었습니다만 많은 아시아 쪽 항공사에서는 오히려 강화되고 있는 듯합니다.

아래 싱가포르 국제항공의 광고를 볼까요. 가수가 나와서 노래를 부릅니다.

> *"싱가포르 아가씨 당신이 너무 아름다워서 나는 여기서 당신과 밤을 지새우고 싶어요."*

이번에는 싱가포르 항공사 사장님의 말씀입니다.

> *"저희 젊은 직원들은 서구식 교육을 받고 영어를 하면서도 서비스에서는 아시아인의 태도를 유지하고 있습니다."*

아시아인의 태도가 뭔지는 모르겠지만 아무튼 아시아인으로서는 참 기분 나쁜 광고입니다. 대한항공과 아시아나항공 이야기는 차마 하지도 못하겠습니다. 대한항공에는 아주 훌륭한 회장님 일가족이 있고 아시아나에는 훌륭한 회장님이 있으니까요. 대한항공 회장님 일가족 참 대단한 가족이지 않습니까? 한 가족의 이름을 이렇게 전 국민이 모두 안다는 게 쉽지 않은 일인데 말입니다.

이번에는 추심원입니다. 책의 내용을 조금 더 과장해서 말씀드릴게요. 어느 한 추심원의 이야기입니다. 출근했더니 상관이 웃으면서 이렇게 이야기했습니다.

"오늘 자네에 대한 항의가 아주 빗발쳐. 자네 보고 사람도 아니라고 하네. 고발하겠다고 난리야 난리. 정말 고생했어. 이제 진짜 자네가 추심의 세계에 눈을 떠가고 있는 것 같아서 다행이야."

이런 칭찬을 들은 추심원의 기분은 어떨까요? 추심원의 주된 업무는 고객의 자존심을 끊임없이 깎아내리는 겁니다. 추심원은 대금지급을 거부하는 고객에게 그러한 행위가 바로 당신이 얼마나 게으르고 도덕성이 낮다는 것을 보여주는 증거인지 아느냐고 끊임없이 주지시켜야 합니다. 심지어 그러한 발언을 하는 추심원에게 적개심을 갖도록 해야 합니다. 그래서 더럽고 치사해서라도 돈을 갚게 만들어야 한다는 겁니다. 아! 상대가 나에게 적개심을 갖도록 하는 직업이라니 생각만 해도 끔찍하지 않나요?

감정노동은 철학적인 의미에서는 좋은 노동으로 평가하기 어렵습니다. 왜냐면 감정노동은 그 노동을 행하는 사람이나 받는 사람에게나 유익할 수 없기 때문입니다. 감정노동을 하는 사람은 기본적으로 상대의 감정을 변화시켜야 합니다. 승무원은 상대의 감정을 편하게 추심원은 상대의 감정을 분노로 만들고자 노력을 합니다. 즉 알고 보면 감정노동의 대상자가 느끼는 감정은 대상자 스스로 만들어낸 것이 아니라 감정노동의 산물에 불과하다는 것이지요.

내가 비행기를 타서 기분이 좋아진 것은 승무원의 위장전술에 넘어갔기 때문입니다. 그래도 승무원의 미소는 계속되었으면 좋겠다고요? 그렇다면 당신은 아내와 남편에게도 그런 미소를 기대하나요? 어느 순간 당신의 배우자가 보낸 미소가 뒤센의 미소라면 당신은 어떤 기분이 들까요?

또 하나는 감정노동의 평가 주체가 자기가 아니라 타인이라는 점입니다. 나의 표정, 나의 말투가 어떨지에 대한 평가는 전적으로 타인에 의해서 결정됩니다. 그게 뭐 어떠냐고요? 그건 한마디로 퇴행을 의미합니다. 자신의 행동 평가를 자기가 아니라 끊임없이 남이 해주기를 기다리는 사람들이 있습니다. 누구냐고요? 바로 어린아이들입니다. 그들은 어떤 행동을 하고 나서 스스로 잘잘못에 대한 평가를 하는 것이 아니라 부모가 그 평가를 해주기만을 기다립니다. 왜 감정노동이 슬픈지 아시겠습니까?

승무원이 와서 여러분께 인사를 합니다. "안녕하십니까? 편안하셨습니까?" 그리고 여러분의 평가를 기다립니다. 평가하니까 기분이 좋다고요? 하지만 또 다른 어느 곳에서는 우리 자신이 승무원의 입장에 놓여 같은 행동을 하겠지요. 그리고 상대의 평가를 기다려야 할 겁니다. 참 웃픈 현실입니다.

이런 설문지 보셨지요?

'저희 회사의 서비스에 만족하십니까?'라는 질문이 있는 설문지 말입니다. 모두 아시겠지만 이 설문지에는 다음과 같은 의도가 있습니다.

만족하지 않으셨다면 우리 회사는 직원교육을 다시 시키고 그래도 안 된다면 그 사람을 해고하겠다. 더불어 이런 설문조사를 해야지 끊임없이 우리 회사 직원들이 긴장하고 좋은 서비스를 제공할 테니까 라는 것이죠. 여러분 혹시 이런 설문지를 고객에게 돌리고 있지는 않은가요?

아무튼 이 책은 감정노동의 양극단에 서있는 승무원과 추심원의 노동을 비교하면서 감정노동을 정의합니다. 그리고 그 감정이 어떻게 시장에서 상품화되었는지 어떻게 활용되고 있는지 따라서 그러한 상품화된 감정이 개인에게 어떤 영향을 미치는지 보여주는 감정노동에 대한 교과서적인 책이라 할 수 있습니다. 옮긴이의 말을 전하면서 이 책에 대한 이야기를 마무리할까 합니다.

　　"누군가에게 사랑한다는 고백을 듣고 싶으면 주저하지 마시고 114
　　에 전화를 하십시오. 그러면 '사랑합니다'라는 말을 들을 수 있을 겁
　　니다."[8]

독서법 ─────────────────────────── *Reading method*

저의 소개 글을 읽고서 책이 재미있을 거라고 생각하시면 큰 코
다치십니다. 이 책은 전형적인 사회학 책입니다. 사회학 관련 서
적은 재미있기가 힘듭니다. 왜냐면 아주 재밌을 법한 소재나 사
례를 전부 이론화시켜야 하기 때문입니다. 그리고 그것이 사회
학의 임무이기 때문이기도 합니다.

스포츠를 보는 것이 재밌지 스포츠 사회학 책을 보는 것이 재밌
기 어려운 것과 마찬가지입니다. 단 사회학 전공자나 사회학을
공부하고자 하는 사람에게는 필독서입니다.

TIP

감정노동 전부를 나쁜 것으로 몰고 가지는 않았으면 좋겠다는 생각을
합니다. 왜냐면 감정노동 역시 기본적으로는 노동입니다.
필요 없는 노동이 존재할 수 있을까요? 정신과 의사가 하는 노동 역시

----

8 같은 책, 305쪽.

철저한 감정노동일 겁니다. 거꾸로 정신과 의사가 고객의 감정에 맞추지 않고 자신의 감정을 노골적으로 드러낸다면 어떻게 될까요?

더 나아가 현대 사회를 살아가는 우리는 너무나 이미 지쳐있습니다. 가식적이어도 뒤센의 미소를 통해서 위로를 받는 것이 필요하지 않을까요? 한강대교에 누군가 붙여놓은 '한 번 더 생각해 보세요'라는 한 구절이 사람의 목숨을 구할 수 있는 것처럼 말입니다.

제자리걸음은 멈춤의 의미가 아닙니다

『4차 산업혁명이 막막한 당신에게』

박재용

화두라는 말이 있습니다. 원래는 불교 용어이지만 지금은 널리 한 시대를 설명할 수 있는 키워드로 사용되고 있습니다. 세월이 지난 뒤 평가한다면 2010년대 대한민국에서 최고의 정치적 화두는 촛불이었을 것이고요. 민족적으로는 남북관계 정상화였을 겁니다. 그리고 경제적으로는 단연 4차 산업혁명겠죠.

사실 4차 산업혁명이라는 단어가 미국을 비롯한 외국에서는 잘 쓰는 단어가 아니라서 유독 우리가 호들갑을 떨면서 쓰는 것은 아닌가라는 시각들이 존재합니다. 저자 역시 속으로는 4차 산업혁명이라는 용어가 널리 쓰이는 것을 불편하게 생각하는 듯합니다. 하지만 세상 사람들이 자장면을 다 짜장면이라고 하면 결국 짜장면도 표준말이 되듯 진실이라는 것은 진짜로 있었던 일일 수도 있지만 많은 사람이 오랫동안 그것을 진실이라고 믿어버리게 되면 진실이 되는 경우가 있습니다.

우리에게 4차 산업혁명은 그렇게 다가오고 있는 듯합니다. 그래서 저역시 최근 4차 산업혁명을 주제로 한 책을 집필했습니다.

아무튼 이제는 4차 산업혁명이 뭔지 모르고는 세상 살기 힘들다는 생각을 하게 되는 현실입니다. 서점에 가면 많은 4차 산업혁명 관련 서적이 있습니다만 외국의 저자가 쓴 책이나 한국의 저자가 쓴 책이나 너무 어렵고 산업의 일부분만을 다룬 책이 대부분이라 선뜻 어느 책을 집어 들지 망설이게 될 뿐입니다.

그런 면에서 이 책은 참 유익합니다. 책 제목이 말해주고 있지 않습니까? 4차 산업혁명이 막막한 당신에게 라는 말처럼 이 책은 4차 산업혁명이 무엇인지를 정확히 말해주는 책입니다.

왜 여러분들에게 4차 산업혁명이라는 말이 막막할 수밖에 없는지를 다룹니다. 그리고 이 책이 특히 주목하고 있는 부분은 4차 산업혁명이 가져올 결과에 대한 것입니다. 이에 대해 아주 구체적으로 설명과 대안을 제시해줍니다. 몇 개의 일자리가 언제까지 몇 개 사라진다는 식의 겁주기가 아닌 책입니다.

4차 산업혁명과 관련된 책을 낸 저로서는 이 책을 읽으면서 개인적으로 참 많은 생각을 했습니다. '이 저자분이 내 책을 읽어보았을까? 혹시 읽어보셨다면 어떤 생각을 했을까?' 같은 생각을 하면서 얼굴이 저절로 붉어졌습니다. 이 책의 저자분이 당연히 저보다 4차 산업혁명에 대해서 이론적으로나 기술적으로나 훨씬 더 높은 이해를 가지고 계시기 때문입니다.

수준 낮은 사람이 수준 높은 사람을 평가한다는 것이 우습기는 하지만 메시나 호날두를 평가하기 위해서 그들보다 축구를 잘해야 하는 건 아니라는 변명을 하면서 이 책에 대한 소개를 이어가겠습니다.

먼저 이 책이 갖는 장점은 역시 4차 산업혁명이 무엇이며 4차 혁명이 가져올 결과에 대해서 기술과학적인 접근만 하고 있지 않다는 겁니다. 이 책은 4차 산업혁명을 설명하기 위해 다소 생뚱맞을 수도 있지만 인간의 직립보행부터 설명을 시작합니다. 한마디로 역사적 접근 없이는 4차 산업혁명이 가져올 결과에 대해서 이야기하기 어렵다는 겁니다.

백 번 맞는 말씀입니다. 그래서 이 책은 전체 책의 반가량을 4차 산업혁명의 이전 역사에 대해 서술하고 있습니다. 산업혁명, 2차 산업혁명, 농업혁명 그리고 인터넷까지 주된 기술적 발전이 인류에게 어떤 결과를 가져왔는지를 차분히 설명함으로써 4차 산업혁명 역시 그러한 관점에서 보아야 제대로 이해될 수 있다는 점을 보여줍니다.

특히 그러한 역사적 고찰 파트의 마무리인 실직의 역사 편이 백미입니다. 대량실직을 만들어낸 기술은 알고 보면 대단한 기술이 아니라 사소한 기술인 경우가 더 많다는 겁니다. 젊은 분들도 어른들한테 들어서 예전에 버스 안내양이라는 직업이 있었다는 이야기를 들었을 겁니다. 손님에게 요금을 받고 거스름돈도 거슬러주고 버스 문을 닫고 열면서 기사에게 출발신호를 보내는 것을 직업으로 하던 분들입니다. 이분들이 많을 때에는 그 인원이 무려 5만 명에 달했다고 합니다. 이 5만 명의 버스 안내양을 없앤 기술은 무엇일까요?

현금으로 버스를 타고 통 안에 돈을 넣으면 기사님이 버튼을 누르고 잔돈이 나오잖아요? 버튼을 누르면 잔돈이 나오는 그 기술이 바로 5만 명의 버스 안내양을 실직으로 내몬 주범입니다. 더불어 기사님이 버튼을 누르면 저절로 열리는 자동문 장치가 있지요? 이게 공범입니다.

그러니 이름이 거창할 뿐이지 4차 산업혁명이 불러올 실업도 아주 간단한 기술에 의한 것임에도 불구하고 대실업의 재앙을 가져올 수도 있다는 것이지요. 그렇다면 저자의 논리에 따라 잔돈을 바꾸는 장치와 자동문이 열리는 장치는 누구를 행복하게 해주었을까요?

이전에 버스에는 세 종류의 구성원이 있었습니다. 손님, 기사 그리고 버스 안내양입니다. 하나씩 볼게요.

손님의 입장에서는 가격이 내리지 않은 상태에서 버스 안내양의 서비스를 받을 수 없게 되었으니까 좋아진 게 없지요. 일방적으로 나빠졌을 뿐입니다. 기사는 월급 인상 없이 잔돈을 거슬러주는 업무와 뒷문을 여닫는 업무가 생겼으니 노동 강도가 강해져 나빠졌고요. 마지막으로 버스 안내양은 실직이라는 슬픔을 맞이했으니 가장 큰 피해자입니다. 즉 사소한 기술의 발전이 버스에 있는 3대 주체인 기사, 안내양 그리고 손님 모두에게 피해를 주었다는 겁니다.

그럼 이득을 본 것은 누구일까요? 버스 운행과는 사실상 관련이 없는 그리고 아마도 버스를 타고 다니기보다 운전기사를 두고 자가용을 타고 다닐 것으로 추정되는 버스회사 소유주만 혜택을 보았다는 것이죠. 저자는 4차 산업혁명이라고 부르든 뭐라고 부르든 앞으로의 기술적 변화 역시 사소한 변화가 대량실업을 가져올 것이고 그 결과, 혜택은 오롯이 자본가가 가져갈 것이라고 이야기하고 있는 겁니다.

지금까지 4차 산업혁명을 다룬 책들을 크게 두 가지로 분류해볼 수 있습니다. 하나는 장밋빛 전망을 중심으로 서술하는 책입니다. 그 책들은 부정적인 전망을 보여줄 때도 있지만 그것보다는 가져올 효용을 더 크게 이야기합니다. 무인차가 실업을 발생시킬 수 있지만 무인차를 타는 사람들이 얻는 효용이 실업으로 인해 발생하는 고통보다 크다는 관점이고 더 나아가 그렇게 발생하는 실업은 새로운 일자리 창출에 의해서 커버될 수 있다는 논리입니다.

또 하나의 주장은 4차 산업혁명이 가져올 결과와 미래를 마치 영화 속 디스토피아의 모습으로 그려낸다는 점입니다. 둘 모두 양극단의 논리를 담고 있는 것에 불과하다고 생각합니다.

그러나 이 책은 4차 산업혁명이 초래할 문제를 아주 냉철한 혹은 부정적 시각으로 바라봅니다. 하지만 그 이유는 인공지능이 지능을 갖추어서 인류를 노예로 만들 거라는 식의 추상적인 논리가 아니라 역사적으로 과학기술이 인류를 어떻게 비참하게 만들었는지 그리고 지금의 과학기술 역시 어느 지점에 이르러서는 그렇게 될 거라는 것을 설명합니다.

4차 산업혁명에 대한 이 책의 시각은 책을 구성하는 소제목만 봐도 금방 알 수 있습니다. 한번 볼까요? 다음은 제5장 4차 산업혁명과 노동하는 당신 편을 구성하는 소주제들입니다.

>—혁신은 휴식이어야 만합니다. 하지만…
>—우리는 계속 장시간 노동을 하게 될 것이다
>—노동자를 갈아 넣는 건 4차도 마찬가지다
>—당신은 여전히 불행할 것이다 [9]

---

9 박재용, 『4차 산업혁명이 막막한 당신에게』 뿌리와이파리, 2018.

제목만 봐도 책 내용과 결론까지 짐작할 수 있을 겁니다. 물론 4차 산업혁명에 대해 비관적인 책들은 있었지만 이 책처럼 인문학과 역사적 관점으로 그리고 기술에 따른 변화를 하나하나 구체적으로 나열하면서 지적한 책은 제가 보았을 때는 처음입니다. 지금 현실에 만족하고 있는 자신에게 뭔가 자극이 필요하다고 느낀다면 꼭 이 책을 펼쳐보시기 바랍니다.

4차 산업혁명이라는 보이지 않는 그림자가 소리 없이 당신에게 다가와 마음에 가장 큰 상처를 줄지도 모르는 일이니까요?

 독서법 ——————————————— *Reading method*

이 책의 장점은 4차 산업혁명을 다른 책들과는 달리 아주 쉽게 기술하고 있다는 겁니다. 4차 산업혁명에 대해서 다른 기술적인 책들을 많이 읽으신 분들이라면 3장과 4장은 과감히 넘기셔도 됩니다. 대신 기존의 기술 혁명이 인간 사회를 어떻게 변화시켰는지 다루는 1, 2장과 4차 산업혁명이 노동자에게 줄 더 큰 슬픔을 다루는 5, 6장은 꼭 읽어보시길 바랍니다.

우리에게 4차 산업혁명이 행복을 줄 수 있을 것인가? 라는 질문에 저자는 답합니다. 어려울 것이라고요. 하지만 일하는 당사자들의 투쟁이 있다면 행복해질 수 있다고 저자는 강변합니다.

TIP

제 책과 관점을 비교하며 읽으시면 또 다른 재미를 느끼실 수 있을 것 같습니다. 아마 두 권 모두 읽으시면 저를 좌빨로 몰았던 일부 언론이 얼마나 잘못되었는지를 알게 되실 겁니다. 제가 얼마나 온건한지 아시게 될 테니까요. 하하하!

또한 제가 4차 산업혁명을 얼마나 긍정적으로 보는지도 알게 될 겁니다. 제 생각에는 기술발전이 많은 실업과 대량살상 같은 문제를 만든 것이 사실입니다. 하지만 그럼에도 불구하고 저는 기술의 발전이 결국은 인류의 삶을 놀라운 속도로 진보시켰다고 생각합니다. 그리고 앞으로도 그러할 것입니다.

최고의 일, 최고의 인생

『일』

기타오 요시타카 지음, 이정환 옮김, 중앙북스

❤◦◦◉◦◦❤

우리 인생의 대부분을 차지하는 직업을 선택함에 있어서 나를 먼저 알아야 하는 이유도 여기에 있다.

— 본문 132페이지

우리는 인생 대부분의 시간을 일을 하는 데 쓴다. 하루로 쪼개어봐도 직장에서 보내는 시간이 개인 시간보다 월등히 많다. 이러한 가운데 무엇을 위해 일하는가라는 질문을 스스로에게 했을 때 어떤 답이 머릿속에 떠오르는가? 미래를 위해, 자기 계발을 위해, 가정을 부양하기 위해 등 저마다의 이유로 일을 할 테지만 막상 정말로 그 일이 좋아서 하고 있는 사람은 발견하기 어렵다. 목적 없이 그저 관성적으로 일하는 경우가 굉장히 많다. 이 책은 그런 사람들을 위해 쓰였다. 책의 첫 장을 펼치면 이런 구절이 나온다. "세상에서 가장 즐겁고 행복한 것은 평생 지속할 수 있는 일을 갖는 것이다"

『일』의 저자 기타오 요시타카는 SBI 홀딩스 대표이자 혁신적인 사업가로 많은 사람들로부터 존경받는 인물이다. 그는 이 책에서 그의 경험에 비추어 우리가 일을 하면서 꼭 짚어봐야 할 항목들을 제시한다. 나는 지금 무엇을 위해 일하고 있는가 나는 회사에서 얼마나 행복한가 나는 내 일을 진심으로 즐기고 있는가와 같은 일을 하는 목적에 대한 심도 깊은 질문들을 던진다. 일에서 단지 보상만을 바라는 사람은 직장에서 행복할 수 없다고 지적하며 일을하는 태도에 관해서도 논한다.

직장은 일에 관련해서 자신의 전문성을 키우는 자리이자 인생에서 많은시간을 투자하는 장소다. 따라서 보상만이 아니라 보람도 느낄 수 있어야 한다. 내가 하는 일을 단순히 돈 버는 수단으로 여기지 말고 내 나름대로의 의미와 가치를 부여하면 일은 또 다른 내 삶의 길이 된다. 사람은 일을 통해 성장한다. 직장에서 내가 맡은 업무를 완료하기 위해 열심히 땀 흘리며 완수해냈을때 찾아오는 보람을 기억해야 한다는 것이다.

또한 저자는 이 책의 초반부터 인간학의 중요성에 대해 강조하며 사람이란 존재의 본질에 대해 파고든다. 그가 일과 인간학을 연결 짓는 까닭은 다음과 같다. 이 넓은 우주에 먼지와 같은 존재인 우리가 저마다의 존재 가치를 찾아가는 과정 중에 한 가지가 바로 일이기 때문이다. 무엇을 위해 일하는지 가치관을 세우려면 나의 마음속에 있는 것들을 들여다보는 것이 먼저다. 나의근본을 파악하는 일이 선행되어야 스스로가 하는 일에 의미를 부여하고 긍지를 기를 수 있다. 나아가서 개인적인 일에만 국한하지 않고 폭 넓은 관점으로일과 인생에 대해 바라보고 어떤 태도를 지녀야 하는지를 이야기한다.

아울러 저자는 "자기가 일종의 천명, 천직이라고 생각할 수 있는 일에 뛰어들어 그것을 즐기는 경지에 도달할 때까지 지속할 수 있다면 최고의 인생이"라고 이야기한다. 굳이 큰일이 아니더라도 자기 자신이 만족할 수 있는 일이라면 그것으로 족하다. 결국 삶의 보람은 다른 게 아니라 자기 자신에게 달려 있는 것이다. 우리가 일을 어떻게 생각하고 임하는가에 따라서 내가 하는 일이 숭고해질 수도 비천해질 수도 있다. 일과 개인의 삶 사이의 균형 워라밸을 중요히 여기는 시대에 나의 일 그리고 나의 사명이야말로 우리가 잊지 말아야 할 중요한 본질이 아닐까.

성공은 노력의 산물이다

『아웃라이어』

말콤 글래드웰 지음, 노정태 옮김, 김영사

❦⟨⟩❦⟨⟩❦⟨⟩❦

이 책은 키가 큰 나무 자체에 관한 것이 아니다. 이 책은 그 나무가 자라난 숲에 관한 책이다. 자 이제부터 기존의 생각을 와장창 깨뜨릴 준비를 하시라.

— 본문 33페이지

아웃라이어(Outlier)란 본체에서 분리되거나 따로 분류되어있는 물건 혹은 표본 중 다른 대상들과 확연히 구분되는 통계적 관측치를 뜻한다. 이 책에서는 이 의미를 반영하여 평범한 사람의 범위를 뛰어넘는 이들을 아웃라이어라 칭한다. 행동과 사고방식이 평범한 수준을 넘어서는 그런 사람들을 가리킨다. 세간에서는 이런 사람들을 두고 타고난 사람이나 특별한 부류라고 여기는데 저자는 그에 대해 새로운 통찰을 내놓는다.

저자 말콤 글래드웰(Malcolm Gladwell)은 『블링크』『티핑포인트』등 현대 사회에 대한 신선하고 독특한 분석을 담은 저서들을 출간한 저널리스트이다. 뿐만 아니라 그가 쓴 책 모두가 뉴욕타임즈 베스트셀러에 올라 21세기 가장 유명한 논픽션 작가로 칭송받고 있기도 하다. 이 책에서 저자는 각 분야의 정상에 오른 다양한 아웃라이어들의 성공 사례를 살펴보며 성공법칙을 소개한다. 하지만 기존에 알려져 있던 상위 1%의 부자들과 천재들의 성공 공식이나 가난한 환경을 노력으로 극복했다는 클리셰적 이야기를 하는 것이 아니라 그것들을 정면으로 반박한다.

그동안 성공한 사람들과 보통사람들과의 차별점으로 언급됐던 선천적 재능, 타고난 직관력, 우월한 신체조건, 높은 아이큐 같은 요소들은 존재하지 않는다고 강력히 주장한다. 그들은 무엇에 타고난 사람들이 아니라 성공의 기회가 왔을 때 이를 놓치지 않은 사람일 뿐이라는 것이다.

저자는 그들의 성공 요인을 다음과 같이 분석한다. 첫째, 시대와 환경이다. 만약 빌 게이츠가 그 시기에 태어나지 않았다면 대성할 수 있었을까? 그는 자신이 속한 시대와 문화를 제대로 헤아리고 컴퓨터 산업에 뛰어들었기 때문에 성공할 수 있었다. 둘째, 가정환경이다. 책에서 소개하는 랭건과 오펜하이머는 각각 빈곤층과 중산층이라는 형편의 차이가 있는 뛰어난 천재들이었다. 허나 후에 랭건은 시골 목장의 일꾼이 되었고 오펜하이머는 과학자가 되었다. 그들의 부모가 형편에 따라 가정교육을 달리했기 때문이었다. 이는 적재적소에 적극적으로 자신의 의견을 피력하는 실용지능이라는 아주 중요한 능력이 발달했는가 아닌가의 차이로 이어진다. 랭건은 자신의 생각을 자신 있게 말하지 못하는 반면 오펜하이머는 자신의 생각을 제대로 말할 줄 알았다. 셋째, 문화적 유산이다. 쌀농사를 짓는 아시아인들이 특유의 성실함으로 학업적인 면에서 높은 성취를 이루는 것처럼 문화적 습관이 사람의 특질에 영향을 끼친다는 것이다. 저자는 여기에 지독한 노력이 더해졌을 때 마침내 아웃라이어로 거듭날 수 있다고 단언한다.

"성공은 대개 보통사람이 30초 만에 포기하는 것을 22분간 붙잡고 늘어지는 끈기와 지구력 그리고 의지의 산물이"며 누구나 자신이 속한 분야에서 하루에 세 시간씩 10,000시간을 투자하면 그 분야를 마스터하고 아웃라이어가 될 수 있다는 조건을 제시한다. 단 그 시간동안 엄청난 집중력을 바탕으로 반복했을 때만 그 반열에 오를 수 있는 통찰이 생겨난다는 것이 이 책의 핵심이다.

빛나는 지성의 힘

『지적자본론』

마스다 무네아키 지음, 이정환 옮김, 민음사

❮❯⟨❀⟩❮❯

당신이 누구든, 어디에 있든, 어떠한 일을 하든, 기획자가 되어라. 디자이너가 되어야 한다. 그리고 자유롭게 살아갈 각오를 하라.

—본문 중에서

일본의 츠타야 서점은 우리가 알고 있던 기존의 서점들과는 무언가 다르다. 먼저 그 서점의 위치부터 다르다. 츠타야 다이칸야마 지점은 도쿄에 있기는 하나 젊음의 거리라고 불리는 시부야와는 거리가 떨어진 주택가에 자리하고 있다. 우리나라의 서점들을 떠올려보면 대부분 유동인구가 많은 목 좋은 곳에 서점을 여는데 츠타야 서점은 일부러 이를 피했다. 여기에 츠타야 서점만의 차별점이 있다. 서점 소비자 타깃을 은퇴 후 생활을 즐기는 여유로운 시니어 층으로 잡은 것이다. 서점 내부 또한 그들이 좋아할 만한 모던하고 고급스러운 디자인으로 꾸며 조용하고 편안한 분위기를 연출했다.

그리고 또 한 가지 다른 점은 제품의 진열 방식에 있다. 기존의 서점들이 책이 속한 분야에 따라 책을 진열한다면 츠타야 서점은 라이프스타일이라는 독특한 기준으로 책을 구분하고 진열한다. 예를 들어 요리라는 키워드를 정한다면 요리를 주제로 한 소설, 실용서, 에세이, 인문, 자기계발 분야의 책들을 한데 모아놓는다. 심지어 요리 도구, 식기, 식재료까지 함께 판매한다. 단순히 책을 판매하는 게 아니라 책 그리고 라이프스타일의 큐레이션 공간인 이 서점의 특성은 고객이 원하는 경험을 제공한다는 데 빛나는 지점이 있다. 사람들은 이 특이한 방식에 열광했고 츠타야 서점은 명소가 되었다.

하지만 엄연히 서점이라는 이름을 갖고 있는 이곳에서 기존 서점들의 틀을 벗어난다는 게 어쩌면 위험해보이기도 하는 게 사실이다. 게다가 서점의 담당자들이 일일이 책의 내용에 대해서 파악하고 그 키워드를 어떠한 라이프스타일로 한데 묶을 것인지도 고민해야 하기 때문에 매번 어려움이 있을 수도 있다. 『지적자본론』은 기존의 서점 시스템 안에서 새로운 아이디어를 고안하고 실제로 사업에 적용한 츠타야 서점의 수장 마스다 무네아키의 경영과 기획에 대한 철학을 담은 책이다.

마스다는 세상에는 빠르게 변화하는 것과 느리게 변화하는 것이 있는데 그것의 격차가 심해지면 문제가 발생한다고 봤다. 지금의 시장과 소비문화는 모든 제품과 성능이 상향평준화에 이르렀고 그 공급 또한 포화상태이니 충분한 변별력을 갖추지 못한다면 소비자들의 눈에 띌 수 없는 구조에 이르렀다. 따라서 마스다는 어디서, 어떻게, 어떤 방식으로 제품을 소비자에게 제공하는지가 중요하다는 판단을 했다. 그리고 여기에 제안을 더했다. 소비자들의 욕구와 생활방식을 파악하여 그에 꼭 맞는 제품을 미리 선별하여 추천하는 것 말이다. 그는 바로 이 부분에서 소비자의 생각을 분석하고 수용하여 그것을 바탕으로 기획을 생산하는 지적 능력 즉 지성이 필요하다고 강조한다.

그렇다면 이 지성을 어떻게 실제 서점에 적용할 수 있었을까? 기존 서점의 책 진열 방식은 사실 소비자보다는 판매자의 편의를 고려한 것에 가깝다. 대부분 소비자들은 책을 구매하기 위해 서점에 방문하는 일보다는 흥미로운 책이 있는지 둘러보고 싶어서 가는 경우가 많다. 책 진열 방식이 과연 이 욕구를 충족시키고 있을까? 마스다는 이 물음을 중점으로 서점이라는 공간을 라이프 스타일을 제안하는 곳으로 재정의했다. 마스다는 "소비자로부터 생각해보니까 이 기획은 선택이 아니라 필연이었다"고 말한다. 그의 말은 자본이 될 수 있는 지적 능력에 대한 시야를 확장시켜준다.

마음을 다독이는 시간

『지키겠습니다, 마음』

김종달 지음, 웨일북

<figure>←◦◦◎◦◦→</figure>

상처 입은 마음을 지킬 수 있는 방법에 대해 당신에게 이야기해주고 싶다. 먼저 당신은 상처가 더 깊어지지 않도록 응급처치를 받아야 한다. 이를 위해 외상을 입히는 상사와 내상을 입히는 착각에 대한 대처법을 소개할 것이다.

— 머리말 중에서

번아웃 신드롬(Burnout Syndrome)이란 어떤 일을 하는 중에 열정과 성취감을 잃어버리는 증상의 통칭이다. 번아웃에 빠지면 극심한 정신적·육체적 피로를 동반하며 탈진과도 같은 상태에 이른다. 한자로 소진(消盡)과 그 의미가 통한다. 본래는 정신건강센터에서 일하는 사람들이 느끼는 탈진 현상을 설명하기 위해 사용하기 시작한 용어이다. 시작은 간호사, 사회복지사 등 감정 노동자에 대한 연구에서 비롯한 단어이지만 2010년부터는 직장인이 흔히 느끼는 피로감과 무기력을 설명하는 말로 상용되고 있다.

『지키겠습니다, 마음』은 직장에서 일과 사람에게 치여 힘들어 하는 이들이 스스로의 마음을 다독이고 지킬 수 있는 방법에 대해 소개한다. 이 책을 쓴 저자 김종달은 매일 아침 대중교통에서 몸을 구기고 출근해 점심엔 뭘 먹을지 고민하는 평범한 10년 차 직장인이다. 달대리로 불렸던 때부터 야근과 업무의 연장선인 회식이나 상사와의 관계에서 마음을 다치는 줄도 모르고 일만 했다고 한다. 시간이 흘러 돌아보니 상처투성이인 자신을 발견하고 똑같은 삶을 살고 있는 동료들이 눈에 들어오기 시작했고 그들을 위로하고 마음을 지킬 수 있는 현실적인 해결책을 주기 위해 이 책을 썼다고 한다. 이러한 그의 진솔한 마음이 책 곳곳에 묻어있기 때문에 큰 공감을 자아낸다.

만약 우리가 일 속에서 고통받고 있다면 그 고통은 일 자체에 있는 것이 아니라 일에 대한 판단 때문이라고 저자는 이야기한다. 업무나 상사와의 관계로 인한 스트레스에 내가 어떻게 대처하는지 그것을 떨쳐버리지 못 하고 떠안고 있어 스스로의 마음을 괴롭히는 건 아닌지 점검해보라는 것이다. 저자는 이를 마음관리라고 칭하며 이와 관련한 실질적인 해결법을 제시한다.

일을 하면서 스스로에게 해봐야 할 질문은 상사와의 갈등이 있느냐가 아니고 상사와의 갈등을 잘 풀어가고 있느냐가 되어야 한다고 저자는 말한다. 갈등이 없는 상태란 없기 때문에 답은 갈등을 어떻게 풀어갈지 그 방향성에 의의를 두어야 한다는 것이다. 또한 당장의 갈등을 해결한다 해도 끊임없이 새로운 환경과 사람을 마주하며 새로운 갈등이 생길 것이니 계속 마음을 다져야 한다는 것이 마음관리의 목적이다.

저자는 마음관리를 발판 삼아 실무에서 적용할 수 있는 직무 방법도 제시한다. 먼저 온갖 일을 떠맡기는 상사로부터 자신을 지킬 방법으로 직무설계와 임기 설정을 이야기하는데 어떤 업무를 하든 자신의 역할과 일정을 정확히 설정하라는 의미이다. 또한 많은 일을 동시에 하는 만큼 사전에 일정을 충분히 협의하는 것이 필요하다고 조언한다. 일의 기한을 너무 길게 잡거나 반대로 너무 짧게 잡는다면 어느 쪽이든 지치기 쉽기 때문이다.

권한은 없는데 책임이 무거우면 힘들어진다. 내가 감당할 수 있는 책임은 확실히 지되 아니라면 어렵더라도 현명하게 대처할 방법을 찾아야 한다. 저자는 이렇게 이 책을 읽는 모든 이들이 마음을 지키는 법을 항상 기억하고 자신의 길을 걸어나가기를 진심으로 응원한다.

『실어증입니다, 일하기 싫어증』

양경수 지음, 오우아

❧━━◈━━❧

마르고 건조했던 내 삶이 어느덧 축축하게 늘어졌네. 내 일이 좋았던 적 언제였나, 내 일이 기다려진 적 언제였나.

— 머리말 중에서

인터넷에서 이런 글을 본 적 있다. 취준생 시절에는 직장인들이 점심시간에 테이크아웃커피를 들고 환하게 웃고 있는 모습이 아니꼬웠다고. 그런데 직장인이 되어보니 그들이 왜 그렇게 환하게 웃는지 알겠더란다. 그들은 그냥 사무실 밖으로 나왔다는 사실이 좋았던 것이다. 『실어증입니다, 일하기 싫어증』세 번째 장 '점심시간_ 밖에 나오니까 참 좋다'에서도 비슷한 내용을 볼 수 있다. 이 밖에도 '출근_ 우리 존재 파이팅!', '오전근무_ 시발업무始發業務', '야근_ 긴 하루가 가네. 난 또 집 못 가네', '주말_ 워어어어얼화아아아수우우모옥금'처럼 직장인의 일상과 애환을 녹여낸 재기 발랄한 글과 그림으로 직장인들에게 속 시원한 사이다를 선사하는 책이다.

저자 양경수는 SNS상에서 그림왕양치기라는 예명으로 직장인, 대학생, 아기엄마 등 일반인의 삶을 주제로 한 그림들을 게재하여 큰 공감을 이끌어낸 현대미술 작가이다. 그는 힐링이라는 말을 좋아하지 않는다고 한다. 정말 힘든 사람에게 참고 견디면 괜찮아질 거야, 힘내 라는 말을 건네는 것보다는 힘든 일에 대해 허심탄회하게 이야기해보자는 취지로 한컷 그림을 시작했다고 한다. 이런 생각은 그가 삽화를 그린『아, 보람 따위 됐으니 야근수당이나 주세요』에서도 고스란히 드러난다. 그 책 또한 직장인들에게 열렬한 환호를 받았다.

그의 삽화에서 흥미로운 점은 등장하는 직장인들 모두 언제나 웃고 있다는 것이다. 이는 회사에서 항상 긍정적인 자세로 만면에 미소를 머금은 얼굴을 해야 하는 현실 직장인의 모습을 그대로 반영한 그림이다. 이 때문에 상사와 함께 환하게 웃고 있는 직장인 삽화는 어딘지 씁쓸한 자조처럼 느껴지기도 한다.

책을 보며 깔깔대며 웃다가도 "남들과 다른 삶을 살기 위해 오늘도 난 남들과 같은 삶을 사네"와 같은 문장을 마주할 때면 가슴 한 구석이 애잔해진다. 직장인의 하루하루가 똑같아보여도 그 한 사람 한 사람의 하루치 마음을 들여다보면 품고 있는 것들은 제각각이다. 인생의 목표, 가치관, 비전 등 저마다 다채로운 색깔을 지니고 있다. 그 다양성을 무시하고 획일화된 일의 노예로 만들려는 세태를 바로 이 책에서 풍자하는 것이다. 그리하여 이 책의 제목이기도 한 일하기 싫어증이라는 장난스러운 말을 다시 보게 하고 그 속뜻을 곱씹게 한다.

사람들이 어느 순간 시간이 빨리 간다고 느끼는 이유는 일상이 특별한 일이 하나 없이 일상이 흘러가고 반복되기 때문이라고 한다. 어제 같은 오늘 오늘 같은 내일을 보내는 까닭에 그렇게 체감하는 것이다. 꼭 내 마음을 대변하는 것 같은 이 책을 보며 내 하루에 잠시나마 웃음 지을 수 있는 특별한 순간을 만들어본다.

이 책에 서려있는 단순한 진리를 보라

『데일 카네기 인간 관계론』

데일 카네기 지음, 정택진·강성북 옮김, 리베르

❖❖◈❖❖

이 책은 마치 아이가 자라듯이 자라났다. 이 책은 새로운 의미의 실험실에서 성인 수천 명의 경험 속에서 자라나고 성장했다.

— 서문 중에서

『데일 카네기 인간 관계론』은 데일 카네기(Dale Carnegie)가 말하는 인간 관계라는 본질과 핵심이 들어 있는 책으로 자기계발서의 고전 중의 고전이라 말할 수 있다. 출간된 지 아주 오랜 시간이 지났음에도 불구하고 많은 이들이 곁에 두고 읽는 바이블과 같은 책이다. 이와 함께 데일 카네기가 펴낸『자기관리론』『성공하는 대화론』은 인간의 삶의 가장 중요한 본질을 다룬다는 면에서 불후의 3부작으로 손꼽히고 있다.

카네기의 책은 어떻게 이렇게 오랜 시간 사랑받았을까? 가장 큰 장점은 바로 단순함에 있다. 이런저런 지식을 나열하거나 돌려 말하지 않고 명쾌하게 핵심만 짚으면서 인간관계와 같은 복잡한 삶의 문제들을 쉽게 풀어나갈 수 있는 방법을 제시한다.

처음에 카네기는 그가 교사와 세일즈맨으로 일하면서 쌓은 노하우를 사람들에게 소개하는 화술 강의를 했다. 사람들이 비즈니스 인터뷰를 할 때 보다 명확하게 자신의 생각을 말하고 어필할 수 있도록 돕고자 함이었다. 시간이 지나면서 그는 비즈니스를 잘하려면 매일 직장 생활에서 마주치는 사람들과 좋은 관계를 유지하는 것이 바탕이 되어야 한다는 걸 깨닫고 인간관계에 대해서도 논할 필요성을 느꼈다.

그러나 당시에는 인간관계를 잘하는 법을 다루는 책도 이론서도 없어서 그는 그것에 대해 직접 연구하고 기술을 축적해야 했다. 15년간 연구와 실험을 이어온 끝에 실질적으로 인간관계에서 도움이 될 원리와 방법들을 정리하고 그 정수를 담은 책을 발간했다. 그게 바로 이 책이다.

인간관계론은 하나의 조직 내에 있는 사람들의 태도·가치관·감정 등 인간의 사회심리적 측면에 초점을 맞추어 조직 내의 사람들이 어떻게 서로 상호작용을 하고 어떻게 조직에 영향을 미치는가를 원리로 한다. 이 분석을 통해 사람들과 좋은 관계를 유지하는 방법과 그것을 자신에게 긍정적인 작용으로 환산하는 방법을 고안해낸 것이다.

카네기는 이 책에서 에이브러햄 링컨을 한 예로 들고 있다. 링컨은 인류 역사상 인간의 마음을 가장 잘 움직인 사람이라고 평가받는 인물이다. 카네기는 이러한 링컨의 성정에 흥미를 느끼고 그가 사람을 다루는 방법에 대해서도 연구했다. 재미있는 사실은 사실 링컨도 다른 사람을 비난하기를 즐겼다는 것이다. 젊은 시절의 링컨은 다른 사람을 조롱하는 편지나 시를 지어 당사자에게 보내거나 신문에 상대방을 공격하는 원고를 투고하기도 했다. 그러다 큰 싸움에 휘말리게 된 것을 계기로 신랄한 비판으로만 여겼던 자신의 말들이 무의미했다는 걸 깨달았다. 그 뒤로 남을 질책하는 일은 그만두고 다른 사람의 입장을 헤아리는 법을 훈련하여 대통령의 자리까지 올랐다. 이 이야기는 카네기가 제시한 상대방을 설득하는 열두 가지 방법 중 하나인 '상대방의 견해를 존중하라. 결코 당신이 틀렸다고 말하지 마라'와 맞닿는 내용으로 큰 깨우침을 준다.

"주변에 있는 누군가를 변화시키고 개선시키고 싶은가? 그럼 그렇게 하라. 좋은 생각이다. 나도 적극 찬성이다. 그런데 그것에 앞서 자기 자신을 먼저 개선하는 게 어떤가?" 카네기는 자신 먼저 돌아보는 것이 인간관계의 첫 걸음이라고 말한다.

A book is a gift you can open again and again

예전에 지하철에서는 종종 젊은이들이 조용히 다가와 '기(氣)를 아십니까'라고 묻고는 했습니다. 어떤 특정 신흥 종교집단에서 포교 활동으로 쓰던 방법입니다. 아무튼 그냥 질문 하나 드려보겠습니다. 기(氣)란 무엇일까요? 사실 어려운 질문 같지만 우리 일상에서는 굉장히 많이 쓰이는 단어입니다. 공기(空氣)라는 말 많이 쓰지요? 그때 공기의 의미는 기가 없다는 뜻입니다. 왜냐면 공기는 지금의 과학으로는 그 안에 수소와 산소가 있다는 것을 알아냈지만 예전에는 아무것도 없는 공간으로밖에 이해할 수 없었을 겁니다. 그러니 기조차 그 안에는 없다는 뜻이었을 겁니다. 콜록 콜록 감기(感氣)는 기가 떨어졌다는 것이고요, 열기(熱氣)는 기가 뜨거워졌다는 뜻입니다. 그것을 넘어 광기(狂氣)는 기가 정상적으로 돌아가고 있지 않다는 것이고요. 통기(通氣)는 기운이 서로 통했다는 뜻입니다. 환기(換氣)는 기운을 새롭게 바꾸었다는 뜻이고요. 도대체 저놈의 '기'라는 것의 정체는 무엇일까요?

이처럼 알 듯 말 듯 눈에 보일 듯 말 듯한 존재에 대해서는 정의하기가 더 어려운 법인 것 같습니다. 예를 들어 얼음은 화학적으로 산소와 수소의 결합물인 물(H_2O)이 0℃ 이하의 상태에서 고체 상태로 변하여 일정한 구체적 형태를 띤 결정체를 말합니다. 어려워 보일지 몰라도 어쨌든 정의는 할 수 있습니다. 그런데 마음은 어떨까요? 도대체 이놈의 새끼의 정체는 무엇일까요? 마음이란 게 무엇인지 참 너무나 어렵고 어렵습니다.
마음을 구글에 쳐보았습니다. 사람이 사물에 대해 어떤 감정이나 의지 생각들을 느끼거나 일으키는 작용이나 그 상태랍니다. 그래서 아마 인공지능은 절대 사람처럼 될 수 없을 겁니다. 만약 인공지능에게 "인공지능아, 내 마음이 아파"라고 호소한다면 인공지능은 "당신은 지금 사물에 대해 어떤 감정이나 의지, 생각들을 느끼거나 일으키는 작용 그 상태가 불규칙적이거나 좋지 않다"고 이야기할 테니까요.

자 이제 인공지능은 알 수 없는 우리의 마음을 찾아 떠나 봅시다. 도대체 이 마음은 무엇일까요?

2장

마음이 궁금하다면
멀리 그리고
더 가까이 보라

A look is a gift you can open again and again

I took it a gift you can open again and again

꿈속을 걷는 감정, 꼭꼭 숨어버린 이성

『아내를 모자로 착각한 남자』

올리버 색스

마음에 대한 정의처럼 추상적인 것도 참 드물 겁니다. 마음이 아프다는 말부터 그렇습니다. 아프다는 것은 통증이고 통증은 물질로 구성된 신경 작용인데 어떻게 구체적인 실물이 없는 마음이 아플 수 있을까요? 마음처럼 보이지 않고 추상적인 것도 없을 것 같습니다.

자 그런데 가만히 생각해보면 인간은 다른 동물과 달리 이성적 존재인데다 과학이라는 무기를 가지고 있습니다. 인간에게 있어 과학은 보이지 않고 알 수 없는 추상의 영역을 구체적인 사실의 영역으로 끌어내는 것 아닐까요? 이성에 기반한 과학을 통해 마음도 살짝 들여다볼 수 있지 않을까요?

인류는 어느 순간 이런 생각을 했겠죠? 물이란 무엇일까? 우리 주변에 너무나 흔한 물에 대해서 궁금증이 생겼을 겁니다. 어쩜 이렇게도 고마운 존재가 있을까? 투명하고 맑고 깨끗한 존재. 우리가 생존하기 위해서는 없어서는 안 되는 존재인 동시에 언제나 아래로 흐르는 존재. 온도가 떨어지면 단단해지고 온도가 올라가면 공기 중으로 사라지는 놀라운 존재가 바로 물입니다. 이런 존재는 당연히 신이 아니면 만들 수 없는 것 아니겠습니까?

그러나 근대 과학은 그 존재의 정체를 밝혀내기 시작합니다. 놀랍게도 물은 독자적인 성분이 아니라 수소와 산소의 결합물이라는 것이 밝혀집니다. 지금은 너무나 당연하게 여겨질지 모르지만 당시에는 정말 까무러칠 일이었습니다. 세상에나 물이 물이 아니라 수소와 산소의 결합물이라니 말입니다. 그것도 수소 2개와 산소 1개가 모인 거라니 말입니다.

그런데 점차 세월이 지나면서 이제는 누구나 의심하지 않고 받아들입니다. '그래 맞아 물은 산소와 수소의 결합물이야'라고 말입니다. 그러한 인식의 전환으로부터 인류는 커다란 발전을 이룩합니다. 댐을 만들고 정수기를 만들고 상수도와 하수도를 건설하고 심지어 인공강우를 만들어냅니다. 그것이 인류입니다. 그렇다면 우리 마음의 정체도 과학이 알아내지 않을까요?

몸에 난 상처를 치유하기 위해서는 그 상처가 어느 부위를 어떻게 망가뜨렸는지를 알아야 합니다. 그러지 않고 상처를 치유한다는 것은 대중요법에 불과하기 마련입니다. 마찬가지로 마음의 상처를 치유하기 위해서는 무엇이 마음의 어떤 부위를 어떻게 망가뜨렸는지를 알아야 할 겁니다. 그러기 위해서는 도대체 마음이란 구체적으로 무엇이며 또 무엇으로 구성되어 있는지를 알아야겠지요.

인간의 마음이 무엇인지 최초로 과학의 잣대를 들고 접근한 사람이 있습니다. 바로 프로이트입니다.

프로이트를 모르시는 분은 거의 없을 겁니다. 프로이트의 가장 유명한 책으로는『꿈의 해석』이 있습니다. 이 책을 보면 인간의 마음을 분석하기 위한 과학적 시도가 돋보입니다.

임상 심리를 시도하고 그 결과를 가지고 사람의 마음을 설명해 나갑니다. 그 과정에서 프로이트는 인간의 마음을 알기 위해서는 그 사람이 꾸는 꿈을 알아야 하고 꿈속에 내재된 성에 대한 욕망을 이해하는 것이 중요하다고 말했습니다.

물을 결합물로 설명해낸 자연과학이나 인류의 역사를 계급투쟁이라는 과학의 법칙으로 설명해내고자 한 마르크스처럼, 프로이트는 인간의 마음을 꿈을 통해 분석하려고 하였습니다. 그리고 그 꿈의 본질을 내재된 성에 대한 욕망의 분출로 표현했습니다.

안타깝게도 프로이트가 주창했던 이야기는 지금은 비과학으로 받아들여지고 있습니다. 꿈을 통해서 인간의 마음을 알 수 있다는 논리나 성에 대한 욕망이 인간의 발전단계를 결정한다는 논리는 사실상 과학의 세계에서는 이미 배제된지 오래입니다.

하지만 프로이트의 주장은 지금도 심리학의 대전제를 구성하고 있고 인간의 마음을 이해하기 위한 기초적인 이론이 되었습니다. 프로이트가 인간 심리를 파악하는 데 있어 가장 큰 기여를 한 부분을 크게 두 가지로 나눠볼 수 있습니다. 하나는 인간의 마음에는 우리가 인지하고 있는 의식뿐만이 아니라 미처 인지하고 있지 못한 무의식까지 포함된다는 점입니다. 또 다른 하나는 이러한 무의식이 그냥 생겨난 것이 아니라 한 개인이 어렸을 때부터 가졌던 개인적인 역사성에 기인한다는 겁니다.

예를 들어 한 여인에게 두 남자 중 한 남자를 선택해야 하는 상황이 주어졌다고 가정해봅시다. 한 명은 멋진 스타일이고 다른 한 명은 듬직한 스타일입니다. 친구들은 그 여인이 멋진 스타일의 남성을 선택할 거라고 생각했지만 그 여인은 듬직한 스타일의 남자를 데이트 상대로 선택을 합니다. 이 경우 우리는 그 여인의 의식이 자발적이고 주체적으로 결단을 내린 것이라고 생각하기 쉽지만 사실은 꼭 그렇지 않다는 겁니다. 알고 보면 듬직한 남성을 선택한 이유가 어렸을 때 아버지가 가정에 충실하지 않아서 경제적으로나 심리적으로 굉장히 불안한 삶을 살았던 것이 그 여자의 무의식 속에 내재되어 있었기 때문이라는 것이지요.

즉 살면서 개인이 경험하고 축적해온 무의식이 인간의 마음 안에 자리잡는다는 것입니다. 그리고 보이지는 않지만 그것이 우리의 행동을 결정한다는 겁니다. 따라서 상대의 마음을 이해하기 위해서는 상대의 내면에 존재하는 무의식과 그 무의식이 형성된 과정을 알아야 상대의 마음을 읽을 수 있습니다. 그것은 상대만이 아니라 나를 이해하기 위해서도 꼭 필요한 것이지요.

눈을 감고 한번 생각을 해볼까요. 내가 살아온 과정에서 형성된 무의식의 특징은 무엇일까? 나의 무의식은 다른 사람과 어떤점이 다를까? 이렇게 말입니다.

『아내를 모자로 착각한 남자』라는 책 제목을 보고 많은 분들이 설마 정말 아내를 모자로 착각한 이야기일까? 라는 의문을 가지실 겁니다. 저도 역시 마찬가지였고요. 마치 소설 제목 같다는 생각을 했습니다.

그런데 진짜 그런 이야기입니다. 작가 올리버 색스는 정신과 의사입니다. 그리고 이 책은 여러 특이한 환자를 만나서 상담하고 진료했던 이야기를 담은 일종의 진료기록부입니다.

아직도 자기가 20대인 줄 알고 살아가는 50대 남성의 이야기, 몸이 기울어져 있는데도 스스로는 바로 서 있다고 생각하는 맥 그레서 씨의 이야기, 88번째 생일 때 잠복했던 매독균이 발병하여 젊은이들처럼 활력을 찾은 나타샤 K 할머니 이야기 등 정말 기묘하면서도 특이한 정신병자들의 진료 기록으로 가득합니다.

그 첫 번째 진료 기록부의 대상자는 바로 아내를 모자로 착각하고 아내를 집어서 자기 머리에 쓰려고 하는 P라는 환자입니다.

웃기다고 생각할 수도 있지만 사실 책을 읽다보면 조금은 끔찍한 내용입니다. 오랫동안 유명한 성악가로 활동하였고 지금도 멋지게 피아노를 연주해내는 음악교사이자 멋진 노신사인 그가 가끔 자신의 발을 신발로 착각을 하고 자신의 아내를 모자로 착각을 하는 겁니다.

수업은 훌륭하게 해내고 있지만, 영화를 보면서 거기에 출연하는 배우의 얼굴 표정을 전혀 읽지 못합니다. P의 문제는 무엇일까요? P씨는 모든 사물을 추상적인 동시에 보편적으로만 파악을 합니다.

예를 들어 P선생은 사람이 가지고 있는 감각 기관에 대해서는 잘 알고 있습니다. 눈은 보고 코는 냄새를 맡고 입은 말하고 귀는 듣는다는 보편적인 사실 말이지요. 하지만 구체적인 현실에서는 어느 것이 귀이고 코인지 알아내지 못한다는 겁니다. 모자는 머리에 쓰고 외출할 때 신발을 신어야 한다는 보편적인 사실은 알지만, 구체적으로 어느 것이 모자이고 신발이고 발이고 머리인지 모른다는 것이지요.

그렇기 때문에 외출을 할 때 모자와 아내의 머리를 구별할 수 없기에 아내의 머리를 집어 들어 머리에 쓰려고 하지요. 그렇다면 왜 당대의 대학자이자 신경과 전문의였던 올리버 색스가 이 이야기를 책 제목으로 삼았을까요?

저는 개인적으로 사회과학을 하는 사람으로서 이 글을 읽다가 몸에 소름이 돋았습니다. 아래는 저자가 환자 P씨를 만나고 한 말입니다.

> *"우스꽝스러운 동시에 무서운 비유일 수도 있지만, 현재 우리의 인지신경학과 인지심리학은 P선생의 모습과 조금도 다를 바가 없다. 지금 우리에게 필요한 것은 P선생이 그랬던 것처럼 구체적이고 현실적인 것이다. 그럼에도 우리는 그런 사실을 제대로 보지 못하고 있다. 우리의 인지과학 역시 P선생과 마찬가지로 시각인식불능증에 걸려 있는 것이다. 따라서 P선생의 사례는 어떤 의미에서는 우리에게 던져진 하나의 경고이자 우화일 수도 있다. 판단이나 구체적인 것, 개별적인 것을 등한시하고 완전히 추상적이고 계량적으로만 변해가는 과학이 장차 어떻게 될지에 대한 경고 말이다."* [10]

올리버 색스가 전공한 인지신경학과 인지심리학에 대한 비판이 아니라 제가 공부했던 경제학과 사회과학 전체에 대한 최고의 비판으로 들렸습니다. 수많은 주류 경제학자들이 그러지 않았나요? 추상적인 완전경쟁시장[11]에 매달려 온갖 수학공식으로 세상을 설명하려 들지 않았나 말입니

---

10 올리버 색스, 『아내를 모자로 착각한 남자』, 알마, 2016.
11 완전경쟁시장은 수요자가 많고 시장참여가 자유로우며, 시장참가자가 시장 전체에 미치는 영향력이 미미한 상태에서 매매되는 재화나 서비스가 같아 어느 누구도 가격에 영향을 줄 수 없고, 수요와 공급에 의해서만 가격이 형성되는 시장을 말한다.

다. 그러니 개별적인 현실을 무시하게 되고 거꾸로 개별적인 현실을 자신의 추상적인 이론에 구겨 넣으려고 했던 겁니다.

사회과학 역시 마찬가지였습니다. 왜 올리버 색스가 온화한 인품과 더불어 빼어난 학식을 갖춘 학자로 존경을 받았는지를 알 수 있게 해준 글이었습니다.

타인에게 상처를 주는 것도 그렇지요. 개별을 인정하지 않고 상대에게 보편과 추상을 강조해서 그런 것 아닐까요? 상대로부터 마음의 상처를 받게 되는 대표적인 말이 바로 이런 것 아닙니까?

"왜 너만 그렇게 유별나게 그래."

솔직히는 나만 유별난게 아니라 다 유별납니다. 우리 하나하나가 모두 정말 유별납니다. 살아온 과정도 다르고 좋아하는 음식, 좋아하는 스포츠, 좋아하는 그림, 음악 취향, 좋아하는 책, 취미와 말투까지 다릅니다. 그러니 우리의 마음은 얼마나 더 다양하고 유별나겠습니까. 상대가 유별나고 나 역시 유별나다는 것에 대한 이해로부터 출발해야 서로에게 마음의 상처를 주지 않고 살아갈 수 있는 것 아닐까요?

그렇습니다. 그 사람이 살아온 과정이 그 사람의 마음이라고 생각합니다. 아마 올리버 색스도 살아있다면 이 주장에 동의했을 겁니다.

아이의 마음은 맑다고 합니다. 정확히는 아이의 마음은 아직 채워지지 않은 겁니다. 왜냐면 아직 살아온 과정이 축적되지 않았기 때문입니다. 책에 이런 이야기가 나옵니다.

머리가 허옇게 센 남자가 자기를 아직도 열아홉 살로 알고 있습니다. 그래서 거울을 보여주었습니다. 그랬더니 자기를 열아홉으로 알고 있는 남자가 중얼거립니다.

"아니 이게 어떻게 된 거야. 도대체 어떻게 된 일이지? 뭐가 어떻게 잘 못된 거야! 꿈일까? 아니면 내 머리가 잘못된 것일까?"

그러다가 잠시 후 다시 그는 운동장에 대학생들이 노는 모습을 보고 나서는 다시 열아홉으로 돌아옵니다. 그리고 다시 올리버 색스에게 말하 기 시작합니다.

"아니 내가 왜 이렇게 노인들이나 드나드는 이런 곳에 있지요? 제가 일 자리를 찾으러 온 건가요?"

자 이분을 상대할 때 우리는 노인을 대하듯 해야 할까요, 아니면 열아 홉을 대하듯 해야 할까요? 당연히 열아홉을 대하듯 해야 할 겁니다.

왜냐면 그분은 칠십 년을 살았지만 현재 그에게는 열아홉 이후의 삶이 없는 것과 마찬가지이기 때문입니다. 그렇듯 마음이란 정확히 자기가 기 억하고 있는 자신의 삶이라는 겁니다. 따라서 자신의 마음이나 타인의 마 음을 알기 위해서는 마음이 뭐지? 마음이 들어있는 뇌는 무엇이지? 전두엽 이나 후두엽을 연구할 것이 아니라 정확히는 자기가 살아온 삶, 타인이 살 아온 삶을 이해해야 한다는 것입니다.

그렇게 출발해야만 타인의 마음에 상처를 주지 않을 수 있습니다. 저 자는 다시 한번 이렇게 말합니다.

> "우리는 각자 오늘날까지의 역사, 다시 말해서 과거라는 것을 지니 고 있으며 연속하는 역사와 과거가 각 개인의 인생을 이룬다. 우리 는 누구나 우리의 인생 이야기, 내면적인 이야기를 지니고 있으며 그와 같은 이야기에는 연속성과 의미가 존재한다. 그리고 그 이야 기가 곧 우리의 인생이기도 하다. 그런 이야기야말로 우리 자신이

이렇게 마음을 이해하지 않으면 타인에게 상처를 주기 십상입니다.

다음의 이야기도 책에 나오는 내용입니다.

숫자에 놀라운 감각을 가진 정신 지체 장애 쌍둥이가 있었습니다. 당연히 IQ가 낮아서 정상적으로 생활하기에는 부적절했지만 쌍둥이는 어려운 소수를 구하는 능력이 탁월했습니다. 그래서 둘은 서로 소수를 가지고 둘만의 은밀한 대화를 주고받는 것으로 병원에서 하루를 보냈습니다.

쌍둥이 중 한 명인 존이 여섯 자리 숫자를 말하면 다른 쌍둥이 한 명인 마이클이 좀 있다 생긋이 웃고(존이 말한 여섯 자리 숫자가 소수라는 것을 확인한 것입니다) 다시 존이 말한 여섯 자리 숫자보다 더 큰 다음번 여섯 자리 큰 소수 숫자를 말한다는 것입니다. 그러고 나면 이번에는 존이 생긋이 웃고 또 여섯 자리 소수를 말합니다. 참 평범한 사람으로서는 할 수도 없고 이해조차 할 수 없는 놀이지요.

이 쌍둥이에게 보편성을 중시하는 사람들은 어떤 행동을 했을까요? 쌍둥이는 결국 헤어졌어야만 했습니다. 왜냐면 사람들이 보기에 두 쌍둥이가 그런 일을 계속하면 사회성이 더 떨어지게 되어 결국은 병원에서 벗어나지 못하게 될 것이라고 판단했기 때문입니다. 그래서 그들은 병원과 사회의 중간쯤인 중간시설에 수용되어 심한 감시 속에 용돈벌이 정도의 시시한 일을 하게 되었다는 겁니다.

우리로 치면 좁은 버스 토큰 판매대에 앉아서 하루 종일 토큰 교환을

---

12 같은 책.

하는 일을 하게 된 것이죠. 쌍둥이들은 얼마 지나 않아 소수에 대한 그들만의 신비한 능력을 잃어버리게 되었고 일에 시달리며 살아있는 감각조차 제대로 느낄 수 없는 사람이 되고 말았습니다. 꼭 과거의 병원에서만 일어났던 일일까요?

이 책은 반대의 사례도 들려줍니다.

호세라는 자폐아가 있었습니다. 그는 식물을 대단히 좋아하고 식물에 대해 빼어난 안목을 지니고 있을 뿐 아니라 삽화를 탁월하게 그리는 능력을 가지고 있었던 친구입니다. 아래 그림은 올리버 색스가 유모상피라고 불리는 층상조직의 그림을 보여주자 그가 그린 그림입니다.

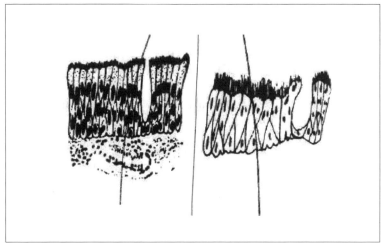

새끼고양이의 호흡기관이 있는 유모상피 그림(225배 확대한 상태)

책 속에서 소개한 그의 근황에 따르면 그는 현재 병원에서 통지문을 인쇄하는 일을 하고 있다고 합니다. 그의 특기인 꽃무늬와 장식문자를 이용해 현대판 마그나카르타(Magna Carta, 대헌장)처럼 멋지게 만들어 통지문을 보내는 일 말입니다. 그의 재능이 세상 사람들에게 도움이 될 뿐 아니라 자신에게도 즐거운 일이 된 것이지요.

하나의 사례는 정말 상대의 마음을 이해하지 못했을 때 상대에게 얼마나 큰 상처를 줄 수 있는지 또 다른 사례는 거꾸로 상대의 마음을 이해했을 때 얼마나 큰 마음의 회복을 가져올 수 있는지 보여줍니다.

대한민국의 의료 시스템 특히 의료보험 제도가 굉장히 잘 되어있다는 것을 우리는 잘 알고 있습니다. 하지만 막상 진료에 대해서는 불만이 너무 많습니다. 저 역시 마찬가지이고요. 하지만 반대로 의사들은 의료 수가의 문제가 많다는 등의 말을 합니다. 뭐 이런 말씀을 주십니다. 그래서 하루에 수십 명씩 환자를 보지 않고서는 병원 운영이 어렵다는 말도 빼놓지 않고 덧붙입니다. 의사 친구의 말을 들어보면 틀림없이 맞는 말 같습니다.

하지만 우리나라의 많은 의사 분들은 병에만 관심이 있지 환자에는 관심이 없는 듯합니다. 다시 말해 무슨 병인지 진단하고 처방하는 데만 관심이 있지 그 병이 생긴 환자에게는 전혀 관심이 없다는 뜻이지요. 올리버 색스의 말대로 보편화되고 추상화된 병명과 치료약에만 관심을 가질 뿐 그 병을 가지게 된 구체적이고 개별적인 환자에 대해서는 관심이 없다는 겁니다.

마음 역시 그렇습니다. 우리는 입시에 시달리는 학생들은 보면서 아주 쉽게 위로합니다. "힘들지? 잠 못자고 공부하랴 얼마나 힘들겠어? 하지만 너만 그런 게 아니라 다들 그렇게 힘들게 하고 있잖아. 보다 나은 미래를 위해 다들 그렇게 하고 있는거야. 조금만 더 힘을 내 봐."

참 좋은 격려 같지만 환자를 보지 않고 병만을 바라보는 의사와 다를 게 무엇이 있을까요? 책을 보는 내내 올리버 색스같은 의사를 만나고 싶다는 생각을 떨쳐버릴 수가 없었습니다.

그는 병을 치료하면서도 한 번도 환자에 대한 관심을 놓지 않았습니다. 그러기에 그의 책은 어찌 보면 일반인이 이해하기 어려운 전문적 지식을 나열하는 의학서적일 수 있습니다. 하지만 그 속에 숨겨진 따뜻한 마음 때문에 가슴으로 쉽게 읽을 수 있는 책입니다. 역자의 표현을 잠시 빌리면, 올리버 색스는 이렇게 이야기하고 싶었는지 모르겠습니다.

"영혼이라는 용어는 과학적 용어가 아니라 사용할 수 없지만 모든 인간은 영혼을 가지고 있으며 그것이 바로 그 사람의 마음이다."

오늘도 나와 타인의 영혼에 상처 주지 않기 위해 노력해야겠습니다. 얼마 전 타계하신 올리버 색스의 명복을 빌며 이 책을 통해 당신을 존경하게 되었다는 말을 하고 싶습니다.

독서법 ———————————————— *Reading method*

재밌는 사례를 모아놓았지만 술술 읽히는 책은 아닙니다. 의학적 지식도 많이 들어있고 전달하고자 하는 메시지도 무거워서 결코 가벼운 책이 아닙니다. 저라면 하루에 독파를 하기보다는 시간 날 때 마다 차트별로 읽으면 참 좋을 것 같습니다. 그리고 덧붙이자면 너무 너무 너무 좋은 책입니다. 재미와 깊이 그리고 이성과 감정을 동시에 자극하는 이 시대 최고의 베스트셀러입니다.

TIP

대한민국에도 좋은 정신과 의사들이 많습니다. 저도 한번 너무 힘들어서 청소년 아동 심리 상담을 많이 해주시는 정신과 선생님을 찾아간 적이 있습니다. 유명하신 분인데 그 선생님도 제가 가지고 있는 병명을 찾아내시기보다는 환자를 이해하려고 하셨던 분입니다. 무척 훌륭한 의사 선생님이셨습니다. 대한민국에도 그런 의사 선생님이 많다고 믿습니다.

세상이 망해도 행복은 항상 거기에 있다

『행복의 기원』

서은국

2008년 세계 경제위기가 있었습니다. 지금은 이제 그냥 지나갔나 보다 하지만 당시에는 정말 "세상이 망하는 거 아니야?" 할 정도의 분위기였습니다. 금본위제로 다시 세계 경제가 돌아갈 것이라는 전망부터 이제 드디어 자본주의의 종말이 왔다는 평가는 물론 심지어는 이제 화폐 경제가 붕괴되어 인류는 다시 물물교환 경제로 돌아갈 거라는 주장까지 등장했습니다.

그런데 2008년 경제위기는 경제뿐만 아니라 아니라 경제학의 위기도 동반했습니다. 왜냐면 당시의 대부분의 주류 경제학자들은 경제 위기를 예측하지 못했기 때문입니다.

아주 유명한 일화가 있습니다. 2009년 7월 영국 여왕 엘리자베스 2세가 경제학으로 유명한 런던 정경대를 방문했을 때의 일화입니다. 영국 여왕이 경제학자들에게 물었습니다.

"아니 이렇게 유명하고 훌륭한 경제학자들이 왜 경제 위기를 예측하지 못한 것인가요?"

그러자 유명한 경제학자가 이렇게 대답했다고 합니다.

"폐하 이제 경제학은 죽었습니다."

이 책 다른 곳에서도 나오는 이야기이지만 꼭 한 번 더 말씀드리고 싶어서 예를 들었습니다.

죽음이 있다면 탄생도 있어야 하겠죠. 그렇다면 경제학은 언제 누구에 의해서 탄생했을까요? 경제학은 일반적으로 1776년 애덤 스미스가 『국부론』을 쓰면서 생겨났다고 봅니다.

그런데 여러분도 알고 있다시피 『국부론』에서 애덤 스미스는 새로운 경제학적 인간관을 제시합니다. 이기적이고 합리적인 인간관이지요. 그리고 이러한 경제학적 인간관을 가지고 수많은 학자들은 인간이 구성하고 있는 사회를 해석하기 시작합니다.

경제학적 인간관의 전제는 간단합니다. 다음과 같죠. '인간은 수많은 선택을 하면서 살아가는 존재다. 그리고 선택이란 둘 혹은 여럿 중에 하나를 고르는 것이다. 고르면 발생하는 것이 편익이다. 그리고 그 편익을 선택하는 바람에 놓치는 것이 기회비용이다. 그런데 인간은 합리적이기 때문에 언제나 편익을 기회비용보다 크게 하고자 하고 그렇게 한다.'

양쪽의 비용과 얻을 수 있는 효용을 고려하여 합리적 선택을 한다는 것이지요. 사실 당연한 이야기 아닌가요? 전철을 탈까 버스를 탈까? 새우깡을 먹을까? 양파링을 먹을까? 아파트를 살까? 단독주택을 살까? 반지를 살까? 목걸이를 살까? 대기업을 갈까? 중소기업을 갈까? 등등 우리는 수많은 선택 속에서 언제나 비용과 편익을 고려해 합리적으로 선택하려고 하고 또 하는 존재 아닌가요?

우리는 경제학을 사회과학의 여왕이라고 부릅니다. 그만큼 여러 학문의 선두적인 위치에 있고 다른 학문에 영향을 많이 주었다는 겁니다. 때문에 위에서 전제한 경제학적 인간관은 다른 학문으로도 급속히 퍼져나가기 시작합니다. 누구에게 투표할 것인가? 어느 대학을 진학할 것인가? 결혼을 할 것인가 말 것인가? 어떤 사람과 결혼할 것인가? 대학교육의 방점을 어디에 둘 것인가? SOC 사업을 우선할 것인가? 등과 같은 질문에 대한 답변에도 합리적인 인간관을 기준으로 인간은 편익과 비용을 고려하여 선택을 해나간다는 이론들이 광범위하게 퍼져났습니다. 이렇듯 정치학, 교육학, 사회학, 행정학 등의 학문을 하는 사람들도 인간은 합리적으로 선택을 한다는 전제하에 학문을 펴나가기 시작했다는 것이지요. 이것을 뭐라고 딱 정의하기는 어렵지만 저는 합리적 선택 이론이라고 하겠습니다.

그런데 점차 이러한 전제에 의심을 품은 목소리가 나오기 시작합니다. 사실 우리가 대학을 진학할 때 등록금이 얼마고, 졸업한 다음 취업하면 받을 수 있는 급여가 얼마다라는 계산을 하고서 진학하나요? 그렇지 않죠. 그냥 남들이 하니까 공부를 했고 남들이 그 대학의 그 과가 좋다고 하고 때마침 점수도 맞으니 그냥 간 것 아닌가요?

또한 결혼도 결혼 중개업체를 통해 이것저것 조건을 따지지만, 예상과 다른 선택을 하기도 합니다. 결혼은 그렇다고 치고 이혼을 합리적 선택 이론으로 설명하기는 쉽지 않습니다. 이혼을 훨씬 잘 선택할 수 있는 이론은 합리적 선택 이론보다는 홧김이론 같습니다. 투표 역시 강남 좌파는 자신의 계급 이익과 반대되는 진보 쪽에 투표하고 오히려 부자 정당들이 가난한 사람들에게 더 많은 표를 얻고 있는 것이 현실 아닌가요?

이렇듯 사람들의 선택이 생각보다 합리적이지 않다는 주장들이 힘을 얻기 시작했습니다. 이러한 추세에 기름을 부은 것이 바로 2008년 경제위기였습니다. 합리적 인간에 기반한 모델을 강조하던 경제학은 도무지 2008년도의 경제위기를 설명할 수 없었기 때문입니다.

2008년 이후에는 아예 경제학 내부에서부터 합리적 인간을 상정하는 모델을 의심하기 시작합니다. 10만 원짜리 옷 한 벌을 고를 때는 몇 시간을 투자하며 이 옷 저 옷 입어보고 신중하게 고르지만, 그보다 몇 십 배 몇 백 배 비싼 아파트를 살 때는 눈썹 휘날리게 빠른 선택을 하는 게 인간 아닌가요? 좀 비싸더라도 공정무역 커피를 마시고 홈쇼핑만 보면 지름신을 만나는 게 인간이지 않습니까? 아마 인간이 합리적으로 판단하고 소비행위를 한다면 그 순간 지구상에 존재하는 모든 명품 샵들은 사라져야 할 겁니다.

학자들은 다음과 같은 질문과 함께 주목하기 시작했습니다. '우리는 왜 이렇게 비합리적이지?' 결국 학자들이 내린 결론은 다음과 같습니다. 우리도 결국 동물이라는 것이지요. 인간과 동물의 차이점이 무엇인가요? 인간은 이성과 감정을 가지고 행동을 하지만 동물은 감정만을 가지고 행동합니다.

그런데 이전까지 주류 경제학에서는 인간을 이성만 가지고 행동하는 존재로 파악을 했다는 겁니다. 그러니 인간 행동의 반밖에는 이해할 수 없었다는 겁니다. 아니 더 정확히는 반도 이해할 수 없었다는 겁니다.

아주 재밌는 비유가 있습니다. 코끼리와 기수의 비유입니다. 감정은 코끼리고 기수는 이성이라는 거지요. 겉으로 보기에 코끼리는 기수의 말에 따라 움직이는 것 같지만 사실 기수는 코끼리가 가는 방향을 지적만 해줄 뿐이라는 겁니다. 실제로 가고 있는 것도 코끼리고요. 코끼리가 갑자기 마음을 바꾸어 방향을 바꾼다면 기수는 아무것도 할 수 없다는 겁니다.

즉 인간 행동을 지배하는 것 역시 이성보다는 감정이고 그런 점에서 우리 역시 동물이라는 것을 인식해야 하다는 겁니다.

그래서 주목받기 시작하는 학문이 있습니다.

인간=원숭이, 원숭이=동물이라고 할 때 어떤 학문이 하나 떠오르시지 않습니까?

바로 인간과 원숭이의 조상이 같다고 해서 사회를 발칵 뒤집어 놓은 찰스 다윈의 '진화론'입니다. 자 이제 인간을 이해하기 위해서는 진화론의 관점에서 인간을 이해해야 합니다.

그렇다면 인간행동을 이해하기 위해서도 인간행동을 유발하는 마음 즉 심리를 알아야 합니다. 그래서 진화심리학이 우리 곁에 쓱하고 다가옵니다. 요새 한참 유행했기 때문에 여러분도 잘 아실 겁니다.

'우선 왜 남성은 한 번 만난 여성과도 섹스를 하려고 들고 여성은 그렇지 않은가'에 대한 설명을 시도합니다. 결론적으로는 그러한 행동이 번식에 유리하기 때문이라는 겁니다. 남성의 경우 정자를 퍼트리기만 하면 되기에 쉽게 섹스를 하려고 하지만 여성의 경우는 출산과 양육을 해야 되기 때문에 출산과 양육까지 책임질 수 있는 남성을 선택함에 있어 신중할 수밖에 없다는 이론이지요. 뒤에서 이러한 진화심리학을 다룬 책들을 좀 더 소개해 드리겠습니다.

서은국 교수님의 『행복의 기원』 역시 진화심리학에 기초해서 행복을 설명을 합니다. 이전까지의 상식을 뒤집는 아주 재밌고 설득력 있는 설명입니다.

우리에게 왜 사냐고 물으면 행복해지려고 삽니다 라고 대답하는 경우를 많이 볼 수 있지요. 그런데 서교수님에 따르면 이러한 견해는 굉장히 잘못된 생각입니다. 우리는 행복해지려고 사는 게 아니라 살기 위해서 행복을 느낀다는 겁니다.

엥? 이게 무슨 소리냐고요?

앞에서도 말씀 드렸지만 진화심리학에서는 우리는 동물과 다를 바 없는 존재입니다. 그렇다면 동물이 생존하기 위해서는 어떻게 행동해야 할까요?

특히 우리가 생존하기 위해서는 말입니다. 아주 간단하죠. 잘 먹고 안전한 곳에 있으면 됩니다. 그래서 진화론적으로 이런 기제가 등장하게 되지요. 잘 먹고 안전하다고 느끼는 감정을 가지게 되면 행복이라는 보너스를 준다는 겁니다. 만일 잘 먹고 안전해도 행복이라는 감정의 보너스를 받지 못한 유인원들은 굳이 잘 먹거나 안전해지려고 하지 않기 때문에 멸종했을 거라는 이야기입니다.

재밌지 않습니까? 행복해지기 위해 사는 것이 아니라 살기 위해 행복해진다는 명제 말입니다.

좀 더 가보겠습니다. 진화의 과정에서 인류는 생존을 위해 행복이라는 보상을 받게 되었다는 겁니다. 이성과 사랑을 하고 나면 행복감이 옵니다. 이 행복감이 강한 종족이 이성과 사랑을 더 많이 추구했을 것이고, 그런 종족이 번식을 더 많이 하고 현생인류의 대다수를 차지하게 되었을 겁니다.

이성과 사랑을 했는데 불행감이 오는 종족이 있었다고 생각을 해봅시다. 아마 그 종족은 바로 멸망을 했겠지요. 그런데 서교수님의 주장에 따르면 불행히도 인류는 지금까지 이것을 모르고 살아왔고 여전히 대다수의 사람들이 그렇게 살고 있다는 겁니다. 그렇게 된 가장 큰 이유 중의 하나는 바로 대표적으로 아리스토텔레스가 주장했던 '행복론' 때문이라는 것이지요.

과학이 발전하지 않았던 그리스 시절에는 비가 오고, 동물이 살찌고, 번개가 치는 것 같은 모든 자연현상에 목적이 있다고 생각을 했습니다. 번개가 치는 것은 인간의 악행에 경고를 주기 위해, 동물이 살찌는 것은 사람을 배부르게 하기 위해, 비가 오는 것은 대지를 촉촉이 적셔주기 위함이다라는 것이지요. 과학이 없던 시절에는 참으로 당연한 이야기입니다. 이런 사고를 우리는 '목적론적 존재론'이라고 합니다. 모든 존재는 목적이 있다는 것이지요.

그렇다면 사람은 왜 사는가라는 문제제기도 등장할 수 있겠죠?

거기에 대한 대답으로 아리스토텔레스는 행복해지기 위해서라는 주장을 내놓았습니다. 신이 우리를 만든 목적은 행복에 있다는 거였죠. 이런 생각을 '목적론적 인간관'이라고 부릅니다. 수천 년 된 이런 목적론적 인간관에 대해서 서교수님은 진화심리학을 들어 반기를 든 겁니다. 마치 1859년에 찰스 다윈이 진화론을 들고 성경의 창조론에 대들었듯 말입니다.

자 그럼 일단 한번 정리를 하고 갈게요. 인간이 신이 아니라 원숭이가 진화한 것이라면 인간은 이제 멋지고 대단한 존재의 위치에서 내려와야 할 겁니다. 마찬가지로 인간 삶의 목적이 행복이 아니라 살기 위해 행복한 것이라면 행복도 알고 보면 별거 아닐 수 있습니다. 맞습니다. 그래서 이 책에서는 행복이 거창한 것이 아니라 기본적으로 인간이 느끼는 마음의 감정에 불과하다고 봅니다. 일종의 쾌락이라는 것이지요. 맛있는 것을 먹고 나서, 섹스를 하고 나서 느끼는 감정이라는 겁니다.

이건 제 생각인데 특히 재밌는 것은 안전을 확인하고 나서 느끼는 감정이 행복 중에 가장 클 수 있다는 생각입니다. 왜냐면 우리의 조상은 언제 맹수에게 희생될지 모르는 힘 없는 존재였기 때문입니다. 가만히 생각해보면 우리는 카페나 식당에 가서 벽을 보고 앉기보다는 벽을 등지고 있기를 선호합니다. 낮은 곳보다는 높은 곳에 위치하기를 원하고요. 아마 높은 곳에서 탁 트인 전망을 보아야 맹수의 기습에서 벗어날 수 있기 때문이 아닐까요? 여성에게 그런 자리를 양보하는 것은 아마 '난 당신의 안전을 더 우선하는 멋진 수컷이야'라고 자랑하고 싶어서인지 모르죠. 그래서 인간은 지금도 안정된 주택과 가정을 그렇게 원하는 지도 모릅니다.

한편으로 남자들끼리 그런 이야기를 합니다. "야 A도 결혼했다며? 그놈도 인생 끝났네."

그럴지도 모릅니다. 왜냐면 이제 A는 다양한 번식의 기회를 놓쳤으니까요. 하지만 그만큼 안정이 주는 행복이 더 크다고 생각한 것은 아닐까요?

그런데 문제는 이 행복이란 놈이 금방 사라진다는 것입니다. 그렇지 않나요? 차만 있었으면 좋겠다 싶다가 경차를 가지게 되었을 때의 그 행복은? 그리 오래가지 않습니다. 중형차를 가지면 행복해질 것 같다가도 실제 중형차를 가지면 세단를 가져야 더 행복해 질 것 같고 그 다음에는…

도대체 행복은 왜 이렇게 빨리 사라질까요? 진화심리학은 이 역시도 간단히 설명합니다.

행복이 지속되면 그 종족은 멸망하기 때문이라고요.

예를 들어볼까요? 어떤 원숭이 무리가 있다고 합시다. 이 무리의 원숭이들이 한 번의 사냥으로 얻은 음식을 먹고 끝없이 행복하고 최고의 행복을 누릴 수 있다면 어떨까요. 과연 그 원숭이들이 또 사냥을 하러 갈까요? 먹고 느끼는 행복은 영원해서도 최고여서도 안 됩니다. 그래야 행복감을 잠깐 느낀 후 그 원숭이 무리들이 더 큰 행복을 찾아 다른 음식에게로 뛰어가겠죠. 참 이렇게 행복은 별거 아니지만 얻기는 힘든 것인가 봅니다.

이쯤에서 에피쿠로스라는 쾌락주의 철학자를 소개시켜드리고 싶습니다. 우리는 그를 금욕적 쾌락주의라고 합니다. 말이 웃기지 않나요? 쾌락주의인데 금욕적이라뇨? 가난한 부자? 멍청한 천재? 뭐 이런 느낌입니다.

여기서 꼭 두 가지만 기억해 주시면 좋겠습니다. 하나는 그는 쾌락에 있어서 중요한 것은 충족량이 아니라 충족률이라는 점입니다. 아주 감탄할 만한 지적입니다. 1억 원을 가진 사람보다 천만 원을 가진 사람이 훨씬 더 행복할 수 있다는 논리입니다. 목표가 10억 원인데 1억 원을 가진 사람보다는, 목표가 2천만 원일 때 천만 원을 가진 사람이 당연히 더 행복하겠지요.

그래서 에피쿠로스는 소박하고 검소한 삶을 추구할 것을 권합니다. 단순히 시중에서 말하는 소박하게 살아라가 아니라 그래야 행복하다는 겁니다.

미국의 모 대학을 통해 이미 검증된 이론이지요. 5만 불을 버는 사람보다 2만 5천불을 버는 사람들이 행복감이 더 높더라는 겁니다. 왜냐면 5만 불을 버는 사람들은 옆에 10만 불을 버는 사람들과 살고 있지만 2만 5천불을 버는 사람들은 옆에 만 불을 벌고 사는 사람들과 같이 있으니까 말입니다.

이 이론은 미국 사회에 빈부격차가 심한데도 불구하고 상대적으로 사회적 갈등이 적은 이유도 설명해 줍니다. 멕시코에서 넘어온 멕시칸들은 미국 주류 중산층에 비하면 아주 적은 소득을 가지고 살아갑니다. 그럼에도 불구하고 그들의 행복지수는 높다고 하지요. 왜냐면 그들의 비교집단은 미국 주류 중산층이 아니라 여전히 멕시코에 남아서 절대빈곤에 시달리고 있는 멕시칸들이니까요.

두 번째로는 행복이 감정이라면 기본적으로 쾌락이 될 수밖에 없고, 쾌락의 반대말은 고통일 수밖에 없습니다. 그런데 쾌락 중에 일부는 추구하면 추구할수록 고통을 수반하는 쾌락이라 조금만 추구해야 한다는 겁니다.

갈증이 날 때 콜라를 마시면 얼마나 시원합니까? 그런데 갈증이 가신 후에도 콜라를 계속 먹으면 트림만 나오고 불편해지기 시작합니다. 그런데도 꾸역꾸역 콜라를 집어넣으면 결국 토가 나오고 말겠죠!

성욕도 마찬가지라고 이야기합니다. 즉 과도한 육체적 쾌락은 고통을 수반하기 때문에 고통을 수반하지 않는 정신적 쾌락을 수반해야 한다고 역설합니다. 뭐 고대의 이론이기는 하지만 아무튼 고요한 명상과 사색을 동반하는 산책이 훨씬 더 행복한 삶을 가져다 준다는 교훈으로 들으면 될 것 같습니다.

진화심리학의 대명제는 '인간은 동물과 다를 바 없다'로 정리할 수 있을 겁니다. 그런데 이렇게 이야기하면 많은 분들이 인간은 동물이구나 이렇게 생각을 합니다. 하지만 이 이야기에서 가장 중요한 것은 다를 바 없다입니다.

다를 바가 없다는 것은 기본적으로 같지만 다르다는 뜻을 담고 있습니다. 자 여기서부터 이 책의 백미가 시작됩니다.

그렇다면 무엇이 다르다는 것이요? 그것은 우리의 진화는 다른 동물과는 아주 다르게 이루어졌다는 겁니다. 바로 우리는 사회적 동물로 진화를 했다는 겁니다. 사회적 동물로 진화했다는 것은 진화의 과정에서 보다 더 사회적인 사람이 생존했다는 것이고 그것은 동시에 사회적인 사람들이 더 많은 행복감을 가지게 되었다는 것을 의미합니다. 아주 단적으로는 그래서 행복만족도를 조사해보면 내성적인 사람보다 외향적인 사람이 더 행복감을 많이 느낀다고 합니다.

그뿐이 아닙니다. 그렇다면 사람이 가장 불행할 때는 언제일까요?

아주 간단합니다. 우리 인간은 기본적으로 동물과 다르게 혼자 있을 때 불행을 느끼는 존재라는 겁니다. '외로움 = 고독 = 불행' 아닐까요?

때문에 가장 불행한 죽음은 고독사고요. 인간의 수명을 가장 단축시키는 일은 배우자의 사망입니다.

그렇다면 거꾸로 인간이 동물은 느낄 수 없는 행복감을 느낄 때는 언제일까요? 바로 사람들과 함께 할 때입니다. 혼자가 아니라 사람들과 함께 할 때 우리는 더 안정감을 느끼고 행복감에 취합니다. 더 많은 사람들이 모여 복잡한 상호작용을 해야 인간은 비로소 사회적 동물이 됩니다.

그런데 인간이 다른 사람들과 함께 하기 위해서 필요한 게 있습니다. 그것이 무엇일까요? 바로 말입니다. 인간이 가진 재미있는 속성 중 하나가 모여서 말을 하면 행복감을 느낀다는 겁니다. 많은 무리가 모여 정확한 의사소통을 해야 사냥에 성공해서 생존을 합니다. 그러니 많이 모여서 수다를 떨수록 행복해지는 거지요. 동창회에서 수다를 떠는 사람들의 모습을 상상하는 것만으로도 행복해지지 않나요?

아무튼 많은 사람들이 모여 그 속에서 같이 식사를 합니다. 그것은 사냥에 성공했다는 신호이므로 더더더 행복하겠지요. 그것을 아마 우리는 만찬이라고 부르고 파티라고 할 겁니다. 파티와 만찬, 생각만 해도 행복하지 않으십니까? 그리고 그 다음에 사랑하는 연인과 잠자리를 갖는다면 얼마나 더 행복하겠습니까? 그렇기 때문에 인간은 타인과의 관계 속에서만 행복을 누릴 수 있는 존재가 되었습니다. 그런데 그것을 방해하는 존재가 생겼습니다. 무엇일까요? 책의 내용을 인용해 보겠습니다.

> "… 약 3천년 전 인류가 돈이라는 것을 만들어내면서부터 인간의 나약함을 보완해줄 수 있는 수단이 하나 더 생겨났다. 즉 예전에는 생존 보호 장치가 사람뿐이었지만, 문명생활을 하면서부터 돈이 그 역할을 분담하게 된 것이다. 예전에는 먹을 것이 다 떨어졌을 때 사냥 잘하는 친구가 반드시 필요했지만, 지금은 돈을 가지고 마트에 가면 된다." [13]

제기랄 이겁니다. 우리가 돈을 벌면 행복한 이유가 이거였습니다. 예전에는 친구가 있어야 생존했는데 이제는 돈이 있어야 생존을 할 수 있는 겁니다. 한마디로 '친구=돈'이 된 겁니다.

돈보다 친구가 소중하다는 이야기를 하려는 게 아닙니다. 우리는 조금 다른 관점에서 생각해 볼 필요가 있습니다. 진화론적 관점에서 보면 친구는 배신을 하지만 돈은 배신을 하지 않기 때문에 생존을 위해서라면 친구보다 돈을 선택하는 것이 맞습니다. 친구를 사귀는 것보다 돈을 버는 것이 더 큰 쾌락이 되겠죠. 거기다 친구는 내 곁을 떠나가지만 돈은 은행에 넣

---

13 서은국, 『행복의 기원』 21세기북스, 2014.

어놓으면 떠나지 않습니다. 거기다가 친구는 내가 도와주어야 할 때도 있지만 돈을 도움을 청하지 않습니다. 역시 친구보다는 돈입니다. 더구나 사귈 수 있는 친구는 한정되어 있지만 모을 수 있는 돈은 제한이 없습니다. 다시 생각해도 역시 친구보다는 돈입니다.

그런데 문제가 하나 발생합니다. 나는 완벽하게 안전해지고 싶다는 겁니다. 모든 인간은 백 퍼센트의 완벽한 안정을 추구합니다. 어떠한 맹수나 위협도 나를 해치지 못하는 상황이 되길 바랍니다. 그리고 그러한 상황을 만들기 위해서 끊임없이 노력합니다. 그런데 친구와의 관계에서는 그것이 불가능합니다. 왜냐면 그렇게 하기 위해서는 친구와의 네트워크를 무한대로 맺어야 하기 때문입니다. 그것은 현실적으로 불가능하지요. 언제든 나를 도와줄 친구 10,000명 만들기! 가능한 이야기입니까? 불가능하지요. 하지만 돈은 다릅니다. 나를 도와줄 돈 10,000억 원 만들기! 어렵지만 불가능한 이야기는 아닙니다. 그런 사람들은 아주 소수지만 있긴 하니까요.

그러면 1조를 벌기 위해 노력하는 것이 진짜 행복의 지름길일까요? 하지만 안타깝게도 그렇지는 않습니다. 사회학에서는 목적전도라는 용어를 씁니다. 처음에는 수단이었는데 나중에는 그것이 목적이 되어버린다는 이야기입니다. 직업 공무원 제도를 생각해보세요.

직업 공무원 제도라는 것은 국가와 사회를 위해서 지속적인 봉사를 해야 하기 때문에 겸직도 금지시키고 대신에 보장된 정년과 안정된 급여를 보장하겠다는 제도입니다. 그런데 요새 젊은이들이 공무원이 되려고 하는 이유는 무얼까요? 솔직히 대부분은 보장된 정년과 안정된 급여 때문이지 국가와 사회를 위한 봉사를 하고 싶어서는 아니잖아요? 이런 현상이 행복과 관련되어서도 발생할 수밖에 없습니다.

알고 보면 슬프지만, 친구를 사귀는 목적은 안전을 도모하기 위해서입니다. 그런데 만들 수 있는 친구는 한정되어 있기 때문에 우리는 그 행동을 멈출 수밖에 없습니다. 그런데 제기랄 이놈의 돈은 특히 자본주의 사회에서는 그렇지 않습니다. 벌어도 벌어도 멈출 수가 없습니다. 더 많은 안전이 눈앞에 있기 때문입니다. 이제 돈은 행복해지기 위한 수단이 아니라 목적이 되어 버립니다. 그러니 우리는 영원히 행복해질 수 없지요.

돈이 그렇게 많은데도 돈에 집착하는 사람들을 보면 이해가 안된다고 생각하면서 한편으로 부러움을 느낍니다. 그 이유를 아주 잘 설명할 수 있습니다. 그 부자가 나보다 더 안전해서 부러운 겁니다. 하지만 그 부자는 이제 이루어질 수 없는 행복을 향해 나아가고 있다는 것을 알기에 한편으로는 다행(?)이라고 생각하는 것이지요.

진짜 부러운 사람은 다음과 같은 사람들이지요. 부자가 되어서 그 부를 유지하면서도 더 이상 부를 탐하지 않고 그것에 만족하고 더 많은 사람들과 만나기 위해 노력하는 사람들입니다.

이들은 주변으로부터 멋지다고 칭송받지만 실제로도 진짜 부러운 사람들입니다. 왜냐면 그들은 돈을 통해 안전을 획득했지만 행복이 목적이 아니라 수단이라는 것을 알고 있을뿐 아니라 인간이 사회적 동물이라는 것을 깨달았기 때문이지요.

다시 돌아옵시다. 행복은 기본적으로 감정이고 쾌락이기에 미래를 위해 맹목적으로 현재를 희생하는 행위는 바보같은 것일 수밖에 없습니다.

'카르페디엠(Carpe diem)' 현재를 즐겨야 합니다. 그런데 인간은 철저하게 동물이기에 최소한의 안전을 보장할 수 있는 돈을 버서야 합니다(그래서 안전이 보장되는 복지국가의 경우 부자를 부러워하는 비율이 줄어드는 겁니다.

반대로 안전을 보장할 수 없는 국가일수록 천민자본주의가 쉽게 발흥합니다).

그리고 빨리 그 돈을 번 다음에는 마음에 맞는 사람들과 인생을 함께할 계획을 세우시기 바랍니다. 말은 참 쉽지만 현실에서는 너무 너무 너무 어려운 이야기입니다. 그래서 저도 늘 이론만 앞설 뿐 행복하지 못한가 봅니다.

독서법 ———————————————— *Reading method*

두껍지도 어렵지도 않아서 쉽게 읽혀 나가는 책입니다. 다만 진화심리학에 대한 이해가 있으시면 좀 더 유익한 책이 될겁니다. 그리고 참 따뜻한 책입니다. 올리버 색스의 책이 따뜻한 것처럼 서은국 교수님의 책도 참 따뜻합니다. 엘리트 코스를 다 밟았지만 항상 일반 사람들의 마음속을 들여다보며 모든 이야기를 풀어나갑니다. 아무튼 지금 행복하지 않고, 행복해지고 싶다면 꼭 한번 읽어 보시기 바랍니다. 힘들거나 지칠 때 몇 번을 읽어도 좋은 책입니다.

TIP

뒤에서 말씀드리겠지만 개인적으로 진화심리학을 그렇게 좋아하지는 않습니다. 기본적으로 인간을 동물과 다를 바가 없는 존재라고 출발하는 것이 사회과학을 전공한 저로서는 선뜻 동의하기가 어렵습니다. 저는 인간은 동물과 다르다는 전제를 더 중요하게 생각하며 학문을 시작했고 지금도 그러고 있으니까요. 우리는 부끄러움을 아는 존재입니다. 물론 아닌 사람도 가끔 있지만요.

『스키너의 심리상자 열기』
로렌 슬레이터

서양의 한 중세마을로 가봅시다. 과수원 옆을 지나가니 나무에서 사과가 떨어졌고, 다리를 지나가는데 어떤 사람이 다리 위에서 강 아래로 돌을 던집니다.

당연해 보이는 일입니다만 사람들은 이런 일이 도대체 왜 일어난다고 생각을 했을까요?

중세가 기독교의 시대라는 것을 감안한다면 아마 대부분의 사람은 당연히 신의 섭리라고 생각을 했겠죠. 그런데 18세기 초반이 되었습니다. 사람들은 나무에서 땅으로 사과가 떨어지는 이유를 뭐라고 생각을 할까요?

아마 그 시대의 지식인들이라면 이제 더 이상 신의 섭리라고는 말하지 않을 겁니다. 왜냐면 17세기 후반 뉴턴이 나와서 사과가 땅에 떨어지는 이유가 '만유인력의 법칙' 때문이라는 것을 밝혀냈기 때문입니다. 자 바로 뉴턴의 만유인력의 법칙이 등장하던 그 때를 우리는 근대 자연과학의 출발점이라고 합니다. 근대 자연과학의 출발, 그것은 뉴턴으로부터 시작합니다.

누구나 학교에서 과학을 배웠지만 한편으로는 과학이 무엇이냐고 정의를 내려 보라고 하면 쉽게 내릴 수 없습니다. 저에게 과학이 무어냐고 물으신다면 쉽게 말해, 실험을 통해서 자연에 존재하는 일반법칙을 찾아내는 것이라고 말하겠습니다.

과거 사람들을 가장 공포에 떨게 했던 자연현상이 있습니다. 바로 번개죠. 오죽하면 그리스 신화의 최고의 신인 제우스가 번개의 신이겠습니까. 북유럽 신의 왕인 토르도 번개를 사용하고요.

나중에 인간은 프랭클린 실험을 통해 번개가 신의 무기나 천벌이 아니라는 것을 알아냈습니다. 프랭클린은 두 개의 삼나무 막대를 교차시켜 묶은 후 실크 손수건을 펼쳐 만든 연의 한쪽 끝에 날카로운 쇠철사를 매달고 반대편에는 구리 열쇠와 연줄을 잡아당길 수 있는 실크 리본을 매고 비가 오는 곳에 달려가 번개를 기다렸습니다. 그리고 번개가 치자마자 자신의 손가락을 구리 열쇠에 갖다 댄 후 열쇠에서 튀는 불꽃을 목격했습니다. 드디어 인류가 번개는 신의 분노가 아니라 단순한 전기 현상임을 밝혀낸 순간이었습니다. 그 후로 우리는 자연에 존재하는 전기를 만들어 인류의 삶을 개선시켜 나갔습니다.

이러한 실험을 통하여 우리는 우리를 둘러싼 거대한 자연이 주는 두려움에서 벗어나 이제 우리가 스스로 자연이 무엇인지를 얼마든지 알아낼 수 있으며. 자연에 대해서 알아낸 정보를 바탕으로 자연을 지배하고 정복할 수 있다는 생각에 이르게 된 것입니다. 그리고 이러한 자연의 법칙을 알아내고 지배하고 정복하는 과정에서 인류의 삶을 더 발전시킬 수 있다는 생각에까지 미치게 된 것이지요. 이것이 바로 오늘날 근대 유럽문명을 만든 자연과학의 비밀입니다. 또한 이 근대 자연과학의 힘은 여러분도 아시다시피 유럽을 세계의 패권 경쟁 지역으로 만든 힘이기도 하지요.

그런데 19세기 들어서면서 새로운 질문이 등장했습니다. 자연에도 법칙이 있다면 사회질서에도 법칙이 있지 않을까? 실험을 통해 자연에 존재하는 법칙을 알아낸 뒤 우리의 삶을 개선했듯, 인간사회에 존재하는 법칙을 알아낸다면 우리의 삶을 개선해 나갈 수 있을 거라는 생각이 등장했습니다.

이 같은 생각을 탐구한 대표적인 인물로는 뒤르켐이라는 프랑스의 학자를 들 수 있습니다. 뒤르켐의 이론은 프랑스를 대상으로 한 것이지만 일반화시켜서 유럽으로 확장해서 설명해 보겠습니다.

북유럽사람들의 자살률은 남유럽사람들 보다 높습니다. 그 이유에 대해 많은 사람들은 당연히 신의 섭리 때문이라고 생각을 했습니다. 북유럽은 날씨가 나쁘고 남유럽은 날씨가 좋으니까, 신이 지구를 그렇게 만들었으니까 그런 거라고 말입니다. 그런데 뒤르켐은 다르게 생각했습니다. 유럽의 남부인 스페인이나 프랑스를 떠올렸습니다. 거기는 아무래도 카톨릭이 많습니다. 그런데 카톨릭은 공동체주의를 강조하다보니 구성원간의 결속력이 높아서 자살률이 낮더라는 겁니다.

그런데 상대적으로 유럽의 북부는 개신교가 많습니다. 영국이나 독일을 생각하시면 되죠. 아무래도 개신교는 개인주의를 강조하다 보니 결속력이 떨어져서 자살률이 높더라는 겁니다. 한마디로 종교에 따른 결속력을 자살률과 결부시켜서 설명을 했던 겁니다. 신의 섭리는 쏙 빼고 말입니다.

이제 자살을 설명하는 것은 신의 섭리가 아니라 그 사회가 얼마나 결속력을 중시하냐는 것이 일반법칙이 되었습니다. 이렇듯 사회과학을 하는 사람들은 사회 현상 안에 존재하는 일반법칙을 찾아내고자 노력하고 이것을 주된 임무로 하는 학문을 실증주의라고 합니다.

예를 들어 담배의 해악을 밝혀낼 수 있는 가장 좋은 방법은 무엇일까요? 윤리적 문제가 발생하겠지만 다음과 같은 실험을 하는 것일 겁니다. 500명을 선발해서 동일하게 조건을 맞춘 다음 100명씩 다섯 집단으로 나누어 1번 집단은 1년간 금연을, 2번 집단은 하루에 한 갑을, 3번 집단은 하루에 두 갑을, 4번 집단은 하루에 3갑을, 마지막으로 5번 집단은 하루에 4갑씩 담배를 피우게 합니다. 그리고 일 년 뒤 결과를 관찰해 보면 아주 쉽게 담배의 해악을 밝혀 낼 수 있을 겁니다. 그 결과의 정도에 따라 사회에서 금연 대책을 세워나가면 된다는 것이 바로 실증주의입니다.

학자들은 자연스럽게 실험을 통해 인간의 마음을 알아낼 수 있을지 모른다는 생각을 하게 됩니다. 그래서 등장한 학문이 바로 실험 사회 심리학이라는 학문입니다.

여러분도 한 번쯤 들어보셨을 겁니다. 밀그램 실험 같은 이야기 말입니다. 이 실험은 우선 두 사람에게 제비뽑기를 시켜 문제를 풀 사람과 문제를 낼 사람을 정합니다. 문제를 틀릴 경우 문제를 푸는 사람은 전기 충격을 받게 됩니다. 전기 충격의 강도는 따끔한 정도부터 잘못하면 사람이 죽을 수 있는 정도까지 조절이 가능했으며, 전기 충격의 강도는 (일반인으로 구성된)다른 실험자가 직접 조절할 수 있게 했습니다. 그랬더니 65%의 사람들이 최고 강도의 전압까지 올렸더라는 실험입니다. 그래서 밀그램이 내린 결론은 바로 한나 아렌트가 이야기한 악의 평범성이지요.

사람의 마음을 실험을 통해서 밝혀 낸 겁니다. '아주 평범한 사람도 특별한 조건하에서는 쉽게 악행을 할 수 있다' 뭐 이런 결론을 얻는 것이지요.

이 책에서는 밀그램 실험도 아주 자세히 재밌게 설명해주고 있습니다.

또 하나의 흥미로운 심리실험 이야기를 해드릴게요.

침팬지가 얼마나 흉내를 잘 내는지 알아보기 위해 침팬지와 6~7세 정도의 아이를 한방에 살게 했습니다. 침팬지에게도 언어 학습 능력이 있는지 혹은 언어 학습 능력이 없어도 의사소통 능력을 얼마나 확대시킬 수 있는지 알아보려고 한 것이지요. 참! 침팬지가 인간보다 기억력이 좋은건 알고 계시나요?

그런데 이 실험은 얼마가지 않아 중단할 수밖에 없었습니다. 왜냐고요? 진짜 흉내의 달인은 침팬지가 아니라 인간이었던 겁니다. 그 아이가 급속도로 침팬지를 따라했던 겁니다. 소리에서부터 행동까지 말입니다. 침팬지처럼 나무를 타려고 하고 침팬지처럼 소리를 내는 것이었습니다. 아마 실험기간이 길어졌다면 그 아이는 정상적인 인간으로 성장하는 것이 불가능했을 수도 있었을 겁니다.

이 책의 제목에 등장하는 스키너라는 사람은 또 어떤 실험을 했을지 궁금하시지 않나요? 그는 행동의 강화와 처벌 양식을 이해하기 위해서 2년 동안 어린 여자아이를 좁고 갑갑한 상자 안에 가두고서 종(鐘)과 음식쟁반 등을 주어서 실험을 했습니다. 그 결과 인간 심리에 대해 많은 것을 알게 되었죠. 그런데 문제는 그 여자아이가 서른한 살이 되었을 때 스키너를 학대 혐의로 고소했다는 것입니다. 결국 패소한 그녀는 정신이상 증세를 보이다가 몬테나 주의 한 볼링장에서 권총자살을 했습니다. 이렇게 불행하게 생을 마감한 그녀의 성은 스키너였습니다. 바로 스키너의 딸이었던 것이지요.

완전 엽기입니다. 자 그렇다면 혹시 당신도 가끔은 일상생활에서 타인의 심리를 실험하고 있지는 않나요?

제가 첫 회사에 다닐 때 일입니다. 부서 회식을 했습니다. 부장님이 폭탄주를 많이 말아주셔서 그리고 신입이라 군기가 잡혀 있어서 과음을 했습니다. 집에 가지 못하고 회사 앞 24시간 사우나에서 잠을 잤는데 아무래도 사우나의 수면방이라 그런지 몇 시간 못자고 일어나서 샤워를 하고 출근했습니다. 정해진 출근시간은 8시였지만 그날은 7시도 안 되서 나간 것으로 기억합니다.

그런데 놀랍게도 그날따라 과장님이 나와 계셨습니다. 평상시보다 훨씬 일찍 출근한 과장님이 직원들의 출근 시간을 하나하나 체크하고 있었던 겁니다. 과장님이 다가와 등을 두들기며 칭찬을 해주셨습니다. "자네는 어제 과음하고도 일찍 나오는구만. 자세가 됐어."

모든 게 실험이었죠. 부장님은 신입직원들을 중심으로 술을 과하게 먹이고 그 다음날 제대로 출근하는지 사원들을 실험했던 겁니다. 만일 그날 제가 좀 늦게 출근했다면 아마 "저 새끼 신입사원이 빠져가지고는 싹수가 노래" 뭐 이런 이야기를 들었을 겁니다.

칭찬을 들어서 기분이 좋았냐고요? 아뇨 당연히 빨리 그만두어야겠다는 생각밖에 들지 않았습니다. 부장님이 이름을 불러주시면서 술을 따라 줬을 때 감동받고 원샷을 때렸는데…. 군대 같은 조직문화라 마음에 안 들었지만 그래도 부장님이 이런저런 이야기를 해주셔서 힘이 되었는데 알고 보니 부장님과 과장님이 연출한 연극 무대에 놀아난 꼴이 되었으니까요.

이렇듯 사람이 사람을 실험하면 그것은 사람에게 커다란 마음의 상처를 남기게 됩니다. 또 다른 예를 들어볼까요?

한 여자가 남편의 행동이 수상해서 남편이 나만을 사랑하는지 알기 위해 꽃뱀을 붙였다고 해봅시다. 아마 대부분의 남자가 넘어가겠지만 남편은 넘어가지 않았습니다. 행복하겠지요. 역시 우리 남편이야! 그날 여자는 정말 맛있는 음식을 준비하고 남편과 행복한 시간을 보낼겁니다.

하지만 이 여자 분에게는 두 가지 문제가 생겼습니다. 하나는 남편에게 평생 말 못할 비밀이 생겼다는 겁니다. 그리고 혹시 남편이 그것을 알아낼지도 모른다는 사실이 족쇄가 됩니다. 이 불안은 스스로 만들어 낸 겁니다. 두 번째 문제는 남편도 그럴 수 있다는 생각입니다. 나도 했는데 남편이라고 못할까? 불안감이 더 늘어납니다.

그래서 당신이 사랑을 한다면 사랑하는 사람의 핸드폰에 위치 추적같은 어플을 설치해서는 안되는 겁니다. 대부분 문제가 발생할 거고요. 설령 문제가 발생하지 않더라고 당신이나 사랑하는 사람 중 누군가는 마음의 상처를 받게 됩니다. '너 나를 사랑한다면서 그것도 못해' 이 말을 밖으로 내뱉든 속으로 삼키든 그 생각이 바로 상대에게 상처를 주는 지름길이 됩니다. 저는 기독교인은 아니지만 이 말을 너무 좋아합니다.

'주여 우리를 시험에 들게 하지 마옵소서'

아무튼 스키너는 현존하는 가장 영향력 있는 심리학자로 1971년 타임지에 소개되었습니다. 그리고 그는 공공연히 자신의 사회공학이 전체주의적 목적에 이용될 수도 있다고 이야기를 했지요.

여기서 말씀드리고 싶은 것은 사회공학이라는 단어입니다. 한편으로 보면 이 단어가 멋져 보일 수도 있습니다. 사회를 공학적으로 분석하고 연구한다는 것 멋져 보이지 않나요?

그런데 저는 사회를 공학적으로 분석하려는 사고방식이 우리의 마음에 너무나 큰 상처를 줄 수 있다고 생각합니다. 공학이란 자연현상에 존재하는 일반법칙을 찾아내면서 발달한 학문입니다.

예를 들어 가장 높은 피라미드를 만들기 위한 각도는 51도라고 말하는 것과 같은 것이지요. 그런데 사람들 사이에도 이러한 공학 법칙이 존재하고 있다는 것을 전제로 연구하는 학문이 바로 사회공학입니다.

다시 말해 연인 간에 가장 이상적인 연락 횟수를 사회 공학적으로 나타내면, 카카오톡으로는 일주일에 25번, 전화는 4번, 만남은 2번 뭐 이런 식으로 정의를 할 수 있다는 겁니다. 더 나아가 사회 유지에 적절한 출산 인구는 부부 당 몇 명, 인구 1000만 명 당 적절한 공무원 수는 몇 명, 사회 통합이 무너지지 않을 정도의 의사와 청소부의 소득격차는 3.5배. 뭐 이런 게 될 겁니다.

이런 것들이 필요 없다는 것이 아니라, 필요하되 놓치지 말아야 할 것은 인간은 피라미드를 구성하는 돌이 아니라는 겁니다.

인간은 마음을 가지고 있습니다. 우리를 구성하는 것은 육신과 마음이라는 거지요. 그런데 자연현상을 분석하고 지배하고 이용하기 위해 사용된 과학 혹은 공학의 잣대를 인간에게 함부로 들이밀어서는 안된다는 겁니다. 그렇게 밀어 넣은 일반화는 사람에게는 너무나 큰 상처가 됩니다.

단단한 철은 그릇이나 깡통이나 수레의 바큇살이 아닌 명검이 되어야 합니다. 세상에서 가장 부드러운 양모는 옷감이 되어야 하고 세상에서 가장 포근한 솜은 이불이 되어야 합니다. 하지만 사람은 다릅니다. 가장 공부를 잘하는 친구가 의사나 법관이 될 필요는 없지 않을까요?

철, 양모 그리고 솜은 칼이나 옷이나 이불이 되기를 꿈꾸지 않습니다. 그러나 인간은 꿈을 꾸는 존재입니다. 공학과 과학이라는 이름으로 인간을 재단하려고 하는 것이 과연 옳을까요?

우리는 거기에 상처를 받아 쓰러집니다. 당신은 물론 당신의 옆에 있는 모든 사람에게는 마음이 있습니다. 또 많은 사람들 역시 영혼을 가지고 있습니다.

독서법 ——————————————————— *Reading method*

실험 사회 심리학과 진화심리학의 공통점 중 하나는 심리학의 영역을 학자들만의 영역에서 일반인의 영역까지 끌어내렸다는 점입니다. 이 책은 대표적인 심리 실험사례들에 대해서 아주 재밌고 자세한 분석을 하였습니다. 그리고 더 좋은 점은 그것을 무조건 좋다거나 나쁘다는 관점이 아닌, 그것으로 인해서 발생한 다양한 사례들과 관점을 소개한다는 것입니다. 균형을 잃지 않으려는 저자의 노력이 돋보입니다. 여러 파트가 있습니다만 특히 밀그램 실험파트나 인지부조화 이론을 다룬 파트는 아수 재밌고 흥미롭게 읽으실 수 있습니다.

TIP

지금까지 함께 살펴본 책 제목이 『스키너의 심리상자 열기』인데요. 『스키너의 심리상자 닫기』라는 책이 있습니다. 저의 선배이신 김태형 선생님이 쓰신 책입니다. 실험사회 심리학과 진화심리학, 더 나아가 그 두 학문의 뿌리인 미국 주류 심리학의 문제점을 탁월하게 꼬집어 내는 책입니다. 문을 여셨으면 닫아야겠지요. 마찬가지로 『스키너의 심리상자 열기』와 더불어 '닫기'도 같이 꼭 읽어주셨으면 합니다. 정말 『스키너의 심리상자 닫기』라는 책은 탁월한 책입니다. 다만 『스키너의 심리상자 열기』를 읽어야 이해가 가능하다는 점이 조금 안타까울 뿐입니다. 시간과 기회가 되신다면 김태형님의 다른 책들도 꼭 봐주시기 바랍니다. 정말 좋은 책들입니다.

A book is a gift you can open again and again

상자를 여는 것 만큼이나 닫는 것 또한 중요하다

『스키너의 심리상자 닫기』

김태형 지음, 세창미디어

❮❮◦◉◦❯❯

스키너의 이상사회가 가능하려면 한 개인에 대한 조건화가 아니라 사회
집단에 대한 조건화가 가능해야 한다. 사회집단 전체를 조건화하는 것이 가능
하더라도 그것은 심리학의 영역을 벗어난 정치와 역사창조의 문제이다.

— 본문 26페이지

이 책은 로렌 슬레이터의 저서 『스키너의 심리상자 열기』와 세트로 봐야
할 도서다. 저자 김태형은 이 책을 통해 로렌 슬레이터가 제시했던 실험사회
심리학과 진화심리학, 더 나아가 두 학문의 뿌리인 미국의 주류 심리학의 문
제점을 논리적으로 비판한다. 로렌 슬레이터의 저서의 구성을 그대로 차용하
고 있다. 열 개로 이루어진 각 챕터 별로 현대 심리학에 큰 반향을 불러일으켰
던 열 가지 실험들과 그에 대해 재해석을 하며 오류 지점을 잡아내거나, 나름
의 평가 등을 통해 상세한 논의를 펼치고 있다. 저자가 강조하는 핵심은 각 실
험의 오류들이 하나의 거대한 오류를 공유하고 있다는 점이다. 본질적으로 미
국의 주류 심리학계가 지닌 잘못된 패러다임과 심리적 불건강성이 이들 이론

에 각각 적용되어 영향을 미치고 있다는 사실을 조명하고 있다. 나아가 올바른 심리학이란 무엇인가에 대한 나름의 고민의 결과와 제안이 담겼다.

이 책의 제목이기도 한 스키너 상자는 동물행동을 연구하기 위해 스키너가 고안한 장치를 말한다. 이 속에 들어간 쥐는 철저히 통제된 상황에 놓여 다양한 조작을 통해 우리에게 다양한 결과물을 제공한다. 하지만 이런 동물을 이용한 실험은 언제나 한계를 갖는다. 동물과 사람은 본질적으로 다르기 때문이다.

인간은 개개인마다 살아온 환경과 생각과 행동이 다르기 때문에 조건화가 불가능하다. 또한 특정 집단을 통한 실험은 아무리 완벽했다 해도 결국 전체를 대변할 수 없다. 그리고 실험 참가자들의 속마음을 완벽히 알 수 없기 때문에 실험결과가 항상 달라질 수 있다는 것이 이 책이 말하고자 하는 요지다. 스키너에 의한 실험주의, 경험주의 심리학도 실험으로 얻어지는 결과들에 대한 재해석과 오류 발견이 가능한 까닭은 여기에 있다.

『스키너의 심리상자 열기』가 각 실험들이 탄생하기까지의 이유와 배경 그리고 결과를 이야기 형식으로 이해하기 쉽게 소개하고 안내해주는 매력이 있다면 이 책은 과학계에서 유명한 각 실험들을 다른 각도에서 볼 수 있게끔 해주는 비판적 시각이 매력적이다. 상반된 견해이나 이 두 책을 함께 읽어야 하는 이유는 분명하다. 현대 심리학의 실험들에서 우리가 알아야 할 두 가지 관점을 제시하기 때문이다.

인간 내면에 대한 탐구는 짧지 않은 역사를 가지고 있다. 내면을 통해 타인과 자신을 더욱 깊이 이해하고자 하는 과학자들의 끊임없는 노력은 이처럼 다양한 실험으로 나타난다. 실험의 의도와 목적이 인간을 향하고 있다고는 하나 그로 인해 상처를 입는 피해자가 발생하는 것은 다수를 위한 소수의 희생이라는 말로 설득될 수 있는 문제는 아닌 것이다. 과학의 놀라운 발견은 우리의 삶을 윤택하게 하고 인류에 대한 이해와 더 큰 발전을 야기하지만 한편으로는 끔찍한 실험의 결과들이 발생하는 것도 어제오늘의 일만은 아니다.

우리 사회의 새로운 사실에 대한 탐구 욕구와 실험은 앞으로도 지속될 것이다. 아직 밝혀지지 않은 미지의 영역을 탐구하기 위해 상자의 뚜껑을 여는 일은 과학의 위대한 지점이다. 하지만 우리가 더 주의 깊게 지켜보아야 하는 지점은 상자를 여는 순간보다 닫는 순간이어야 하지 않을까. 이 책에 나타난 비판적인 관점은 우리의 기존 사고방식에 대한 환기와 더 나은 미래로의 발전을 위해 우리가 가져야 할 자세에 대해 생각할 거리를 제공한다.

감정이 머리라면 이성적 합리성은 꼬리다

『생각에 관한 생각』

대니얼 카너먼 지음, 이창신 옮김, 김영사

←⟨→⊙⟨→→

우리는 자신도 모르는 사이에 의식 세계에서 많은 생각을 하고 여러 가지 인상을 받는다. 인상과 직관과 많은 결정을 형성하는 정신 활동은 머릿속에서 소리 없이 일어난다.

— 머리말 중에서

감정을 배제하고 이성만을 쫓아라. 합리적인 결정이 중요한 경제 분야에서는 절대적인 말이다. 그런데 실제로는 경제를 포함한 모든 분야를 살펴봤을 때 감정에 의해 결정되는 부분이 굉장히 많다. 심리학자들은 이를 두고 당연한 이치라고 말한다. 인간이라면 당연히 무의식적으로 감정을 우선하기 때문에 감정을 제외할 수 없고 그를 바탕으로 하는 적절한 판단과 결정을 내릴 뿐이라는 것이다. 감정이 머리이고 이성적 합리성은 꼬리에 불과하다는 말과 행동경제학(Behavioral Economics)이라는 분야를 연결해 생각해 볼 수 있는 이유는 여기에 있다.

행동경제학은 인간의 사고와 행동을 행동주의 심리학 이론을 통해 해석하고 그것이 어떻게 경제에 영향을 미치는가를 연구하는 학문이다. 인간의 이성적이지 않은 선택이 주식과 증권 가격에 유의미한 변화를 일으키므로 그 방면에서 행동경제학이 활발하게 발전하게 되었다.

이 책의 저자인 대니얼 카너먼(Daniel Kahneman)은 노벨 경제학상을 수상한 심리학자다. 그는 이 책에서 심리학자로서 인간의 비합리적 사고와 판단에 초점을 맞추어 이론을 전개한다. 그리고 그것이 이성적 의사결정의 집합체인 경제학 분야에 어떻게 작용하는지를 집중 조명한다. 그는 이런 개념을 인간(econ)과 인간(human)이라고 구분하는데 경제학에서 일컫는 인간(econ)은 일상의 인간(human)과 전혀 다르고 왜 다른지에 대해 주목한다. "인간은 주관에 휘둘려 충동적이며 집단적으로 똑같이 행동해 자기 과신(過信)과 편향에 빠집니다. 때로는 자신이 보는 대로, 남들이 하는 대로 따라 결정하는 존재입니다"라고 지적하며 경제학에서도 마찬가지라고 전한다.

따라서 카너먼은 이 책에서 인간의 모든 행동과 생활 즉 인생의 근원인 생각을 크게 시스템 두 가지로 구분해 설명한다. 직관을 뜻하는 빠르게 생각하기(fast thinking)와 이성을 뜻하는 느리게 생각하기(slow thinking)가 바로 그것이다. 시스템1은 직관으로 저절로 빠르게 작동하며 노력이 거의 또는 전혀 필요치 않고 자발적 통제를 모른다. 시스템2는 이성으로 복잡한 계산을 비롯한 어떠한 노력이 필요한 정신 활동으로 흔히 주관적 행위, 선택, 집중과 관련해 활동한다. 그는 이 두 시스템을 비교하며 사실 인간은 깨닫지 못할 뿐 시스템1에 아주 많은 판단을 기대고 있는 채로 시스템2를 발동했다고 착각한다. 그렇다고 시스템1을 통제해야 한다는 게 아니라 실력과 전문성을 갖춘다면 효과적인 시스템1 직관을 발휘할 수 있다고 강조한다.

이 두 가지 시스템을 조화롭게 이용하려면 훈련이 필요하다. 혼자보다는 서로의 잘못을 봐줄 수 있는 조직 차원에서 이 부분을 훈련하는 것이 좋다고 한다. 조직은 개인에게 천천히 생각하고 질서 정연한 절차를 부과할 수 있기 때문에 더 정교하게 개인을 훈련시킬 수 있다고 조언한다. 이성과 감정이 적절하게 어우러져 판단을 도출할 수 있다면 그 판단은 분명 이로운 판단일 것이다.

이 세상 어느 것보다도 가장 보통의 존재

『보통의 존재』

이석원 지음, 달

⊷⊷◉◈◉⊷⊷

> 모르는 남녀가 거리낌 없이 하룻밤을 보내는 원 나잇 스탠드가 요즘처럼 횡행하는 세상에서도 누군가와 손을 잡는다는 행위가 여전히 특별할 수 있다는 것. 그 느낌이 이렇게나 따뜻하고 애틋할 수 있다는 것이 나는 눈물겹다.
>
> — 본문 12페이지

누군가의 이야기를 들으면서 마음이 저밀 듯 아플 때가 있다. 그것은 아마 힘든 시간을 지나온 그 사람이 담담히 늘어놓는 말들에 서려있는 아스라한 슬픔을 발견하는 순간이다. 이 책에는 그런 목소리가 들어있다.

저자 이석원은 인디밴드 언니네이발관의 보컬이자 기타리스트다. 이 책의 제목 보통의 존재는 언니네이발관 5집 앨범 타이틀곡이기도 한 〈가장 보통의 존재〉의 제목과도 같다. 이 노래에는 "나는 보통의 존재. 어디에나 흔하지. 당신의 기억 속에 남겨질 수 없었지. 가장 보통의 존재"라는 가사가 나온다. 저자는 책을 통해서 이 가사를 쓴 배경이 되는, 자신이 삶을 살아가면서 겪은 감정들을 진솔한 목소리로 풀어놓는다.

그는 자신의 삶에 비추어 우리가 아무리 사랑한다 해도 결국에 누군가에게 보통의 존재로 밖에 기억되지 않을 것이라고 말한다. 그럼에도 불구하고 지극히 보통의 존재로 살아가며 행복했고 힘들었던 시간들을 찬찬히 들여다본다. 그러면서 내 마음 하나 편히 둘 곳 없는 세상을 살아가는 쓸쓸한 사람들에게 꼭 특별한 사람이 되려고 애쓰지 않아도 괜찮다고 말한다. 그리고 당신은 당신이라는 사람이라는 사실만으로도 소중한 보통의 존재라는 위로를 전한다.

저자는 서른여덟이 되던 해에 많은 일을 겪었다. 이혼, 친구의 죽음, 난치병, 가족사로 인해 마치 보이지 않는 손이 자신을 낭떠러지로 떠미는 듯한 느낌을 받았다고 한다. 그 가운데에서 그는 결코 특별하지 않은, 누구도 기억하지 않는 아무것도 아닌 존재였다. 그는 고통스러웠지만 그 사실을 인정하고 바로 그곳에서 이 이야기를 시작했다.

이 책은 보통 날들을 걷는 보통 사람들을 떠올리게 한다. 거기에는 분명 저자와 같은 이도 있고, 나를 비롯한 모든 사람이 있다. 모두 가고자 하는 목적지와 도달하는 방식은 제각각으로 다르지만 인생을 거닌다는 의미에서 보면 같을 수 있다.

그래서 이 책은 이석원이라는 사람의 개인적인 이야기임에도 읽다 보면 자연스레 나 자신의 삶과 사랑, 슬픔, 행복에 대해서 생각하게 만든다. 그 생각의 저편에서 무겁기만 했던 내 마음속의 짐들을 조금 내려놓고 투명하게 떠오르는 나 자신을 바라볼 수 있다. 나 자신에게나 다른 사람들에게나 특별해지고자 했던 마음이 나를 힘들게 했다는 사실을 깨닫는다.

내가 보통의 존재라는 사실을 인정하고 나면 더 이상 내가 아닌 사람이 되기 위해 발버둥치지 않아도 된다. 그저 보통의 존재로서 앞으로 나아가기만 하면 된다. "마흔 언저리쯤 되면 반드시 포기하고 받아들여야 할 때가 온다.

(…) 자신을 안다는 것. 그 잔인한 일 말이다" 어른이 된다는 건 이와 같은 일이 아닐까. 내 안에서 울고 있는 아이를 위로할 줄 알게 되는 순간 사람은 비로소 어른이 된다.

나의 세계를 지킬 용기

『미움받을 용기』

기시미 이치로 · 고가 후미타케 지음, 전경아 옮김, 인플루엔셜

⟵⟨⟩◉⟨⟩⟶

어쩌면 자네는 선글라스 너머로 세계를 보고 있는지도 몰라. 그런 상태에서는 세계가 어둡게 보이는 것이 당연하지. 그렇다면 세계가 어둡다고 한탄할 것이 아니라 선글라스를 벗으면 되네.

— 본문 13페이지

한 청년이 철학자에게 다음과 같은 질문을 던진다. "그러면 다시 묻겠습니다. 세계는 아주 단순하다는 것이 선생님의 지론입니까?" 이 질문에 철학자는 그렇다는 대답과 함께 세계뿐만 아니라 인생도 아주 단순하다는 말을 덧붙인다. 세계는 너무도 복잡하고 앞으로 펼쳐질 인생에는 헤쳐나가야 할 문제가 첩첩산중이다. 단순함과는 거리가 멀어 보이는데 어째서 이 철학자는 단순함을 논한 것일까? 이 문답이 『미움받을 용기』의 첫 장면이다. 이 책 속에서 청년과 철학자는 다섯 밤에 걸쳐서 세계와 인생의 진리를 탐구하고 토론을 벌인다.

이 책은 일본의 철학자 기시미 이치로와 작가 고가 후미타케가 알프레드

아들러(Alfred W. Adler)의 심리학에 대해 연구하고 해석한 내용을 담았다. 고가는 아들러 심리학을 '용기의 심리학'이라고 부르며 지금 행복하지 않다면 그이유가 환경이나 능력 탓이 아니라 용기가 부족하기 때문이라는 아들러의 주장을 설파한다. 동시에 인간관계에서 가장 어렵고 극복해야 하는 것 또한 용기라고 말한다. 이어서 기시미는 다른 사람에게 미움받는 걸 견디라는 게 아니라 미움받는 걸 두려워하지 말라고 조언한다. 사람들과의 관계에서 행복을 얻으려면 그 관계 속에서 미움받을 각오 즉 용기도 필요하다는 것이 이 책의 핵심이다.

첫 번째 밤 트라우마를 부정하라, 두 번째 밤 모든 고민은 인간관계에서 비롯된다, 세 번째 밤 타인의 과제를 버려라, 네 번째 밤 세계의 중심은 어디에 있는가, 다섯 번째 밤 지금, 여기를 진지하게 살아간다와 같은 책 속의 주제를 따라가다 보면 어떻게 행복한 인생을 살 것인가? 라는 세계와 인생에 대한 진지한 고찰을 할 수 있다.

아들러 심리학에서는 모든 고민을 인간관계에서 비롯된다고 보고 프로이트의 원인론을 반전시키는 목적론을 주창한다. 예를 들어 프로이트는 어떤 사람이 사회에 적응하지 못하는 이면에는 어릴 때 학대를 받았기 때문이라고 한다면 아들러는 사회에 나와서 다른 사람과의 관계를 맺고 싶지 않은 이유로 어릴 때 학대를 받은 기억을 꺼내는 것이라 해석한다. 즉 사람은 과거의 원인이 아니라 현재의 목적으로 행동을 구성한다는 것이다. 이렇듯 아들러는 트라우마 개념을 전면으로 부정하고 인생은 선택 가능한 것이며 과거의 경험이 앞으로의 삶에 영향을 끼칠 수 없다고 주장한다.

사람이 변화하지 못하는 것은 스스로의 의지 문제이지 지금 행복을 실감하지 못하는 사람에게 부족한 것은 능력도, 돈도, 축복받은 환경도 아닌 용기라는 게 아들러가 궁극적으로 말하고자 하는 바이다. 따라서 자기의 세계를 성장시키는 일 혹은 공동체를 키우고 지키며 그 안에서 자기의 방식대로 자유롭게 살아가는 것이 행복의 근원이 된다고 아들러는 단언한다. 이는 마치 나답게 살지 못하고 있는 오늘날의 현대인들에게 건네는 단단하고 힘 있는 위로처럼 들려서 가슴 속에 새기게 된다.

한 조각의 기억

『나이 들수록 왜 시간은 빨리 흐르는가』

다우베 드라이스마 지음, 김승욱 옮김, 에코리브르

❧⬥❦❧⬥❦❧

체스 노테봄은 "기억은 마음 내키는 곳에 드러눕는 개와 같다"고 말했다.

— 본문 7페이지

어른과 아이가 똑같은 하루를 보낸다면 둘은 그 하루치의 시간을 똑같이 체감할까? 어렸을 때는 시간이 아주 느리게 간다고 생각했던 적이 종종 있었다. 지루한 수업이 줄줄이 이어지는 학창시절에는 특히나 더 했다. 그런데 어느덧 성인이 되고 나서부터는 시간이 정말 쏜살처럼 지나간다고 느낀다. 돌아보면 한 해 동안 뭘 하고 지냈는지 제대로 기억조차 나지 않는다. 비단 나만의 일은 아니다. 주변 사람들도 모두 그렇게 이야기한다. 예나 지금이나 똑같이 흘러가는 시간을 살고 있는데 왜 나이가 들면 시간이 이리도 빨리 지나가는 것처럼 느껴지는 걸까? 단지 나이가 들수록 생기는 조급한 마음에서 비롯한 것일까? 뇌과학자들에 따르면 이런 의식이 오로지 불안함 때문에 생기는 것만은 아니라고 한다. 실제로 나이 든 사람은 시간을 젊은 사람보다 훨씬 짧게 느낀다는 연구도 있다.

이 책의 저자 다우베 드라이스마(Douwe Draaisma)는 위와 같은 현상의 바탕에 기억이 있다고 이야기한다. 시간에 대한 각자의 경험은 내적인 광학이며 화가가 원근법을 이용해서 공간을 정돈하듯이 기억도 시간 속에서 우리가 경험한 일들을 정돈한다고 묘사한다. 우리 뇌는 모든 기억을 평등하게 대우하지 않는다. 첫 경험, 강렬한 인상을 줬던 기억이나 충격적인 기억은 오랫동안 생생하게 남는 반면 반복적인 일상은 기억에 잘 남지 않는다. 이처럼 기억은 여러 가지 면을 가지고 있다.

마치 프루스트의 『잃어버린 시간을 찾아서』에서 마들렌 냄새가 상기시키는 기억과 같은 대부분 잊고 있었지만 무의식에 자리하고 있는 기억들, 외상에 관한 기억, 데자부, 망각 등 여러 가지 색깔이 있다. 반면 서번트, 체스 챔피언처럼 특별한 기억력의 소유자들도 있다. 그렇기 때문에 기억은 흥미로운 미지의 세계가 아닐 수 없다. 저자는 이를 탐구하고 파헤치는 것이다. 그렇다면 나이가 들수록 시간이 점점 빨라지는 현상은 결국 기억의 어떤 작용이라는 것일까?

심리학자 윌리엄 제임스(William James)는 시간이 빨리 흐르는 것처럼 느껴지는 이유를 다음과 같이 제시한다. 사람들은 어렸을 때 언제나 새로운 경험을 할 수 있었다. 그리고 이 경험들은 평생 동안 기억에 남는다. 난생 처음으로 시도했던 일에 대한 불안과 떨림이나 여행을 떠났을 때 온통 흥미진진했던 여러 가지 일들은 기억 속에 아주 자세히 기록된다. 그러나 시간이 지나면서 이런 경험들은 자동적인 일상으로 대치되고 하루 또는 일주일치의 알맹이 없는 일상들이 모두 기억 속에 한데 섞여 들어간다. 그래서 더는 기억이 선명하지 않게 되는 것이다. 철학자 장 마리 귀요(Jean-Marie Guyau)는 시간이 빨리 흐른다고 느끼는 것을 심리학적 시간이라 칭하면서 그에 영향을 미치는 몇 가지 요인들을 정리했다. 시간의 길이와 속도는 우리의 느낌과 생각의 강도

이 두 가지가 교체되는 속도, 느낌과 생각의 횟수, 우리가 거기에 쏟는 관심, 기억 속에 그것들을 저장하는 데 드는 노력, 그것들이 불러내는 감정과 연상 등에 의해 좌우된다는 것이다.

　결론적으로 점점 더 빠르게 지나가는 시간을 어떻게 하면 나의 속도로 흘러가게 할 수 있을까? 이 책은 기회가 있을 때마다 새로운 것들로 시간을 채워야 한다고 말한다. 새로운 조각들을 모아서 내 인생의 캔버스를 다채롭게 물들인다면 과연 언제 어디서든 뒤돌아봐도 소중한 순간들을 마주할 수 있을 것이다.

착각이라는 선물 착각이라는 지옥

『가끔은 제정신』

허태균 지음, 쌤앤파커스

⟵◦⟨◦⟩◦◦⟶

이 책은 결코 인간의 불완전성에 대한 얘기가 아니다. 오히려 모든 인간이 좀 더 행복해지기 위해 마음속에 갖고 있는 '착각의 선물'에 관한 얘기다.

— 머리말 중에서

혼히들 착각에 빠진 사람을 두고 어리석다고 말한다. 하지만 그 손가락질 하는 사람도 자신도 모르는 새에 착각에 빠지곤 한다. 이처럼 인간은 누구나 착각 속에 살고 있다. 하지만 그 착각 덕분에 역설적으로 인생에서 행복과 희망을 찾을 수도 있다. 이 책은 착각의 이러한 특성에 주목하여 착각이 어떻게 선물이 될 수 있는지를 말한다. 다양한 사례들을 통해서 그 안에 숨어있는 착각의 요소를 짚어내고 왜 우리가 그와 같은 착각에 빠지는지를 사회인지학적으로 해석한다. 이 책의 저자 허태균은 사회적 판단과 의사결정에서 인간의 비합리성에 대해서 연구하는 사회인지심리학자로서 한국사회가 처한 문제를 분석하고 심리학 측면에서 기여하는 인물이다.

책 속에서 저자는 일례로 우리 사회가 빠져있는 가장 큰 착각 중 하나로 자녀에 대한 부모의 믿음을 지적한다. 우리는 자녀가 태어나는 순간부터 내 자식이 다른 어느 누구의 자식보다 특별하다는 착각에 빠져 자녀에게 물심양면 투자를 아끼지 않는다. 그래서 자식이 성인이 된 후에 부모의 기대에 미치지 못하면 실망하는 경우가 많다.

그렇다고 이러한 착각이 잘못된 것인가를 따져봤을 때 저자는 그렇지 않다고 단언한다. 오히려 우리가 건강하고 행복한 삶을 살고 싶다면 착각은 반드시 필요한 것이라고 강조한다. 사실 스스로가 착각에 빠지지는 않는지 한 순간도 빠짐없이 자기검열을 하지 않는 이상 삶에서 착각을 지운다는 건 거의 불가능하다. 그러니 착각하는 덕분에 얻는 이점이나 착각을 어떻게 다스릴 것인지를 판단하자는 것이다. 착각을 함으로써 우리는 몰랐던 잠재력을 발견하기도 하고 기대한 것보다 훨씬 좋은 성과를 얻을 때도 많다. 또한 내가 착각하는 빈도만큼 다른 사람도 착각하기 때문에 그들을 내가 원하는 방향으로 이끈다면 도움이 된다고 말한다.

먼저 착각 속에 살아가고 있는 자기 자신을 있는 그대로 솔직한 태도로 바라보면서 스스로에 대한 통찰력을 높일 수 있는 계기로 삼는 것이 중요하다. 누구나 한 번쯤은 해봤을 법한 착각들 중 자신이 쉽게 빠지는 착각은 무엇인지 진지하지만 유쾌한 시선으로 점검해보는 시간을 갖고 혹시 그것이 스스로를 짓누르고 있었던 무거운 짐은 아니었는지를 파악해보는 것이다.

같은 맥락에서 저자는 한국사람들이 인고의 착각에 빠져있다고 이야기한다. 인고의 착각이란 말 그대로 힘든 시간이 지나면 언젠가는 보상을 받을 수 있다는 믿음이다. 이것은 착각이 아니라 진리가 아닌가? 성공한 사람 대부분은 시련을 극복하기 위해 최선을 다했다. 그러나 이렇게 노력한 모든 사람이 성과를 낸 건 아니다. 성공한 사람은 열심히 노력한 수많은 사람 중 극히 일부뿐이다.

대부분의 사람들은 40대 초반부터 자신이 꿈꿔 왔던 것들이 착각이었다는 걸 깨닫기 시작한다. 젊고 활력이 넘치던 모습은 온데간데없고 회사에서는 일에 치이고 사람에 치여 지치기 일쑤다. 사회적으로나 금전적으로나 성공을 거뒀다고 말할 수도 없고 눈앞에는 팍팍한 현실만 펼쳐져 있다. 앞만 보고 달리면 성공할 수 있을 거라고 믿었던 가치가 현실과 배반되는 것이다. 저자는 이런 거짓말 같은 착각을 깨뜨리자고 제안한다. 자신을 압박했던 모든 착각에서 벗어나서 스스로를 행복으로 인도하는 착각만 하고 살자는 것이 이 책이 우리에게 던지는 유의미한 메시지일 것이다.

생각을 들여다보다

『오래된 연장통』

전중환 지음, 사이언스북스

←⦿⦿⊙⦿⦿→

인간의 마음은 각각의 적응적 문제들을 잘 해결하게끔 특수화된 수많은 심리적 '공구'들이 빼곡히 담긴 연장통이다.

— 본문 20페이지

찰스 다윈은 『종의 기원』에서 인간은 본능에 지배되는 다른 동물과 달리 합리적인 이성을 토대로 문화를 창조하고 전승하는 존재라고 정의했다. 이 정의는 지난 150년간 인간 문화 사회를 설명하는 데 있어서 중요한 구심점으로 여겨져 왔다. 하지만 오늘날에는 그 간명한 해석만으로는 변화무쌍한 인간의 문화 사회를 아우를 수 없는 이론이라 평가받으며 빠르게 대체되고 있다. 그러면서 출현한 것이 바로 진화생물학과 진화심리학이다.

이 책에서 주로 다루고 있는 진화심리학은 다윈의 진화론을 기반으로 하되 행동생태학, 유전학, 컴퓨터공학, 동물행동학, 인류학 등 다방면의 영역에 의거한 과학이다. 저자의 스승이기도 한 생태학자 최재천 교수는 우리는 이 세상 모든 일에 대하여 그냥 받아들이기보다는 끊임없이 의문을 제기하며 되짚어보고 싶어 하는 특성을 지녔고 그것이 진화심리학의 출발선이라고 이야기한다. 따라서 진화심리학은 우리 삶의 여정에서 부딪히는 거의 모든 문제를 연구 대상으로 삼고 있다. 인문학과 사회과학뿐만 아니라 예술, 문학, 법, 종교, 도덕 등 인간이 이룩한 모든 지식 체계를 톺아보는 것이다. 그 과정을 따라가다 보면 결국 인간이란 무엇인가라는 근원적 질문에 도달하게 된다.

저자 전중환은 서울대학교와 동대학원에서 행동생태학을 공부하고 텍사스대학교에서 박사 학위를 받은 진화심리학자이다. 주로 가족과 혈연 문제, 사회적 혐오 같은 주제를 오랫동안 심층 연구했다. 그 내용을 담아낸 책이 바로 『오래된 연장통』이다. 어째서 그는 사람의 뇌를 오래된 연장통이라 부르는 것일까?

책에서는 인간의 여러 가지 사소한 행동을 진화심리학적으로 분석하고 있는데 그중 한 가지가 웃음이다. 웃음은 진화론적 측면에서 보면 대대손손 행복한 세대를 이루는 데 효과적인 도구였다고 한다. 진화심리학자 제프리 밀러(Geoffrey Miller)는 예로부터 웃음은 좋은 유전자의 표지였다고 주장하기도 한다. 유머 자체는 생존과 번식에 전혀 영향을 주지는 않지만 누군가를 웃게 만들려면 창의적이고 두뇌 회전이 뛰어나야 가능하므로 유머러스한 사람과 좋은 유전자를 연관 지을 수 있다는 것이다. 그리하여 인간은 자연스럽게 유머러스한 사람을 좋아하고 매력을 느낀다. 저자 또한 이를 진화의 결과물이라 동의한다.

시간이 흘러 유머는 좋은 유전자를 가려내는 요소일 뿐만 아니라 애인, 배우자, 친구, 동료, 직원, 사업 파트너 등 적절한 사회적 역할을 판단하는 데 아주 중요한 기준으로 자리매김했다. 이는 우리의 뇌에 아주 오랜 세월에 걸쳐서 각인된 결정이라 쉽게 바꾸기 어렵다. 환경은 걷잡을 수 없이 빠르게 변화하지만 우리의 뇌는 아주 오래전의 생활 방식을 답습하기 때문이다. 저자가 사람의 뇌를 오래된 연장통이라고 부르는 이유도 여기에 있다. 아울러 저자는 우리가 올바른 판단을 내리기 위해서는 오래된 연장들을 다시 점검할 필요가 있다고 말한다. 환경이 예전과는 많이 달라졌음에도 불구하고 기존의 어리석은 행동 방식을 유지하는 실수를 줄이기 위해서는 진화심리학의 관점에서 인간 사회를 바라볼 필요가 있다고 본 것이다.

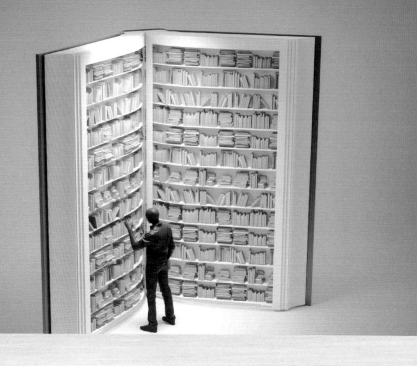

A book is a gift you can open again and again

'대한민국에서 고등학교 교육과정이 제대로 이뤄지지 않는 교과목을 꼽으시오'라는 질문에는 누구나 쉽게 대답할 수 있을 겁니다. 바로 음악, 미술, 체육입니다. 입시 중심의 교육이다 보니 입시와 관련 없는 과목들이 뒤처지는 것은 어찌 보면 당연한 일일지도 모릅니다. 이는 우리 학생들이 행복하지 못한 이유 중의 하나일 겁니다.

모든 학교에서 강제적으로 고1부터 고3까지 모든 학기 중에 음악 몇 시간, 미술 몇 시간, 체육 몇 시간 등 의무수업시간을 가진다면 학생들이 입시 지옥 속에서도 좀 위안을 받을 수 있지 않을까요? 나만 받는다면 입시 때문에 불안할 수 있지만 모든 학생이 의무적으로 수업을 듣는다면 그런 부담도 없을 테니 말입니다.

체육이 몸에 위안을 주는 과목이라면 미술과 음악은 마음에 위안을 주는 과목일 겁니다. 미술은 눈에 위안을, 음악은 귀에 위안을 주는 과목이겠지요. 저는 미술 작품 감상을 제대로 할 수 있고, 악기 하나를 다룰 줄 알고, 할 줄 아는 운동이 적어도 하나는 있는 사람이 진짜 인문학을 하는 사람이 아닐까 생각합니다.

여러분은 어떠신지요? 저는 할 줄 아는 운동이 없고, 음악을 들을 수 있는 귀가 없고, 미술 좀 안다고 까대다가 세상에서 거의 매장당했던 사람이라… 하하하.

3장

아름다운 것들이
우리에게 선사하는
위로의 빛깔

A book is a gift you can open again and again

A book is a gift you can open again and again

서로 다른 두 획으로 탄생한 새로운 세상

『화가 VS 화가』
허나영

　임진왜란이 있었습니다. 그 임진왜란에는 수많은 전투가 있었습니다. 그중 가장 많은 사람의 기억에 남는 전투는 단연코 영화화되어 한국 영화 사상 가장 많은 관객을 동원한 영화이기도 한 명량(해전)이라고 저는 생각합니다.

　명량해전이라는 전투는 왜 사람들의 뇌리에 각인되었을까요? 아마 전투가 너무 극적이어서 그럴 겁니다. 말도 안 되는 전투였습니다. 단 12척으로 100척이 넘는 배를 상대로 이기다니요! 심지어 12척의 배는 대패를 당해서 줄행랑을 친 배를 모은 것에 불과하고 수백 척의 적군 배는 승전으로 인해 사기가 오를 대로 오른 배였습니다. 그런데 조선 수군이 승리를 거둔 겁니다. 이런 극적인 승리가 있었기에 사람들이 그렇게도 열광을 했나 봅니다.

　하지만 사람들이 그 극적인 승리에 더 열광했던 이유는 그 승리를 이끌어낸 이순신이라는 사람 때문이었을 겁니다. "전하, 신에게는 아직도 12척의 배가 있사옵니다"라는 말이 주는 감명, 장렬한 최후, 대쪽 같은 정신 세계, 애민과 충정 그리고 『난중일기』에서 드러나는 그의 인간적 고민들. 또한 최민식이 그려낸 이순신이 없다면 당연히 〈명량〉이라는 영화는 오늘날의 위상을 가질 수 없었을 겁니다.

로베르 드와노, 〈Picasso and the loaves〉, 1952

2014년 고흐의 작품 〈정물: 붉은 양귀비와 데이지〉가 뉴욕 소더비 경매에서 61.8 밀리언 달러에 중국인 영화사업자에게 팔려 화제가 되었습니다. 고흐의 작품이 위대하다는 것은 누구나 알지만 고흐의 드라마틱한 삶이 없었다면 고흐의 작품이 그렇게 고가에 거래될 수 있었을까요?

제 방에도 피카소의 작품이 하나 있습니다. 피카소가 식사하는 사진으로 그저 빵과 수프 앞에 노인네가 쭈그리고 앉아있을 뿐입니다. 아무것도 아니죠? 하지만 피카소의 삶의 역경과 여성편력 그리고 그에 따라 변한 그의 미술세계를 알기에 식탁 앞에 앉은 그는 단순한 노인네가 아니라 저에게 강렬한 무언가를 주는 사람이 됩니다.

사실 예술 이야기를 재밌게 만드는 것은 예술 그 자체일 수도 있지만 그 예술을 만들어낸 사람의 이야기가 재밌기 때문입니다. 이 책은 단연코 한국서점가에 나와있는 미술 책 중에서 손꼽히는 재밌는 책이라고 저는 생각을 합니다. 그리고 그럴 수밖에 없습니다. 그 이유를 하나하나 말씀드리겠습니다.

첫째로 작품이 아닌 사람 이야기를 전면에 내세웠습니다. 작품을 이야기하려면 설명이 먼저 들어가야 합니다.

고흐의 〈별이 빛나는 밤〉이라는 작품이 주제라고 생각해봅시다. 그 작품을 설명하려면 먼저 인상파란 무엇인지를 알아야 합니다. 그래야 후기 인상파가 무엇인지를 설명할 수 있을 테니까요. 다음에는 붓터치가 어떻고 뭐 이런식으로 작품에 대해 이야기해야 합니다. 한마디로 피곤합니다.

그런데 작품이 아니라 그 작품을 그린 고흐로부터 이야기를 시작해봅시다. 귀를 잘랐다. 고갱을 사랑했다(미술을 전공한 러시아 친구가 둘이 동성애자였다고 저한테 아주 옛날에 말해주었습니다. 당시 저는 상상도 못했던 이야기라 깜짝 놀랐습니다). 권총자살을 했다. 어찌 아니 재밌겠습니까? 그리고 나서 작품에 대한 이야기로 들어간다면 훨씬 작품에 대한 이해도를 높일 수 있을 겁니다. 일단 미술에 보다 더 흥미가 생길 겁니다.

두 번째로 사람 이야기를 혼자의 이야기가 아니라 커플의 이야기로 만들었습니다. 드라마가 재밌는 이유가 무언가요? 사랑 이야기가 나오기 때문입니다. 봐도 봐도 재밌는 이야기가 바로 둘이 서로 사랑했다 싸우고 싸웠다가 화해하고 그리고 다시 싸우고 함께하고 뭐 그런 이야기 아닐까요? 그래서 이 책은 더 재밌습니다.

파트도 크게 세 가지로 나뉩니다. 친구 편, 라이벌 편 그리고 연인 편 이렇게 말입니다. 친구 편에서는 마네와 모네, 클림트와 쉴레, 칸딘스키와 클레 그리고 백남준과 요셉 보이스가 다뤄지고 라이벌 편에서는 기베르티와 브루넬레스키, 다빈치와 미켈란젤로, 고흐와 고갱 그리고 피카소와 마티스가 다루어집니다. 연인에서는 그 유명한 로댕과 끌로델, 리베라와 칼로 그리고 김기창과 박래현이 다루어집니다.

그럼 이제 친구 편, 라이벌 편에서 각각 한 커플씩 저도 소개를 드려볼까요? 먼저 칸딘스키와 파울 클레입니다.

친구를 어떻게 정의할지는 쉬운 문제가 아닙니다만 저는 어렸을 때의 친구는 친한 사람을 뜻하지만 나이 들어서 친구는 함께하는 사람이라고 생각합니다. 동지라는 표현도 있지만 동지라는 표현은 정치적으로 뜻을 함께하는 것에 한정이 된다면 친구는 정치만이 아니라 그것을 넘어 삶의 어떤 한 부분을 같이하는 사람이라는 생각이 듭니다. 사업을 같이하든 등산을 같이하든 은퇴준비를 같이하든 뜻을 같이하여 만나는 사람을 저는 친구라고 생각합니다. 그래서 솔직히 아주 어릴 적 친구를 만나도 더 이상 친구가 아니라는 생각이 들 때가 있습니다. 그 이유는 바로 같이하는 뜻이 없기 때문일 겁니다.

그런 의미에서 칸딘스키와 파울 클레는 정말 친구라는 생각을 합니다.

참 재밌죠? 칸딘스키는 러시아, 클레는 독일 사람입니다. 1차 세계대전에서 이미 두 나라가 으르렁거리고 싸웠다는 것을 생각하면 쉬운 사이가 아니었을 텐데 말입니다. 거기다 나이는 13살 차이, 아주 쉽게 13살 나이가 많거나 어린 일본 친구를 가정하면 될 겁니다.

분명 쉽지 않죠? 그 둘이 함께했던 뜻은 무엇이었을까요?

둘은 같이 청기사파로 활동을 했고 나중에는 당시 새로운 예술과 디자인을 추구했던 바우하우스에서 함께 교수로 지냈습니다. 두 사람은 나치를 피해 자신만의 작품세계를 펼치면서 활동을 같이했던 사이입니다. 두 사람은 바우하우스 교수 시절 바로 위아래층에 살면서 두터운 교류를 했다고 합니다.

칸딘스키의 회고에 따르면 문밖에 나갈 필요도 없이 위층과 아래층을 연결하던 계단을 통해 클레를 만났다고 하니 얼마나 두 사람이 친했는지 알 수 있을 것 같습니다. 13살 나이 차이 일본 친구와 위아래층에 살면서 천장을 뚫어 계단을 놓고 지낸 사이라는 거지요. 무엇이 이 두 사람을 이렇게 친하게 만들었을까요? 두 사람이 같이했던 뜻은 무엇일까요?

책에 나오는 내용을 인용하겠습니다.

"칸딘스키는 놀라운 경험을 했다. 작업실 문을 열고 들어간 순간 말할 수 없이 아름다운 그림 한 폭을 발견한 것이다. … 칸딘스키는 깨달았다. 그것이 바로 거꾸로 세워져 있던 자신의 그림이었다는 것을.

자연의 색을 화폭에 담고자 했던 인상주의 화가들조차도 그리고자 하는 대상은 있었다. 마네의 〈풀밭 위의 점심식사〉가 그랬고 모

*네의 〈수련〉이 그러했다. … 그림에 구체적인 주제나 대상이 없어
도 색과 형태만으로도 충분히 아름다울 수 있다는 것을 알았다."*[14]

　본격적으로 현대 추상미술이 시작되던 시기였습니다. 이전의 미술이
눈에 보이는 그 무엇인가를 그렸다면 이제는 눈에 보이지 않는 그 무엇도
캔버스에 담을 수 있다는 생각이 화가들의 마음속에 번져나가던 시기였습
니다. 피카소는 현실에서는 불가능한 여러 시점에서 보여지는 사물을 하
나의 캔버스에 담으려고 했고 달리는 보이지 않는 자신의 꿈을 그렸습니
다. 조금 뒤에 르네나 마그리트 같은 화가는 자신의 철학을 그림으로 담아
내고자 하지요.

　그렇다면 칸딘스키와 파울 클레가 자신의 그림을 통해 말하고자 한 것
은 무엇이었을까요?

　자 이 책에 나오는 그림을 봅시다.

바실리 칸딘스키, 〈인상 III Concert〉, 1919

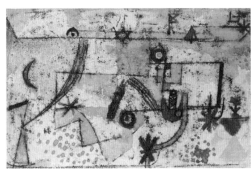

파울 클레, 〈바흐의 스타일로〉, 1919

---

14 허나영, 『화가 vs 화가』 은행나무, 2010.

미술 작품인데 제목은 음악과 관련돼 있습니다. 하나는 콘체르트라고 되어있고요. 다른 하나는 제목에 고전주의 음악가인 바흐의 이름이 있습니다.

앞서도 말씀드렸지만 음악은 귀의 예술이고 미술은 눈의 예술인데 어떻게 이럴 수가 있을까요?

가만히 한번 생각을 해보세요. 눈에 보이지 않는 것 중에 가장 아름다운 것이 무엇일까요? 단연코 음악 아닐까요?

음악가 집안에서 태어나 악기를 만지며 자랐고 그래서 음악가와 미술가 사이에서 고민 끝에 미술을 선택한 클레, 회화가 음악을 닮아 있기에 음악을 통해 새로운 길을 찾을 수 있다고 믿었던 칸딘스키. 당연히 이 둘의 뜻은 음악을 회화로 표현하는 것 아니었겠습니까? 다시 말하면 눈에 보이지 않는 아름다운 음악을 캔버스에 눈에 보이는 것으로 재현하겠다는 것! 그것이 진정 회화의 본질이 될 수 있다고 믿었던 두 사내가 국적과 나이를 넘어 친구가 된 것은 너무나 당연한 것 아닐까요? 이 책은 그 이야기를 아주 재밌게 풀어냅니다.

이번에는 라이벌 이야기입니다. 친구와 라이벌을 가르는 가장 큰 차이는 무엇일까요? 복싱 시합이 있다고 생각을 해봅시다. 그들이 세계 타이틀전에서 붙었습니다. 그러면 라이벌이 되는 건가요? 꼭 그렇지는 않다고 생각합니다. 거꾸로 둘이 친구일 수도 있지요. 친구끼리도 세계 타이틀전에서 맞붙을 수 있으니 말입니다. 친하면 친구고 안 친하면 라이벌인가요? 저는 그렇지는 않다고 봅니다. 저는 라이벌이 되기 위해서는 목표는 같아도 그 목표를 추구하는 방법 혹은 각자가 추구한 스타일 더 멋지게 표현하면 철학이 달라야 라이벌이 된다고 생각을 합니다.

이렇게 정의해야 메시와 호날두가 친구가 아닌 라이벌이 될 수밖에 없는 이유를 잘 설명할 수 있다고 생각합니다. 아기자기한 맛의 축구를 구사하는 메시와 힘과 스피드의 축구를 지향하는 호날두. 두 사람이 득점왕을 놓고 경쟁을 하는 라이벌이 되는 이유라고 생각합니다.

그러니까 새로운 세상을 꿈꾸면서도 그 방향을 달리했던 이성계와 최영이 라이벌이 되는 것이고요. 그 이성계가 만든 조선의 방향성을 두고 다른 생각을 가졌던 이방원과 정도전은 역사의 라이벌이 되는 것이겠지요. 공격적인 경영전략을 구사했던 정주영과 치밀한 경영전략을 구사했던 이병철도 라이벌이었을 겁니다. 이제 친구과 라이벌을 구별하실 수 있겠죠?

입체파를 대표하는 피카소와 야수파를 대표하는 마티스. 입체파나 야수파가 뭔지 몰라도 두 사람의 그림을 보시면 금방 그 차이를 이해하실 수 있을 겁니다.

파블로 피카소, 〈아비뇽의 처녀들〉, 1907

앙리 마티스, 〈모자를 쓴 여인〉, 1905

책에 나오는 구절로 정리를 하겠습니다.

> "마티스는 색, 피카소는 형태
> 하나의 위대한 목표를 향해 나아가는 위대한 두 화가
> — 바실리 칸딘스키, 예술에 있어서 정신적인 것에 관하여"[15]

서양미술사에 있어 형태를 강조할 것인가 색채를 강조할 것인가는 정말 오래되고 치열한 논쟁 거리였습니다. 좀 건방지게 단순화시킨다면 형태는 이성을 색채는 감성을 대표한다고 할 수 있겠죠.

인간을 이성적 존재로 정의할 것인가 감성적 존재로 정의할 것인가만큼 어렵기도 하고 답이 없는 논쟁일 수도 있습니다. 어쨌든 지금도 끝나지 않았을 이 논쟁의 최종점에는 바로 마티스와 피카소가 서있습니다. 같은 풍속화를 그렸어도 미학적 관점을 추구했던 신윤복과 풍자와 해학을 강조했던 김홍도가 라이벌이 되는 이유입니다.

독서법 ———————————————— *Reading method*

모든 미술책을 볼 때 꼭 추천드리는 방식입니다. 가능하면 인터넷이 연결된 컴퓨터와 함께 하는 것을 추천드립니다. 핸드폰으로 보셔도 좋지만 그래도 큰 화면이 좋습니다. 설명에는 나오지만 책에 없는 그림은 꼭 인터넷으로 확인하면서 책을 읽어보기

---

15 같은 책.

를 바랍니다.

읽다 보면 미술사나 미술에 대해서 모르는 용어도 나옵니다. 그건 그냥 넘어가도 좋고요.

당연히 인터넷으로 검색하며 보면 좋습니다. 아무튼 미술책은 컴퓨터와 함께!

TIP

혹시 더 시간이 되면 여기서 소개하는 두 라이벌들의 그림들을 쫙 비교 감상하시기 바랍니다. 그래도 부족하면 서양미술사 책을 찾아서 두 그림을 어떻게 비교하고 있는가를 보시면 아주 재밌습니다. 저도 미술에 입문하고자 했을 때 들었던 조언이 기억납니다. 무조건 많이 보랍니다. 그것도 가능하면 직접 가서. 안 되면 도면으로라도. 특히 대조적인 두 작품을 비교해서 보면 좀 더 빠르게 미술을 이해하게 됩니다.

나의 마음을 닮은 그림의 말들

『도쿄 미술관 예술산책』

명로진 · 이경국

부끄럽지만 저도 서양미술사 책을 하나 썼습니다. 책 제목은 좀 잘못 붙인 거 같은데요. 『인문의 바다에 빠져라 2』입니다. 아마도『인문의 바다에 빠져라 1』이 많이 팔리니까 출판사에서 그런 이름을 붙였나 봅니다. 제목만 봐서는 서양미술사 책인 줄 모르실 겁니다.

이 이야기를 왜 하냐면요. 앞에 부끄럽지만을 앞으로는 자랑스럽게도로 바꾸려고요. 미술을 전공하지도 않은 제가 그런 책을 썼다는 게 가만히 생각해보니 자랑스러운 일이지 부끄러운 일이 아닌 것 같아서입니다.

전공자인 사람들이 볼 때는 참 당황스러운 일일 수 있지만 사실 전공자가 아닌 사람들의 시각이 보다 예리할 때가 많습니다. 대표적으로 경제학이 있지요. 2008년 경제위기를 예측한 주류 경제학자가 없었다는 사실은 전공이라는 것이 얼마나 부질없는지를 가장 잘 보여주는 사례니까요.

미술계가 꼭 그런 것 같습니다. 솔직히 아직까지 한국에서 미술을 전공한 소위 주류 미술계 사람들이 쓴 대중적이거나 걸출한 서양미술사 책을 접해보지 못했습니다.

가만히 생각해보세요. 서양미술에 관심 있는 분이라면 어떤 책이 떠오르시나요? 아주 오래된 전통의 E. H 곰브리치의『서양미술사』나 H.W 잰슨의『서양미술사』가 떠오릅니다. 두 분 모두 미술사학을 전공하신 분이죠.

반면에 한국 분이 쓴 서양미술에 대한 책 하면 어떤 것이 떠오르나요? 미술 전공자분이 쓴 책이 떠오르지는 않을 겁니다. 아마 미학을 전공한 진중권 씨가 쓴『서양미술사』나 기자인 이주헌 씨가 쓴『지식의 미술관』이 떠오르실 겁니다.

하지만 전공자가 쓴 아주 좋은 책은 분명 있습니다. 바로 이은기, 김미정 씨가 쓴『서양미술사』입니다. 읽어보시면 압니다. 왜 한국사람이 쓴 서양미술사 책이 필요한지 말입니다. 아주 좋은 책입니다. 성별을 이야기해서 좀 무엇하지만 두 분 다 여성분입니다.

그렇다면 주류 미술계는 도대체 무엇을 하고 있을까요? 몇 분이 책을 내셨지만 대중들의 반응은 아직 냉담하기만 합니다. 혹시 많은 미술 전공자들이 저와 같은 비전공자의 실수만 기다리고 있는 것은 아닐까요?

그래서 이 책이 그렇게 재밌나 봅니다. 일단 책을 쓰신 분이 명로진, 이경국으로 되어있어서 공저인 줄 알았습니다. 아, 실수? 아니 공저가 맞습니다. 명로진 씨가 글을 쓰고 이경국 씨가 그림을 그린 책입니다. 보통 이럴 경우 글 명로진, 그림 이경국 이렇게 되어있어야 하는데 이 책은 명로진, 이경국 지음으로 되어있습니다. 예술 책답다는 생각을 했습니다. 글을 쓴 사람만이 저자가 아니라 책을 구성하는 사진과 일러스트를 그린 사람도 저자라는 발상. 신선하고 멋졌습니다.

명로진 씨가 누군지 솔직히 모릅니다. 하지만 소개를 보고 무릎을 쳤습니다. '아, 이래서 책이 너무너무 재미있구나'라고 생각을 했습니다. 연세대학교 불어불문학과 4학년 때 첫 시집을 낸 시인입니다. 그리고 이경국 씨는 홍익대학교에서 가구디자인, 동 대학원에서 사진을 전공한 수십 권의 그림책을 그린 분입니다.

미술 혹은 미술사 혹은 박물학을 전공한 분이 아니라 시인과 사진사가 만나 미술에 대한 책을 썼습니다. 어찌 재밌지 않을 수가 있겠습니까? 글은 시적인 분위기가 넘쳐날 것이고 곳곳에 멋진 사진과 그림이 들어가 있을 책이라는 생각이 들지요? 그렇습니다. 충분히 여러분의 상상을 만족시켜줄 책입니다. 술술 읽혀나가는 글과 멋진 사진과 일러스트가 가득하고 읽고 나면 정말 기분이 업되는 책입니다. 일독을 정말 권합니다.

내용으로 들어가볼게요.

정말 감사하게도 저는 해외의 미술관을 많이 다녀봤습니다. 정말 감사한 일입니다. 그런데 저에게 가장 큰 쇼크를 준 미술관 두 곳을 꼽아보라고 하면 하나는 러시아 상트페테르부르크에 있는 에르미타슈 박물관이고요, 하나는 이 책에서 소개하는 도쿄의 국립서양미술관입니다.

솔직히 저에게 루브르나 오르세 혹은 런던의 내셔널 갤러리는 별로였습니다. 제가 루브르나 내셔널 갤러리를 먼저 보았다면 그러지 않았을 수도 있지만 에르미타슈를 먼저 보았기 때문입니다. 제가 에르미타슈에 가서 그림을 만난 건 대학교 3학년 때의 일입니다. 지금은 여행자유화가 되어서 누구나 마음만 먹으면(물론 돈이 있어야 하지만) 외국을 나갈 수 있지만 그 당시에는 여행자유화가 돼있지 않아 함부로 외국에 나갈 수 없었습니다. 그런데 어떻게 당시에 수교도 없었던 러시아를 갈 수 있었냐고요? 참 웃긴 이야기입니다.

저는 대학 다닐 때 나름 운동권이었습니다. 그런데 마침 그때 소련이라는 사회주의 국가가 무너지자 당시 국정원(그때 이름은 안기부로 기억합니다)이 운동권 학생들에게 동구 및 사회주의권을 공짜로 여행시켜주었습니다. 가서 운동권 학생들이 갖고 있는 사회주의 사상이 얼마나 비현실적인지를 보고 사상을 포기하라고 했던 겁니다. 재밌는 것은 그때 사상을 가진 많은 투철한 학생들은 그 공짜 여행을 거부했습니다. 국정원의 돈으로 그런 여행을 갈 수는 없다는 논리였습니다. 하지만 저 같은 신념이 부족한 운동권은 아주 좋은 기회라고 생각하고 설득한 후배들을 우르르 데리고 사회주의 국가를 방문했습니다.

렘브란트, 〈돌아온 탕자〉, 1669

다른 것은 모르겠고요. 당시에 상트페테르부르크의 에르미타슈라는 생전 듣도 못한 박물관을 가게 되었습니다. 그 경험이 미술이 뭔지도 모르고 아는 거라고는 마르크스나 레닌밖에 모르던 저의 일생을 바꿀지는 생각도 못하고 말입니다. 가서 정말 무릎을 꿇었습니다. 이건 말도 안 되는 일이었습니다. 걸어도 걸어도 끝나지 않는 그 큰 박물관에 수도 없이 유명한 미술품들이 걸려있었습니다. 세상에! 미술에 대해 무지한 저도 알고 있는 그림들이 수없이 많았습니다. 미술관에 방이 얼마나 많은지! 헤아릴 수도 없는 그 방 하나하나에 미술작가들의 그림이 셀 수 없이 걸려있는 겁니다. 예를 들어 이 방에는 마네 그림이 가득, 저 방에는 모네 그림이 가득 또 저 방에는 르느와르의 그림이 가득 또 저 방에는 피카소 그림이 가득가득 가득.

"아니, 왜 러시아에 서유럽 유명화가의 그림이 가득 있는 거야!"

정말 쓰러질 정도로 멋졌던 그림은 렘브란트의 〈돌아온 탕자〉입니다. 아우라라는 말이 있지요. 솔직히 그때까지는 아우라라는 말을 머리로만 알고 있었지 가슴으로는 몰랐습니다. 그림책에 있던 〈돌아온 탕자〉라는 그림과 실제로 본 그림이 이렇게 다를 줄을 몰랐습니다. 정말 그 그림 앞에서 〈돌아온 탕자〉에 나오는 탕아처럼 무릎을 꿇고 한참이나 쳐다보았던 기억이 아직도 생생합니다. 그게 1991년이니 참 세월 빠릅니다. 아마 지금 가면 사람이 너무 많아서 그때처럼 혼자서 그 그림 앞에서 많은 시간을 보낼 수는 없겠죠?

사실 그때도 단체여행이라 주어진 시간이 부족해서 몇 시간 보다가 바로 나왔습니다. 그리고 그때 결심했습니다.

'내 꼭 다시 오리라. 그리고 완전 여유 있게 보리라.'

그리고 정말 몇 년 뒤에 아예 3박 4일간 에르미타슈 박물관 여행을 했더랍니다.

그 후 진짜 어른이 되어서 다녀본 박물관 중에서 충격을 준 박물관이 바로 이 책에서 소개하고 있는 도쿄의 국립서양미술관입니다. 이 미술관을 가기 전에도 사실 도쿄를 두세 번 정도 간 걸로 기억을 합니다. 이 미술관이 있다는 것은 알았지만 이미 유럽과 미국의 나름 유명한 미술관을 섭렵한 저로서는 도쿄에 있는 서양미술관이 그리 가볼 만한 곳이라는 생각이 들지 않았습니다. 그런데 로댕의 〈지옥의 문〉이 거기에 있다는 이야기를 듣고 방문을 하게 되었습니다. 그렇게 미술관에 들어선 다음 작품을 감상하며 떠오른 생각은 단 한 가지였습니다. '맞다, 일본은 선진국이었다'입니다.

물론 일본은 우리를 식민지로 만들어 착취한 제국주의 국가입니다. 용서할 수 없는 일이지요. 그래서 일본이 20세기 초반에 이미 선진국이 된 나라라는 사실을 모르거나 때로는 일부러 잊고 사는 것은 아닌가 하는 생각이 듭니다. 가만히 생각해보면 영국이나 프랑스 모두 선진국인 동시에 식민지 국가에게는 제국주의 국가였습니다. 올바른 역사 인식은 이 양면을 모두 보는 것이라고 생각합니다.

멀리 유럽까지 갈 필요도 어찌 보면 없습니다. 도쿄에 가면 보아야 하는 미술관이라고 생각합니다. 가면 서양미술을 모두 볼 수 있습니다. 안타깝게도 우리는 갖지 못한 서양미술 작품이 너무나 많이 있습니다. 일본에게는 마쓰카타 고지로가 있어서 가능한 일이었습니다. 그나마 다행인 것은 우리에게도 〈간송미술관〉이 있다는 겁니다.

메이지유신의 공신이자 4대 총리인 마쓰카타 마사요시의 아들인 그는 예일 대학, 소르본 대학, 옥스퍼드 대학에서 공부를 마치고 일본으로 돌아와 가와사키 조선소를 운영해서 큰돈을 법니다. 마침 터진 1차 세계대전은 그를 돈방석에 앉힙니다. 간송 전형필 선생님이 가진 돈을 조선미술품을 지키기 위해 아낌없이 썼듯 마쓰카타 역시 그가 번 돈을 유럽에 유출된 우키요에를 비롯해 로댕, 피카소, 고흐, 마네, 모네 등의 작품을 사 모으는 데 썼습니다. 그게 무려 1만여 점입니다.

가츠시카 호쿠사이, 〈가나가와 해변의 높은 파도 아래〉, 1831~1833

가츠시카 호쿠사이, 〈개풍쾌청〉, 1830~1832

미술관에 들어서면 로댕의 〈지옥의 문〉이 있고요, 그 옆에는 앙투안 부르델의 〈활 쏘는 헤라클레스〉가 있습니다. 책을 인용해보겠습니다.

> " … 내 개인적으로 좋았던 작품은 프랑스 화가 조세프 베르네의 『여름 저녁, 이탈리아 풍경』(1773), 르누아르의 『하렘』(1872), 빈센트 반 고흐의 『장미』(1889), 그리고 로댕의 조각 『나는 아름답다』(1885) 였다. 특히 폴 시냐크의 『생 트로페 항구』(1901~2) 앞에서는 할 말을 잊고 한동안 서 있었다. 점묘법으로 그린 시냐크의 그림은 무어라 표현할 수 없는 감동이었다."[16]

파라오의 욕망이 피라미드를 만들고 진시황의 욕망이 병마용을 만들었듯 예술품이라는 것이 기본적으로 권력과 부를 통해 만들어지는 건가봅니다. 앞서 말씀드렸던 에르미타슈 박물관에 루브르나 내셔널 갤러리 못잖게 유명 작품이 많은 것은 당시 러시아의 황제 차르의 사치가 극에 달했기 때문입니다. 러시아라는 나라는 당시 서유럽보다 가난했을지 몰라도 러시아 황제는 그 어떤 유럽 국가 왕보다 부유했습니다. 왜냐하면 그만큼 러시아 농노제는 가혹한 수탈체제이자 강력한 중앙집권에 기반하고 있었습니다. 그런 수탈을 통해 벌어들인 부를 차르는 당시 유럽에 대한 열등의식에 대한 반작용으로 돈을 쏟아부어 유럽의 미술품들을 사 모았습니다. 그것이 오늘날의 에르미타슈를 만든 것이지요. 아무튼 에르미타슈 박물관이나 도쿄의 국립서양미술관이 부러울 따름입니다.

---

16 명로진·이경국, 『도쿄 미술관 예술 산책』 마로니에북스, 2013.

더더욱 부러운 것은 미술관 건물도 하나의 작품이라는 겁니다. 이 미술관은 독일의 미스 반데어로에, 미국의 프랭크 로이드 라이트와 함께 건축가 르 코르뷔지에가 설계한 건물입니다. 책의 내용을 좀 인용하겠습니다.

> "미술관 내부의 낮은 천장은 인공조명을 설치하고 높은 천장은 자연 조명이 들게 했으며 이곳저곳에 기둥을 배치했다. 또 관람객이 나선형으로 빙글빙글 돌면서 작품을 감상하게 만들었다. 코르뷔지에는 나중에 이 미술관에 작품이 늘어날 경우 증축할 것까지 고려해서 설계했다. 이 건축가의 혜안과 천재성이 놀랍다. 건축 문외한이 보기에도 단순하고 육중한 미를 보여주는 건물이다."[17]

사실 이 책도 두 번째로 도쿄 국립서양미술관을 방문해서 이 미술관을 소개하는 책을 찾아보다가 만난 책입니다. 이 책을 쓰는 동안 입가에 미소를 지었습니다. 왜냐하면 책장 사이에 미술관 관람 영수증이 있었기 때문입니다. 420엔입니다. 지금도 같은 가격일지는 모르겠습니다.

다음은 저자인 명로진 씨와 이경국 씨가 나눈 대화입니다. 물론 책에 나온 내용입니다.

> "도쿄 여행지 중 한 곳만 갈 수 있다면 어딜 가겠어요?"
>
> "물론 서양미술관이죠 명 작가님은요?"
>
> "저 역시 — 서양미술관입니다."

---

17 같은 책.

저 또한 마찬가지입니다. 아마 많은 분이 도쿄를 한 번은 다녀오시게 될 겁니다. 꼭 한 번 방문해보시기 바랍니다. 책에서는 아주 많은 곳을 소개하고 있는데 제가 너무 한 곳만을 강조해서 소개한 건 아닌지 모르겠습니다. 이 책에서 소개하는 다른 곳도 가보시기 바랍니다. 도쿄를 한 번쯤은 앞으로도 가게 되지 않을까요?

(독서법) ——————————————————— *Reading method*

아주 아주 재밌는 책입니다. 한 번에 읽기가 아까울 정도의 책입니다. 앞서도 말씀드렸지만 저자가 시인 출신이라 그런지 글솜씨가 장난이 아닙니다. 그림은 정말 귀엽게 이쁘고—그래서 소개해드립니다—붙어 있는 글도 이쁩니다. 이런 표현이 나옵니다. '포석정에 와인이 흐를 때까지.' 상상만으로 좋은 글귀입니다. 아무튼 아무 때나 읽지 마시고요. 도쿄로 가는 비행기에서 읽으면 가장 좋을 것 같습니다. 도쿄에 가기 전에 읽으면 최고의 독서가 되지 않을까 싶습니다.

『도쿄 미술관 예술 산책』 214~215쪽 그림

에도는 동경의 다른 이름입니다. 에도가 만들어지게 된 배경에는 일본 전국시대가 있습니다. 일본을 통일한 도요토미 히데요시는 잠재적인 위협세력인 도쿠가와 이에야스를 약화시키기 위해 그의 영지를 (당시에는 범람지역으로 쓸데없어보이는) 에도지역으로 바꾸어보냅니다. 그 영지를 간척하고 개척하고 발전시킨 것이 바로 도쿠가와 이에야스이고 그 후 200년 뒤 에도는 전 세계에서 가장 큰 인구 100만의 도시로 성장하게 됩니다. 그리고 가부키와 우키요에로 대변되는 조닌 문화의 꽃이 활짝 피게 됩니다.

한국의 아름다움에 새로이 눈을 뜨는 법

『오주석의 한국의 미 특강』
오주석

중년이 다 돼가는 남자 넷이 으샤으샤 뭉쳐서 유럽여행을 간다? 시간 있고 돈이 있어서 간다고 생각할 수도 있지만 보통은 쉽지 않은 일입니다. 저희도 간신히 시간을 맞추어서 렌트카를 빌려 떠난 여행이었습니다. 저희의 직업은 학원강사들로 한 분은 우리나라 국민이면 다 아는 국사 선생님이었습니다.

독일에서 머물던 어느 날 아침, 세 분이 제 방으로 찾아왔습니다. 얼굴이 전부 이상해보였습니다. 저는 당연히 물어보았죠.

"무슨 일이야?"

"형, 큰일났어. 그런데 흥분하지 말고 잘 들어봐."

"왜?"

"형이 〈어쩌다 어른〉에서 설명한 그림이 장승업 그림이 아니라 현대 한국 화가의 그림이래. 한국에서 좀 논란이 있나봐. 살짝 심각할 수도 있을 것 같아."

　그 말투에 직감을 했죠. "좀 논란이 있나봐"는 논란이 심각할 거라는 뜻이고 "살짝 심각할 수도 있다"는 말은 이미 심각하다는 뜻이라는 것을 알아채는 것은 어려운 일이 아니었습니다. 저도 놀랐습니다. 인터넷에 전부 장승업 그림이라고 소개되어있어서 인용을 한 것이고 거기다 다른 전문가의 검수도 받은 것이니까요. 너무 뜻밖의 일이었습니다. 하지만 명백한 방송사고이고 그 책임은 당연히 제 몫이기 때문에 책임을 져야겠다는 생각을 했습니다.

　하지만 제가 책임질 수 없는 일도 발생할 거라는 생각이 더 저를 괴롭게 했습니다. 혹시 이걸로 좋은 의도로 제작을 했던 피디와 방송 관계자들에게 피해가 갈까 봐 걱정이 되었습니다. 왜냐하면 이전에 제가 ○○방송국의 〈생존경제〉라는 프로그램을 진행하던 중 ○박이라는 표현을 썼다가 당시 제작을 담당했던 분들이 많은 어려움을 겪었던 일을 잘 알고 있기 때문입니다. 인문학의 대중화라는 캐치프레이즈만 믿고 박봉에 고생한 직원들의 얼굴이 떠올라 마음고생이 심했습니다.

　저는 급히 한국행 비행기 표를 끊고 돌아와 시청자분들께 사과를 하고 거의 일 년 넘게 일체의 방송활동을 중단했습니다.

　한국화에 우연한 계기로 관심을 가졌습니다. 당시 제가 강의하던 인문학 강의 중 가장 많이 팔린 강의는 전쟁사였고요. 두 번째로 많이 팔린 강의는 바로 서양미술사 강의였습니다. 늘 그렇듯 어찌 보면 어려운 서양미술 이야기를 쉽게 풀어서 설명했기 때문인 듯합니다.

　그런데 어느 날 친구한테 전화가 왔습니다. 간송 전형필 선생님의 손자분 중 한 분이 시간이 되면 보자고 했다는 겁니다. 저로서는 마다할 이유가 없었습니다. 한국미술은 몰라도 간송 전형필 선생님을 어찌 모르겠습니까? 한국의 문화재를 지켜낸 세상에서 가장 훌륭하신 분 손자라니?

당장 날짜를 잡아서 만났습니다. 할아버님을 닮아서 그런지 그분의 성품도 너무 겸손하고 훌륭하셨습니다. 자부심도 대단하셔서 속으로 '역시 피는 못 속이는구나'라는 생각을 했습니다. 그리고 그분 덕분에 간송미술관이 처한 현실이 얼마나 어려운지 얼마나 여전히 국가가 얼마나 무책임하게 간송미술관을 방치하고 있는지도 잘 알게 되었습니다. 가장 좋은 점은 일반인이 보기 어려운 작품들도 살짝 볼 수 있는 기회도 얻었다는 점이었죠. 그때 그분이 부탁 아닌 부탁을 하셨습니다. 최 선생님이 공부를 좀 하셔서 조선미술을 강의를 해보는 건 어떻냐는 거였습니다. 아무래도 교수님들의 강의가 대중의 눈높이를 맞추기는 어려우니 최 선생이 해주시면 나름의 역할이 있지 않겠느냐는 제의였습니다. 그리고 공부하는 데 도움을 아끼지 않겠다는 말도 덧붙였습니다. 정말 아무런 조건 없이 조선미술을 사랑하는 그분의 진정성이 듬뿍 묻어나는 제안이었습니다. 지금 생각해보면 그때 그 도움을 받았어야 했는데!!!

저는 너무너무 기뻤습니다. 그리고 조선미술에 대한 강의 만들기에 들어갔습니다. 평상시 제가 하던 방식대로 우선 서점을 갔습니다. 책을 선별 구입해서 독서에 들어가야 하니까요. 그런데 서점에 가서 굉장히 놀라고 실망도 했습니다. 조선미술과 관련된 책이 너무나 적었기 때문입니다. 우리나라에서 제일 큰 서점 중 하나인 강남 교보문고를 갔습니다. 이렇게 비유를 하면 될 것 같습니다. 서양미술 관련 책이 한 방을 차지하고 있다면 조선미술 책은 책장 하나는커녕 한 줄 정도, 한마디로 그 적은 수에 놀라지 않을 수 없었습니다. 도대체 조선미술을 전공한 사람들이 무엇을 하고 있었는지 의아스러울 뿐이었습니다. 속이 많이 상했습니다. 아마 이런 사실을 접한 한국사람이라면 모두 같은 마음이었을 겁니다.

조선미술을 다룬 책들을 아무튼 바리바리 싸 가지고 와서 공부를 시작했습니다. 솔직히 공부를 하기 전에는 조선미술에 대해서 잘 알지도 못했을 뿐만 아니라 이미 서양미술에 젖어있었기 때문에 눈에 잘 들어오지 않았었습니다. 그러던 와중 제 눈을 번쩍 뜨게 만들어준 조선미술의 스승을 만날 수 있었습니다.

바로 여기서 소개하는 책의 저자인 오주석 님입니다. 책을 들자마자 손을 놓을 수가 없었습니다. 어떻게 이렇게 재밌게 글을 쓰실 수 있는지 그분이 쓴 책들을 하나도 빼놓지 않고 순식간에 독파를 했습니다. 그것이 가능했던 것은 정말 저의 독서력이 아니라 순전히 오주석 님의 글솜씨 덕택이었습니다. 그 뛰어난 글솜씨에 곁들인 설명을 통해 조선미술이 얼마나 독창적인 아름다움을 갖고 있는지도 알게 해주었습니다.

사실 저는 개인적으로 한국의 예술품 혹은 역사가 다른 나라에 비해서 뛰어나다는 논리에 절대 동의하지 않습니다. 모든 역사나 문화는 보편성 속에 특수성을 가지고 있을 뿐 어느 나라의 역사나 문화가 독보적으로 다른 나라의 문화나 역사보다 뛰어나다는 생각에 동의하지 않습니다. 그것은 우리 역사도 다를 바 없다고 생각합니다.

도자기 이야기만 해볼까요? 조선의 백자가 아름답다고 하지만 한편으로 보면 다르게 해석할 수도 있습니다. 유럽에서 가장 유명한 도자기 중 하나로 로얄코펜하겐을 꼽을 수 있습니다.

덴마크의 유명한 도자기 메이커 '로얄코펜하겐' | 출처: visit Denmark

유래는 이렇게 시작됩니다. 당시 유럽의 최강국인 네덜란드가 동남아 해안가에서 포르투갈 배 두 척을 각각 1602년과 1604년에 나포합니다. 그 배를 끌고 와서 안을 점검하던 중 배 밑창에서 커다란 궤짝이 하나 나옵니다. 그 궤짝을 열어보는 순간 유럽인들은 기절을 합니다. 너무나 아름다운 청화자기가 한가득이었거든요.

이후 왕실을 중심으로 엄청난 인기를 끌게 되자 유럽에서 중국 청화자기의 수요는 엄청나게 됩니다. 당시 중국의 경덕진에서는 수천 개의 가마를 밤낮없이 만들었다고 합니다. 유럽 수출을 위해서지요. 사실 당시에 제대로 된 자기를 만들 수 있는 나라는 중국, 조선, 일본, 베트남 정도였습니다. 청화자기의 수요가 폭발하고 공급은 부족하자 네덜란드 상인들이 일본에 와서 청화자기를 만들어 수출할 것을 요구하게 되었고 일본에서도 엄청난 양의 청화자기가 수출됩니다.

이후 1867년 파리만국박람회에 일본이 자국의 자랑거리인 도자기를 가지고 나오고 이를 우키요에로 포장하여 나갔습니다. 이때 그 자기를 쌌던 포장지를 보고 놀라는 사람들이 바로 고흐를 비롯한 네덜란드 화가들이지요. 우키요에라고 불리는 일본의 풍속화는 유럽사람들을 놀라게 만들었습니다. 화려한 색상, 간결한 선, 생략과 과장. 당시의 유럽으로는 상상할 수 없던 그림이지요. 이것이 바로 유럽에서 인기를 끌게 되는 자포니즘의 시작입니다.

아무튼 유럽에서 청화백자의 인기가 거세지자 심지어는 델프트 블루라고 불리는 짝퉁 청화백자까지 나타나게 됩니다. 한마디로 루이비통이 인기를 끌게 되자 모든 세상 여자들이 루이비통을 들고 다니게 된 현상과 비슷합니다. 한마디로 3초백이 된 것이죠. 거기다 짝퉁까지.

그러자 유럽 상인들은 새로운 고급 자기 상품을 필요로 했습니다. 이때 제작된 것이 바로 일본의 채색자기입니다.

채색자기의 원조는 중국이었지만 일본은 그 기술을 발전시켜 유럽과 세계에 채색자기의 물결을 불러일으킵니다. 이후 일본에서 유럽으로 수출되는 채색자기가 너무나 크게 늘자 원조 채색자기 국가인 중국도 다시 본격적으로 채색자기를 만들어 수출하기에 이릅니다. 아무튼 근대로 넘어오면서 세계 자기의 흐름은 채색자기로 넘어가게 됩니다.

조선에서는 후기가 되면서 청화백자가 쇠퇴하기 시작합니다. 여러 이유가 있지만 주 이유를 굳이 찾자면 청화백자의 파란색을 내는 회회청이라고 부르는 코발트 염료 가격이 너무 비쌌기 때문이었습니다. 금값보다 더 비싸다고 하니까요. 그러니 검소와 검약을 강조하는 조선의 사대부들에게는 아무래도 좀 내키지 않는 도자기가 되었나 봅니다. 특히 성리학의 부활을 통한 도덕군주를 꿈꾸었던 정조는 아예 청화백자를 금지했다고 하지요. 역설적으로 금지될 정도로 청화백자가 유행했다고 볼 수도 있지만 말입니다.

아무튼 우리는 조선의 백자 하면 일반적으로 아무런 무늬나 그림이 들어가 있지 않은 순백자를 생각합니다. 순백자는 여백미와 소박미 그리고 절제미가 넘쳐납니다. 그렇다고 조선의 순백자가 일본의 채색자기보다 뛰어나다고 하는 것은 올바른 견해는 아니겠지요. 각자의 자기가 있을 뿐 아닐까요?

〈백자항아리〉, 서울 청진동 출토,
15~16세기, 서울역사박물관

〈이마리 자기〉, 17~18세기, 도쿄 국립박물관

하지만 우리는 또 한편으로 너무 반대의 입장을 갖고 있는지도 모릅니다. 앞에서 보았지만 자문화 중심주의의 반대인 문화사대주의적 시각을 벗어나지 못했던 점도 있다고 생각합니다. 특히나 조선미술을 바라보는 관점은 그런 측면이 강하지 않았나 생각합니다. 솔직히 앵그르나 마네 또는 모네의 여인을 보고 아름답다고 느낀 적은 있었지만 신윤복의 〈미인도〉 속 여인을 보고는 아름답다고 느껴본 적이 단 한번도 없었습니다. 다비드가 그린 나폴레옹이 탄 말보다 김홍도가 그린 호랑이 그림이 더 멋있고 역동적일 줄은 몰랐습니다. 렘브란트나 카라바조가 그린 자화상보다 조선의 초상화가 보다 사실적이고 더 인간의 내면을 깊이 다루고 있는지는 몰랐습니다. 피테르 브뢰헬의 풍속화에만 촌철살인의 풍자가 담긴 줄 알았는데 김홍도의 〈풍속화〉에도 그런 수준 높은 풍자와 해학이 들어있는 줄을 몰랐습니다. 모든 편견을 거둬들이게 만든 사람 그분이 바로 오주석 님이었습니다.

그렇다면 어떻게 서양미술이 우리 조선미술보다 뛰어나다는 선입견과 편견을 없애버릴 수 있을까요? 거기에 대해 오주석 님은 명확한 대안을 제시해줍니다. 바로 책 서두에서부터 그 방법을 소개합니다.

"옛 사람의 눈으로 보고 옛 사람의 마음으로 느낀다." [18]

음식문화의 수수께끼 편에서 제가 말씀드렸던 문화상대주의입니다. 원주민의 눈으로 보고 원주민의 마음으로 느껴야 그들의 문화를 이해할 수 있듯 우리 역시 그래야 한다는 겁니다. 사실 오늘날을 살아가고 있는 한국인은 조선시대의 조선인보다 동시대의 미국인과 더 닮아 있는 것이 아닐까요? 솔직히 공자의 제자가 아니라 소크라테스의 제자가 된 지 오래 전 아닐까요?

---

18 오주석, 『오주석의 한국의 미 특강』, 푸른역사, 2017.

책으로 들어가서 몇 장면을 보겠습니다. 오주석 님이 어떻게 조선미술의 아름다움을 설명하는지 그림과 함께 보겠습니다.

김홍도·강세황, 〈송하맹호도〉확대, 18세기 후반

"제가 15cm도 안 되는 호랑이 머리 부분만을 확대했는데 이렇게 실바늘 같은 선을 수천 번이나 반복해서 그렸습니다. 이건 숫제 집에서 쓰는 반짇고리 속의 제일 가는 바늘보다도 더 가는 획입니다. 이런 그림을 그려낼 수 있는 화가는 지금 우리 세상에 없습니다. 웬만한 화가는 저 다리 한 짝만 그려보라고 해도 혀를 내두를 겁니다. 이런 묘사력은 뭐랄까? 그림 그리기 이전에 정신 수양의 문제 같은 것이 전제되어있어야 가능합니다."[19]

---

19 같은 책.

처음 이 설명을 듣고 몸이 약간 얼어붙었습니다. 도대체 어떤 붓으로 그렸길래? 얼마나 많은 시간을 들였길래? 극사실주의라는 흐름은 1960년 대가 되어야 나타나는 영미 중심의 미술 흐름입니다. 아마도 이 화가들에 게 이 그림을 보여주었다면 당연히 18세기 후반 한국에서 그려진 극사실 주의 그림으로 이해했을 겁니다.

이명기, 〈체제공 초상〉, 1792

신해통공을 이뤄낸 남인의 거 두 채제공의 초상화입니다. 솔직히 설명을 듣기 전에는 왜 위대한 그림 인지 알지도 못했습니다. 그런데 설 명을 들으면서 무릎을 칠 수밖에 없 었습니다. 조선이 왜 초상화의 나라 라고 불렸는지 단박에 이해가 되었 습니다. 사팔뜨기는 영의정이라고 할지라도 사팔뜨기로 그려놓았습니다. 진사입니다. 사진관이라는 말의 의미가 다시 한번 떠올랐습니다. 포토샵을 하지 않은 그대로의 그림. 하지 만 그림은 그대로 그리면서 선비의 정신을 담아야 합니다. 그대로 그리되 그 사람의 정신을 담는다. 보통 일이 아니지요.

그래서 조선사대부의 초상화에는 희노애락을 그리지 않는답니다. 전 통 성리학에 따르면 희노애락애오욕 같은 칠정(七情)은 인의예지와 같은 사단(四端)에 비해 비천한 것이기 때문입니다.

거꾸로 초상화에는 인의예지가 담겨야 합니다. 그래서 젊은 사람의 초 상화가 없답니다. 왜냐하면 젊은 나이에는 아직 인격수양을 이루지 못해

그 사람에게 인의예지가 담겨져 있지 않기 때문이랍니다. 참 조선시대 초
상화를 그리는 화가 노릇 하기 어려웠을 것 같습니다. 사람을 있는 그대로
그려내되 그 안에 담겨 있는 인의예지의 선비정신이 밖으로 투영되게 그
려야 하니 말입니다.

김홍도, 〈해도〉, 18세기 말~19세기 초

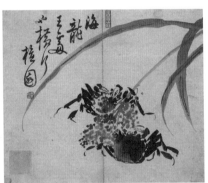

김홍도, 〈해탐노화도〉, 18세기 말~19세기 초

'아는 만큼 보인다.' 『나의 문화유산답사기』란 책에서 유홍준 님이 쓰
시면서 히트한 용어입니다. 그게 딱 맞아 들어가는 그림입니다. 아니 저게
뭐지? 웬 게 두 마리인가 싶으시죠? 책을 인용해보겠습니다.

　"…게 두 마리가 갈대꽃을 꽉 붙들고 있어요. 왜 그럴까요? 갈대꽃
로(蘆) 자는 과거에 붙은 선비에게 임금님이 주시는 고기 려(鱸)자
하고 발음이 같아요. 따라서 갈대꽃을 꼭 붙든다는 것은 과거에 합
격한다는 뜻이 됩니다. 그렇기 때문에 게하고 갈대꽃을 그릴 때는
반드시 부둥켜안은 모습을 그립니다. 보세요, 뒤로 발랑 나자빠지

면서도 결사적으로 놓지를 않죠? 그런데 한 마리, 두 마리니까 소과小科, 대과大科를 다 붙으라는 겁니다. 그리고 게딱지는 딱딱하니, 한자로 쓰면 갑(甲)이니까 갑을병정무기경신임계, 해서 첫 번째로 옵니다. 소과, 대과 둘 다 장원급제하라는 게 되지요. 참 꿈도 야무집니다!"[20]

조선미술을 하고 나서 수능을 보는 수험생들에게 이 그림이 들어간 포장지로 엿을 포장해서 주었습니다. 아! 세상에 무언가를 알아간다는 행복함이란!

이 외에도 이 책에는 조선미술의 그림이 얼마나 아름다운가를 주옥같이 설명해주고 있습니다. 신윤복의 〈미인도〉가 얼마나 아름다운 그림인지 알고 싶지 않으십니까? 김홍도의 〈씨름도〉에 숨겨놓은 김홍도의 미스터리를 찾아가보고 싶지 않으신가요? 지금 바로 일독을 권합니다. 꼭꼭꼭 일독을 권합니다. 조선미술은 참 아름답습니다.

독서법 ——————————————— *Reading method*

이 책에서도 마찬가지입니다만 오주석 님의 책에는 참으로 읽기 어려운 부분이 두 파트가 나옵니다. 하나는 주역에 대한 이야기가 나오는 부분입니다. 오주석 님은 조선미술을 정말 제대로 이해하기 위해서는 주역에 대한 이해가 필수적이라고 주장하십니

---

20 같은 책.

다. 동의하기 어렵기도 하지만 동의를 하려고 해도 제 수준이 주역을 이해할 수 있는 정도의 동양학을 공부한 수준이 아니라 어렵습니다. 도전이 가능하시면 도전하시고요, 그렇지 않으면 안타깝지만 저처럼 포기를 하셔야 할 겁니다. 두 번째 읽기 어려운 파트가 바로 한국 현대 미술에 미친 친일의 그림자에 대한 이야기입니다. 이 파트는 내용이 어려워서가 아니라 피가 거꾸로 솟아서 읽기 어렵습니다. 언제쯤이나 제대로 한 번 친일청산을 해낼 수 있을까요? 아니면 그 시기를 이제는 정녕 놓친 걸까요?

TIP

간송미술관의 연구위원이기도 했던 오주석 님은 지병으로 49세라는 젊은 나이에 세상을 뜨셨습니다. 너무나 안타까운 일입니다. 그래서 앞으로 더 나올 책이 없다는 것이 속상하고 속상할 뿐입니다. 이런 분이 또 나오기를 간절히 바랄 뿐입니다. 우리 문화재와 그림을 너무 사랑하셔서 가끔은 문화상대주의를 넘어 자문화 중심주의의 시각을 보일 때도 있었습니다. 하지만 그런 점까지도 멋있다고 느끼게 만드는 책입니다. 살아 계시다면 꼭 강연을 들으러 갔을 텐데 하는 생각을 해봅니다.

A book is a gift you can open again and again

그림은 그 자체로 충분히 즐겁다

『지식의 미술관』

이주헌 지음, 아트북스

←◦◦◦◦◦→

직관을 활용해 작품의 본질을 들여다보는 능력이 보다 중요하다. 그러나 그 능력을 배양하기 위해서는 다시 지식과 경험의 확대를 위한 노력이 필수적이다. 지식과 경험은 구슬이고 직관은 꿰는 실이기 때문이다.

— 서문 중에서

워라밸로 일과 삶의 균형을 찾는 사람들이 많아지면서 여가활동에 대한 관심이 커졌다. 퇴근 후 혹은 주말의 여유 시간을 의미 있게 사용하고자 하는 사람들의 활동이 다양한 취미생활과 소비로 이어지고 있다. 미술작품의 감상도 사람들이 관심을 가지는 취미 중 하나인데 미술작품을 감상하며 예술의 향기를 느끼고 감성을 채우는 일이 고단한 일상의 피로를 풀어주는 좋은 피로회복제가 될 수 있기 때문이다. 그러나 미술작품의 감상이 어렵다고 느끼는 사람들이 상당하다. 미술작품을 더 알고 싶지만 어떻게 시작해야 할지 모르겠다면 이 책을 추천한다.

『지식의 미술관』은 한겨레신문에 기고하던 「이주헌의 알고 싶은 미술」이란 칼럼을 엮은 책이다. 미술평론가 이주헌은 미술 입문자들의 눈높이에 맞추어 미술과 관련된 다양한 소재와 정보를 180여 점의 컬러 도판과 함께 쉽고 편안하게 풀어냈다. 미술과 관련된 영역 전체에서 눈여겨볼 키워드 30개를 선정하고 이것들을 각각의 성격에 맞는 다섯 가지 카테고리로 나누어 구성했기 때문에 어느 장을 골라 읽어도 좋다. 미술에 대한 용어 정리에서부터 작품의 해설은 물론 독특한 미술 기법과 사조나 작품에 숨겨져 있는 알레고리와 역사적 이슈 그리고 작가를 둘러싼 여러 사건 등 미술에 대한 다양한 콘텐츠를 담고 있어서 지루함 없이 속도감 있게 읽어나갈 수 있다.

이 책의 가장 큰 특징은 미술품의 감상에 직관의 중요성을 강조한다는 것이다. 즉 자신의 느낌대로 자유롭게 보고 즐기는 과정에서 작품의 본질을 들여다볼 수 있다는 관점을 말한다. 미술에 대해 잘 알지 못하는 사람도 작품 감상을 전혀 두려워할 필요가 없다는 것이 이 책의 요지다.

이 책은 우선 우리가 잘 알고 있는 작가들의 작품을 다수 소개하고 있다. 명작의 대열에서 항상 앞줄에 서 있는 빈센트 반 고흐, 구스타프 클림트, 르네 마그리트의 작품과 미술의 소재의 근간이 되는 신화, 19세기의 오리엔탈리즘 미술, 나치의 지배 기간 동안 짧게 빛나고 스러진 제3제국의 미술 등 한 시대를 대표하는 역사적 결과물로 볼 수 있는 다양한 작품이 흥미로운 이야기와 함께 소개된다. 예를 들어 CIA와 추상표현주의 부분에서는 역사상 가장 비싼 값에 팔린 잭슨 폴록의 그림 〈넘버 5〉에 냉전시대 문화적 우위를 점하고자 했던 미국의 전략이 숨어있음을 알려주는데 이는 많은 사람이 잘 알지 못했던 놀랍고 흥미로운 진실이다. 이처럼 각 그림에 얽힌 사회문화적 요소를 친절하게 설명해주고 있어서 미술에 대한 이해의 폭을 넓히고 싶은 독자나 풍부한 미술적 경험을 원하는 독자가 부담 없이 읽어봄직한 교양서다.

사람이 명화에 반할 수밖에 없는 이유

『명화는 왜 유명할까?』

아멜리아 아레나스 지음, 정선이 옮김, 다빈치

←◦◦◦◦→

> 소문과 학문적인 연구 그리고 로맨틱한 공상이야말로 그림 표면의 섬세한 균열과 수세기를 거치며 들러붙은 먼지보다도 더, 그림 보는 눈을 가로막기도 하고 풍부하게 만들기도 한다.
>
> ─본문 중에서

현대 사회에서는 다양한 매체를 통해 따로 찾지 않아도 자연스럽게 명화를 접할 수 있다. 카페나 건물 등 일상 곳곳에서 우연찮게 만나는 명화들은 우리 삶에 활력과 온기를 전한다. 그렇다면 명화에는 어떤 매력이 있기에 몇백 년이 지난 지금까지도 여전히 우리 곁을 지키고 있을까? 이 책은 이런 질문에서 시작한다. 누구나 한 번쯤은 보았을 법한 명화 열한 편을 중심으로 그림 뒤에 가려져 있던 당대의 역사, 문화, 화가의 생을 샅샅이 살펴본다.

르네상스 시대의 화가 보티첼리의 〈비너스의 탄생〉, 조각가이자 건축가로 뛰어난 업적을 남긴 미켈란젤로의 〈아담의 창조〉, 17세기 회화의 거장 디에고 벨라스케스의 〈라스 메니나스〉, 프랑스 모더니즘의 창시자로 불리는 클로드 모네의 〈수련〉 등 미술사를 대표하는 작품들과 알타미라 동굴 벽화 그리고 피카소의 작품 등 현대 미술까지 서양미술사를 폭넓게 다루고 있다. 또한 182컷에 달하는 도판들을 통해 미술사를 한눈에 볼 수 있도록 잘 정리했다.

다른 책과 차별화되는 점은 저자가 이야기를 끌고 나가는 방식에 있다. 이 책엔 명화에 대한 다양한 궁금증과 질문이 가득하다. 독자가 명화를 보며 으레 궁금해할 만한 질문들 예를 들어 "피카소의 미술 세계와 그의 화려한 여성 편력 사이에는 어떤 관계가 있을까?", "미켈란젤로의 여성상은 왜 항상 옷을 입고 있을까?"라는 식의 질문을 통해 호기심을 불러일으킨다. 미술관 교육 프로그램 전문가라는 이력을 가진 저자는 그에 걸맞은 해박한 지식을 바탕으로 이러한 궁금증들을 쉽고 재미있게 풀어낸다.

저자는 그리스 로마 시대의 이상이었던 미를 그리스도교식으로 번안한 〈비너스의 탄생〉에서는 사랑과 절대미의 이미지를 읽고 미켈란젤로의 작품 〈아담의 창조〉에서는 아담의 아름답지만 상처받기 쉬운 육체를 통해 비극적 운명에 처한 인간의 모습을 발견한다. 그렇게 저자는 고전주의의 이상을 재현한 미켈란젤로 예술의 비범함을 밝힌다.

호기심을 풀어가는 접근법도 쉽고 재미있지만 작품의 작은 부분도 놓치지 않으려는 작가의 섬세함이 돋보인다. 프랑스 낭만주의 회화의 대표적 화가 외젠 들라크루아는 단테나 셰익스피어 등의 작품에서 착상을 얻어 드라마틱한 구도와 강렬한 색채를 즐겨 썼다. 그의 작품 〈민중을 이끄는 자유의 여신〉에서 여신 밑에 깔려 있는 사람이나 창을 든 양복 입은 신사 같은 다양한 인물이 존재한다는 사실은 자칫 쉽게 지나쳐 버릴 수 있는 감상 포인트다. 또한 인상파 화가 클로드 모네는 약 30년간 수련만 그렸는데 죽기 4년 전쯤부터는 백내장으로 거의 장님이 되다시피 했는 데도 불구하고 계속 그림을 그렸다. 이 사실을 알고 나면 그의 위대한 걸작 〈수련〉이 조금은 다르게 보일 것이다. 명화는 이런 작지만 귀중한 정보들의 합이기에 우리는 보다 풍부한 의미를 획득할 수 있다.

물론 수십, 수백 종의 다양한 명화 작품을 다룬 도서도 많다. 하지만 이 책처럼 어려운 설명 없이 편안하게 이야기해주는 책은 드물다. 이 책은 그림을 충분히 감상할 수 있게끔 최소한의 배경지식을 전하면서 너무 유명해서 무심코 지나쳐버렸던 우리 주변의 명화를 다시 새롭고 흥미롭게 바라볼 수 있는 기회를 제공한다. 명화의 세계로 입문하는 독자에게 헤매지 않고 앞으로 나아갈 수 있는 지름길을 안내하는 것이다.

입체적인 명화 감상법

『세계명화 비밀』

모니카 봄 두첸 지음, 김현우 옮김, 생각의나무

⟨⟨⟨◎⟩⟩⟩

나는 서양미술사에서 아주 유명한 작품들을 선정해서 그 작품을 가능한
한 모든 각도에서 자세히 조명해보고 싶었다.

— 서문 중에서

『세계명화 비밀』은 1501년에서 1950년 사이에 제작된 여덟 편의 명화에
얽힌 이야기를 다양한 각도에서 조명하고 있다. 서양미술사에서 중요한 위치
에 놓여있는 작품들은 대체 불가능한 특별함을 가지고 있다. 그 특별함을 찾
아가는 과정이 이 책에 담겼다. 미술작품이 가진 비밀을 파헤치고 작품이 주
는 감동의 근원을 찾아 화가의 개인사, 역사적 상황, 예술사적 관점 등의 구체
적인 접근을 통해 대중이 명화를 보고 느꼈을 다양한 궁금증에 대해 탐구해
나간다.

『근대 미술의 이해』와 『누드』 등의 저서를 쓴 전시 기획자 모니카 봄 두첸
(Monica Bohm-Duchen)은 해당 미술작품이 어디서 기원했는지 혹은 당시에
대세로 자리하고 있던 사조가 무엇인지 등의 배경지식과 작품이 발표된 이후

의 다양한 사건까지 다채롭게 조명하고 있다. 이 책 역시 전작들처럼 다양한 작품과 작가들을 다루고 있다. 〈다비드〉, 〈모나리자〉, 〈해바라기〉, 〈절규〉 등 이름만 들어도 알 만한 작품부터 파블로 피카소, 잭슨 폴록 등의 현대를 대표하는 작가들의 작품 등 폭넓게 두루 살핀다. 저자가 선정한 이 여덟 개의 작품들은 200여 년이 지난 오늘날까지도 대중들의 사랑을 받고 있을 뿐만 아니라 각 분야의 아이콘이 된 작품들이다.

이 책에는 위에 언급한 여덟 개의 작품뿐 아니라 170여 점의 관련 그림, 화가의 가족들이나 연인, 후원자 그리고 비평가들과의 관계 등 개인적인 삶의 이야기도 함께 이야기한다. 특히 걸작들의 탄생 비화들은 흥미롭다. 예를 들어 뭉크의 〈절규〉가 잉카문명의 영향을 받은 작품이라는 사실과 잭슨 폴록의 작품 제작의 후원자가 알고 보니 미국의 CIA라는 사실은 흔히 알려진 사실이 아니다. 또한 19세기 역사상 가장 대담한 예술품 도난 사건에 파블로 피카소가 연루되어있다는 사실도 흥미롭게 소개되고 있다.

이렇듯 명화 감상법은 따로 정해져 있지 않다. 흥미로운 이야기, 작가의 생애, 사회적 분위기 등 여러 정보를 통해 명화를 보다 입체적으로 감상할 수 있다. 다만 아는 만큼 보이는 것이 사실이다. 그리고 당시의 평가와 현재의 평가를 비교하며 감상하는 것도 재미있는 감상법 중 하나다. 앞서 등장했던 〈모나리자〉를 다시 한번 소환해보면 당시 이 작품은 무척 선구적인 작품으로 평가받았다. 인물을 배경보다 높게 배치하는 방식과 초상화의 배경에 풍경을 추가한 것은 15세기 플랑드르 지방에서만 사용하던 아주 드문 방식이었던 것이었다. 즉 인물과 배경이 일치되어있는 것처럼 보이는 이 기법을 통해 레오나르도 다빈치는 자신만의 독창적인 회화 방식을 대중에게 선보일 수 있었다.

제목이 암시하듯 이 책은 개별 작품의 사적인 면과 공적인 면을 모두 다루고 있다. 저자가 제공하는 다양한 정보는 익숙한 명작을 보다 입체적으로 볼 수 있도록 하는 새로운 관점을 제시한다. 서양미술사를 두루 살피면서 여덟 편의 작품의 세세한 부분까지 이해할 수 있도록 하는 저자의 맛깔스러운 문체도 이 책의 또 다른 장점이다.

한편 명작들의 원본, 작가가 영향을 받은 전대의 작품, 시대적인 배경을 알 수 있는 자료, 이 작품의 영향을 받은 후대 작가의 작품, 상업적으로 그 이미지를 차용하고 있는 다양한 관련 작품 등이 이토록 잘 정리된 책을 만나기는 쉽지 않다. 이 책을 통해 우리는 명화의 탄생부터 시대에 따른 변천사를 알고 현재와 과거의 평가를 비교해보는 등 다양한 관점을 통해 명작의 면모는 물론 현대 문화 속에 각각의 명화들이 어떤 모습으로 살아 숨 쉬고 있는지를 알 수 있다.

그림 속에 녹아들어 있는 인문

『인문의 바다에 빠져라 2』

최진기 지음, 스마트북스

⟵⦵⦵⦿⦵⦵⟶

고흐와 고갱이 표현주의와 상징주의에 영향을 주었다면 세잔은 피카소 등의 입체파의 형성에 영향을 주었죠. 특히 그는 현대의 새로운 미학의 실마리를 제공했다고 볼 수 있습니다.

— 본문 332페이지

이 책에는 저자가 〈오마이스쿨〉에서 방송했던 서양미술사 강의 내용이 담겨있다. 이 강의의 세부 제목은 아빠와 딸이 함께하는 서양미술사다. 처음 이 강의는 부모들을 위해 만들어졌다. 아이를 키우는 부모라면 박물관이나 미술관을 찾을 수밖에 없고 호기심이 왕성한 아이는 질문을 마구 쏟아낼 테니 말이다. 이때 부모가 취해야 할 자세는 무엇일까? 가장 이상적인 상황은 해설을 보지 않고도 그림에 대해 이야기해 주는 것이겠지만 그것이 가능한 사람은 소수에 불과하다. 때문에 미술에 대한 최소한의 소양을 키울 수 있는 대중 강의가 꼭 필요했다.

이 책의 핵심은 서양미술사라는 방대한 지식을 마주하기에 앞서 한 시대가 공유하던 어떠한 정신과 역사나 철학 그리고 신화와 문화 등의 인문학적 지식을 통해 그림 속에 숨은 다양한 이야기를 알 수 있다는 것이다. 아는 만큼 보인다는 말처럼 서양미술사의 깊은 맛을 느끼려면 기본적인 내용을 알아야 한다. 그리고 그 기본적인 내용엔 인문이 포함되어있다.

그림을 감상하는 방법은 크게 세 가지다. 보고 읽고 느끼는 것이다. 특히 그림은 기본적으로 시각적인 감상을 위한 예술품이지만 관련 정보를 먼저 읽는다면 보는 기쁨이 배가 될 수 있다. 읽는 행위는 관련 정보를 가장 빠르고 자연스럽게 받아들일 수 있는 방법 중 하나다. 그 시대의 상황과 사람들의 삶이 이해가 되면 그림 속에서 보다 다양한 느낌을 발견할 수 있다.

이 책에서 다루고 있는 회화의 역사는 곧 인간의 역사와 맥을 같이한다. "고대 이집트와 그리스, 로마 사람들의 생각과 종교는 그들의 미술에 어떻게 표현되었을까?", "르네상스와 바로크, 로코코는 어떤 시대정신의 발화물이었을까?", "18, 19세기 세계를 휩쓴 혁명과 좌절의 역사는 왜 신고전주의와 낭만주의, 리얼리즘, 인상주의로 연결되었을까?" 등의 질문을 통해 서양미술사를 한눈에 볼 수 있도록 정리했다.

명화는 사실 굉장히 재미있다. 특히 발견하는 재미가 쏠쏠하다. 모를 때는 보이지 않던 것이 알고 나면 보이고 보이기 시작하면 자연스럽게 이야기가 흘러 들어온다. "피카소의 그림 속에 이집트의 미술이 있고, 라오콘에 그리스의 인문정신이 살아 있다", "인상주의 미술은 일본의 우키요에로부터 예술적 영감을 받았다" 등의 정보를 알고 있다면 한 장의 그림을 통해서 이집트, 그리스, 일본 여러 나라의 특색과 영향을 보고 느낄 수 있다.

작품 하나가 수십 가지의 이야기를 담을 수 있는 이유는 상호 간의 영향에 있다. 미술은 과거와 현재를 아우르며 발전해왔다. 과거와 현재는 항상 같은 선 위에 있으며 서로 영향을 주고받고 대화한다. 서양은 동양과 대화했고 화가는 자신을 둘러싼 세계 그리고 자신의 내면과 대화한다. 같은 시대, 같은 주제를 그려도 작가마다 다른 작품을 그리는 이유는 여기에 있다. 젠틸레스키와 카라바조 그리고 클림트의 〈유디트〉가 확연히 다른 것처럼 말이다.

미술은 시대정신의 반영이자 예술가의 내면 표현이다. 작품을 둘러보는 관람객에게 미술작품의 감상은 나 자신을 찾아가는 여행이 될 수 있다. 그동안 수많은 정보를 통해서도 서양미술의 흐름에 대해 감을 잡지 못했다면 이제 당신에게는 인문 속의 회화 동시에 회화 속의 인문에 대한 이해가 필요하다. 역사나 철학 등 인문학 전반에 대한 이해는 감상을 풍부하게 만든다. 이 책은 그러한 폭넓은 관점을 가지고 싶은 사람들을 위해 쉽고 재미있게 쓰였다. 미술에 대한 관심과 애정이 있다면 이 책을 통해 자연스럽게 알아 갈 수 있다. 알면 알수록 더 많이 보이는 미술의 세계에 빠져보는 것은 어떨까.

이국적인 도시에서 즐기는 예술의 향기

『스페인 미술관 산책』

최경화 지음, 시공아트

❦⊰⊱❦

프라도처럼 규모가 큰 미술관에 와서 유명하다는 그림을 찾아다니다 보면 그 안에서 길을 잃기가 일쑤인데 알고 보면 거대한 건물 안에 일정한 리듬으로 작품을 전시해놓는다. 레게리듬에 몸을 맡기듯 우리는 그 리듬을 찾아내 몸을 맡기면 된다.

— 본문 22페이지

『스페인 미술관 산책』은 정열의 나라 스페인에 존재하는 주요 미술관들을 소개하고 이 미술관들이 소장하고 있는 명작들의 사연을 들려준다. 프라도 미술관, 티센보르네미서 미술관 등에서 한국 관광객들을 위한 전문 가이드로 활동했던 저자의 경력이 친절한 문체 속에 고스란히 스며있다. 미술사학을 전공한 저자가 직접 고른 60여 점의 매력적인 작품 이야기는 실제 스페인 미술관에 직접 찾아가 도슨트의 안내를 받으며 그림을 감상하듯 생생하고 재미있다.

유럽의 이베리아반도에 위치한 스페인은 영국이나 프랑스, 이탈리아와 견줄 수 있을 만큼 예술의 역사가 깊다. 스페인에서 태어나 활약한 주요 예술가들을 살펴보자면 〈시녀들〉이라는 작품으로 유명한 디에고 벨라스케스, 인간의 심연을 화폭에 담아낸 프란시스코 데 고야, 천재 화가 파블로 피카소, 20세기 중요한 화가로 손꼽히는 살바도르 달리와 호안 미로, 유네스코 세계문화유산에 일곱 작품이 등재되어있는 세계적인 건축가 안토니 가우디 등이 있다. 이들의 작품은 스페인의 각 미술관에 흩어져 있는데 저자는 스페인의 유명 미술관 열두 곳을 차례로 소개하고 있다.

수도 마드리드에는 유럽의 3대 미술관인 프라도 미술관이 있는데 이곳은 스페인 여행 필수 코스로 알려져 있다. 이 미술관이 소장하고 있는 작품 중에는 흥미로운 작품들이 많다. 많은 사람들이 찾는 그림 중에는 프란시스코 데 고야의 〈옷을 벗은 마하〉와 〈옷을 입은 마하〉가 있다. 두 그림은 한 세트로 전시되어있는데 그림 속 인물은 동일 인물이고 각각 옷을 벗었고 입었다. 이 작품은 가톨릭 군주제 국가였던 당시 사회에 외설 논란을 불러일으키며 종교재판의 대상이 되었다. 당시만 해도 신화나 성서 속 인물이 아니라면 누드화는 용납되지 않았던 것이다. 모델의 정체는 아직까지도 밝혀지지 않았지만 유력한 추정 인물인 알바 공작부인은 절대 아니리라는 것이 저자의 입장이다. 그 근거를 본문에 밝히고 있으니 관심이 있는 분은 찾아봐도 좋을 것이다.

그밖에 국내 소설의 표지에도 등장한 바 있는 벨라스케스의 〈시녀들〉이라는 작품의 제목이 바뀌게 된 이야기나 그에 얽힌 역사적인 이야기들은 알면 알수록 재미있다. 그밖에도 스페인의 게르니카 지역을 그리고도 정작 스페인에서 전시되지 못했던 피카소의 작품 〈게르니카〉에 대한 이야기는 스페인 내전 당시의 상황을 담고 있어 흥미롭다.

스페인의 매력적인 여러 도시 중 저자가 꼭 가봐야 할 곳으로 꼽은 바르셀로나에는 국립 카탈루냐 미술관과 피카소 미술관이 있다. 더불어 안토니 가우디 작품을 비롯한 20세기 초반의 모데르니스모(modernismo) 건축을 함께 살

퍼볼 수 있다. 명화와 조각, 건축물에 이르는 다양한 작품들을 순차적으로 소개하며 마치 바르셀로나를 직접 탐방하는 것 같은 느낌을 선사한다. 이 외에도 호안 미로 재단, 안토니 타피에스 재단, 두 현대 미술관, 성당과 오래된 구시가지(고딕 지구) 등을 소개하고 있어 바르셀로나가 가진 매력을 한껏 느낄 수 있다.

저자는 명화의 평면적인 장면 너머의 이야기를 통해 우리를 입체적인 감상을 할 수 있게 도와주고 있다. 예를 들어 아담과 이브의 그림 뒤편을 복원할 때 사용한 나무를 보여주거나 명화 〈시녀들〉의 원제의 의미와 그림 속 핵심 부분을 놓치지 않고 확대, 구분하여 독자의 눈높이에 맞춰 이야기하고 있다. 혼자서 그림을 보았더라면 그냥 스쳐 갔을 부분도 세심하게 짚어주어 그림에 대한 흥미와 그림을 보는 안목을 끌어올려준다. 유명한 미술관부터 스페인의 작지만 알찬 미술관들까지 저자의 음성을 따라 스페인 거리를 산책하듯 쭉 따라가다 보면 어느새 마지막 페이지에 도달하게 된다. 책장을 덮고 나면 스페인이라는 나라와 그곳의 예술 작품을 사랑한 저자의 풍부한 감성과 이야기가 고스란히 여운으로 남는다. 스페인 미술과 유명 작품들의 숨은 이야기를 알고 싶다면 이 책을 추천한다.

고대부터 근대까지 미학의 눈으로 읽는 서양미술사

『진중권의 서양미술사』

진중권 지음, 휴머니스트

❦

준비되지 않은 독자는 시중에 나온 미술사 책들을 읽다가 거대한 미로에
갇혀 길을 잃고 말 것이다. 미로 속에 들어간 이들에게 방향을 알려줄 무언가
가 필요하다. 이 책은 서양미술사라는 방대한 미로의 앙상한 골격만 보여줄
뿐 거기에 살을 붙이는 것은 독자들의 몫이다.

— 지은이의 말 중에서

이 책은 서양미술사에 통시적으로 접근함과 동시에 미술사의 맥락을 구
성하는 주요한 양식들을 통해 조영의 원리와 예술의 의지에 대해 이야기하고
있다. 기존의 서양사가 시간의 흐름을 따랐다면 이 책의 저자는 서양미술사의
원리와 역사를 하나로 묶어 각 시대가 가지고 있는 미학적 관념까지 명쾌하게
드러내고 있다. 5년이라는 시간에 걸친 그의 이 같은 시도는 그동안 다른 형식
의 서양미술사를 기다려왔던 독자들을 위한 완숙의 과정이었다. 익히 알려져
있는 아르놀트 하우저의 『문학과 예술의 사회사』나 곰브리치의 『서양미술사』
가 기본 지식이 충분히 뒷받침되어야 하는 전문가용 도서라면 진중권의 서양

미술사는 평소 미술사에 관심이 있으나 잘 접하지 못했던 일반 대중들의 눈높이를 고려하였다.

이 책을 크게 관통하는 두 가지 테마는 원근법과 인상주의다. 예를 들어 움직이지 않는 시점을 전제하는 르네상스 원근법과 같은 서구의 원근법을 말하며 다른 여러 형태의 투시법을 소개한다. 이를 중요하게 다루는 이유는 2차원에 갇혀있던 고대와 3차원적 혁명이 도래한 중세의 그림의 차이를 르네상스 원근법에서 찾을 수 있기 때문이다. 가까이 있는 것일수록 짧게 묘사되는 러시아의 역원근법에서부터 후기 인상주의 작가 폴 세잔의 체험된 원근법까지 끊임없는 변증법적 혁명의 과정과 역사의 흐름을 꼼꼼히 설명하며 우리의 관심과 흥미를 이끌어낸다.

"미학자로서 좋은 책을 내는 것이 삶의 궁극적인 목표"라고 말한 바 있는 저자는 서양미술사를 개괄하는 네 편의 도서에서 미학과 미술사를 접목하여 차별점을 만들어내고 있다. 형태, 색깔, 빛깔과 같은 미술을 이루는 다양한 요소들을 바탕으로 시대마다 다른 예술의 형상화 원리에 대한 체계적인 탐구를 펼친다. 비평가를 다루고 있는 점 역시 특색있다. 사회, 문화, 생활 전반에 영향을 준 미술 양식의 변화와 그를 불러온 비평가들의 이야기들을 흥미롭게 구성하고 있다. 그밖에도 색채를 자유롭게 사용한 야수주의 앙리 마티스, 형태에 대한 틀을 깬 입체주의 화가 파블로 피카소, 후기 인상주의 화가 폴 세잔과의 삼각관계를 주요하게 탐구하는데 폴 세잔을 인상주의와 모더니즘의 가교로 규정하기도 한다. 현대미술의 이정표를 세운 거장들의 작품이 폴 세잔이라는 존재와 긴밀히 맞물려 있다는 것이다. 이 또한 그저 시간 순서대로 작가와 작품을 나열한 일반적인 구성으로는 알기 어려운 지점이다.

고대미술에서 모더니즘 그리고 전후 현대미술의 흐름 속에서 새롭게 등장한 냉전의 질서를 통해 작품이 어떻게 변화하는지 그 시대의 작품들이 가지고 있는 의미와 과제를 재구성한다. 마지막 후기 모더니즘과 포스트모더니즘 편에서는 "언제 예술인가?"라는 질문을 중점적으로 다룬다. 일례로 미술관에 변기를 들여와 예술 작품과 일상의 사물들의 물리적 차이를 허무는 놀라운 변화를 이끌어낸 뒤샹의 작품을 통해 예술적 정의를 재해석한다.

이렇듯 이 책이 다루고 있는 미술사의 너비는 상당하다. 회화를 중심으로 전후 미술사를 재구성하고 있을 뿐 아니라 전후 미술에서 나타난 많은 논쟁이나 의식적 측면에도 주목한다. 이 가운데 예술로 복귀한 대표적인 주제인 페미니즘과 탈식민주의 담론까지 폭넓은 시대와 사상을 아우른다. 고전작품부터 현대미술 작품의 바탕에 있는 사유와 논리를 이처럼 명료하게 드러낸 미술사 책은 아마 앞으로도 찾아보기 힘들지 않을까. 미술사의 지형도를 한눈에 파악하고 싶다면 이 책을 추천한다.

불꽃같은 영혼들이 일깨우는 놀라운 환기

『지금 이 순간을 기억해』

이주은 지음, 이봄

약 100년 전의 문화와 예술 그리고 그 시대 사람들의 감성을 우리 시대의 눈으로 살펴보면서 21세기의 거리를 초조한 마음으로 내딛고 있는 우리 자신의 원형을 찾아보려고 한다.

— 머리말 중에서

『지금 이 순간을 기억해』는 영화나 소설의 배경으로도 종종 등장하는 벨 에포크 시대의 예술과 문화를 통해 지금 우리의 삶과는 또 다른 시대의 독특한 심상으로 우리를 이끈다. 19세기 말에서부터 20세기 초의 유럽 특히 빠리는 과거에 볼 수 없었던 풍요와 평화를 누렸다. 그리고 사람들은 이 시대를 일컬어 아름다운 시절(좋은 시대)이라고 부른다. 많은 사람들은 왜 유독 이 시기를 아름다운 시절로 기억할까? 이런 호기심으로 이 책을 집어 들면 오래 지나지 않아 이 시절을 거쳐 간 천재들의 작품들에 매료될 것이다.

저자 이주은은 100년 전 유럽의 문화와 예술 작품을 폭넓게 다루는 작업을 통해 이 책을 읽는 독자들에게 위로와 위안을 주고자 한다. 기술이나 개인의 능력 등 모든 것이 빠른 속도로 발전해가는 삶 속에서 우리가 정말 옳은 방향으로 나아가고 있는지 질문을 던진다. 이리저리 쏠리는 군중, 구경거리 사냥꾼, 댄디, 마담들, 쇼퍼 등 이 책 속에서 만날 수 있는 다양한 시대의 군상들은 100년 전 유럽이라는 머나먼 시공간의 차이가 무색할 정도로 우리와 닮았다. 기차, 백화점, 영화, 도시의 화려한 불빛과 같은 오늘날에 존재하는 많은 것들이 이 시기에 폭발적으로 발전했다는 사실 또한 신기하다.

예술과 문화가 번창한 이 아름다운 시절에는 수준 높은 작품들이 화랑에 걸렸고 거리엔 우아한 모자와 화려한 복장을 한 신사 숙녀들이 넘쳐났다. 하지만 언제나 빛이 있는 곳에 그늘이 있듯 찬란함 속의 긴장감, 평이한 나날들과 반복되는 불안, 언제 사그라질지 모를 밝고 휘황찬란한 불빛들의 위화감이 이 시절의 작품들에 녹아있다. 에드가 드가, 장 프랑수아 밀레, 에드바르크 뭉크, 폴 고갱, 에곤 실레, 클로드 모네 등 우리가 잘 알고 있는 화가들의 작품에서부터 에밀 졸라의 『테레즈 라캥』, 제인 오스틴의 『오만과 편견』, 아쿠타가와 류노스케의 『라쇼몽』과 같은 세계적인 소설들이 시대의 분위기와 내포하고 있던 본질을 선명하게 그리고 있다.

특히 낭만적인 사랑에 대한 환상과 현실을 외면한 채 꿈에 빠진 여인의 모습은 19세기 그림 속에 자주 등장하는데 아직 완결되지 않은 불완전한 가치들에 질문을 던지며 본질을 드러내고자 했던 작가들의 표현방식이다. 벨 에포크의 진정한 아이콘으로 손꼽히는 클레오 드 메로드를 그린 조반니 볼디니의 작품과 소설 『마담 보바리』의 여주인공 엠마로 이어지는 맥락은 그들이 공유하고 있는 공허한 영혼이라는 형상을 그려볼 수 있게끔 한다.

저자의 마지막 말처럼 이 시대의 작품들은 일관된 방향성을 가지기보다는 불완전한 여러 대립적 요소들끼리의 모순으로 가득 차 있어서 일관된 맥을 가진 하나의 스토리로 읽기란 쉽지 않다. 하지만 그럼에도 불구하고 이 책은 오늘날 우리가 살고 있는 세계의 불확실성과 그 시절의 불확실성을 비롯해 유동적인 인과관계 속에서 함께 공존하고 있는 세기 전환기 문화의 본질을 찬찬히 들여다볼 수 있게 하는 힘이 있다. 독자는 천재들의 무수한 작품들과 우리 삶의 원형이 가진 연결고리를 어렵지 않게 발견할 수 있을 것이다. 이를 통해 우리 시대의 무기력과 불확실성에 빠진 개인들을 위로하고 환기를 선사한다. 불확실성에 대해 '모호하고 불안하나 다양성과 여러 가능성을 동시에 내포하고 있어 21세기적인 융합 문화를 이해하기 위한 또 하나의 모델'로 삼을 수 있을 것이라는 저자의 이야기에 절로 고개가 끄덕여진다.

이 주제를 첫 번째로 다루지 않을 수가 없었습니다. 어찌 보면 젊은 청춘들에게는 마음의 상처와 사랑이 동의어일 겁니다. 사랑에 상처받지 않은 사람이 없고 그 상처가 크지 않은 사람이 없기 때문입니다. 그런데 이렇게 큰 상처를 주는 사랑에 대한 인식은 사실 너무나 형편이 없습니다.

한마디로 사랑에 대해서 아는 것이 없습니다. 저마다의 주관적 견해로 사랑이 이거다 저거다라고 할 뿐입니다. 마치 중세시대에 흑사병의 원인을 쥐벼룩이 가져온 페스트균이 아니라 신의 노여움이나 마녀의 요술에서 찾았던 것처럼 말입니다. 계몽사상이 유럽을 흔들기 시작하면서 인간이 중세의 미몽에서 벗어나 근대적 이성을 갖추어나갔듯 이제 우리도 사랑에 대한 공부를 시작해야 하겠습니다.

4장

사랑이
우리에게
남기고 간 것들

A book is a gift you can open again and again

A book is a gift you can open again and again

영원한 고전이 들려주는 마음의 예술

『사랑의 기술』
에리히 프롬

자동차를 운전하고 싶어 하는 소년이 있습니다. 여러분이 만일 그 아이의 부모라면 어떻게 하시겠습니까?

차키를 주고 운전을 해보게 한 다음 두려움을 느끼게 하시겠습니까? 아니면 "그래, 도전해보렴. 아마 사고가 나겠지만 인생에 큰 도움이 될 거야. 도전하는 인생이 아름답단다!"라고 말하겠습니까? 아마 아무도 그렇게 하지 않을 겁니다. 먼저 운전면허를 따야 한다고 이야기를 해줄 겁니다. 운전면허를 따기 위해서는 필기시험에 합격해야 하고 그 다음 실기시험에 합격해야 한다고 충고를 해줄 겁니다. 그리고 충분한 연습을 했다는 판단이 서야 비로소 차키를 주며 운전해도 좋다는 허락을 내리겠지요.

가만히 생각하면 미숙한 운전 때문에 발생하는 사고 못지않게 미숙한 사랑으로 발생되는 사고도 위험한 것 같습니다. 운전과 사랑의 공통점은 행위 당사자인 자신뿐 아니라 상대에게도 커다란 상처를 준다는 것이죠.

시험에 실패한 사람이 다음에 그 시험에 성공하기 위해서는 어떻게 해야 할까요? 이번 실패를 그냥 잊어버리거나 운명의 탓으로 돌리면 될까요? 아마 그런 사람은 다음 시험에도 반드시 실패를 할 겁니다. 그런데 사랑에 실패한 대부분의 사람들은 그렇게 행동합니다. 그저 사랑의 실패를 잊어버리려고 하거나 사랑의 실패를 운명의 탓으로 돌릴 뿐입니다. 그러면 마음은 편해질지 모르지만 다음 사랑에서도 결코 성공할 수 없을 겁니다.

세상 모든 일에는 이론과 실천이 있습니다. 하지만 사랑만큼은 이론 없이 실천만으로 가능하다고 생각하고 도전합니다. 그래서 대부분의 사랑은 맹목에 그쳐버리고 맙니다. 훗날 그 맹목이라는 무지에서 눈을 떴을 때는 후회를 안은 가슴과 모두 떠나버린 빈자리만 남게 되는 것이지요.

그래서 프롬은『사랑의 기술』이라는 책을 썼나 봅니다. 사람들이 허구한 날 사랑 타령을 하면서도 사랑을 너무 모른다고 생각했나 봅니다. 프롬이 말하고 싶은 사랑에 대한 이야기는 이렇게 시작합니다.

'사람들은 사랑의 문제를 능력 혹은 의지의 문제가 아니라 대상의 문제라고만 생각한다.'

사랑이란 우연한 기회에 상대만 만나면 누구나 즐길 수 있는 즐거운 감정 정도로 여긴다는 겁니다. 따라서 사랑은 배우지 않아도 되는 것으로 이해하고 있다는 거죠. 결국 사람은 사랑을 사랑에 빠지는 최초의 순간만으로 여긴 나머지 지속적 상태라는 본질을 놓치게 됩니다. 한마디로 멋진 이성을 만나 두근두근한 마음을 사랑의 전부로 여긴다는 것이죠.

하지만 그것은 아주 작은 사랑의 일부일 뿐 사랑은 그러한 마음을 느끼고 나서 프로포즈를 하는 과정과 결단, 그 사랑을 지키겠다는 약속 그리고 그 약속을 지키겠다는 의지를 지켜나가는 과정 전체입니다.

많은 독자들이 이렇게 이야기할 것 같습니다.

"그래, 사랑에 기술이 필요하다고 합시다. 하지만 당장 외롭고 사랑에 성공하고 싶은데 어떻게 해야 합니까?"라고요. 이 질문을 만약 프롬에게 한다면 그는 사랑이 성공하기 위해서는 배려와 책임이 필요하다고 답할 것 같습니다. 사랑은 받는 것이 아니라 능동적으로 주는 것이라고 덧붙이면서요. 얼핏 들으면 뻔한 것 같은 이 말을 하나하나 음미해보도록 하겠습니다.

첫째는 배려입니다. 배려해야 한다는 말에는 누구나 동의를 할 겁니다. 재미있는 사실은 대부분의 사람이 자신은 연인을 배려하고 있다고 말하는 반면 '당신은 당신의 연인으로부터 배려받고 있습니까?'라는 질문에는 그렇지 않다고 더 많이 대답한다는 사실입니다. 왜 그럴까요?

그것은 바로 배려의 본질을 제대로 모르기 때문입니다. 역지사지의 관점에서 상대의 입장에 서보는 것이 배려입니다. 하지만 진짜 중요한 것은 배려를 하기 위한 기본 조건을 우리가 놓치고 있다는 거죠. 바로 진정한 배려를 위한 기본 전제조건은 관심에서 나온다는 것을 말입니다.

애완동물을 사랑하는 주인을 생각해봅시다. 주인은 끊임없이 애완동물의 입장에서 생각하고 배려하고자 합니다. 그러나 관심 없는 배려는 오히려 애완동물의 입장에서는 불편할 뿐입니다. 발정기도 아닌데 짝짓기를 위해 수컷을 데리고 온다고 생각해보세요. 주인은 애완견을 배려한 것이지만 애완견의 입장에서는 괴롭힘을 당하는 것일 수 있습니다. 배가 불러 달콤한 잠을 자고 있는데 맛있는 소 뼈다귀를 던져주고 깨운다고 생각해보세요.

주인은 배려지만 애완견에게는 고역입니다. 배려를 위한 기본은 끊임없는 관심에서부터 시작됩니다. '해피의 배변색이 오늘은 어떤가?', '해피가 오늘은 왜 안 짖지?', '해피가 눈에 눈곱이 오늘따라 많네'처럼 관심을 바탕으로 한 배려만이 진짜 배려가 됩니다.

그렇습니다. 사랑에 성공하고 싶다면 끊임없이 상대에게 관심을 기울여야 합니다. 마치 아이 행동 하나하나에 관심을 기울이는 엄마의 사랑처럼 말입니다. 그것이 배려의 기초이고 사랑의 시작입니다.

여러분은 사랑하는 사람에게 얼마나 관심을 가지고 있나요?

주의할 점은 지나친 관심은 진정한 관심이 아니라는 점입니다. 어렵다고요? 프롬의 말을 직접 인용해 보겠습니다.

> "예를 들면 자동차를 운전하고 있는 사람은 누구든지 자동차에 민감하다. 소리가 작더라도 듣지 못하던 소음이면 곧 알아차리고 모터의 가속장치에 일어난 작은 변화도 곧 알아차린다. 같은 방식으로 운전자는 도로 표면의 변화나 앞뒤 자동차의 움직임에도 민감하다.
>
> 그러나 그가 이러한 모든 요인에 대해 생각하고 있지는 않다. 그의 정신은 긴장을 푼 경계상태고 그의 정신이 집중되어있는 상황과 관련된 모든 타당한 변화에 대해서 개방되어있다."[21]

운전을 하면서 타이어에 관심을 가지고 운전을 하시나요? 그렇지 않을 겁니다. 다만 능숙한 운전자는 타이어가 주는 미묘한 변화의 신호를 잡아낼 뿐입니다. 마찬가지로 연인의 태도 하나하나에 관심을 가지는 것은

---

21 에리히 프롬, 『사랑의 기술』, 문예출판사, 2006.

집착이지 관심이 아닐 수 있습니다. 연인에 관심이 없는 듯하지만 작은 변화도 알 수 있게 관심을 가지고 있는 것. 이것이 프롬이 정의한 진정한 사랑의 배려입니다.

둘째는 책임입니다. 옥탑방에 혼자 사는 김 씨를 상상해봅시다. 이성을 만나고 싶지만 여러 형편상 녹록지 않습니다. 애완견이라도 키워볼까 고민해봤지만 돈도 많이 들고 귀찮다는 생각이 듭니다. 그래서 화초를 키우기로 마음먹었습니다. 이내 화초를 사서 집에 갖다 놓았습니다. 예쁜 화병에 화초를 심고 화초의 풀도 하나하나 닦고 물도 주고 영양제도 주었습니다. 화초가 있으니 공기도 산뜻해지고 생명체가 방에 있다는 것만으로도 기분이 좋아졌습니다. 김 씨는 화초가 너무 이쁘다고 생각합니다. 김 씨는 화초를 사랑하고 있는 건가요? 아마 프롬의 대답은 모르겠지만 아직은 아니올시다일 겁니다.

프롬이 보았을 때 김 씨는 그저 외로움에서 벗어나려는 욕구를 화초를 통해서 채웠을 뿐 화초를 사랑하는 것은 아니라고 할 겁니다. 화초에 대한 사랑을 대표적으로 보여주는 영화가 있습니다. 바로 〈레옹〉입니다. 영화에서 주인공 레옹은 집을 옮길 때마다 마틸다만 데리고 가는 게 아니라 키우던 화초도 꼭 가지고 갑니다. 레옹에게 화초는 자기의 욕구를 해결해주는 대상이 아니라 스스로 책임져야 할 대상인 겁니다. 화초를 책임진다는 것은 그 화초가 나로 인해 더 잘 자랄 수 있도록 하는 겁니다. 더 나아가 설령 내가 없더라도 화초가 잘 자랄 수 있는 환경을 만들어주어야 한다는 책임입니다.

한국사회에서 장애우를 둔 부모가 가장 무서워하는 건 자신의 죽음이라고 합니다. 물론 자신에게 다가오는 죽음이 무섭기도 하지만 내가 죽으면 더 이상 이 아이를 책임져줄 사람이 없다는 사실이 더 무섭다는 것이지요.

연인에 대한 사랑 역시 마찬가지입니다. 나를 만나 상대가 더 인간적으로 성숙하고 잘될 수 있게 하는 것이 바로 책임이고 사랑입니다. 그래서 너무 사랑하지만 상대의 미래를 위해 떠난다는 말은 성립될 수 있다고 봅니다. 사랑하는 라라를 위해 그녀를 떠나는 닥터 지바고의 마지막 모습처럼 말입니다.

그렇다면 사랑에 있어서 책임의 반대말은 무엇일까요? 그것은 바로 욕망입니다. 이성을 욕구의 대상으로만 생각하는 사람은 상대에 대한 책임에는 둔감합니다. 너무나 사랑해서 겁탈했다는 말이 성립될 수 없는 이유입니다. 상대의 성장과 미래에 대한 책임 없는 사랑이란 있을 수 없습니다. 성적 욕망이 나쁜 것이 아니라 성적 욕망만을 위한 사랑은 책임을 수반하지 않는 거짓 사랑에 불과합니다. 전근대를 지나며 성에 대한 의식이 개방되면서 사랑을 서로의 성적 만족에 부수되는 요소로 보는 경우도 생겨났습니다.

사실 이런 인식은 역사적으로는 프로이트의 설명에 크게 영향을 받았습니다. 하지만 프롬이 보기에 이러한 생각은 빅토리아 시대의 엄격한 관습에 대한 반발이라는 측면과 본질적으로는 본성상 인간은 경쟁적이고 상호 간 적의로 가득 차 있다는 자본주의적 인간관에 기반하고 있습니다.

자본주의는 인간을 이기적인 존재로 바라봅니다. 그리고 그 이기적 존재가 경쟁하는 과정에서 효율이 발생하고 그 효율이 사회를 지탱하는 커다란 버팀목이라고 말합니다. 그렇게 사랑을 바라본다면 사랑 역시 인간의 본능적이고 이기적 욕구이며 사회에서 인간은 그 욕구를 채우기 위해

경쟁하는 관계라는 설정만이 남을 겁니다. 자칫 동물의 번식욕과 우리의 사랑이 같아질 수 있겠죠.

만일 사랑을 욕구만으로 규정한다면 결국 사랑은 경쟁의 산물이 될 수밖에 없다고 생각한 프롬은 이 문제를 해결하기 위해서 설리반(H. S. Sullivan)의 이론적 개념을 가져옵니다. 성욕과 사랑은 엄격히 구별되어야 한다는 겁니다. 성욕과 그것을 충족함으로써 얻는 쾌락이 나쁘다는 것이 아니라 다만 성욕은 사랑이 아니라는 것이지요. 설리반에 따르면 사랑은 두 사람만의 이기주의입니다. 즉 공통된 이해관계를 바탕으로 적대적이며 소외된 세계에 함께 대항하는 두 사람에 대한 기술이라는 겁니다. 그럴싸하지 않은가요?

성욕이 혼자만의 이기주의라면 사랑은 둘만의 이기주의라는 거지요. 멋진 표현이라고 봅니다. 사실 혼자서 맞서기에는 너무나 힘든 세상 그래서 언제나 내 편인 사람을 만들어 함께 세상과 맞서고자 하는 것이 사랑이 아닐까요?

언제 사랑하는 사람이 가장 미울까요? 연인마저 내 편을 들어주지 않을 때일 겁니다. 어렸을 때 엄마가 언제 가장 미웠나요? 아마 엄마마저 믿어주지 않았을 때일 겁니다. 두 사람만의 이기주의가 성립하기 위해서는 서로 배신하지 않겠다는 약속이 반드시 필요할 겁니다. 약속은 의무를 낳고 그 의무는 책임을 수반합니다. 그러한 책임에 대한 공감이 없다면 성립할 수 없습니다. 연인이 있다면 생각해보세요. 나와 내 연인이 두 사람만의 이기주의를 실현하고 있는지 말입니다.

마지막으로는 능동성입니다. 첫사랑이 내게 다가왔다. 듣기만 해도 떨리는 문구입니다. 하지만 이 문구는 물건을 팔기 위한 광고처럼 허망하기 십상입니다. 사랑에 대해 지식이 없는 사람에게는 첫사랑은 다가와도 모를 수 있고 설령 안다 해도 잡지 못할 확률이 높을 겁니다.

첫사랑이 내게 다가왔다가 아니라 첫사랑을 내가 만들었다가 되어야 하지 않을까요? 그래서 프롬은 눈과 귀를 부지런히 움직여 하루 종일 능동적으로 생각할 것을 요구합니다. 내적인 게으름을 피하는 것이 사랑의 기술을 실천하기 위한 첫 번째 필수적인 조건이라고 말하면서요.

혹시 첫사랑을 못해본 사람이라면 어떻게 첫사랑을 만들어나갈까요? 예를 들어보겠습니다. 사람은 누구나 장점과 단점을 가지고 있습니다. 상대의 단점만 생각해서는 상대와 교류조차 할 수 없을 겁니다. 그렇다면 상대의 장점과 단점을 객관적으로 파악하는 것은 어떨까요? 아마 그런 태도가 사업관계에서는 꼭 필요한 일일 테지만 사랑에서는 결코 좋은 태도가 아니겠지요. 상대와 사랑하기 위해서는 상대의 장점을 능동적으로 파악해서 관심을 가져나가야 하지 않을까요?

이성으로 느껴지지 않던 짝꿍이 어느 날 내게는 없는 장점을 가지고 있다는 사실을 안다면 갑자기 나의 첫사랑이 되어버릴지도 모르는 일 아닐까요? 나처럼 운동신경이 둔한 줄 알았던 짝꿍이 알고 보니 테니스 선수라면? 나처럼 음치인 줄 알았던 짝꿍이 가수지망생이라면? 외국인만 보면 나랑 같이 도망갈 줄 알았던 짝꿍이 유창하게 외국어를 구사한다면 말입니다. 어차피 사랑이란 실존적으로 나에게 부족한 그 무언가의 결핍을 찾아나가는 과정 아닐까요?

부모를 보면 상대의 장점을 적극적으로 찾아나가는 것이 사랑이라는 것을 금방 알아낼 수 있습니다. 남이 보면 별것도 아닌 것 같아 보이는 자식의 장점에 부모는 모든 걸 거는 일이 많습니다. 음악에 별다른 소질이 없어 보이는 학생에게 선생님으로서는 음악을 취미로만 권하고 싶지만 부모 앞에서는 그 말이 떨어지지 않습니다. 부모님은 자녀의 작은 음악적 소질이 쇼팽을 능가한다고 굳게 믿고 있으니까요.

독서법 —————————————————————— *Reading method*

군데군데 어렵습니다. 그런 부분은 가볍게 넘어가도 좋습니다. 괜히 그 부분을 읽고 이해하려고 스트레스받지 마시기 바랍니다. 철학적으로 어려워서 내가 이해 못한 것이 아니라 번역 탓이라고 생각하고 넘어가시기 바랍니다. 그게 전반적인 독서에 영향을 주지는 않습니다. 전체적으로 재미있게 술술 넘어가는 책은 아닙니다만 읽다 보면 정말 마음에 드는 구절들이 쏟아져 나옵니다. 마치 성경의 경구처럼 말입니다. 볼펜으로 줄을 쳐놓았다가 다시 한번 음미하면 좋고 연인이 있다면 그 구절을 말해줘도 좋을 듯합니다.

TIP

사실은 실존주의에 대한 이해가 필요한 책입니다. 그래서 어렵습니다. 그러나 다행인 것은 실존주의를 굳이 모르더라도 읽을 수 있는 책이라는 겁니다. 영화 〈매트릭스〉를 이해하는 데 굳이 보드리야르란 철학자를 몰라도 되는 것과 같은 이치입니다. 다만 제목이 사랑의 기술이라고 해서 이성을 꼬시기 위한 방법을 알려주는 책은 아니라는 점은 명심하셔야 할 겁니다. 원제목 역시 『The Art of Loving』입니다. 즉 사랑의 기술보다는 사랑의 예술쯤으로 이해하는 것이 맞습니다.

우리의 사랑은 어떻게 진화하는가

『도대체, 사랑』
곽금주

에리히 프롬의『사랑의 기술』을 통해서 우리는 사랑 역시 저절로 이루어지는 것이 아니라 노력이 필요하다는 사실을 알게 되었습니다. 이제 사랑에 대해 어떻게 공부할지 고민을 시작해봅시다.

이미 사회에서 성공한 사람이 성공에 대해서 공부를 하지는 않을 터. 마찬가지로 사랑에 성공한 사람이 사랑에 대해서 공부하지는 않을 겁니다. 사랑에 대해서 공부를 하는 사람은 아마 사랑을 해보지 못한 사람이거나 아직 사랑에 성공하지 못한 사람들일 겁니다.

성공을 갈망하는 사람들이 찾는 책은 자기계발서입니다. 사랑에 대한 공부도 마찬가지입니다. 사랑을 갈망하는 분들이 가장 먼저 찾는 책들이 바로 연애지침서입니다. 제목을 살짝 바꾸어 소개해드리면 이런 제목을 가진 책들입니다. 술술 풀리는 연애지침서, 연애의 정석 — 바이블 사랑학, 누구나 성공하는 연애 비법, 나도 애인이 필요해, 하고 싶다, 사랑 같은 제목들을 달고 있습니다.

자기계발서가 그 책만 읽으면 성공을 할 수 있는 것처럼 보이듯 이런 연애지침서 역시 읽기만 하면 사랑에 성공을 거둘 수 있을 것처럼 보입니다. 그래서 그런지 특히 연애지침서는 여름 휴가철에 잘 팔린다고 합니다.

여름 휴가철 한 건을 올리고자 해변으로 달려가는 젊은 청춘남녀들에게 꼭 필요한 책이라 그런가봅니다. 하지만 이런 제목을 단 책들이 여러분의 사랑에 도움이 될 수 있을지 잘 모르겠습니다.

사랑도 마찬가지입니다. 사랑의 지침서를 뒤적인다고 사랑이 해결되겠습니까? 그렇다고 상대방의 마음을 읽기 위한 두꺼운 심리학 원서 공부를 시작하겠습니까? 둘 다 올바른 방법은 아닐 겁니다. 한번 가정을 해보겠습니다.

형제가 있습니다. 어린 동생이 좋아하는 여자가 생겼습니다. 그런데 그 남동생은 자꾸만 좋아하는 여자가 싫어하는 짓만 합니다. 괜히 어깨를 툭툭 치거나 여자친구의 물건을 파손하고 심지어 다른 친구들 앞에서 그 여자의 흉까지 보곤 한단 말입니다. 어떻게 충고를 해주어야 할까요? 두들겨 팹니까? 아니면 좋아하는 여자에게 가서 이렇게 말하라고 할까요? "내가 사실 너를 괴롭히는 이유는 괴롭히고자 하는 것이 목적이 아니라 애정의 또 다른 표현이야"라고요.

둘 다 정답이 아니지요. 어떻게 해야 멋진 충고를 해주는 형이 될 수 있을까요? 먼저 남성과 여성의 차이는 물론 2차 성징 시기에 나타나는 아동의 행동 특성에 대해서 잘 알고 있어야 할 겁니다. 더 나아가 그러한 차이와 행동특성에 대해 동생이 알아들을 수 있도록 동생의 눈높이에 맞추어 설명을 해줄 수 있는 능력이 있어야 할 겁니다.

너무 어렵다고요? 그럼요. 좋은 선생이 된다는 것은 늘 이렇게 어렵습니다. 만일 형이 이런 충고를 해주고 동생이 받아들인다면 동생은 아마 첫사랑의 결실을 만들어나갈지도 모릅니다.

주변에 유부남을 만나는 친구가 있습니다. 어떻게 충고를 해주어야 할까요? 아마 보통은 '너 미쳤어'라고 시작을 할 겁니다. 그리고 '정신 차려, 이 미친x아.'로 끝날 겁니다. 그렇다고 그 친구가 유부남과 헤어질 리는 없고 자칫 친구 관계마저도 서먹서먹해지기 십상일 겁니다. 자 그런데 곽금주 씨의 『도대체, 사랑』이라는 책은 그렇게 하지 않습니다.

먼저 왜 여자가 유부남에게 쏠리게 되는지 진화심리학적으로 설명을 합니다. 오빠부대는 있는데 왜 여동생부대는 없는가의 문제도 해결할 수 있는 설명입니다. 책 본문의 설명을 보겠습니다.

> "그렇지만 남자의 경우 홀로 있는 여자가 주변에 남자들이 있는 여자보다 더 매력적이라고 평가한다. 어쩌면 당연한 일이다. 남자가 주변에 많은 여자라면 자신이 그 여자를 얻을 확률은 현저히 낮아지고 그 여자를 차지하기 위해서 많은 비용을 치러야 할 것이며 여자가 임신하더라도 자신의 아이인지 확신하기가 어렵기 때문이다.
>
> 하지만 여자가 주변에 많은 남자는 다르다. 그는 우선 다른 여자들을 통해 유전적인 결함이 없다는 사실이 검증된 남자다. 여자는 그를 얻기 위해 큰 비용을 치를 필요도 없다. 그의 주변에 여자는 많지만 그의 아이를 가졌을 때 여자는 자신의 아이인 것을 확신할 수 있다.

유부남은 이미 검증된 남자, 인기인이니까 여자에게는 충분히 매력적인 상대일 수 있다. 게다가 대체로 유부남들은 이미 성공한 남자이므로 아직 성공하지 않은 미혼남보다 더욱 매력적이다. 성공 그 자체보다 성공에서 풍겨 나오는 자신감이 여자를 유혹하기 때문이다."[22]

자 이렇게 유부남과 사랑에 빠지게 되는 이유를 이론적으로 설명합니다. 그렇다고 유부남과 사귀라는 것은 아닙니다. 저자는 우디 앨런의 영화 〈매치 포인트〉를 사례로 들어줍니다. 또 한 번 본문을 보겠습니다.

"크리스는 아일랜드 출신의 가난한 테니스 선수다. 그는 야망이 있고 잘생겼으며 기회를 적절히 이용할 줄 아는 남자다. 영국 상류 계층에게 테니스를 가르치면서 그는 부잣집 아들인 톰을 알게 되고 톰의 여동생인 클로이는 크리스를 보자마자 사랑에 빠진다. 크리스는 클로이의 애인이 되면서 그녀 아버지의 눈에 들어 큰 회사에서 일하게 된다. 클로이와 결혼하면서부터는 고속 승진에 좋은 아파트까지 얻게 된다.

그러나 크리스는 톰의 약혼녀인 노라를 짝사랑한다. 톰과 노라가 파혼한 이후 크리스는 노라와 밀회를 시작한다. 노라와의 관계가 깊어지면서 노라는 크리스가 클로이와 이혼하기를 바란다. 크리스는 노라에게 이혼을 약속한다.

…영화가 클라이맥스로 치달으면서 노라는 덜컥 임신을 해버리

22 곽금주, 『도대체, 사랑』, 쌤앤파커스, 2012.

고 크리스가 이혼하지 않으면 자신이 클로이에게 불륜 사실을 말하겠다며 화를 낸다. 크리스는 안정적인 현실이 노라 때문에 무너질까 봐 전전긍긍한다. 결국 크리스는 노라를 살해하고 평화로운 가정으로 돌아간다."[23]

결론이 뭐지요? 한마디로 죽기 싫으면 유부남과 헤어지라는 충고입니다. 그리고 부연해서 헤어져야 하는 이유를 이야기합니다. 남자의 경우 불륜을 하게 되면 처음에는 죄책감을 느끼지만 불륜이 지속될수록 그 죄책감은 옅어질 수밖에 없다는 겁니다. 일종의 자기 합리화인데요. 자신의 불륜을 불륜이 아니라 일시적인 욕망으로 치부해버린다는 겁니다.

결국 유부남을 사랑하는 여자는 남성의 욕망을 충족하는 대상으로 전락해버리게 된다는 것이지요. 여성도 마찬가지입니다. 처음에는 남성의 아내에게 죄책감을 가지지만 가면 갈수록 자기도 이렇게 아프고 괴로워했으니 벌을 충분히 받았다고 생각하고 더 이상 불륜의 대상인 아내에게 미안하게 생각하지 않게 된다는 겁니다.

나중에 머리채를 붙잡고 싸우게 되는 이유입니다. 결국 불륜의 결말은 남자에게는 욕망의 배설로 여자에게는 당당한 일이 되어버린다는 것이지요. 날카로운 지적입니다.

이렇듯 이 책은 사랑에 대한 이야기를 다양한 이론을 통해서 시작해나갑니다. 이별을 설명할 때는 퀴블러 로스(Elisabeth Kubler Ross)의 죽음의 단계를 도입해서 설명합니다. 부정 ⋯⟶ 분노 ⋯⟶ 타협 ⋯⟶ 절망 ⋯⟶ 수용의 단

---

23 같은 책.

계로 말입니다. 만일 당신이 이별을 했다면 당신이 이별 후 어떻게 될 것인가를 예측하는 데 있어 큰 도움을 줄 수 있을 겁니다.

'내일이면 다시 연락이 올거야'
'이 놈이 미친 거 아냐 감히 나한테 연락을 정말 끊어'
'그래 그 남자도 그럴만한 이유가 있었겠지'
'정말 이제는 끝인가?'
'에유 정신 차리고 새 남자 찾아가야지'

대부분 이런 단계를 밟아나가지 않나요?

잠자리를 같이하고 난 후 어려움을 겪는 남녀의 관계는 인지부조화 이론으로 설명을 합니다. 여성은 일반적으로 남성보다 상대적으로 잠자리에 큰 의미를 부여하기 때문에 별로 달라진 게 없는 남성의 모습에서 불안감을 느끼게 된다는 겁니다. 그래서 그 불안감을 없애기 위해 사랑을 확인하게 되고 따라서 여성이 거꾸로 적극적으로 변하게 된다는 겁니다.

거꾸로 이제 남자는 적극적으로 변화한 여성의 모습에 당황하게 된다는 겁니다. 이 책은 잠자리를 가지고 여자가 적극적으로 나와도 당황할 필요가 없다는 사실을 말해줍니다. 또 내 여자가 원래 그런 여자가 아니라 잠자리를 가진 후 자연스러운 변화라는 것을 남자는 알아야 한다는 것이죠. 거꾸로 여자는 잠자리 후 변화가 없는 남자의 모습을 두고 날 사랑하지 않는 거라고 단정할 필요가 없다는 것을 아주 잘 알려줍니다.

사례 역시 풍부하게 제시합니다. 영화, 오페라, 소설, 그리스 로마 신화를 넘어 자신의 체험까지 섞어서 제시를 해줍니다. 사랑에 대한 이야기를 말장난이나 자아도취에 빠져 말하는 책이 아니라 사랑에 대한 공부를 어떻게 할 것인지 참 쉽고 친절하게 설명해 주는 책입니다.

개인적으로는 나쁜 남자를 좋아하는 여자가 남자가 나빠서 좋아하는 것이 아니라 나쁜 남자 = 여유 있는 남자라는 등식으로 남자를 바라보기 때문이라는 설명에는 무릎을 쳤습니다. 여유 없어 보이는 나쁜 남자는 그저 나쁜 놈이라는 설명에 어설프게 나쁜 남자인 척을 하고 다닌 적은 없는지 웃었습니다. 저 역시 사랑에 대해 아직도 공부가 필요한가봅니다.

다만 사회학자로서 이 책을 포함해서 대부분의 사랑 혹은 연애를 다룬 책들을 보면 지나치게 남성과 여성의 차이를 부각시킨다고 생각합니다. 제일 대표적으로는 우리나라에서도 엄청 팔린 책인 『화성에서 온 남자 금성에서 온 여자』라는 책입니다. 오해하지 마십시오. 그 책 재밌고 좋은 책이라고 생각합니다. 다만 남성과 여성은 완전히 다르다는 극단적인 전제로부터 출발을 한다는 것은 문제가 있을 수 있다는 겁니다. 책 소개를 볼까요?

> "화성에서 온 남자와 금성에서 온 여자는 전혀 다른 환경에서 자랐고 전혀 다른 사고방식과 행동 양태를 가진다. 따라서 화성남자와 금성여자가 사랑하고 함께 살아가기 위해서는 이러한 차이를 인정하고 존중하는 것만이 사랑을 유지하는 단 하나의 방법임을 이 비유는 자연스럽게 보여준다.
>
> 남자와 여자는 의사 전달 방법뿐만 아니라 생각하고 느끼고 지각하고 반응하고 행동하고 사랑하는 것 등등 모든 영역에서 다

르다." [24]

참 맞는 말 같지만 틀렸을 수도 있는 말입니다. 이 말을 꼭 해야 하는 이유는 많은 친구들이 연애에서 실패하는 대표적인 이유가 바로 이것이고 또 연애에 실패했을 때 듣는 대표적인 이야기이기 때문입니다.

"야, 너는 남자를 몰라도 너무 몰라" 혹은 "야, 너는 여자를 몰라도 너무 몰라"라는 말입니다.

'남자와 여자와 다르다' 맞는 말입니다. 하지만 한번 생각을 해보세요. 여러분이 어떤 사람과 친해지기로 마음을 먹었다고 가정해봅시다. 상대가 여자인지 남자인지를 아는 것이 더 중요할까요? 아니면 성격이 내성적인지 외향적인지를 아는 것이 더 중요할까요?

만나기 전에 하나의 힌트를 얻어야 한다면 저라면 상대가 남성인지 여성인지를 알기보다는 내성적인지 외향적인지를 알려달라고 할 겁니다. 왜냐면 내성적인 사람과 외향적인 사람의 성격의 차이가 내성적인 남성과 내성적인 여성의 차이보다 크기 때문입니다.

사회학에서는 이 말을 집체의 차이보다 개체의 차이가 크다라고 표현을 합니다. 즉 상대가 소설을 좋아할지 시를 좋아할지를 알기 위해서는 성별에 대한 정보보다 내성적인 성격인지 외향적인 성격인지에 대한 정보가 더 정확할 수 있다는 것이지요. 그래서 이성에게 접근할 때에도 마찬가지입니다. 상대가 남자이니까 혹은 상대가 여자니까 라고 접근하는 것도 필요할지 모르지만 상대가 어떤 스타일의 사람인가를 먼저 생각하고 접근하

---

24 존 그레이, 『화성에서 온 남자 금성에서 온 여자』, 동녘라이프, 2010.

는 편이 훨씬 더 효율적인 연애 접근법이라는 겁니다.

자칫 좋아하는 이성을 평가할 때 여자이니까 이럴 거야 혹은 남자니까 이럴 거야 라는 접근방식은 일반화의 오류[25]를 범하는 아주 잘못된 접근방법일수 있습니다.

남성 여러분! 당신의 여친이 공포영화를 더 담대하게 볼 수 있고 여성 여러분! 당신의 남친이 당신보다 더 멜로영화를 좋아할지도 모릅니다.

독서법 ─────────────────────────── *Reading method*

아주 쉽고 재밌습니다. 조금 어려운 이론이 나와도 아주 쉽게 설명을 합니다. 한번 들면 죽 읽어 나갈 수 있는 책으로 사랑에 대해 A에서부터 Z까지 다루고 있습니다. 아마 책을 들자마자 몇 시간 만에 다 읽어버릴 책일 거 같습니다. 그래서 역설적으로 그렇게 읽지 말기를 부탁드립니다.

한 번에 읽지 마시고 좀 나누어 읽기를 추천드립니다. 파트가 여섯 개로 구성되어있으니까 하루에 한 파트씩 읽어보는 것은 어떨까요?

한 파트를 읽고 그리고 잠시 자기의 사랑을 생각해보고 하루를 마무리하시고 또 다음날은 다시 새로운 한 파트에 도전해보시면 어떨지요?

---

25 일반화의 오류란 부분을 전체로 착각하여 범하는 생각의 오류다. 몇 개의 경험이나 사례를 통해 전체 또는 전체의 속성을 단정짓고 판단하는 것에서 발생하는 오류를 말한다.

저자가 가장 많이 인용하는 사랑에 대한 이론은 진화심리학에 기반하고 있습니다. 마음 편에서 진화심리학에 대해서 자세히 다뤘지만 아무튼 진화심리학은 남녀의 차이가 진화의 과정에 발생한 것이라는 전제로부터 출발합니다. 예를 들어 남성이 젊은 여성을 좋아하는 것은 가임률이 높기 때문이며 여성이 키 큰 남성을 좋아하는 것은 자신의 아이를 안전하게 키워줄 확률이 높기 때문이라는 것과 같은 논리에 기반합니다.

하지만 이에 대해서는 맹렬한 비판들이 존재합니다.

예를 들어 젠더 연구자인 마리 루티(Mari Ruti)와 같은 사람은 진화심리학을 성차별을 정당화하기 위한 또 하나의 사이비 과학에 불과하다고 공격합니다. 그가 쓴 『나는 과학이 말하는 성차별이 불편합니다』라는 책을 보시면 그 견해를 잘 보실 수 있습니다. 진화심리학에 대해서는 4장 마음 편에서 자세히 다루어보았습니다.

인간의 섹스는 동물의 섹스와 어떻게 다른가

『인생학교: 섹스』
알랭 드 보통

알랭 드 보통이 중심이 되어 만든 글로벌 프로젝트인 인생학교는 시간, 세상, 정신, 일, 돈 그리고 섹스라는 여섯 개의 주제를 가지고 강연과 토론, 멘토링, 커뮤니티 서비스를 제공하는 글로벌 프로젝트입니다. 이 책은 그 주제중 하나인 섹스를 주제로 엮어서 만들었습니다.

이 책 앞에는 이 책에 대한 한국 분들의 추천사가 있습니다. 추천을 해주신 분들은 편집장님, 소설가, 칼럼니스트 같은 분들입니다. 그런데 맨 앞에 추천사를 써주신 분은 목사님이십니다. 목사님의 추천사가 주제가 섹스인 책에 들어있다는 것이 이채롭다는 생각을 했습니다. 하지만 다음에 추천을 해주시는 분의 직업을 보고서는 살짝 당황했습니다.

그분의 직업은 바로 스님이었습니다. 책 제목이 섹스인 책의 추천사에 스님이 있다니 아이러니했습니다. 그래서 다시 찾아보니 인생학교 시리즈 전체에 대한 추천사더군요. 괜히 당황했습니다. 하하하!

동물과 인간을 구별하는 가장 대표적인 행동이 섹스라는 저의 주장에 동의하십니까? 아마 대부분은 제 말에 동의를 하실 수 없을 겁니다. 기본적으로 섹스가 이성과 달리 본능에 의해 지배받는 행위라고 생각하기 때문에 동물과 별로 다를 바 없는 행위라고 생각할 겁니다.

식욕, 성욕, 수면욕 등과 마찬가지로 욕구라는 점에서 동물의 행동과 다를 바가 없다고 생각을 할 겁니다. 차라리 먹는 행동은 도구를 사용한다는 점에서 동물과 다르지만 섹스는 도구를 사용하지 않는다는 측면(물론 콘돔을 사용하기는 합니다만)에서 더더욱 동물과 다를 바가 없는 행동으로 보일 겁니다.

하지만 섹스는 정말 인간과 동물을 가장 명확히 구별 지을 수 있는 행위입니다. 여러분도 제 말을 듣고 나면 동의를 하실 겁니다.

먼 미래에 우주여행이 자유로워졌습니다. 미래의 인류인 살라 씨는 우주여행 중 우주선의 연료가 떨어져 어떤 외딴 행성에 불시착합니다. 그런데 거기에는 외계인이 살고 있습니다. 다행인 것은 그 외계인들이 지구인들과 너무나 똑같이 생겼을 뿐만 아니라 생활하는 것도 완전히 똑같다는 겁니다.

살라 씨는 자기가 지구에 불시착한 것은 아닌가 하는 착각을 할 정도입니다. 그런데 곧 이상한 점을 느낍니다. 아무리 살펴도 사람들이 밥을 먹는 걸 볼 수 없었습니다. 처음에는 '사람들이 밥을 안 먹나' 의심도 해봤지만 곧 그들이 밥을 꼭 숨어서 먹는다는 사실을 알게 됩니다.

혼자 숨어서 먹다가 남에게 들키기라도 하면 밥 먹던 것을 중단하기까지 합니다. 밥은 주로 부부가 같이 먹는데 이때도 사람들에게 숨기는 것은 물론 자식들이 잠자는 시간에 자식들 몰래 먹기 일쑤입니다. 가족 외 사람들과 식사를 하는 것은 사회적으로 비난의 대상이 됩니다. 많은 사람들이 여러 사람과 함께 즐겁게 하는 식사를 꿈꾸지만 법으로 금지되어 있습니다. 법으로 금지된 것은 이것뿐만이 아니라 먹방 프로그램을 제작 배포하는 것도 불법입니다. 하지만 대부분의 사람들은 몰래 숨어서 먹방 프로그램을 봅니다.

그런데 이 외계행성에서는 섹스는 결코 몰래 하지 않습니다. 시내 곳곳에서는 섹스를 하는 장소가 설치되어 있어서 일정한 비용만 내면 사람들이 모여서 자유롭게 섹스를 합니다. 오랜만에 사람들을 만나면 종종 사람들은 '야, 언제 시간 되면 섹스나 한번 하자'라고 하지만 사실 그냥 인사치레 말일 때가 많습니다.

이 장면을 본 살라 씨는 이 외계인들에게 지구인들의 삶을 설명합니다. 하지만 어떤 외계인도 살라 씨의 말을 믿지 않습니다. "아니, 섹스를 숨어서 하고 밥을 공개적으로 먹는다고요? 말도 안 돼. 정말 그렇다면 망할 놈의 지구놈들이군."

눈치채셨죠? 인간만이 섹스를 숨어서 합니다. 정말 이상한 일 아닐까요? 그래서 섹스가 인간과 동물을 구별하는 가장 대표적인 행동일지도 모릅니다.

자 아무튼 섹스는 당신과 파트너가 원한다고 마음대로 할 수 있는 행동이 아닙니다. 왜냐면 아주 사회적 행위이기 때문입니다. 섹스라는 행위를 바라보는 관점에는 기본적으로 세 가지 관점이 있다고 교과서에는 나와 있습니다. 보수주의, 중도주의 그리고 자유주의 관점이 있다고 합니다.

보수주의 관점은 섹스를 기본적으로 결혼과 연계시키는 관점입니다. 결혼 없는 섹스는 인정될 수 없다는 관점이지요. 서구나 동양이나 봉건주의 시대에는 이러한 관점이 주류적 관점이었습니다. 극단적인 보수주의적 관점은 결혼을 해도 출산을 위한 섹스만 인정할 수 있다는 관점입니다. 쾌락을 죄악시 여기는 종교적 엄숙주의 관점이 이러한 견해를 대변하지요.

중도주의적 관점은 결혼을 하지 않고서도 섹스를 할 수 있다는 관점입니다. 다만 사랑이 전제되어야 한다는 겁니다.

마지막으로 자유주의적 관점은 결혼이나 사랑이 없어도 섹스가 가능하다고 합니다. 섹스의 본질은 쾌락이기에 상대의 자발적인 동의 없이 이루어지는 섹스만 아니라면 섹스는 기본적으로 허용이 되어야 한다는 입장입니다.

최근 섹스에 대한 보수주의적 관점은 거의 사라지고 중도주의적 관점이나 자유주의적 관점이 좀 더 지배적인 것 같습니다. 특히 젊은 분들 중심으로 자유주의적 관점이 대세인 듯 보이기도 합니다. 저 역시 섹스의 본질이 쾌락이라는 점에 동의할 수 있을 것 같습니다.

그런데 알랭 드 보통은 섹스의 본질이 쾌락이라고 하더라도 섹스를 성행위를 통해서 얻는 쾌락으로 한정해 바라보면 안된다고 합니다. 알랭 드 보통의 글솜씨야 말하면 뭐하겠습니까? 자 이 책이 어떤 책인지 저자의 글을 통해 보여드리겠습니다.

"이 책은 섹스라는 주제에 대해 철학적인 사색을 펼쳐보고자 하는 사람들을 위한 책이다. 이제 이 책의 우선적인 과제가 확실해진 듯하다. 더 격정적으로 혹은 더 자주 성관계를 가질 수 있는 요령은

아쉽게도 이 책의 주제가 아니다." [26]

섹스를 더 자주 격정적으로 하려면 이 책을 보지 말랍니다. 철학적으로 사색하라고 합니다. 섹스라는 주제를 말입니다. 아무튼 멋진 글솜씨입니다. 그렇다고 섹스를 생리적 현상이 아니라고 보거나 쾌락의 중요함을 간과하지도 않습니다.

"발기와 애액은 의지력과는 전혀 무관하며 따라서 흥미의 지침으로서 그 무엇보다 진실하고 솔직한 신호다. 거짓 열정이 넘쳐나는 이 세상에서 우리는 상대방이 우리를 진짜 좋아하는지 아니면 단순히 의무감 때문에 친절을 베푸는 것인지 분간하기 힘들 때가 많다. 그런 세상 속에서 애액으로 젖은 질과 뻣뻣하게 선 페니스는 진심을 모호하지 않게 아주 확실히 전해주는 매개물인 셈이다." [27]

그러면서도 섹스에 대한 철학적 설명들을 놓치지 않습니다. 발기불능에 대한 설명을 볼까요?

"근본적으로 따지면 발기불능은 지나친 존중이 병이 되어 나타나는 증상이다. 파트너에게 자신의 욕망을 강요하는 무례를 범하거나 파트너의 욕망을 채워주지 못해서 불쾌감을 주면 어쩌나 하는

---

26 알랭 드 보통, 『인생학교: 섹스』, 쌤앤파커스, 2013.
27 같은 책.

두려움 때문에 일어나는 것이다."[28]

의학적 설명이 아닌 철학적 설명이 왜 필요한지를 아주 잘 보여줍니다. 하나만 더 보겠습니다. 문명(文明)을 설명한 글입니다.

"고의는 아니지만 결과적으로 수많은 성관계를 파탄으로 몰고 간 주범이 바로 문명이다. 인권을 중시하고 인간의 친절과 도덕적 교양을 존중하는 우리의 문명 말이다.

이것은 정말 아이러니한 일이 아닐 수 없다. 우리의 상냥함의 능력이 진보할수록 그것이 도리어 우리를 너무 과민하게 만들어 이성을 유혹하려는 시도를 주저하게 만들 수도 있다."[29]

이 책의 부제는 섹스에 대해 더 깊이 생각해보는 법입니다. 섹스에 대해 철학적으로 깊게 생각해보고 싶은 분들에게 일독을 권합니다.

독서법 ——————————————— *Reading method*

아무 페이지나 펼쳐서 읽고 싶을 때까지 읽으면 됩니다. 뭐 35페이지에서부터 63페이지 이렇게 읽어도 되는 특이한 책입니다. 짧은 주제에 대해 짧게 짧게 리듬을 끊어가기 때문인 것도 있지만 유려한 문체와 박학한 학식이 글을 깊이 있으면서도 재밌게 만들어나가기 때문입니다. 아무튼 주제가 섹스인 책이지만 성적

---

28 같은 책.
29 같은 책.

흥분 없이(?) 읽을 수 있습니다.

진화심리학 · 진화생물학에 대한 반감이 곳곳에 숨어있습니다. 인문학자로서의 자부심이 대단합니다. 인간은 결코 진화심리학자들이 생각하는 동물과 다를 바 없는 존재가 아니라는 강변을 글 속에서 찾아보는 것도 재미있습니다. 저도 동의하는 바가 큽니다. 본문을 조금만 보겠습니다.

"진화생물학자들은 우리가 건강함의 징후를 기준으로 누군가에게 끌리기 마련이라고 자신만만하게 주장한다. 하지만 건강한 사람이 여러 명이라면 어떨까? 그중에 유독 특정한 한 사람을 선호하게 되는 이유에 대해서는 납득할 만한 이론을 내놓지 못한다.

진화생물학에 따르면 우리가 누군가에게 성적으로 끌리는 부분은 종족을 발전시킬 특정 요소의 상징에 불과하다.

… 이와 같은 진화생물학적 주장을 전적으로 틀리다고는 할 수 없다. 하지만 이러한 주장은 실생활에서 맞닥뜨리는 성경험과 단절되어있는 데다 그다지 예리하지 못하고 재미있지도 못하다." [30]

아무튼 알랭 드 보통은 보통 남자가 아닙니다.

---

30 같은 책.

A book is a gift you can open again and again

인간의 본능을 말하다

『섹스의 진화』

제러드 다이아몬드 지음, 임지원 옮김, 사이언스북스

←⟨⟩◦⟨⟩→

섹스(sex)는 언제나 우리를 사로잡는 주제이다. 가장 강렬한 쾌락의 원천이면서 때때로 불행의 원인이 되는 것이 바로 섹스이다.

— 머리말 중에서

『섹스의 진화』에서는 오직 인간만이 갖고 있는 독특한 성적 습성이 현재 인간 문화 형성에 어떤 영향을 끼쳤는가를 중심으로 인간 성행위와 그에 얽힌 진화사를 해석한다. 이 책의 저자인 세계적인 진화론자이자 문명학자인 제러드 다이아몬드는 『총, 균, 쇠』 『제3의 침팬지』 등 인간 문명사에 대한 심도 깊은 분석을 담은 책들로 이미 많은 국내 독자들에게도 사랑받고 있는 작가이다.

이 책에서는 우리가 많은 관심을 가지고는 있지만 남과 이야기하지 않는 개인적인 문제들에 대해서 이야기한다. 왜 인간은 섹스에 매혹되는가? 왜 인간은 성에 관한 전쟁을 하는가? 왜 여성은 폐경을 맞이할까? 같은 문제들을 논한다. 더불어 섹스에 중독된 인간들의 진상을 명확하게 분석하고 우리가 당연히 안다고 생각했던 것들 이면에 있는 맹점과 문제들을 제대로 파헤친다.

인간의 진화는 종족 유지와 번성을 목적으로 이루어졌지만 반드시 그것만을 목적으로 진화하지 않았다는 사실을 밝히는 것이 이 책의 요지이다. 이를 말미암아 저자는 앞으로 인간이 겪을 진화의 방향성을 아무도 예측할 수 없다고 주장한다.

진화생물학적 관점에서는 인간을 포함한 포유류에 경우 수컷보다 암컷이 자식의 양육에 대하여 더 많은 책임을 지거나 남자 혹은 수컷은 젖을 먹이지 않는 것, 인간이 일부일처제로 명명되는 짝짓기 시스템을 채택하게 된 것, 남성의 성기가 다른 유인원에 비해 불필요하게 큰 것, 인간이 다른 포유류와 차별되게 진화한 것 하나하나에 다 이유가 있다.

다른 동물의 경우 암컷은 배란기에만 수컷과 교미를 하며 교미가 끝난 후에는 하지 않는다. 이와 다르게 인간은 배란기를 포함한 언제 어느 시기에라도 원한다면 관계가 가능하다. 이 관계의 바탕에는 쾌락이 깔려있으며 앞서 말했듯이 오직 종족 유지와 번성을 목적으로 하지 않는다는 것이 다른 포유류와의 차별점이다.

이 책의 도입에서 언급된 천의 얼굴을 가진 섹스라는 표현처럼 인간은 그에 몰두하는 특징이 있다. 섹스가 주는 쾌락은 인간에게 아주 중요한 요소다. 그리하여 인간만의 독특한 성적 습성이 형성되고 그와 관련한 진화가 진행된다. 바로 이 때문에 저자는 인간의 본능과 섹스의 진화에 대해 주목하는 것이다.

우리는 현재 인간의 생식 방식이 너무나 자연스럽고 본능적인 것이어서 설명이 필요하다고 생각하지 않을지도 모른다. 하지만 누구나 한 번쯤은 우리가 어디서 어떻게 왔는지 인간의 탄생과 근원에 대해 의문을 품어봤을 것이다. 이 책은 이 모든 것에 대한 궁금증을 거시적인 관점으로 흥미롭게 풀어나간다.

사랑이라는 과제

『결혼하면 사랑일까』

리처드 테일러 지음, 하윤숙 옮김, 부키

←⊰⊹⊙⊹⊱→

이 책은 사람들의 행복 증진에 기여하기 위한 것이며 비록 겉모습은 그렇지 않을지라도 결혼 제도를 강화하기 위한 목적에서 쓰였다.

— 머리말 중에서

인간의 본성과 욕구는 다양하다. 불륜 또한 이 다양함의 연장선으로 봐도 될까? 미국의 철학자 리처드 테일러는 실제로 불륜을 저지른 사람들을 만나 인터뷰하고 불륜이 언제, 어떻게, 왜 일어나는지에 대해 분석한 내용을 이 책에 담았다. 불륜에 대한 고찰을 통해 결혼 제도가 지닌 한계와 문제점을 드러내고 그 보완책을 말한다.

사실 저자는 이 책으로 인해 불륜을 조장한다는 비난을 받았다. 어째서 철학자인 그가 불륜에 대해 주목했을까? 그의 전문 분야인 덕 윤리학(Virtue Ethics)과 관련이 있다. 덕 윤리학이란 의무나 규칙 혹은 행위의 결과보다는 행위자의 품성과 덕을 강조하는 윤리학의 접근법이다. 일반적인 도덕 이론들은 무엇이 옳거나 그른 행위인지를 구분하는 데에만 치중했다면 덕 윤리학은 어떻게 살아야 하는지 어떤 사람이 되어야 하는지에 대한 질문을 던진다. 따라서 저자는 인간에게 가장 중요한 사랑이라는 주제를 덕 윤리학 관점에 입각하여 짚어보려는 것이다.

우선 저자는 결혼을 크게 세 가지 관계로 구분하여 이야기한다. 첫째, 목적에 의한 형식적인 결혼 관계 둘째, 수십 년 가까이 한 지붕 아래 살았지만 대화조차 없는 관계 셋째, 지속적인 사랑과 헌신이 있는 이상적인 관계. 앞의 두 관계는 불륜으로 이어질 가능성이 높지만 마지막 관계는 그 가능성이 낮다. 이들은 결혼 생활 내내 서로에게 필요한 것들을 이해하고 채워주려 노력하는 관계이다. 이는 책 속에서 불륜을 저지른 사람들이 말하는 불륜 요인과도 상통한다. 그들은 결혼 생활을 통해서 얻고자 했던 사랑과 지지를 얻지 못하고 무언가 결여된 삶을 살았기 때문에 불륜에 빠졌다고 한다.

이 책을 읽으면 불륜이 단순히 성적인 욕구에서만 비롯한 결과가 아니라 복합적인 요인이 내재되어있다는 것을 알 수 있다. 그렇기 때문에 도덕적 잣대만 가지고는 불륜에 빠진 남자나 여자를 말릴 수 없다는 것이다. 저자가 인터뷰한 사람들의 불륜 동기에는 근원적인 차이가 있기는 해도 어떤 경우든 성적 쾌락만을 이유로 불륜을 저지른 이는 없었다. 불륜 행위의 뿌리가 어린 시절까지 거슬러 올라가는 경우도 있었고 결혼 생활에서 발생한 크고 작은 일들이 불륜으로 번진 사례도 많았다. 모든 상황을 고려했을 때 불륜을 저지르는 사람과 아닌 사람이 따로 정해져있지 않다는 주장도 있다. 그래서 불륜과 거리가 멀지라도 그에 대해서 살펴봐야 할 필요성이 있다는 것이다.

또한 불륜 행위를 마치 없던 일처럼 여기고 회피하면 해결되지 않는다고 저자는 강조한다. 불륜은 성적 모험과도 같은 우발적인 사건이 아니기 때문이다. 사회는 이에 대해서 성적 쾌락 외에는 아무런 목적이 없는 하찮은 관계로 치부하지만 당사자들은 결코 그렇지 않다. 사람은 사랑받고 싶고, 인정받고 싶고, 존중받고 싶어 한다. 이 모든 것을 기꺼이 줄 수 있는 사람을 원한다. 이러한 욕구 중 어떤 것이든 충족되지 못한다면 불륜의 강력한 토대가 될 수 있다.

결혼에 대해서 논하기 위해 역으로 그 대립 영역에 있는 불륜을 마주하고 해석한다는 것이 이 책의 특별한 지점이다. 저자는 '멋진 불륜을 경험한 사람은 불륜이 끝날 것 때문에 영원히 기쁘며 또한 영원히 슬프다'라는 구절로 불륜에 대해 정의한다. 결혼한다고 해서 사랑이 완성될까? 결혼에 대한 관점을 전환시키는 책이다.

사랑의 근본적인 모습들

『왜 사람은 바람을 피우고 싶어 할까』

헬렌 피셔 지음, 최소영 옮김, 21세기북스

←⦿⦿⦿→

우리는 왜 결혼하는가? 왜 간통을 하고 이혼을 하는가? 그리고 왜 또다시
재혼을 함으로써 운명을 시험하려 드는가?

— 서문 중에서

이 책의 원제는《Anatomy of love; The Natural History of Monogamy,
Adultery and Divorce》이다. 사랑의 해부학이라는 의미 그대로 이 책은 사랑
에 대한 모든 것을 세세하게 톺아본다. 기술이 고도로 발전한 오늘날에는 마
음만 먹으면 손가락 하나로 전 세계 사람들과 손쉽게 소통할 수 있다. 이에 따
라서 자연스레 사람들이 누군가와 관계를 맺고 구애하는 방법도 다양해졌다.
하지만 이 책의 저자 헬렌 피셔(Helen Fisher) 박사는 이런 변화 속에서도 사랑
의 근본적인 원리는 변하지 않는다고 말한다.

헬렌 피셔 박사는 인류학자이자 대학 교수로 사랑이라는 주제에 관해서
는 세계 최고 권위자로 손꼽는다. 사랑과 관련된 연구에서 가장 많이 언급되
는 이른바 세계적인 사랑 전문가이다. 이 책에서 피셔 박사는 진화심리학적

측면에서 바라본 사랑에 대한 고찰을 풀어놓는다.

사람들이 첫 만남에서 서로에게 매력을 어필하기 위해 어떤 행동을 취하고 그에 바탕이 되는 사랑이라는 감정이 우리 뇌 속에서 어떤 화학작용을 일으키는지 사랑이 끝났을 때 어떻게 상실을 극복하며 사랑의 약속인 결혼과 그 약속의 끝인 이혼의 근원까지 자세하게 언급한다.

그중에서도 인간이 지닌 바람기에 대해서 주목하는데 먼 옛날에 이미 유전자에 각인되어있는 진화 전략이라는 주장이 있다. 그렇다고 유전자를 핑계로 바람피우는 행위에 정당성을 부여하려는 취지는 아니다. 선사시대에는 남녀가 평등했다. 사랑하고, 이별하고 또 다른 사람을 만나는 것 또한 자연스러웠다. 시대가 바뀌고 산업이 발달하면서 남녀의 역할이 구분되고 각기 다른 사랑 규제가 적용되었다. 이를 테면 남성은 천성적으로 바람피우는 기질이 있으며 여자는 오로지 가정에 충실해야 한다는 인식 말이다. 피셔 박사는 이 고정된 편견을 지적하며 인간의 바람기는 우리가 흔히 말하는 기준이나 잣대와 상관없이 남녀 모두에게 공통적으로 해당되는 유전적인 특성이라고 강조한다.

피셔 박사는 '뇌는 낭만적인 행복감이 고조된 상태를 영원히 지속할 수 없다'며 사랑을 할 때 분비되는 호르몬에 뇌가 익숙해지다 보면 사랑에 대한 열정도 무디게 느껴지는 뇌의 생리적 특성을 바람의 원인으로 내놓는다. 이 외에도 책 안에서 사회학, 생물학 등 다양한 이론이나 학자들의 시각을 들어 사랑과 이별 그 진화에 대한 흥미로운 논지를 펼치고 있다. 읽어나가면서 진정한 사랑은 무엇인가를 다시 한번 세세하게 고민하게끔 만드는 책이다.

나만의 사랑관을 확립하는 일

『철학적으로 널 사랑해』

올리비아 가잘레 지음, 김주경 옮김, 레디셋고

⟵⟨⟨◉⟩⟩⟶

사랑은 유일하고 독특하고 극복할 수 없는 것이며 정말로 형이상학적인 경험이다. 그렇기 때문에 사람들은 언제나 크나큰 기대감을 갖고 사랑에 뛰어든다. 풍덩!

— 본문 12페이지

사랑이란 무엇일까? 인간이라면 모두 열두 번쯤은 더 해봤을 질문이다. 그리고 저마다 답을 내리거나 아직 답을 찾고 있는 중일 것이다. 『철학적으로 널 사랑해』에서는 철학, 역사, 문학, 사회학, 심리학 등 다양한 관점으로 삶에서 가장 본질적이고 기본적인 사랑이라는 요소에 대해서 해석한다.

소크라테스, 플라톤, 니체, 키에르케고르, 스탕달, 쿤데라, 프로이트 등 저명한 철학자들이 말한 사랑과 그에 대한 조언을 살펴본다. 이 책을 통해서 사랑에 대한 시각이 넓어지는 것은 물론 나 자신의 사랑관을 되짚어볼 수 있다. 사랑 때문에 행복했던 경험뿐만 아니라 상처로 남아있는 경험도 돌아보며 사랑의 의미를 되새기고 오직 나만의 사랑관을 확립하는 것이다.

이 책은 1부 사랑을 말하다와 2부 사랑을 배우다로 구성되어있다. 1부에서는 유혹, 욕망, 금욕, 결혼, 이혼, 쾌락 등 사랑의 여러 모습에 대해서 이야기하고 2부에서는 앞서 언급한 내용을 바탕으로 사랑하는 상대는 우리가 선택하는 것일까, 왜 사랑은 고통스러울까, 영원한 사랑을 약속할 수 있을까와 같은 사랑에 대한 본질적인 물음과 해답을 제시한다.

이 중에서 사랑하는 상대는 우리가 선택하는 것일까라는 질문에 대해서 프랑스 소설가 스탕달(Stendhal)의 연애론 중 하나인 결정 작용의 내용을 빌려 답한다. 결정 작용이란 연인 관계가 무르익기 시작하면 상대를 향한 깊은 사랑으로 인해서 상대를 마치 다이아몬드와 같은 빛나는 결정체처럼 여기는 정도에 이르는 것을 말한다. 스탕달은 사랑에 빠진 상태를 두고 본래의 존재를 절대적인 비현실에서나 있을 법한 존재로 이상화시키는 상상의 부산물에 지나지 않는다고 봤다.

그렇기 때문에 구름 위를 걷고 있다가 땅을 밟는 것처럼 사랑이 현실을 마주하는 순간 식을 수밖에 없으며 이별로 이어진다는 것이다. 그럼에도 불구하고 상대에게서 끊임없이 새로운 장점과 아름다움을 발견하면서 이 현실의 고비를 넘긴 연인들은 다시 사랑에 확신을 갖고 전보다 더 큰 유대감을 공유하게 된다고 한다. 환상에서 시작한 사랑이 현실적인 사랑으로 그리고 굳건한 형태를 갖추게 되면서 정말 다이아몬드처럼 단단한 사랑을 이룬다는 것이 결정 작용의 결론이다.

'사랑은 하나의 상태가 아니라 행동하고 되어 가는 것이다. (…) 사랑은 새롭게 재탄생하기 위해서 제3자를 필요로 하지 않는다. 사랑은 내부에서 태어나기 때문이'라는 이 책의 구절처럼 사랑은 단 하나로 정의할 수 없다. 나의 경험들에 비추어 오로지 나만의 사랑관과 나만의 중심을 세우는 것이 중요하다.

살아있음을 실감하라

『나는 아내와의 결혼을 후회한다』

김정운 지음, 21세기북스

‹—‹♦›·‹♦›·‹♦›—›

> 이 책은 왜 우리 삶이 재미없는지, 행복하지 않은 이유는 도대체 무엇인지, 더 나은 삶에 대한 희망은 어디서 오는지, 아니 도대체 희망이 있기는 한지 등에 관한 문화심리학적 해석이다.
>
> — 머리말 중에서

노벨 경제학상을 받은 프린스턴 대학의 다니엘 카너만(Daniel Kahneman) 교수는 행복을 아주 심플하게 정의한다. 행복이란 하루 중에 기분 좋은 시간이 얼마나 되는가에 의해 결정된다는 것이다. 행복이 무엇인가를 이론적으로 정의 내리는 것을 개념적 정의라고 한다면 조작적 정의는 행복을 구체적인 경험에 비추어 설명하는 것을 뜻한다. 삶을 살아가는 가운데 행복에 대한 조작적 정의를 내려본다면 무엇이라 할 수 있을까?

이 책의 저자인 문화심리학자 김정운은 책 제목처럼 아내와의 결혼을 가끔 후회한다고 한다. 무슨 엉뚱한 이야기인가 싶어 자세히 들여다보면 단지 결혼만이 아닌 인생 전반에 대한 후회를 토로하는 내용이다. 학교를 졸업하고 취직한 뒤 결혼을 하고 가정을 부양하기 위해 앞만 보고 달려왔던 남자들이 왜 어느 시점에 닿았을 때 허무함을 느끼고 회복하지 못하는지에 대해 문화심리학적으로 살펴본다. 사회적 의무감이라는 껍데기만 남아 인생의 재미를 잃어버린 남자들의 마음을 대변하는 그의 목소리는 큰 공감을 불러일으킨다. 나아가서 쳇바퀴처럼 굴러가는 우리 삶 속에서 어떻게 행복을 찾을 수 있는지 작은 대안을 제시한다.

21세기에는 지금 행복한 사람이 나중에도 행복하다고 한다. 21세기의 핵심 가치는 바로 재미다. 노동기반사회의 핵심원리가 근면과 성실이라면 지식기반사회를 구성하는 핵심원리는 재미다. 창의적 지식은 재미가 있을 때만 생산되는 것이기 때문이다. 인생은 재미와 의미가 교차되는 지점에서 오늘을 충실히 살아낼 때 빛난다고 저자는 말한다.

또 나의 존재는 스스로가 좋아하고 재미있어 하는 일로 확인되어야 하며 내가 좋아하는 것을 찾고 그것으로 나의 존재를 확인하게 되면 내 사회적 지위가 아무리 변하더라도 나라는 존재를 찾아 헤맬 일이 없다는 중요한 메시지를 전한다. 나와 내가 아닌 것이 구분되지 않아 헷갈릴 때 내가 미치도록 좋아하는 것이 무엇인지 찾아내고 그것에 몰두하는 일. 이것이 저자가 말하는 행복에 대한 정의이자 이 책에 담겨있는 주제 의식이다.

우리가 여행을 가는 이유는 단순히 랜드 마크를 보기 위해서가 아니다. 그것을 보는 순간에 내 안에서 우러나오는 감정들을 얻으려고 가는 것이다. 이런 의미에서 행복한 삶을 살고 있는가의 기준은 하루에 몇 번 감탄하는가에 둘 수도 있다. 돈을 얼마나 벌고 어떤 지위에 올랐는지는 부수적이다. 우리가 살아있음을 실감하는 그 순간이 내 하루에 얼마나 있는지가 중요한 것이다.

그런데 우리 사회는 어떠한가? 재미와 행복을 추구하는 사람을 오히려 몽상가라고 치부하지 않는가? 삶을 풍성하게 만드는 데 반드시 필요한 가치들인데 말이다. 저자는 이런 한국사회의 분위기도 비판하면서 행복과 재미로 가득 찬 삶을 예찬한다. 이 책을 통해서 단색이었던 나의 삶을 무지개처럼 화려한 색들로 물들일 수 있는 삶의 자세에 대해 생각해본다.

사랑에도 준비가 필요하다

『나는 외롭다고 아무나 만나지 않는다』

양창순 지음, 다산북스

❧⟨◉⟩❧

한 가지 분명한 것은 우리는 사랑을 통해 성장해가는 존재란 사실이다. 누군가를 만나 사랑에 이르고 또 때로는 그 사랑을 잃어버리면서 우리는 진정한 나와 마주할 때가 많다.

— 머리말 중에서

사랑은 힘들다. 그래서 사랑 때문에 상처를 입을 수도 있고 그 상처를 잘 회복한 만큼 성장할 수도 있다. 이때 어떻게 잘 회복하고 다시 사랑할 준비를 하는지에 관한 조언이 이 책에 들어있다. 『나는 까칠하게 살기로 했다』의 저자이자 정신과 전문의인 인간관계 최고의 전문가 양창순 박사가 감정에 휘둘리지 않고 건강한 연인 관계를 맺는 방법에 대해 설명한다.

혼자가 외로워서 연인을 만들었는데 오히려 더 외로워진 경험이 누구에게나 있을 것이다. 그 연애가 불행하니까 이별하고 또다시 외로움을 충족시켜줄 다른 사람을 찾는다. 혼자라는 사실과 그 고독감을 견딜 수 없기 때문이다. 저자는 인간에게 고독은 너무도 자연스러운 감정이라 말한다. 인간은 이 세상에 태어난 뒤 엄마라는 존재가 돌봐주지 않으면 생존 자체가 불가능한 상태로 지낸다. 따라서 인간의 마음속에는 언제나 무력한 존재로서 무서운 사람들에게 둘러싸여 있다는 근원적 공포가 자리해 있고 이것이 바로 인간이 고독한 이유의 근원이다. 그러므로 단지 외롭다는 이유만으로 감정과 에너지를 소모하는 연애를 하거나 상대에게 무조건적인 애정을 갈구하는 행위는 본질을 헤아리지 못한 행동이라고 저자는 말한다. 연인과 함께 있을 때는 그 시간에 충실하고 혼자 있는 시간은 현명하게 보내는 습관을 들이는 것이 중요하다는 것이다.

결핍이나 불안이 있는 상태에서의 사랑은 자신에게 위험할 수도 있다. 그러니 먼저 자신의 외로움이 어디에서 기인한 것인지 살펴볼 필요가 있다. 원인을 찾지 못했는데 그 해결 방안으로 그저 누군가를 만나서 외로움을 달래려한다면 그 연애는 계속 외로울 수밖에 없다. 외로움을 채우지 못한 채 헤어짐으로 이어지면 상실의 고통까지 함께 감당해야 한다.

저자는 먼저 자신의 내면에서 비롯한 집착과 의존에서 벗어나는 것이 먼저라고 일깨운다. 우리가 누군가와 관계를 맺을 때 가장 중요한 건 어쩌면 나자신을 믿는 것이다. 내가 괜찮은 사람이어야 좋은 상대가 나타나고 나의 건강한 자존감을 세워야 어느 관계에서든 자신을 지킬 수 있다. 나의 근원적인 불안을 극복하면서 쌓아가는 자긍심은 언제든 버팀목이 되어줄 것이다.

"사랑에는 불안감이 따른다는 것. 그 불안감을 솔직히 받아들이고 서로 신뢰의 감정을 쌓아나가도록 노력하는 것이 사랑의 과정임을 알아야 한다"는 저자의 말을 지금 앞으로 다가올 사랑에서 실천할 때이다.

나는 당신을 위해 여기에 있습니다

『타인이라는 여행』

틱낫한 지음, 진현종 옮김, 알에이치코리아

❖❖❖

"내가 당신을 충분히 이해하고 있다고 생각하나요?"라는 질문은 오로지 낭만적인 관계에만 해당되는 것이 아니고 친구, 가족 그리고 우리가 관심을 가지고 있는 이라면 누구에게나 해당되는 것입니다.

— 본문 70페이지

진정한 여행은 관광지를 둘러보는 것이 아니라 그 나라에 살아보는 것이라는 말이 있다. 그래서 언제나 여행은 아쉽고 더 머물고 싶어진다. 사람과의 관계도 마찬가지 아닐까? 그 사람을 잠깐 본다고 해서 다 알 수 없고 오랜 시간을 함께 보내야 그 사람에 대해 안다고 말할 수 있다. 그래서 인생은 타인을 만나는 수많은 순간들로 이루어져있는 여행이 아닐까 싶다. 『타인이라는 여행』에서는 이러한 사람간의 관계에 대해 이야기한다.

이 책의 저자인 틱낫한(釋一行)은 세계적으로 유명한 영성 지도자이자 명상 시인이다. 이전에 그는 개인의 마음 챙김에 대해 강조했는데 이제는 더 나아가서 내 옆에 있는 사람을 이해하고 챙겨야 한다고 말한다. 우리가 겪는 고통은 자세히 들여다보면 어머니와 아버지, 조상, 사회, 국가의 고통이 함께 들어있으니 나 아닌 다른 것들과 제대로 소통하고 관계 맺는 법을 알아야 한다는 견해다.

하지만 타인과 관계를 맺고 잘 유지한다는 건 쉬운 일이 아니다. 타인은 언제나 미지의 영역이며 이를 더 잘 알기 위해서는 얼굴을 마주보고 자주 대화를 나누는 수밖에 없다. 틱낫한도 관계에 대한 해답은 말에 있다고 언급한다. 타인과의 소통을 위해서는 타인에게 깊숙이 귀 기울이고 다정하게 말하라고 조언한다.

타인의 말을 경청한다는 건 내 마음의 그릇에 여유가 있어야 가능한 일이다. 그렇기 때문에 우선 자기 자신과 소통하면서 내 마음에 여유를 만들어야 한다. 우리는 대부분 자기 자신에게 다정한 말조차 건네지 않는다. 자기의 괴로움을 헤아리고 이해하면 그 속에 감춰져있던 사랑과 연민이 드러난다. 그래야 비로소 타인의 마음도 이해할 수 있게 되는 것이다. 이 과정을 통해서 타인과의 소통은 물론 나와 가장 가까운 가족과 연인을 바라보는 시각도 달라진다.

우리는 종종 스스로가 괴로움을 겪고 있을 때 탓할 누군가를 찾고 그에게 화풀이하는 실수를 범한다. 슬픈 사실은 그 대상이 주로 내게 소중한 사람들이라는 것이다. 이럴 때 자신의 마음을 다스려서 화를 내는 대신 도움을 요청해야 나도 주위 사람들도 고통스럽지 않다. 그리고 내게 기꺼이 도움의 손길을 준 그들에게 보답해야 한다.

틱낫한은 사랑하는 사람들에게 '나는 당신을 위해 여기에 있습니다'라는 말을 선물하기를 권유한다. 아무리 비싼 선물이라도 우리가 서로를 위해 함께 있어주는 것보다 소중한 가치는 없다는 것이다. 이 가르침을 항상 기억하고 스스로와 타인을 대한다면 타인과 함께하는 인생이라는 여행을 보다 즐겁게 할 수 있지 않을까.

아는 만큼 느낀다는 말이 있지요. 백만 번 맞는 말씀입니다. 사실 저는 방금 전에 서울에서 홍콩으로 오는 비행기를 탔습니다. 지금은 홍콩섬으로 넘어가는 차 안입니다. 그런데 세상에, 몰라서 못 느꼈습니다. 지금은 몰랐음에 대해서 뼈아픈 후회를 하고 있고요.

뭘 몰랐냐고요? 방금 전 비행기를 탔을 때 제 옆에 앉았던 사람들 이야기입니다. 참! 사람들이라는 표현은 그분들을 명백히 비하하는 말입니다. 그분들은 아니 그 님들은 에이핑크였습니다. 그것도 모르고 저는 비행기에서 감히 건방지게 글쓰기 작업을 했습니다. 심지어 중간에 졸기까지 했습니다. 맞아도 쌉니다

그냥 참 예쁜 친구들이 비행기를 단체로 탔구나'라고 생각했지 그들이 그 님들일 줄은 정말 상상도 못했습니다. 비행기에서 내려서 나오는데 사진 기자들이 사진을 찍더라고요. 좀 이상하다 싶어서 옆에 계시는 분께 물었더니 대답을 해주시는 것이었습니다. 에이핑크잖아요. '제기랄, 옆자리에 4시간이나 앉아 있었으면서 말 한마디, 사인 한 장 못 받았다니!'

아는 만큼 느낀다는 말은 유홍준 님이 『나의 문화유산답사기』에서 한 말이지요. 예를 들어 어느 나라를 간다면 그 나라의 역사와 문화를 알고 가야 더 많은 것을 느낀다는 말입니다. 백번 맞는 말씀입니다. 하지만 꼭 그렇지만은 않다고 생각합니다. 만일 제가 에이핑크를 잘 알고 있었다고 생각해보죠. 물론 비행기를 타고 그 님들을 알아보고 말이라도 한번 걸어보고 사인도 받아보고 더 큰 기쁨을 느꼈을지도 모릅니다. 어찌 보면 제가 에이핑크를 잘 몰랐기에 비행기에서 저는 작업도 하고 졸기도 했는지 모릅니다. 더 좋았던 것은 이를 계기로 열심히 에이핑크에 대해서 공부를 하게 되었다는 것이지요. 원래 7인조였으나 6인조가 되었다는 사실도 알게 되었고요. 최근 히트곡인 '1도 없어'도 들었습니다. 태어나 처음으로 카카오톡 친구로 에이핑크를 추가해서 앞으로 그 님들의 다양한 소식과 혜택과 정보를 받을 수 있게 되었습니다.

아는 만큼 느끼기 위해서 알고 가야 하는 것이 여행이지만 몰라도 가야 하는 것이 여행입니다. 흔히 여행을 일상으로부터의 탈출이라고 합니다. 탈출은 성공이 목표이지만 그 자체가 목표이기도 합니다.

그렇듯 그 자체로 여행은 소중합니다.

그리고 더 중요한 것은 여행이 아니라 여행 그 이후일 겁니다. 제가 여행을 통해 에이핑크의 팬이 되었듯이 여행은, 여행 이전과 여행 이후의 삶을 바꾸어낸다는 점에서 몰라도 가야 하는 겁니다.

참, 오늘은 2018년 8월 10일이고요. 에이핑크 님들이 홍콩에 오신 이유는 2018 Apink Asia tour in Hong Kong 때문입니다.

5장

여행으로
당신이 얻을 수 있는
작은 기적

A book is a gift you can open again and again

A book is a gift you can open again and again

반드시 그곳이 아니어도 되는 목적이 다른 여행

『나는 더 이상 여행을 미루지 않기로 했다』
정은길

틀에 박힌 이야기입니다. '직장을 때려치우고 세계 여행을 했다. 참 좋았다. 용기를 내기를 백번 잘했다' 그런 책입니다.

이 책의 지은이는 잘나가는 아나운서였습니다. 그리고 그전에는 광고 회사를 다녔습니다. 그분 입장에서 그 소중한 직장을 때려치우고 7,000만 원을 가지고 남편과 같이 갔다 온 세계여행입니다.

거기다 여행 도중에 지은이가 시장을 보면 남편이 요리를 했고 지은이가 짐을 싸면 남편이 지도를 보고 갈 길을 연구했습니다. 이쯤 되면 이건 뭐 남들 약 올리려고 글을 쓴 거라고밖에는 볼 수 없겠죠.

슬슬 일반적인 여인이 이분과 같은 여행을 떠나려면 얼마나 어려운지 하나씩 설명을 드리도록 하겠습니다. 일단 악착같이 아끼고 모아 29살에 집을 마련해야 합니다. 그리고 결혼 후에는 아파트 대출금을 2년 6개월 만에 갚아야 합니다. 직장을 10년 이상 다니고 있는 남편도 만나야 합니다.

여기에 첫 번째 직장으로는 가고 싶지는 않았지만 가볍게 광고회사를 들어가야 하고 적성에 맞지 않기에 평상시 꿈꾸던 아나운서가 되기 위해 광고회사라는 직장을 가볍게 던져야 하고 노력 끝에 아나운서라는 꿈을 달성해야 합니다. 이후에 열심히 직장생활을 하지만 무언가 부족함을 느껴야 하고 남편 역시 그런 나를 존중해주어야 합니다. 그리고 남편은 세계 여행을 떠나자는 여인의 제안을 어렵지만 흔쾌히 허락해야 합니다. 그리고 여행하는 동안 둘이는 아주아주 행복하고 싸우지도 않아야 합니다.

어때요? 이런 여행이 가능할까요?

자 그런데 왜 저한테 이 책을 여행 편에서 처음으로 그것도 위안을 받는 책이라고 소개를 했냐고요? 이 책은 정말 빼어난 장점을 가지고 있습니다.

첫 번째로는 어느 나라 어디가 좋다는 이야기가 없습니다.

한마디로 소개하는 나라와 장소가 없습니다.

두 번째로는 여행은 공부를 하고 떠나야 한다는 이야기가 없습니다. 한마디로 공부 없이 떠나도 된다는 이야기입니다.

그리고 마지막 세 번째로는 여행의 목적이나 이유를 논설문이나 설명문이 아닌 수필로 이야기한다는 겁니다. 여행의 목적을 거창하게 논증하거나 설명하지 않습니다. 그저 자기가 얻은 것을 이야기합니다. 역설적으로 훨씬 더 설득적입니다. 장점을 하나씩 살펴볼까요.

첫 번째, 소개하는 나라와 장소가 없다

아주 간단합니다. 왜 도대체 많은 사람들이 그렇게 여행을 꿈꾸느냐를 아주 잘 대변해주기 때문입니다.

자 여러분은 어떤 나라의 어디를 가보고 싶습니까? 파리의 몽마르트르 언덕? 런던의 템즈강? 뉴욕에 가서 뉴요커처럼 생활하기? 아프리카 사파리? 아님 북극의 오로라를 보는 여행? 어디든 좋습니다. 마음껏 상상하는 데야 뭐 돈이 드나요?

그런데 가만히 생각해보십시오. 왜 그런 곳으로의 여행을 꿈꾸게 되었죠?

아마 대부분의 사람들은 저도 그렇지만 이 대한민국이란 나라에서 반복되는 일상이 어느 순간 지긋지긋해졌고 그 지긋지긋한 일상을 벗어나서 새로운 곳에서 좀 더 자유롭게 자기도 돌아보면서 새로운 문화와 삶 그리고 사람들을 만나보고 싶다는 이유였을 겁니다.

그래서 난생처음 유럽여행의 기회를 맞아 프랑스 파리를 가기로 마음먹었습니다. 그런데 파리만 가자니 좀 그래서 프랑스의 다른 도시도 몇 군데 같이 들리기로 했습니다. 그래서 여행의 도움을 받기 위해 가장 먼저 집어 든 책이『세계를 간다: 프랑스』입니다.

그래서 책을 참조해서 일정과 계획을 잡기 시작합니다. 책을 보니 가봐야 할 곳이 하나둘 추가됩니다. 일정이 빠듯하지만 그래도 언제 또 가보겠습니까? 바쁘지만 멋진 일정표를 만들었습니다.

드디어 출발입니다. 그런데 잘못된 여행을 가는 것은 아닌가요? 아니 왜 그게 잘못된 여행이냐고요? 나쁘게 이야기하면 졸지에 이 여행은 나만의 여행이 아니라 나도 하는 여행이 된 것 아닌가요?『세계를 간다』시리즈와 같은 여행 정보 책을 보면 볼수록 별표에 점점 관심이 가게 되어있습니다. 별이 세 개가 붙어있으면 '그래, 굳이 여기를' 이런 생각이 들고요. 네개가 붙어 있으면 '한번 가볼까' 이런 생각이 그리고 별이 다섯 개면 '꼭 가봐야겠다'는 생각이 듭니다. 그리고 그렇게 별 다섯 개를 다 모으다 보면 움직일 동선이 걱정이 되기 시작합니다 그러다 보면 점점 하루 만에 파리 보기 편이나 이틀 만에 파리 보기 편 코스를 열어보게 됩니다.

결국 마음에 드는 코스를 찾아냅니다. 3박에 파리 완전정복 코스, 동선이 잘 그려져 있고 시간별로 아주 잘 짜여진 코스가 나옵니다. 아주 효율적이고 비용 면에서도 훌륭한 여행이 될 겁니다.

그런데 가만히 생각해보면 그런 코스 여행을 하려면 더 효율적이고 비용이 절감되는 단체여행을 가지 굳이 혼자 혹은 연인과 여행을 갈 필요가 있을까요?

단체로 가면 쇼핑코스를 가야 해서요? 혹은 사람들과 다녀야 하니까 불편해서요? 아뇨, 요새 여행사 상품은 잘만 고르면 쇼핑코스 거의 없고요. 사람들도 예전하고 다르게 각자의 여행을 즐기려 하지 뭉쳐서 다니려고 하지 않습니다.

어디를 가느냐가 아니라 내가 왜 어디를 가게 되었는가를 먼저 생각해보는 여행이 되어야 진짜 좋은 여행이 됩니다. 여행을 가는 이유는 여행 자체가 좋아서이기도 하지만 여행을 가고 난 이후에 여행 전과 내가 달라지고 싶어서 아닌가요?

저는 여행을 마음의 성형 수술이라고 생각합니다. 성형을 하는 이유가 성형 자체 때문인 사람은 존재하지 않습니다. 성형을 하는 이유는 성형 이후의 삶이 성형 이전의 삶보다 나을 거라고 생각하기 때문입니다.

여행을 가는 이유도 마찬가지입니다. 우리는 여행 이후의 삶이 여행 이전의 삶보다 나을 거라는 생각으로 여행을 갑니다. 하다못해 여름휴가 여행도 '그래, 갔다 와야 재충전해서 이전보다 더 열심히 일할 수 있을 거야'라는 생각으로 비싼 돈 들여 갑니다.

그런데 막상 여행을 갔다 와서 더 지쳐서 직장에 나간다면 그 여행이 좋은 여행이었다고 말할 수 있을까요?

여행과 성형의 공통점은 돈과 시간이 들어서 일상을 포기해야 한다는 것, 그리고 비포에 비해 애프터가 좋을 거라고 확신한다는 것입니다.

또한 자칫하면 중독이 된다는 것입니다. 다만 차이점이라면 성형은 그 과정이 고통스럽다면 여행은 그 과정까지도 행복할 수 있다는 것이지요.

『세계를 간다: 프랑스』라는 책을 집어 들기 전에 내가 파리를 왜 가게 되었는지를 생각해보셔야 하지 않을까요?

'도대체 왜 내가 이 파리라는 도시를 이 많은 비용과 시간을 들여 여행을 하기로 했지?'

'나는 이 여행을 통해서 무엇을 얻으려고 하는 것이지?'

이런 질문 말입니다. 그런 면에서 이 책은 참 좋은 책입니다. 이 책은 온통 저자의 그런 고민들로 가득 차 있습니다.

그래서 이 책에는 일반 여행서에서처럼 저자가 찍은 사진이 하나도 없습니다.

마치 여행가고 나서 사진 자랑 좀 그만하라고 하는 듯합니다. 나이스!!!

그리고 어디를 꼭 가보라는 이야기도 없습니다. 먼저 여행 갔다 온 사람들이 지겹도록 하는 말이 있습니다. "거기는 꼭 가봐!"

그런 이야기를 들으면 겉으로는 "그래, 고마워 꼭 가볼게"라고 하면서도 속으로는 '아니, 그렇게 꼭 가보고 싶으면 당신이나 한 번 더 가보시던가 아예 가서 사시지'라는 말이 목까지 차오릅니다.

대신 이 책에는 자기가 왜 여행을 가게 되었는지 그리고 여행에서 얻고자 한 목적이 무엇이었는지 여행을 가기 위해 자기가 무엇을 포기하고 무엇을 얻고자 했으며 무엇을 얻었는지에 대한 이야기가 아주 솔직하게 쓰여 있습니다.

앞서도 말씀드렸지만 그 솔직한 이야기가 일반 독자분들께는 쉽지 않은 이야기라 짜증이 날 수 있지만 말입니다.

이 책의 백미는 지은이가 여행을 통해서 자아를 재정의해나가는 과정입니다. 이전의 나와 여행을 통해서 무언가를 배운 후의 나가 다르게 되어가는 과정에 대한 성찰입니다. 책 본문을 인용해보겠습니다.

여행에서 한국사람을 만났을 때의 저자가 소개하는 일반적인 대화입니다.

> *"여기서 살아요? 아니면 한국에서 여행 온 거에요?"*
> *"아, 한국에 사시는구나! 어디에 살아요? 서울?"*
> *"서울 어디 살아요? 어느 동네?"*
> *"학생이어요? 어느 학교?"*
> *"직장에 다녀요? 어느 직장?"* [31]

이번에는 외국인 여행자들과 주로 나누게 되는 대화를 소개합니다. 제

---

31 정은길, 『나는 더 이상 여행을 미루지 않기로 했다』 다산3.0, 2015.

260 나를 채우는 인문학

가 좀 각색했습니다.

> "이름이 뭐예요?"
> "황숙현이요, 발음이 어렵죠?"
> "얼마나 여행하고 있어요?"
> "3개월째예요. 여기는 그저께 왔고요."
> "여행한 곳 중에서 어디가 제일 좋았어요?"
> "리비아요. 좀 엉뚱하게 들릴 수도 있지만 전 사막이 제일 좋았어요."[32]

여행이라기보다는 아무튼 많은 외국에 다니면서 나누었던 대화였습니다. 저 역시 그런 대화를 나누면서도 별 이상함을 느끼지 못했었는데 저자는 날카로운 통찰력으로 이 차이를 찾아냅니다.

'아, 내가 평상시 그토록 싫어하던(저자는 이 여행 전 자기가 여행을 싫어하는 사람이었다고 말합니다) 여행을 떠나게 된 이유가 저거였구나' 하고 찾아낸 것이지요.

즉 남이 의식하는 나만을 만들어내던 나를 버틸 수가 없었던 것이지요. 이전의 삶이 내가 원해서 만들어나가는 삶이 아니라 남들이 원하는 좋은 직장, 좋은 거주지, 좋은 학벌을 위해 남들이 원하는 삶을 살아온 것이라는 깨달은 거죠.

그리고 저자는 결심하죠. 여행 이후에는 자기가 원하는 삶을 만들어나

---

32 같은 책.

가겠다고 말입니다. 아무튼 여행은 어디를 가냐가 아니라 왜 가냐입니다. 영어를 한번 써보겠습니다. 'Not Where But Why'

두 번째, 여행은 공부 없이 떠나도 된다.

저도 선생이 아니라 강사였지만 교육업에 종사했던 사람이라 나름대로 교육에 대한 가치관이 있습니다. 누가 저에게 대한민국 교육의 가장 큰 문제점이 무엇이냐고 물으면 주저 없이 선행학습이라고 대답하겠습니다.

말은 좀 멋있어 보입니다. 먼저 공부하는 것! 그러나 그 본질은 잘 알다시피 무한경쟁에서 남보다 앞서나가야 한다는 겁니다. 그런데 이 선행학습은 경쟁에서 승리라는 보상을 주지만 실제로는 그것보다 훨씬 더 큰 피해를 만들어냅니다. 가장 큰 이유는 여러분도 알다시피 교실 붕괴를 가져옵니다.

교실 안에서 이러한 대화가 선생님과 학생 사이에 오고 간다는 게 말이 됩니까?

"이건 학원에서 다 배운 거지?"
"자 그러면 이건 다 안다고 치고 다음으로 넘어가볼까?"

이것이 대한민국 교실 현장입니다.

선행학습은 진정 공부가 이뤄져야 할 학습공간인 학교교육 현장을 황폐화시켜버립니다. 더 중요한 것은 학생의 자율적인 학습능력을 저해하게 만듭니다. 이런 내용에 대해서는 교육 편에서 자세히 다루어볼게요.

자 눈치채셨나요?

아는 만큼 느낀다가 참 좋은 말입니다.

저도 완전 동의합니다. 하지만 자칫 아는 만큼 느낀다라는 말은 선행학습을 정당화시키는 말이 될 수도 있지 않을까요?

여행이라고 아닐까요?

저같이 먹물 좀 먹은 놈이 범하는 대표적인 오류입니다. 아주 쉽게 루브르 박물관을 간다고 쳐봅시다. 선행학습 시작입니다. 루브르 박물관에 대한 책은 기본이고 소장품의 특징 그리고 갔을 때 어디서부터 어떻게 보아야 할지 동선을 구상합니다. 그리고 시간 배치. 점심은 박물관 식당 어디서 해결할 것이고—작품은 어떻게 보고—머릿속으로 대단한 준비가 이루어집니다.

그리고 실제로 확인을 하는 시간이 다가옵니다. 예를 들어 모나리자는 무조건 사람이 많으니까 아침 시간에 우선 가자마자 보고 뭐 이것부터 시작해서 내가 공부했던 것을 바탕으로 꼼꼼하게 보기 시작합니다.

나쁘지는 않지만 아무래도 20살 시절 에르미타슈 뮤지엄을 보고 느꼈던 감동의 1/100도 건지지는 못할 것 같습니다.

미술이라고는 아무것도 모르는 채 보았던 렘브란트의 〈돌아온 탕아〉 앞에서의 느낌을 그 이후에는 느껴보지 못했던 것 같습니다.

여전히 저에게 최고의 서양미술작품은 렘브란트의 〈돌아온 탕아〉입니다.

글을 쓰면서 이런 생각을 해봅니다. 혹시 내가 루브르에 아무런 지식을 가지고 가지 않았다면?

그리고 어떤 계획도 가지고 가지 않았다면? 혹시 남들은 별로라고 생각할 수 있는 작품 앞에서 또 한 번 쓰러지지 않았을까? 아니 혹시 파리를 가면 루브르를 꼭 가야 한다는 선입견 없이 파리를 갔다면 더 큰 무언가를 느끼고 오지는 않았을까? 하는 생각 말입니다. 그리고 그 느낌이 저의 인생에 큰 영향을 주지 않았을까 하는 생각을 하게 됩니다. 제가 〈돌아온 탕아〉라는 작품을 잘 알고 에르미타슈를 갔다면 아마 그 그림 앞에서 쓰러지지도 서양미술에 대한 관심도 가지지 않았을 것이고 서양미술에 대해 책을 쓰는 일도 그래서 나중에 조선미술에 대해 아는 척하다 박살 나는 일도 없었을 겁니다.

그래서 이 책은 마음에 쏙 듭니다. 다음은 저자가 어느 20대 후반에 자기주도적 여행을 하고 있는 청년에 대한 책 속의 글입니다. 좀 길지만 인용해 보겠습니다.

"그는 여행 정보를 전혀 찾아보지 않고 여행을 하고 있었다. 기본적인 차편이나 이동 정보도 알아보지 않는다고 했다. 다른 사람들의 여행 정보를 보기 시작하면 남들의 여행 패턴을 그대로 따라 하게 될까 봐 처음부터 원천 차단을 한다는 것이었다.

요즘 같은 시대에 아날로그 방식으로 여행하는 그가 인생 선배처럼 느껴졌다. 힘들게 돌고 돌아 예정보다 늦게 도착한다 해도 자신만의 방법으로 끝까지 가보려 하는 그의 여행 철학을 들으며, 나는 삶의 주도권에 대한 힌트를 얻을 수 있었다.

우리가 생각하는 여행이란 검색으로부터 시작된다 해도 과언이 아니다. 여행지 선정도, 여행지에서 소화해야 할 일정도, 여행지에서 먹어야 할 음식도, 여행지에서 사 와야 할 특산품도 죄다 인터넷을 통해 찾는다. 검색만 했다 하면 엄청난 양의 정보가 모니터에 주르륵 뜨니 여행 준비는 거의 손가락으로 이루어지는 셈이다.

　마음먹고 떠난 여행에서 조금도 실패하고 싶지 않은 마음은 얼마든지 이해한다. 좋다는 곳에 가보고, 구경거리 하나라도 놓치지 않고, 맛있다는 음식을 모두 먹기 위해 여행 정보를 찾는 그 열정에는 얼마든지 공감이 간다.

　하지만 다른 사람들의 여행 정보를 바탕으로 만들어진 여행이 어떻게 보면 온전한 내 여행이 아닐 수도 있다는 생각을 한 번쯤은 해볼 필요가 있다. 자신의 체력이나 취향은 고려하지도 않은 채 그저 인터넷에, 여행 가이드북에, 텔레비전에 나왔다는 이유로 맛보고, 구경하고, 인증 사진을 찍고 있는 건 아닌지 말이다. 이런 여행을 과연 백 퍼센트 나만의 여행이라고 말할 수 있을까?"[33]

더 말씀드리지 않겠습니다. 제가 이 책을 추천하는 강력한 이유입니다. 공부도 요새는 선행학습보다는 자기 주도형 학습이 강조되는 시대입니다. 공부도 그러할 진데 여행도 그래야 하는 거 아닐까요?

　세 번째 이유, 수필로 여행을 이야기한다

　저자를 만나본 적이 없지만 사실 저자는 아마 저와는 모든 성향이 굉장히 반대일 거라고 생각합니다. 일단 이분은 여성이고 저는 남성이고요. 더 중요한 것은 제 글은 지나치게 논증적인 반면 이분 글은 정말 사변적입니다.

---

33 같은 책.

사실 얼마 전 모 방송에서 토론을 하고 나오던 중 엄청 열 받았습니다. 라디오 토론 프로그램이었는데 각 토론자들이 원고대로 자기 이야기를 하고 나오는 거였습니다. 솔직히 너무 어이가 없어서 그러면 방송 제목에 토론을 붙이지 말던가 그냥 토론이 아니라 소풍(?) 뭐 그런 느낌이었습니다.

저는 사회과학 전공자입니다. 그래서 그렇게 배웠습니다. 항상 먼저 의문을 던지고 정의하고 그리고 논증하고 그 과정에 설명을 붙이고 사례를 들어 자신의 논증을 정당화한다.

사실 이러한 과정이 저를 오늘날 밥 먹고살게 해주었습니다. 한번 해볼까요? 아무 주제나 상관없습니다. 아랍난민수용은 정당한가? 자 그러면 그걸 논의하기 위해서는 먼저 난민이 무엇인가를 정의해야죠? 그리고 논증을 해야 합니다.

예를 들어 정당하다는 입장을 펼치기 위해서는 난민 문제는 국경을 넘어서는 인권의 문제라는 정의를 세워보아야 할 것이고요. 다음에는 난민의 문제는 이(利)의 문제가 아니라 의(義)의 문제임을 보여야 할 겁니다. 그 다음에는 다양한 이해관계가 얽혀있음에도 불구하고 유엔 난민 협약이 어째서 그렇게 이루어졌는지 보여주어야 할 겁니다. 그리고 역설적으로 상해임시정부 역시 난민이 만든 것임을 제시하면 아마 멋진 글이나 내용이 될 겁니다.

아마 제가 여행책을 쓰면 이렇게 될지 모릅니다.

여행이 왜 필요한가? 여행이란 무엇인가? 여행이 정당화된 이유와 그 역사적 과정 그리고 그 사례는 무엇인가 — 읽고 싶으세요? 하하하.

논증적으로 접근해야 할 사례와 그렇지 않은 사례가 있겠죠. 가장 대표적인 것이 여행이라고 생각합니다.

대학입시에 논술시험이 있습니다. 그 시험장에 가서 수필을 쓰면 멍청이지만 여행에 대해 논설문을 쓰면 그 또한 멍청이겠지요. 참 따뜻하고 좋은 책입니다.

독서법 ————————————————— *Reading method*

사실 이 책을 추천하게 될지는 상상도 못했습니다. 알고는 있었지만 솔직히 제 취향의 책은 아니라고 판단하고 있었기 때문입니다. 그런데 그 생각을 바꾸어준 것은 이 책의 프롤로그입니다. 제목은 '여행자가 된 후 삶이 몰라보게 쉬워졌다'입니다. 보편적인 제목이라 생각했는데 그 내용이 너무 좋았습니다. 저자의 솔직함과 섬세함이 그대로 느껴지는 대목입니다.

TIP

저자 역시 "여행은 언제나 돈의 문제가 아니라 용기의 문제다"라는 파울로 코엘료의 글을 인용하고 있습니다. 여행을 위한 충분한 돈을 가진 사람은 세상에 존재하지 않습니다. 그게 파울로 코엘료의 생각이고 저자의 생각이고 또한 저의 생각입니다. 그래도 돈이 있어야 한다고요? 그것도 맞습니다. 모든 건 상대적이니까요.

하지만 여행 한 번 못간 건 세대적으로는 우리 부모세대 아닌가요? 우리 세대를 키워낸 부모가 있기에 우리는 역설적으로 어떤 여행을 가야 할지를 깊이 고민해야 하지 않을까요?

듣기만 해도 가슴 설레는 그곳, 쿠바

『쿠바 다이어리』

권근혜

정부가 최근 들어 임시공휴일을 자주 지정합니다. 주된 목적은 말할 것도 없이 내수촉진일 겁니다. 모두 아시다시피 수출중심의 한국경제의 문제점으로 등장할 수밖에 없는 내수부진을 극복하기 위해 휴일이 많아야 한다는 논리입니다. 특히 그 휴일에는 여행을 가서 돈을 맘껏 쓰기를 정부가 권합니다. 그래서 임시공휴일로 정한 기간에 우리 국민들이 여행을 가서 돈을 맘껏 씁니다. 그런데 정부는 반갑지가 않습니다. 왜냐고요? 아시겠지만 기사로 확인할게요. 일간지 기사입니다

"관광업계 10월 2일 임시공휴일 해외여행만 부추긴다"

그렇습니다. 내수를 촉진하려면 사람들이 국내로 여행을 가야 하는데 해외로만 여행을 간다는 겁니다. 그러니 내수가 촉진될 수 없지요. 여러분

왜 국내여행을 주저하시나요? 제 생각에 해외여행을 국내여행으로 돌리는 방법에는 크게 두 가지가 있다고 봅니다.

하나는 대한민국 환율을 높이는 겁니다. 한마디로 대한민국 화폐 가치를 평가 절하하는 거지요. 그러면 외국여행 못 갑니다. IMF 때 누가 해외를 나갑니까? 못 가죠? 요새 웬만하면 다 일본여행 갑니다. 왜냐고요? 일본에 볼거리가 많아져서가 아닙니다. 아베 총리 덕분입니다. 일본경제 살린다고 엔화 가치를 평가 절하하니까 우리가 놀러 가기 좋아져서 많이 놀러가는 것뿐입니다. 한때 100엔에 1,600원 하던 엔화 가치가 추락해서 100엔에 900원 정도가 되었습니다. 이제 일본 갈 만하죠. 심지어 그 비싸다는 일본 택시도 탈 만합니다.

그래서 솔직히 말씀드리자면 방송에서 말하는 것과 달리 대한민국 국민은 해외여행을 다녀도 됩니다. 역설적으로는 애국이기도 합니다. 무슨 말이냐면요, 모든 수출강국은 일반적으로 여행수지 적자국이 됩니다. 아니, 그렇게 되어야 합니다. 쉽게 생각해보세요. 해외에 나가보세요. 세계에 유명지에 가보면 상당수가 중국인이고 유럽에는 독일인이 많습니다. 중국인과 독일인이 관광을 좋아해서라고요? 아닙니다. 세상에 관광을 싫어하는 지구인은 없습니다. 알고 보면 중국과 독일 사람들이 관광을 좋아해서가 아니라 무역흑자국이라 그렇습니다. 수출을 많이 해서 달러를 벌어왔으면 당연히 그 나라에는 달러가 쌓이고 그렇게 되면 그 나라 화폐 가치는 평가 절상될 수 밖에 없습니다. 그러면 그 돈을 가지고 외국에 가서 써야지 그렇지 않으면 자국의 화폐 가치가 너무 높아져서 거꾸로 수출할 때 불리해진다는 이야기입니다. 아무튼 외국 여행 좀 더 편하게 다녀오라는 뜻으로 드리는 이야기입니다.

두 번째, 그러면 우리는 왜 국내여행을 안 갈까요? 저는 가장 큰 이유로 수도권 중심의 발전 전략 때문이라고 생각합니다. 무슨 생뚱맞은 소리냐고요? 여행의 큰 목적 중 하나는 바로 다름을 느끼기 위함입니다. 어떤 누구도 일상의 반복을 위해 여행을 가는 사람은 없습니다. 인천에 사는 사람이 수원으로 여행 간다는 게 가능할까요? 웃기죠. 하지만 가만히 생각해보면 가능할 일일지도 모릅니다. 왜냐면 중국 심천에 사는 사람은 홍콩으로 여행을 많이 갑니다. 홍콩에 사는 사람은 마카오로, 마카오에 사는 사람은 심천으로 여행을 갑니다. 거리는 수원과 인천과 별로 다르지 않을 겁니다. 그런데 왜 그런 일이 벌어질까요? 그건 바로 심천 그리고 마카오와 홍콩은 붙어있지만 각 도시가 전혀 다르기 때문입니다. 한 곳은 오래전부터 중국이었고, 한 곳은 포르투갈 식민지였고, 한 곳은 영국의 식민지였기 때문에 각각의 역사와 문화가 전혀 다르기 때문입니다.

그런데 우리의 도시들은 별로 다른 게 없습니다. 일산과 분당을 비교해 보지요. 뭐가 그렇게 다를까요. 일산에서 분당으로 여행을 간다. 얼토당토않은 일입니다. 더 나아가 광주와 대구가 뭐가 그렇게 다를까요? 우리 입장에서는 좀 다를 수도 있지만 도심의 사진을 찍어서 보여주면 외국인들은 전혀 구별을 하지 못할 겁니다.

같은 반도 국가인 이탈리아가 왜 그렇게 관광대국일까요? 저는 이렇게 생각합니다. 밀라노와 로마가 그리고 로마와 나폴리가 너무나 다르기 때문 아닐까요?

이탈리아 여행의 팁입니다. 로마만 보고 이탈리아를 보았다는 것은 좀 너무 한다는 생각이 듭니다. 그건 정말 로마만 본 거죠. 로마의 소매치기가 심하다고요? 남부로 조금만 더 내려가보세요. 차들도 변하기 시작합니다. 온갖 매연을 뿜는 경유차, 질서라고는 찾아볼 수 없는 교통상황, 시장 통 같은 거리, 외국인을 바라보는 묘한 눈빛들. 백팩을 앞으로 메지 않으면 백팩도 다 벗겨갈 눈빛입니다. 아무튼 여기는 유럽이 아니라는 생각뿐입니다. 그러다가 로마의 북쪽 밀라노를 가보죠. 나폴리에 있다가 오면 여기는 별천지입니다. 세련된 매너 특히나 이탈리아 남자들이 가진 멋진 옷빨. 이건 도저히 따라갈 수가 없습니다. 그리고 상대적으로 안정된 치안. 잘 잡힌 교통질서 그리고 두오모 성당과 아름다운 광장. 유럽 어디에 내놓아도 손색없는 세련되고 멋진 도시입니다.

한 나라 안에 밀라노와 나폴리가 있다는 것이 믿기지 않을 정도입니다. 이러한 다양성이 있기에 이탈리아를 찾았던 사람은 또 이탈리아를 찾아오는 모양입니다. 남부 도시들의 무질서 속에서는 인간적인 정을 찾아 나가고 북부의 질서 속에서는 매너와 패션을 찾기 위해서 말입니다.

그런데 우리의 도시는 솔직히 너무 개성이 없지 않나요? 도시마다 건물의 양식도 너무 같습니다. 외국인이 오면 제주와 경주 말고 다른 도시가 서울과 어떻게 다르다고 설명할 자신이 있나요? 스스로 대한민국은 서울과 경주 제주만 보면 끝이야 하게 되는 것은 아닐까요? 그래서 저는 더더욱 지방분권과 자치가 필요하다고 생각합니다. 최근 지방 축제가 활성화되면서 지방 경제도 살아나는 것을 볼 수 있습니다. 보령머드축제에는 외국인도 몰리고요. 물론 전시성 행정에 그치는 경우도 많지만 아무튼 지방 경제 활성화와 한국사회의 다양성 확보를 위해서는 활성화되어야 합니다

아무튼 여행은 일상과 다름을 느끼기 위해서 가는 것이라면 한국과 가장 다른 곳은 어디일까요?

한때 모든 방송과 사회적 활동을 접었던 시절이 있었습니다. 한국에

있는게 너무 힘들었습니다. 대한민국과 가장 다른 나라를 가야겠다는 생각을 했습니다. 멀리 그리고 다른 곳으로 가고 싶었습니다. 거리상으로도 멀기를 원했고 아무튼 뭐든 대한민국과 정반대의 곳으로 가고 싶었습니다. 가장 다른 곳을 시간 날 때 한번 가보자 그래서 찾은 곳이 바로 쿠바였습니다.

그렇게 저는 쿠바로 여행을 떠났습니다. 그때 아무런 조건 없이 후배들이 함께 해주었습니다. 모두 직업이 있는데 제 마음을 알아주고 같이 여행을 해주었습니다. 아마 그분들 여행경비보다 그분들이 시간을 비우는 동안에 발생하는 경제적 피해가 더 컸을 겁니다. 그래도 저의 아픔을 잘 알고 있었기에 흔쾌히 일정을 같이 해주었습니다. 하바나에서 산타클라라까지 그리고 쿠바를 가기 위한 경유지인 코스타리카까지 말입니다. 그런 것을 보면 제가 잘 살 것 같기도 합니다. 하하하

쿠바가 어떻다고 이야기를 하려고 하는 것은 아닙니다. 이제 본론으로 돌아와 이 책의 장점을 말씀드리고 싶습니다. 사실 기존 쿠바에 대한 책들은 너무 이념적으로 서술한 책이 많았습니다.

체 게바라의 나라. 뭐 이런 식이지요. 저 역시 체 게바라를 너무 좋아하는 사람이었습니다.

그래서 그에 관한 책도 저술했고 여행 일정에 그에 대한 기록이 온전히 서려있는 산타클라라를 꼭 포함시킨 저였습니다. 하지만 당시나 지금도 쿠바에 대한 책들은 체 게바라의 나라라는 것을 강조한 조금은 이데올로기적인 책들이 주류를 이뤘습니다.

거대 제국주의인 미국과 맞서 승리한 나라

모두가 자본주의 문화에 물들 때 오로지 인간성을 지킨 나라

팝이 아닌 쏜(Son)에 몸을 흔드는 나라

기계화된 신디사이저의 음악이 아니라 재즈가 살아있는 나라

있는 자만이 치료되는 자본주의 의료가 아니라 사회주의 의료 모범국가

농약과 비료로 점철된 농업이 아니라 환경친화적인 도시농업국가

이것이 쿠바에 대한 기존의 대부분의 설명이었습니다.

물론 솔직히 저는 이런 설명이 아주 조금은 맞지만 지금의 쿠바를 설명할 수 없다는 것을 책을 통해 잘 알고 있었습니다. 마치 북한이 아무리 사회주의의 천국이라고 선전을 해도 그 민낯을 들여다 보면 뼈만 앙상한 아이들이 있는 것처럼 말입니다.

역시나 쿠바의 실상은 말할 수 없을 정도의 상황이었습니다. 열심히 일해도 받는 월급이 50달러인 나라, 경부고속도로 같은 고속도로에서도 차량 통행이 없어서 누워서 촬영을 할 수 있는 나라(저도 했습니다), 아프면 치료는 받을 수 있지만 그러기에는 너무나 오랜 시간이 필요한 나라, 비료와 농약이 없어서 옥상에도 채소를 가꾸어야만 먹고 살 수 있는 나라, 가난하기에 달러가 절실하지만 일부 강경주의자들의 반대로 쇄국을 이어가고 있는 나라. 그게 쿠바였습니다.

그런데 이 책에는 그런 게 없습니다. 아마 1978년생 저자분이 써서 그런가봅니다. 학번으로 치면 아마 90년대 중반 학번으로 한국사회에서 이데올로기의 영향력이 퇴조할 때 대학을 다녀서 그럴 거라는 짐작만 해봅니다. 본문을 한번 보겠습니다.

"의사나 환자 양쪽 모두 의료 서비스를 제공하고 이용하는 데 어떤 장벽이나 어려움이 없어 보였다. 이 시끌벅적한 병동에는 의사 앞에서 증상을 말하기 어려워하는 환자도, 진료를 귀찮게 여기는 의사도 보이지 않았다. 하지만 문턱 낮은 의료 서비스에 대한 부러움도 잠시, 느려터진 쿠바식 일처리는 병원도 마찬가지였다. 곧 가져다주겠다는 처방전은 한 시간을 기다려도 오지 않았다. 우리를 담당했던 수련의사에게 몇 번 물어보았지만 조금 더 기다리라는 말만 반복했다. 자포자기 심정으로 처방전을 기다리는데 한 남자가 들어와 의사 가운을 입으며 진료 준비를 했다. 그는 책상 옆에 멀뚱하게 앉아 있는 우리가 눈에 띄었는지 수련의사에게 눈짓을 했다. 수련의사에게 설명을 듣고 난 뒤 그는 우리를 진료 의자에 앉혀 증상을 물었다. 네 번째 의사와 네 번의 설명! 반복되는 설명에 화상에 대한 내 스페인어는 훨씬 유창해진 것 같았다."[34]

물론 무상이었지만 쿠바의 의료 현실은 우리가 생각하는 것과는 천양지판이었다고 저자는 말을 합니다. 여행서는 이렇게 쓰여야 한다고 생각합니다. 저는 세상의 모든 여행서와 여행에 대한 방송 프로그램이 조금은 더 솔직해졌으면 합니다. 많은 여행서와 방송프로그램이 과장으로 가득한 경우를 찾아보는 건 너무 쉬운 일입니다. 과장에 대해 지적을 하면 답변은 간단합니다. 속칭 안 가봤으면 말을 하지 말라는 것이지요.

가장 정확한 비유는 낚시꾼의 비유입니다. 모든 낚시꾼은 자기가 잡은

34 권근혜, 『쿠바 다이어리』, 갈래, 2015.

고기를 언제나 과대하게 말합니다. 만일 의심을 품고 물어보면 대답은 한 결같지요. "제가 잡은 고기 못 봤지요? 그러면 말을 마세요."

남이 안 보고 내가 본 것을 과장하는 것은 어찌 보면 인간의 본질입니다. 심지어 대한민국의 어떤 대통령은 '내가 해봐서 아는데'라는 말을 수도 없이 했습니다. 공통점은 상대는 아래로 자기를 위로 보고 모든 것은 자기는 알고 남들은 모르기에 자기 말만이 맞다는 생각일 겁니다.

너희가 쿠바를 가봤어? 난 가봤거든? 거기가 어떤 줄 알아? 내가 말해줄게. 거기는 미래 농업의 미래국가야!

많이 들어본 것 같습니다. 너희가 북유럽 복지국가에 가 봤어? 난 가봤거든? 거기가 어떤 줄 알아? 내가 말해줄게. 거기는 대한민국의 미래가 되어야 할 곳이야. 뭐 이런 식이지요.

우리가 서유럽 복지국가에서 배울 점이 없다는 뜻이 아니라 쿠바의 농업에서 배울 것이 없다는 것이 아니라 쿠바나 북유럽이나 우리가 배울 것은 배우고 버려야 할 것은 버려야 하는 그저 우리와 동시대를 살고있는 나라일 뿐이라는 의미입니다.

여행서 역시 그래야 합니다. 소개하는 나라에 대해 과도한 동경과 이상을 갖고 서술하는 책들은 일체 버려야 합니다. 어떻게 그런 책들을 구별하냐고요? 간단합니다.

저자의 가치관이 가급적 적게 들어간 책을 고르십시오. 아름답다. 꼭 가봐야 한다. 절경이다. 죽기 전에 한 번은 이런 글들이 가급적 적게 들어간 책을 골라야 합니다.

혹 저자의 가치관이 들어가 있어도 중립적인 표현이 대다수거나 때로는 부정적인 표현이 들어가 있는 책을 고르면 됩니다.

저자 역시 쿠바에 대해서 환상을 갖고 출발했다는 것을 금방 알 수 있습니다. 책 내용입니다.

> "다수의 기득권 국가와 상반된 체제를 가진, 그래서 세계화라는 허울 아래 일어나는 획일적 변화에서 유일하게 벗어난 나라 본연의 색채를 고스란히 간직한 나라. 그게 내 머릿속 쿠바였다."[35]

이 글에서는 조금 더 저자가 생각했던 쿠바가 잘 나타납니다.

> "체 게바라 그리고 그가 목숨을 바쳐 추구한 체계가 살아있는 나라. 자본주의에 지칠 대로 지친 나는 스타벅스와 할리우드가 없는 쿠바를 차원이 다른 새로움을 구현해줄 나라로 생각했고 내게 대안적인 세계를 보여주리라 기대했다."[36]

하지만 저자가 본 쿠바는 그런 쿠바가 아니었습니다.

> "비헤아(오래된)라는 단어대로 스페인 식민지 시절의 모습을 그대로 간직한, 낡으면서도 호젓한 모습을 상상했던 나는 실망을 넘어 당황스러웠다."[37]

---

35 같은 책.
36 같은 책.
37 같은 책.

저자는 실망을 넘어서 당황스럽게 만든 것은 무엇일까요? 저자의 글 속에 잘 나타나 있습니다.

> "이런 나를 비웃듯 길목에는 베네통, 아르마니 같은 유명 브랜드 상가들마저 나타나기 시작했다.… 나중에 알게 된 것이지만 쿠바 살림살이에서 가장 큰 비중을 차지하는 것은 관광산업이었다. 구소련의 붕괴로 경제 기반을 상실한 쿠바에게 관광산업은 썩은 동아줄을 잡는 심정으로 선택한 대안이었다.… 캐나다의 경우 외교관계가 껄끄럽지 않은 점을 살려 혹독한 겨울을 피해 몇 달씩 아예 이곳 쿠바에서 보내는 여행자들이 있을 정도로 관광객은 급증하고 있었다. 상황이 이렇다 보니 쿠바는 나의 짐작과는 다른 어떤 곳이었다."[38]

나의 짐작과는 다른 어떤 곳이었다는 말이 가슴에 와닿습니다. 이럴 때 많은 사람들이 갖게 되는 극단적인 두 가지의 경향을 보일 수 있습니다. 하나는 나의 짐작에 맞는 쿠바를 찾아다니려고 노력에 노력을 하는 경우이지요. 이런 식입니다.

'여기는 쿠바의 수도인 아바나의 중심지라 그럴 뿐이야. 조그만 외곽으로 나가면 정말 내가 생각했던 쿠바와 쿠바사람을 만날 수 있을 거야. 그랬다가 외곽에 가서도 그런 모습을 못 찾으면 '여기는 아바나라 그럴 거야. 지방으로 가면'

---

38 같은 책.

이렇게 생각하면서 끝까지 자기가 생각하는 쿠바를 찾아 나서는 경우입니다. 언젠가는 그가 꿈꾸던 쿠바를 찾고 무릎을 칠 겁니다. '그래, 이게 쿠바의 진면목이지' 하면서요.

이게 얼마나 웃긴 생각이냐면 이렇게 생각하시면 됩니다. 한국사람은 모두 한복을 입을 거라고 생각하고 찾아온 외국인이 서울에 왔다가 실망해서 서울 외곽을 찾아가 봅니다. 거기에서도 한복을 입은 한국사람을 찾지 못해 실망하자 찾고 찾고 또 찾아서 안동 민속촌을 찾은 후 '그래, 이게 한국의 진면목이지'라고 외치는 모습을 생각하면 얼마나 웃긴가요.

자 또 다른 하나의 모습은 '아, 쿠바 진짜 실망이야. 이건 내가 꿈꾸었던 쿠바가 아니야. 쿠바는 정말 끔찍한 곳이야. 다시는 오지 말아야지. 사람들한테도 쿠바가 얼마나 자본주의적이고 권위주의적이고 가난하고 못 사는지 알려야지' 이런 식이지요.

또 비유를 하자면 한국에 온 외국인이 한국사람이 한복을 입지 않는 것을 보고서는 한국은 내가 생각했던 전통과 소박함을 간직한 그런 나라가 아니야. 한국이 얼마나 산업화와 자본주의에 변질이 되었는지 널리 알려야지! 라고 생각하는 것과 같습니다.

이런 식의 극단적인 두 가지 경향을 보일 수도 있습니다.

다시 간단히 말씀드리면 자신이 꿈꾸던 여행지의 현실이 자신의 생각과 달랐을 경우 잘못된 두 가지 극단적인 경향이 하나는 자신이 생각했던 여행지의 모습을 찾아 그 여행지를 샅샅이 뒤지거나 아니면 현실의 여행지에 실망해 여행을 포기하다시피 하는 것이지요. 둘의 경우가 달라 보이지만 결론은 같습니다. 결국 여행을 망친다는 것이지요. 그런데 저자는 그러지 않습니다. 아주 현명하죠.

"쿠바에 도착한 지 반나절 만에 내 기대는 깨졌지만 앞으로 남은 여행을 위해 마음을 고쳐먹는 수밖에 없었다."[39]

맞습니다. 삶도 마찬가지 아닐까요? 내가 생각했던 미래의 시점이 막상 현실이 되었을 때 사람들은 당황합니다. 왜냐하면 그 현실은 내가 꿈꾸었던 미래가 아니었기 때문이지요.

그래서 사람들은 현실을 부정하거나 아니면 꿈꾸던 미래에 현실을 맞추는 우를 범하기도 합니다. 그런데 저자는 단박에 마음을 고쳐먹습니다. 그리고 이렇게 멋진 이야기를 합니다.

"나를 홀린 환상의 쿠바가 쿠바인들에게는 살아가야 할 현실일 뿐이다."[40]

정말 가난한 나랍니다. 인도를 보고 명상의 나라라고 끝없이 칭찬하는 사람도 있지만 막상 제가 가서 본 현실은 너무 덥고 더럽고 가난한 곳이었습니다. 쿠바 역시 마찬가지였습니다. 하지만 아름답고 낭만적입니다. 사람과 자연이 그리고 이 음료가 말입니다. 작가 어니스트 헤밍웨이가 좋아한 칵테일로 유명한 모히토는 럼을 주재료로 레몬과 라임 주스를 첨가하여 달콤한 향과 특유의 맛을 지니고 있죠. 이 음료는 한 영화의 주연배우 이병헌 씨가 "야, 우리 모히또가서 몰디브 한잔해야지~"라는 대사

---

39 같은 책.
40 같은 책.

를 해서 한때 유명세를 타기도 했습니다. 시럽을 빼고 박하를 팍팍 넣고 그 위에 값싼 럼주를 부어서 먹는 모히토는 저에게는 천국의 맛이었습니다. 언제 다시 한번 몰디브에 가서 모히토 한잔해야겠습니다.

○ **독서법** ──────────────────────── *Reading method*

현실의 쿠바를 저자는 담담하게 그려나갑니다. 과장이 없는 세밀화를 보는 듯한 느낌입니다. 저서는 저자가 여행한 9개의 쿠바의 도시들을 중심으로 서술이 되어있습니다. 바쁘시다면 일단 'La Havana — 쿠바의 심장', 'Santa Clara — 에르네스토 체 게바라의 도시' 그리고 'Santiago de Cuba — 역사, 예술 그리고 가난의 하모니' 편을 보시기 바랍니다.

───────────────────────────────────

● **TIP**

쿠바의 미래를 말씀드릴까요? 쿠바에 가시면 두 종류의 사람들을 만나실 수 있을 겁니다. 하나는 새롭게 등장하는 자본주의에 발맞추어 급속히 진화하는 사람들입니다. 정말 더 자본주의적이지요? 정말 돈이면 뭐든지 할 사람처럼 보입니다. 또 다른 부류의 사람들은 아직 돈맛(?)을 모르는 정말 순수한 사람들입니다. 너무 두 부류가 달라서 감이 안 잡히실 겁니다. 옛 구소련이 그랬고요. 92년 개방직후의 중국이 그랬습니다. 세상이 늘 그렇듯 돈맛을 모르는 순수한 사람들은 더 힘들어 질 겁니다. 그리고 세상은 자본주의에 살았던 사람들보다 더 자본주의적인 사람들의 세상으로 변해나갈 겁니다. 소련이나 중국이 그랬듯이 말입니다. 하지만 그것이 역사의 후퇴일까요?

취미가 여행이 되고 여행이 글이 되는 곳

『내가 찾은 료칸』
가시와이 히사시

저한테 사람들이 하는 질문 중 여전히 답하기 곤란한 질문이 있습니다. "취미가 뭐예요?"입니다. 정말 미치겠습니다. 어렸을 때라면 이런 경우 모범답변은 "독서입니다"일 수 있습니다. 하지만 독서는 누구나 하는 것이지 취미라고 하기에는 어렵죠. 저에게는 독서는 취미가 아니라 직업이라 그것을 취미라고 하기에는 어렵습니다.

저는 사실 독서가 싫을 때가 많습니다. 왜냐면 생계형 독서잖아요. 저에게는 감사하게도 저를 좋아해주는 팬분들이 있습니다. 그분들이 원하는 게 무언가요? 당연히 제가 새로운 지식을 가공 생산하여 동영상 서비스를 만들어내는 겁니다. 그게 무료일 수도 유료일 수도 있지만 본질은 변하지 않지요. 제가 남들보다 잘하는 게 있다면 어려운 내용을 잘 가공 생산하여 일반인 분들이 이해하기 쉽게 만들어서 풀어내는 걸 겁니다. 그래서 가끔은 전문가들한테 엄청 미움을 받습니다. 4차 산업혁명 관련 책 중 가장 많이 팔린 책은 단연코 슈밥 회장의『클라우드 슈밥의 제4차 산업혁명』입니다. 그리고 국내 저자 중에서 가장 많이 팔린 책은 제가 알기로는 제 책『한 권으로 정리하는 4차 산업혁명』입니다. 인공지능 분야나 뇌과학을 전공한 전문가들 입장에서는 좀 짜증나는 일이겠지요

아무튼 그래서 저는 새로운 지식가공을 위해 독서를 합니다. 저에게 독서는 목적이 아니라 수단입니다. 자본주의 사회에서 돈을 벌기 위한 수단으로 독서를 하고 있는 셈이죠. 따라서 제가 읽고 싶은 책을 읽는 시간보다 솔직히 일을 위해 독서를 하는 시간이 훨씬 더 많습니다. 각설하고 그러면 독서 말고 취미라고 할 만한 것이 무엇이 있을까 하고 "취미가 뭐예요?"라고 묻는 질문에 답변을 생각해보곤 합니다. 사실 아무것도 없습니다. 악기라고는 유치원 때 피아노 쳤던 게 다고요, 스포츠라고는 아무것도 하지 않습니다. 아직 골프장과 스키장을 가본 적이 없습니다. 그림도 그릴 줄도 모르고 아무튼 취미라고는 하는 게 없습니다. 그래서 취미가 있는 사람이 너무너무 부럽습니다.

사회학에 자발적 결사체라는 말이 있습니다. 말 그대로 자발적으로 만든 모임이라는 뜻입니다. 그런데 여기에 회사나 학교는 해당되지 않습니다. 회사나 학교도 자발적으로 만들었는데 말입니다.

이 자발적 결사체라는 말이 등장한 배경이 재밌습니다. 1980년은 우리에게는 5·18 광주 민주 항쟁으로 기억되는 슬픈 해입니다.

이때 유럽의 중심부에 위치한 프랑스에서도 큰 사건이 일어납니다. 유럽의 중심은 썩어도 준치라고 늘 프랑스였습니다. 지리적으로 문화적으로나 정통성으로나 말입니다. 그 프랑스에 역사상 최초로 선거를 통해서 사

회주의 정당이 집권을 했던 겁니다.

당선된 사람은 지금도 프랑스 사람들이 좋아하는 미테랑이라는 사람이었습니다. 이 사람이 선거 기간 중에 붉은 장미를 가지고 다녔습니다. 사회주의 이념인 붉은 색과 평화를 의미하는 장미였지요.

즉 이제 사회주의 실현을 폭력적인 방식을 거부하고 민주적 절차에 따라 만들어보겠다는 것이었지요.

지금은 뭐 당연한 생각 같지만 당시에는 파격적인 생각이었습니다. 그리고 정말 평화적이고 민주적인 방법인 선거로 당선이 되었습니다. 믿기지 않는 현실이 실현된 것이지요.

사회주의는 노동자의 이익을 대변하는 것을 기본 목표로 합니다. 그래서 미테랑은 그때에는 상상도 할 수 없던 주당 39시간 노동제를 실시합니다. 당시에는 정말 획기적인 조치였습니다. 연 5주간의 유급휴가와 최저임금 15% 인상과 함께 말입니다.

그러자 프랑스에 새로운 변화가 찾아왔습니다. 바로 사람들이 일하지 않는 시간에 무엇을 할 것인가를 고민하기 시작한 겁니다.

처음에는 다들 쉬었습니다. 그동안 너무나 장시간 노동에 시달렸기 때문입니다. 그러다 차츰 쉬는 시간이 길어지자 사람들이 비슷한 생각을 하기 시작했습니다.

"내가 누구지?", "어떻게 살아야 하지? 단 한 번뿐인 인생을"

그동안 노동에 지쳐 미처 생각하지 못했던 생각들을 하게 된 겁니다. 한마디로 자아실현의 욕구가 솟아오른 것이지요.

그런데 인간은 역시나 사회적 동물! 이 솟구쳐 오르는 자아실현의 욕구를 그들 스스로 실현하고자 모임을 만들어나갑니다. 노트르담 지역 역사 독서 서클, 파리지앵 사이클 모임, 리옹 지역 자동차 연구회 등등등—이런 모임들은 이전의 모임과는 성격이 달랐습니다. 조직 구성은 관료제에 의해 이뤄져야 한다는 선입견을 깼고 조직은 돈이 아니면 명예를 추구해야 한다는 선입견도 깨졌습니다.

조직 구성은 민주적, 평등적이었으며 조직은 철저히 구성원의 자아실현만을 위해 움직였습니다. 그러자 사회학자들이 '그렇다면 이 조직을 무엇으로 부를 것인가'를 고민하기 시작했습니다. 그리고 결론을 내렸죠. 답은 바로 자발적 결사체였습니다.

거창하게 이야기했지만 취미생활의 목적은 자아실현입니다. 그리고 여행의 목적 역시 자아실현입니다. 원래 인간은 노동을 통해 자아실현을 이뤄야 할 존재인지 모르지만 현실은 그렇지 못합니다.

현실에서 우리는 생계유지를 위해 노동을 합니다. 자아실현은 하나의 꿈에 불과합니다. 그 자아실현을 위해 우리는 오늘도 어쩌면 부지런히 취미생활을 찾아다니고 부지런히 여행을 다니나 봅니다.

그렇다면 최고의 자아실현은 뭘까요? 취미생활과 여행을 결합시키는 게 아닐까요? 저는 그렇게 생각합니다. 자기의 취미와 여행을 연계시켜 나간다면 얼마나 좋은 여행이 될까요?

제가 잊을 수 없는 최고의 국내여행은 이순신 장군 전적지 여행이었습니다. 사실 직장생활을 여수에서 했고 당시 티코라는 놀라운 자동차(?)를 가지고 있는 오너 드라이버였기에 휴가를 붙이면 2박 3일 정도의 여행이 가능했습니다. '그냥 남도를 돌아다닐 바에는 이순신 장군의 전적지를 따라가보자'라는 생각이었죠. 결론적으로 참 재미있었습니다. 어찌 보면 전적지를 순서대로 가다 보니 왔다리 갔다리해야 해서 거리상으로는 너무나 비효율적이었습니다. 당연히 2박 3일에 끝낼 수 없었고 3번을 더 가야 했습니다. 하지만 정말 그 여행은 제가 기억하는 최고의 국내여행이었습니다. 여러분은 어떠세요? 취미와 여행이란 단어를 생각만 해도 가슴이 뛰지 않나요?

가끔 외국에 나가면 중년 남성 3~4분이 골프배낭을 둘러메고 단체 여행을 가는 것을 많이 봅니다. 하지만 별로 부럽다는 생각은 들지 않습니다. 왜냐면 솔직히 취미도 아니고 여행도 아닌 것 같아서 말입니다. 아닐 수도 있지만 그냥 그런 생각이 듭니다. 아무래도 내로남불이라고 내가 골프를 치지 않아서인지 모르겠지만 그분들의 모습에는 돈과 명예의 냄새가 나고 구성원들 간의 모습에도 너무 관료주의적인 위계질서의 냄새가 나기 때문입니다. 만일 정말 골프를 너무너무 좋아하는 친구들끼리 세계의 난 코스 골프장을 돌고 있다면 그건 정말 부러울 것 같습니다. 하지만 사업상 어쩔 수 없이 업무로 연결된 업체 거래처 관계자와 누구에게나 유명한 골프장을 찾아 해외로 나간다면 글쎄 뭐 그닥입니다.

이런 취미 없는 저에게 다가온 책입니다. 아무튼 일본 친구들 재밌습니다(방송에 출연할 때마다 관계자분들이 제게 중국 친구들, 일본 친구들, 미국 친구들 이런 표현을 쓰지 말아달라고 부탁합니다만 제 책이니까 제 맘대로 할게요. 하하하).

최고의 온천, 아름다운 절경, 천하의 진미를 즐길 수 있는 숙소 전문가가 엄선한 일본 최고의 숙박시설 100여 곳!

숙소 전문가라니! 아무튼 숙소 전문가가 되려면 일단 여행 전문가가 되어야 할 겁니다.

그리고 자주 숙소를 옮겨야 하니까 장기투숙자가 되기는 어렵겠습니다. 제가 취미가 없는지라 쏙 마음에 드는 책이었습니다.

저는 책을 아무 데서나 읽습니다. 특히 잘 읽는 곳은 욕조입니다. 제 욕탕에는 나무판때기가 있습니다. 거기에 책을 놓고 욕조에 들어가서 책을 보면 꿀맛입니다. 판때기에 노트북을 올려놓고 일을 하기도 쉬기도 하고 아무튼 욕조 안에 들어가 있으면 좋습니다. 그리고 옆에 있는 볼펜으로 체크를 해가면서 책을 보면 더 좋습니다.

사실 일본 숙박 문화는 굉장히 일찍부터 발달했습니다. 여러분이 들으면 깜짝 놀랄 텐데 1830년 일본에서는 486만 명이 국내여행을 하러 떠나곤 했습니다. 후지산을 보거나 당시 수도인 에도를 관광하러 말입니다. 대단하지요 아무튼 그렇게 많은 사람들이 여행을 떠나려면 얼마나 많은 숙박시설이 잘 발달해 있었겠습니까. 그 전통이 바로 료칸 문화에 그대로 남아 있는 듯합니다. 아무튼 거기다가 하늘로부터 온천을 선물 받은 일본인지라 온천과 숙박이 조화를 이루고 있다는 것을 다들 잘 아실 거고요. 제가 이 책이 꽂힌 건 당연한 거 같습니다. 취미라고는 없는 제가 억지로 취미를 만들어 연계해서 본 책입니다. 그리고 읽고 나서 실제로 이 책에 소개된 몇 곳의 료칸을 갔다 오기도 했습니다. 가장 기억에 남는 료칸은 규슈 유후인에 있는 산소 무라타였습니다.

일단 기억에 남은 가장 큰 이유는 비싸서였습니다. 그리고 돈값을 한다고 사람들이 정말 너무 친절했고 너무 조용했습니다. 그곳에서 한 일은 딱 네 가지 — 식사, 독서, 산책 그리고 멍 때리기! 비싸고 차도 빌려야 하고 가기가 힘들어서 그렇지 꼭 다시 한번 가보고 싶은 곳입니다. 며칠 더 멍 때리고 오고 싶은 곳입니다.

아무튼 여러분께 권하는 것은 이 책이 아니라 여러분의 취미를 여행으로 묶은 책을 찾아보라는 겁니다. 그러고 나서 여러분들도 꼭 취미 여행을 한번 가보시기 바랍니다. 거창한 인문학 여행 코스도 좋고 한 나라의 역사 기행도 좋습니다. 그런데 더 좋은 것은 여러분의 취미생활을 만끽할 수 있는 여행을 해보시면 참 좋을 것 같습니다. 저도 이 책 쓰고 나면 시간을 내서 뭐 하나 개똥 취미라도 만들어보아야겠습니다.

독서법 —————————————————————————————————— *Reading method*

대한민국에 살면서 일본여행 한 번 안 가시는 분들 없을 겁니다. 아마 이 책을 구입하시는 분들 중에는 가시고자 하는 지역의 온천 숙소를 알아보시기 위해서 이 책을 구입하셨을 지도 모릅니다. 그런데 그러려면 인터넷이 더 좋습니다. 이 책은 일본 어디를 갈 때 보는 것보다는 그냥 일본여행 계획 없을 때 구입하셔서 소개되어있는 숙소 100곳 중 20~30곳을 쭉 읽어보시기 바랍니다. 그러면 내가 일본의 어느 숙소를 가야겠구나가 아니라 내가 일본이 아니더라도 여행을 가면 어떤 숙소를 가야 하는구나, 그런 숙소가 나한테는 맞겠구나 하는 기준이 들게 만들어주는 책입니다. 100곳 모두 읽기 힘드시면 그냥 일본의 마음에 드는 어느 지역 하나를 정해서 혹은 무작위로 20~30곳을 쭉 읽어주세요.

책을 쓴다는 자세로 이 책을 읽으면 너무 좋을 듯합니다. 여러분도 취미가 있고 그것을 바탕으로 여행을 한다면 글을 쓸 때 이렇게 좋은 책을 만들 수 있을 겁니다. 사진, 사이클, 축구, 모자, 패션, 음식은 말할 것도 없고요. 사진으로 예를 든다면 내가 찾은 사진 찍기 좋은 절경 100곳도 좋지만 내가 만나 사진 찍은 100명 뭐 이런 제목도 좋고요. 내가 찍은 세계의 대문 100개, 내가 찍은 세계의 창문 100개 이런 제목 괜찮지 않을까요? 창문 100개를 찍고—어떻게 왜 찍었는지 그리고 그곳에 대한 설명과 사진 찍기 좋은 시간 그리고 그 창문의 유래와 설명만 곁들여도 아마 충분히 멋진 책이 될 겁니다.

A book is a gift you can open again and again

일상에서 발견하는 여행의 기쁨

『여행의 기술』

알랭 드 보통 지음, 청미래

〜〜◦◦◦◦〜〜

여행할 장소에 대한 조언은 어디에나 널려있지만 우리가 가야 하는 이유와 가는 방법에 대한 이야기는 듣기 힘들다. 그러나 실제로 여행의 기술은 그렇게 간단하지도 않고 또 그렇게 사소하지도 않은 수많은 문제들과 자연스럽게 연결된다.

— 본문 '1장 기대에 대하여' 중에서

『여행의 기술』은 우리가 여행을 떠나는 이유, 여행에서 발견하는 아름다움 그리고 일상에서 발견하는 여행의 기쁨을 말한다. 구스타브 플로베르, 윌리엄 워즈워스, 빈센트 반 고흐, 존 러스킨 등의 철학가와 예술가가 이 여행의 안내자로 분한다. 안내자들은 호기심과 자연의 숭고함, 예술의 아름다움을 말한다. 이 국적인 사진 한 장으로 혹은 낯선 것에 대한 호기심으로 시작하는 여행. 그 여행의 출발과 동기, 여행 중 만나는 풍경과 예술 작품 그리고 돌아온 후 여행자의 자세가 책에 담겼다.

알랭 드 보통(Alain de Botton)은 스위스 출신의 영국 소설가로 그가 스물

세 살에 쓴 소설『왜 나는 너를 사랑하는가』는 20여 개의 언어로 번역되며 그를 세계적인 베스트셀러 작가 반열에 올렸다. 알랭 드 보통은 행복, 사랑과 같은 주제뿐만 아니라 건축, 철학, 종교 등 다양한 주제의 작품을 썼다. 삶에 대한 그의 철학적 통찰력과 날카롭고도 섬세한 문체, 그리고 특유의 위트는 그가 다루는 다양한 주제와 어우러져 독자에게 깊은 울림을 준다. 저자는 일상성의 발명가라는 별칭에 걸맞은 독창적인 시각으로 우리 일상을 철학적으로 탐구한다.

이 책은 여행지의 맛집이나 구경할 거리를 추천해주는 책이 아니다. 여행하는 마음에 대한 책이다. 여행지에서 경험하는 일뿐만 아니라 여행을 결심하는 순간부터 돌아와서의 일상까지가 모두 여행이라고 저자는 말한다. 저자는 우리가 왜 여행을 시작하며 여행에서 어떤 마음가짐을 가지는지 그리고 왜 일상이 여행과 그다지 다르지 않은지를 말한다.

낯선 것에 대한 호기심은 우리가 여행을 떠나게 하는 동기이다. 새로운 풍경과 그 풍경의 요소에 대한 의문은 여행 중에 증폭되고 그 의문이 해소되는 것이 바로 여행의 과정이라고 보통은 보고 있다. 저자는 여러 나라를 여행하는 과정을 묘사하며 그 즐거움을 해설한다.

여행은 본질적으로 우리에게 위안과 재미와 감동을 주는 행위이다. 철학자와 예술가가 풍경을 묘사하는 부분에서 이 감동은 더욱 심화된다. 그는 소박한 시골 풍경의 위대함을 써 내려간 워즈워스의 시와 반 고흐의 올리브 나무 그림을 감상하며 예술가가 남긴 인상으로 우리가 풍경을 새로운 시각으로 본다는 것을 알게 된다. 또한 여행 이후 일상의 익숙한 장소로 독자를 안내하여 여행에서 찾던 그 무언가가 우리의 일상에도 존재함을 알려준다. 내 삶의 장소 언저리에서 피어나는 호기심과 다른 시각에서 발견하는 아름다움이 내 일상과 마음을 새롭게 만들 수 있음을 독자는 깨닫는다.

고독과 함께 걷는 230일의 미국 여행

『너도 떠나보면 나를 알게 될 거야』

김동영 지음, 달

❮─❮─◉─◉─❯─❯

문득 통장의 잔고를 떠올리다 동시에 '그건 하나도 중요하지 않아'라는 생
각이 든다면 어쩌면 그게 여행인지 모른다.

— 본문 '어쩌면 그게 여행' 중에서

서른 살, 방송작가로 활동하던 저자는 갑자기 다니던 회사에서 해고 통보
를 받는다. 그는 수중의 돈을 모두 쏟아 무작정 미국으로 떠난다. 그렇게 자동
차로 미국을 횡단하는 230일간의 여정이 시작된다. 첫 여행의 설렘을 라디오
에 사연으로 보내며 시작한 여행. 저자는 시카고부터 로스앤젤레스까지 미국
의 중서부 여덟 개 주를 잇는 Route 66을 따라간다. 짧고도 긴 여정에서 희망과
좌절, 가난과 고독을 느끼며 그는 앞으로 나아간다. 그 시간은 그의 인생 최고
의 영광이었으나 한편으로 인생 최고의 낭비이기도 했다고 그는 말한다.

『너도 떠나보면 나를 알게 될 거야』의 저자 김동영은 스스로를 생선이라
이름 지었다. 잘 때도 눈을 감지 않는 생선과 같이 항상 깨어있는 사람이 되
고 싶다는 이유에서다. 청년들의 해외여행이 활발해지던 2007년 펴낸 이 여

행 에세이는 20만 부 이상의 판매고를 올린 스테디셀러가 됐다. 저자는 이후 장편소설『잘 지내라는 말도 없이』180일의 아이슬란드 여행기『나만 위로할 것』정신과 전문의 김병수와의 공황장애 치료기인『당신이라는 안정제』위로를 담은 에세이『무엇이 되지 않더라도』를 펴냈다. TV 강연 프로그램 〈말하는 대로〉에 출연하여 청춘의 아픔을 말해 화제를 모으기도 했다.

노란 속지의 책은 저자가 여행 중 찍은 사진과 짧은 소감을 담은 에세이로 이루어졌다. 여행 중에 겪은 일화, 사람들과 나눈 대화, 여행 중 마주친 주제에 관한 소품이 담겨있다. 고독함과 자괴감의 정서가 깔린 그의 글에는 현실을 직시하고 좌절하는 청춘과 그 좌절을 넘어서 소박한 미래를 꿈꾸는 청춘이 공존한다. 현재의 외로움과 싸울지라도 앞으로 나아갈 힘을 저자는 여행을 통해 얻고 있는 것이다. 타인과의 짧은 만남에서 기쁨을 얻고 사랑하는 사람과의 미래를 그리는 모습은 평범한 일상의 기쁨과도 닿아있다. 낯선 곳에서 만난 타인과의 소통에서 그는 자신을 마음껏 드러내고 소리 내어 아파한다. 청춘의 다듬어지지 않은 마음이 한껏 드러나는 것이다.

수많은 독자들의 공감을 불러일으켰기 때문에『너도 떠나보면 나를 알게 될 거야』는 스테디셀러가 되었다. 가까스로 홀로 선 청춘이 때아닌 역경 이를테면 해고의 위기를 맞이했을 때 어떤 이들은 재빠르게 새로운 일자리를 찾아 헤맬 것이다. 그러나 저자는 대신 오로지 자신만을 위한 여행을 떠난다. 이 부분이 독자들에게 큰 해방감을 주는 이 책의 매력 포인트다. 독자는 동시에 낯선 여행지에서 느끼는 고뇌의 기록에 공감하며 자신의 아픔이 혼자만의 것이 아님에 위로받았을 것이다. 저자의 말처럼 누군가에게 줄 선물을 고르는 순간도 혹은 서랍 속에서 여권을 찾았을 때의 설렘도 어쩌면 여행 그 자체일지도 모른다.

진정으로 나라를 위한 지식인의 여행기

『세계 최고의 여행기 열하일기』

박지원 지음, 고미숙·김풍기·길진숙 옮김, 북드라망

❖❖❖❖❖

강물 소리는 어떻게 듣느냐에 따라 전혀 달라진다. *(중략)* 이는 모두 바른 마음으로 듣지 못하고 이미 가슴속에 자신이 만들어놓은 소리를 가지고 귀로 들은 것일 뿐이다.

— 본문 '하룻밤에 강을 아홉 번 건너다(일야구도하기)' 중에서

『세계 최고의 여행기 열하일기』는 연암 박지원의 『열하일기』를 청소년과 일반인이 읽기 쉽게 편역하여 엮은 책이다. 중국에서 만난 선비들과의 대화와 함께 중국의 선진 문명을 보며 우리도 빨리 타국의 문화를 받아들여야 한다고 외쳤던 연암의 주장과 소회를 담았으며 여행 중 건너들은 기묘한 이야기들 또한 생생하게 담았다. 『열하일기』는 단순한 기행문이 아니라 낯선 문물과 접촉하는 과정이다. 그 과정에서 연암은 새로운 것을 발견하고 자신만의 관점을 꾸려나간다.

저자 박지원은 조선 후기의 실학자이자 소설가이다. 자는 중미(仲美), 호는 연암(燕巖)이다. 1737년 노론 명문가 집안에서 태어났으나 과거를 보지 않

고 이덕무, 홍대용, 이서구, 백동수 등의 선비들과 어울려 지내며 북학론을 전개하였다. 1780년에 삼종형 박명원의 자제군관 자격으로 청나라에 다녀와서 지은 기행문이 『열하일기』다. 18세기 지성사의 한 획을 그은 연암의 역작이자 문체반정의 핵심에 자리했던 이 기행문은 연암을 불후의 문장가로 만들어 준 책이기도 하다.

연암이 열하에 다녀온 시기에는 정조가 나라를 통치하고 있었다. 당시 조선의 사대부들은 성리학의 영향으로 만주족의 나라인 청나라를 멸시하였으나 청나라는 다른 나라와의 교류를 확대하며 찬란한 문화를 이룩하고 있었다. 청나라를 여행하며 그들의 고도로 발전한 문화를 목격한 연암은 한족뿐만 아니라 만주족과도 교류하며 편견의 벽을 허물고 실리주의를 실천해야 한다고 주장했다. 조선을 벗어나 처음으로 경험한 낯선 문화에 거부감이 들 법도 한데, 그보다 더 깊은 사유와 나라를 위하는 마음으로 더 멀리를 바라본 연암의 지혜에 감탄할 수밖에.

연암은 높은 집안의 자제이지만 사대부의 사상에 치우치지 않았다. 백성들이 사는 집과 물을 뜨는 우물의 형상까지 더 나은 것이라면 모두 『열하일기』에 기록하였고 나아가 받아들이고자 했다. 그러나 정조는 『열하일기』를 비롯한 성리학의 원칙을 따르지 않는 문학을 잡문장으로 규정하였다. 그리하여 문체반정이 일어났다. 문체반정으로 억압된 것은 문학뿐이 아니었다. 그 문학으로 표현되는 다양한 사상도 억압됐다. 연암이 두 눈으로 보았던 청의 유려한 장식물과 선진 문화는 조선에 소개될 새도 없이 사라지고 말았다. 다행히도 우리는 『세계 최고의 여행기 열하일기』를 통해 당대 최고 지식인의 사상과 문학을 엿볼 수 있다. 지금의 우리도 아집에 사로잡혀 정작 더 중요하고 더 필요한 것을 놓치고 있진 않은지 연암의 글을 통해 돌아볼 수 있다.

젊은 무슬림의 30년간의 세계 여행

『이븐 바투타 여행기』

이븐 바투타 지음, 정수일 옮김, 창작과비평사

❦❦❦

그중 한 사람이 이 어린이에게 "깨진 조각을 주워 모아서 그릇 보조기금 관리인에게 가지고 가라"라고 타일렀다. 그리곤 그 애와 함께 관리인에게 가서 접시 조각들을 보여주었다. 그러자 관리인은 별 군말 없이 그만한 접시를 살 수 있는 돈을 선뜻 내주는 것이었다.

— 본문 160페이지

1997년, 《TIMES》는 지난 천 년 동안의 위인 100명을 선정하면서 이븐 바투타를 44위로 꼽았다. 국내에서는 낯선 이름이지만 이븐 바투타는 14세기에 육로와 바닷길로 30년간 아시아, 아프리카, 유럽을 여행한 전무후무 최고의 여행가이다. 모로코 명문가에서 태어난 그는 독실한 무슬림이었고 21세가 되자 이슬람교의 성지인 메카(Mecca)와 메디나(Medina)가 있는 사우디아라비아의 히자즈 지방으로 성지순례를 떠난다. 알렉산드리아, 카이로를 거쳐 팔레스타인 지방으로 들어온 그는 남하하여 본래 목적지였던 메카와 메디나를 순례한다. 모로코에서 출발한 지 1년 6개월 만의 일이었다. 순례를 마친 그는 그러나 모로코로 다시 돌아가는 대신 아프리카로 향한다. 이때부터 본격적인 여행이 시작된 것이다.

　그는 소말리아, 케냐, 탄자니아 등 항구도시를 방문하고 메카로 돌아왔다가 홍해를 건너 이집트, 팔레스타인을 거쳐 지중해를 지나 터키에 도착한다. 이후 흑해를 건너 우크라이나에 도착한다. 당시는 이슬람이 세계의 패권을 쥐고 있었기 때문에 그는 이슬람 왕국의 여러 술탄을 알현하며 호의를 입었다. 오늘날의 러시아, 카자흐스탄, 이란, 아프가니스탄, 파키스탄을 거친 이븐 바투타는 인도의 델리에 도착하여 술탄 아불 무자히드 무함마드 샤를 알현하고 그곳에서 왕궁 법관이 된다. 중국 사절단의 대표가 되기도 하지만 중간에 습격을 당해 죽음의 위기에 처한다. 게다가 폭풍으로 배가 침몰하는 사고까지 겪자 몰디브로 도피한다. 그곳에서도 법관으로 일하다 정치적 갈등으로 스리랑카로 떠난다.

　그 후 그는 인도네시아와 필리핀을 거쳐 중국에 도착한다. 광저우, 항저우, 베이징을 연이어 방문한 그는 인도로 돌아오나 델리로 가지 않고 메카와 메디나를 거쳐 25년 만에 모로코로 귀향한다. 술탄은 이븐 바투타에게 그간의 여행을 기록으로 남기라 명하고 이븐 바투타는 '여러 지방의 기사(奇事)와 여러 여로(旅路)의 이적(異蹟)을 목격한 자의 보록(寶錄)'을 썼다. 집필 이후에도 모로코를 떠나 에스파냐와 아프리카를 5년간 여행하며 30년의 여행을 마무리 지었다. 이 기록들이 국내에는 『이븐 바투타 여행기』(전2권)로 소개되었다.

　이븐 바투타의 탐험심과 지식에 대한 욕구가 그를 머나먼 이국의 땅으로 이끌었을 것이다. 하지만 당시 30여 년의 긴 시간 동안 세계 곳곳을 둘러보기란 범인들에게 사실상 불가능했다. 그럼에도 불구하고 그가 14세기에 세계를 여행할 수 있었던 까닭은 당시 이슬람교파인 수피즘이 전도를 위해 무슬림 숙소 자위야를 설치해 두었기 때문이었다. 이슬람교도들이 공유하는 형제애 또한 그의 여정을 받치는 힘이었다. 『이븐 바투타 여행기』는 우리가 익숙하게 받아들이던 마르코폴로의 『동방견문록』의 시각과는 다르다. 이 책은 14세기 당시의 세계를 기독교 세계의 눈이 아닌 이슬람인의 세계관으로 볼 수 있는 귀중한 자료이다.

영국인의 삶에 깃든 정신을 엿보다

『영국인 재발견』

권석하 지음, 안나푸르나

←◦◦◈◦◦→

영국은 역사적으로 한 번씩 세상을 뒤집는 대중문화를 만들어 낸다. 그것도 아주 통속문화로 말이다. 셰익스피어 문학이 지금은 아주 엄숙한 본격 순수 문학 취급을 받지만 400년 전에는 관객들을 웃고 울게 만들던 통속연극의 극본이었을 뿐이다.

— 본문 417페이지

신사의 나라, 비가 자주 내리는 나라, 해리 포터와 셜록 홈스의 나라, 수많은 식민지를 거느렸던 제국주의의 나라. 우리가 익히 알고 있는 영국은 이와 같다. 그러나 과거의 영광과 미디어에 비치는 단편적인 모습을 제외하고 우리는 영국과 영국인에 대해 얼마나 알고 있을까. 저자 권석하는 1982년 무역상사의 주재원으로 영국으로 건너가 현재까지 그곳에서 살고 있다. 호기심과 열정으로 현지에서 정치, 역사, 문화, 건축 등 다양한 분야를 공부했고 예술문화해설사 자격증도 취득했다. 다양한 매체에 영국과 관련된 내용을 기고하고 있다. 케이티 폭스의『영국인 발견』을 번역하기도 했다.『영국인 재발견』은 현재의 영국을 이루는 정치, 경제, 문화, 예술을 살펴본다. 영국의 계급사회적 특징과 현대의 급속한 변화의 시류를 받아들이는 그들 나름의 모습과 각자의 빈과 부를 받아들이는 태도, 영국 사회를 지탱하는 정신과 영국 문화의 힘을 차례로 설명한다.

영국의 왕족은 영국인뿐 아니라 전 세계인의 관심을 받는다. 저자는 영국인이 가장 사랑하는 군주 엘리자베스 1세와 60년 넘게 여왕의 자리를 차지하고 있는 엘리자베스 2세, 전 세자빈 다이애나와 찰스 왕세자를 소개한다. 그리고 그들이 영국의 경제와 정치에 어떤 영향을 미치는지 그들 각각의 존재가 영국인들에게 어떻게 각인되었고 민심에 어떤 영향을 미치는지를 말한다. 책에 따르면 영국의 정치인은 지역구 단위부터 민심을 알기 위해 애써야 한다. 민원인의 이야기를 들어주는 것이 의원들의 일과 중 상당 부분을 차지한다. 영국 정치인에게 가장 중요한 것이 바로 지역 선거이기 때문이다. 이렇게 풀뿌리 민주주의를 제대로 실행하고 있는 영국에서 가장 화제를 불러일으켰던 인물인 마거릿 대처. 이 책은 그녀의 대처리즘과 그늘을 설명하고 있다. 다양한 문화에 마음을 열었던 영국에서 다문화주의 실패론이 나온 배경 또한 살펴본다. 실용성을 극대화한 런던 올림픽과 소박한 총리 관저에서 영국인 특유의 관용과 실용주의의 융합을 찾아보기도 한다.

2008년 미국발 금융위기와 최근의 브렉시트로 영국은 경제적 위기를 맞았다. 현재 한국이 겪고 있는 실업과 저성장의 위기를 영국은 더 일찍 겪은 것이다. 소득을 줄여 마이너스 성장을 하고 어려운 시기를 마음을 합쳐 견뎌낸 그들의 과거 사례로 보아 앞으로의 위기를 어떻게 헤쳐나갈지 주목할 만하다. 또한 노블레스 오블리주가 자연스러운 영국 부자들의 모습도 소개된다. 신사의 나라라는 말이 무색하지 않게 그들의 삶을 지탱하는 확고하고 젠틀한 요소들을 이 책에서 만날 수 있다.

영국인은 불확실한 미래에 불안해하는 대신 자신의 자리에서 만족하는 삶을 산다. 신분 상승을 위해 노력하는 소수와 안분지족의 삶을 살아가는 다수가 공존하며 조화를 이루는 독특한 사회인 것이다. 마지막으로 세계에 영향을 미치는 영국의 문학과 미디어, 교육을 소개한다. 디킨스의 문학, 비틀스의 음악, 센세이션을 불러일으킨 조앤 롤링의『해리 포터』시리즈와 같은 문화적 산물과 더불어 영국인의 자존심 BBC와 케임브리지를 소개한다. 독자들은 『영국인 재발견』을 읽음으로써 과거의 영국과 현재의 영국을 이해하고 우리보다 먼저 다양한 변화를 겪은 그들에게서 많은 교훈을 얻을 수 있을 것이다.

마음을 가다듬고 산사에 가면

『조용헌의 사찰기행』

조용헌 지음, 이가서

❧❦◈❦❧

영험이 어려 있는 사찰은 지령(地靈)이 깃들어 있다. 절에는 수천 년이 넘게 이어져 오던 우리 조상들의 민속 신앙이 숨어 있다. 산신이 있고, 칠성이 있고, 용왕이 있다. 절에는 역사가 있다. 천 년이 넘는 고찰마다에는 그 절마다의 독특한 역사가 들어 있다. 절에는 고승들의 행적이 배어 있다.

— 서문 중에서

한국 사찰의 입지와 풍수는 물론 사찰의 성격에 따라 달라지지만 대체로 깊은 산 속에 있는 산곡사찰인 경우가 많다. 마을에서 멀리 떨어져있어 수행 공간으로 안성맞춤인 것이다. 이런 산곡사찰 중 유구한 세월 속에서도 변치 않고 명맥을 유지하는 천년 사찰이 있다. 지난해 한국의 산사 7곳이 가치를 인정받아 유네스코 세계유산에 등재됐다. 경남 양산의 통도사와 경북 영주의 부석사 외 5곳이다.

7~9세기 창건 이후 지금까지 천년이 넘는 역사를 간직한 사찰들로 불교의 신앙·수도·생활 기능을 유지하고 있는 종합 승원인 한국의 산사는 탁월한 보

편적 가치를 지니고 있다는 평을 받는다. 오랜 세월 보편적 가치를 지키며 변함없이 그 자리에 있는 산사에는 분명 우리가 계승하고 지켜야 할 가치가 깃들어 있다.

『조용헌의 사찰기행』의 저자 조용헌은 지난 18년간 한·중·일 3개국의 사찰과 고택 600여 곳을 현장 답사했다. 그중 한국의 사찰 22곳을 선정하여 이 책에 소개하고 있다. 저자는 세 가지 기준을 세워 사찰을 선정하였다. 널리 이름이 알려진 곳보다는 많은 고승이 머무른 곳이어야만 하며 호젓하고 주변 풍광이 아름다워야 한다는 것이 그 기준이다. 저자는 각각의 사찰을 모두 직접 찾아가 살피고 우리 조상들의 시각으로 그 안에 담긴 역사, 사상, 종교적 영험함, 풍수, 민속 신앙, 고승들의 행적 등을 생생하게 풀어내었다.

저자의 사주명리학적인 시선이 책 곳곳에 나타나 이 책을 특별하게 만든다. 사찰에 담겨있는 역사뿐만 아니라 사찰이 지닌 지리적인 면 사찰 주위의 산과 물줄기, 마을과의 조화 등을 다루어 폭넓은 정보를 제공한다. 또한 저자는 유불선(유교·불교·도교)과 문사철(문화·사회·철학) 그리고 천문·지리·인사라는 아홉 가지 분야를 함께 연구하는 강호동양학이라는 장르를 사고의 중심에 두어 유연한 태도를 보여주면서 직접 채집한 다양한 이야기를 통해 과거와 현재를 관통하는 보편적인 가치를 전달하고자 한다.

이 책에 소개되는 22곳의 사찰에는 저마다의 독특한 역사와 그에 얽힌 흥미로운 이야기들이 수록되어있다. 산에도 오행이 있음을 알려주는 부분을 예로 들 수 있는데 먼저 활활 타오르는 기운이 드센 화(火)의 기운을 가진 산(설악산, 금강산, 북한산 등)과 원만한 토(土)의 기운을 가진 산이 있다. 금(金)의 기운을 가진 산은 귀인을 배출하며 목(木)의 기운을 가진 산에는 문장가와 학자들이 많이 나온다고 한다. 따라서 수행을 할 때는 기운에 맞는 산을 골라야 한다. 또한 절마다 산신각이 있거나 돌다리와 연못을 만든 이유, 건봉사 입구 돌기둥에 금강저가 새겨져 있는 이유 등 우리가 일상에서 쉽게 접하지 못했던 흥미로운 정보들이 담겼다.

저자가 말한 불교의 지혜를 여기 소개한다. 불교에서는 지혜를 칼에 비유하곤 하는데 칼의 자르는 힘이 마치 지혜의 힘과 같기 때문이라고 한단다. 지혜는 명석한 판단력이며 판단력을 지녔다면 예스보다는 노를 말하는 경우가 많다고 저자는 말한다. 즉 거절할 줄 아는 것이 지혜이기에 지혜는 칼날과 같은 섬뜩함을 지닌다는 것이다. 사찰의 흥미로운 역사와 더불어 저자의 통찰이 깃들어 있는 이 책은 독자에게 큰 여운을 남길 것이다.

인간의 본연을 닮은 신과 함께
『북유럽 신화 여행』
최순욱 지음, 서해문집

←◦◦◉◦◦→

신화를 읽는 것은 원형이나 반복되는 이야기 구조를 탐구하고 인간을 좀 더 잘 이해할 수 있는 비교적 쉬운 방법이다. 신화는 인간을 포함한 우주 전체의 창조와 운행 원리에 대한 생각의 체계다.

—서문 중에서

북유럽 신화는 노르드 신화 혹은 스칸디나비아 신화를 통칭하며 오늘날의 덴마크, 스웨덴, 노르웨이, 아이슬란드 등 북부 유럽에 살았던 게르만인의 일파인 노르드인들의 종교·신앙·전설 등을 일컫는다. 북유럽 신화의 문헌에는 다양한 신들이 소개된다. 묠니르라는 이름의 망치로 적을 깨부수는 토르와 세계의 지식을 탐욕적으로 추구하는 애꾸눈의 오딘, 그의 아내 프리그와 아들 발드르, 신들에게 파멸을 가져오는 요툰 출신의 로키 등 다채로운 인물들이 등장한다. 북유럽 신화의 세계관과 신에 대한 이미지는 이미 애니메이션, 영화, 게임 등의 다양한 콘텐츠에 널리 활용되었기에 우리는『북유럽 신화 여행』안에서 낯익은 이름들을 발견할 수 있다.

북유럽 신화는 구전되었기 때문에 남아있는 참고 문헌의 수가 많지 않고 자연히 북유럽 신화를 다룬 국내 서적 또한 많지 않다. 때문에 『북유럽 신화 여행』은 우리가 2차 저작물로 만났던 신화의 원형 이야기를 보다 가까이에서 읽을 좋은 기회다. 저자가 주목하는 북유럽 신화의 가장 큰 매력이자 특징은 비극과 아이러니다. 큰 틀에서 볼 때 북유럽 신화는 세계의 창조부터 신과 거인 간의 최후의 전쟁인 라그나뢰크로 세계가 몰락하기 전까지의 이야기를 담고 있다. 인간의 이야기는 신의 멸망 이후부터 본격적으로 전개되는데 이러한 구조는 북유럽 신화가 가진 특징 중 하나다.

신들은 처음부터 세계와 함께 멸망하는 자신들의 운명을 알고 있다. 또 하나의 특징인 아이러니에 해당하는 내용이다. 이러한 구조 속에서 신들은 어딘가 저마다 결함을 가진 존재로 표현된다. 예를 들어 지혜를 얻는 대신 한쪽 눈을 잃은 오딘, 지혜를 상징하며 머리만 있는 거인 미미르, 맹세와 민회의 신이지만 정작 맹세할 때 쓰는 오른손이 없는 티르가 그 예이다. 우리가 알고 있던 완전무결한 신의 모습과는 먼 기이한 모습이지만 그로 인해 저마다의 독특한 성격과 특성이 부여되어 북유럽 신화 특유의 비장한 매력이 갖춰진다.

그 밖에도 아홉 세계가 닿아있는 세계수인 위그드라실이나 라그나뢰크에서 신들의 가장 강력한 적이 되는 로키의 세 자식, 오딘을 숭배하는 베르제르커 전사와 같은 다른 신화에서 유사한 형태를 찾기 힘든 독특한 존재들은 오늘날 다양한 콘텐츠에 활용된다. 한편 이 책의 3장은 모험과 사랑, 전쟁과 죽음을 다룬다. 프레이르, 헤임달 등 비중 있게 다루지 않았던 신들에 대한 이야기로 시작되며 토르나 오딘의 모험이 그려진다. 여기에서 라그나뢰크의 징조로 상징되는 반지 이야기는 현대에 들어와 J.R.R 톨킨의 『반지의 제왕』, 오페라 〈니벨룽겐의 반지〉로 새롭게 재구성되기도 했다.

이렇듯 우리가 접하는 유럽 문화의 많은 부분이 북유럽 신화에 기반을 두고 있다. 북유럽 신화를 믿었던 고대의 게르만족이 중세 이후의 유럽을 형성하는데 중추적인 역할을 했기 때문이다. 유럽에 기독교가 완전히 뿌리내린 뒤에도 그들의 사상과 믿음의 상당 부분은 굳건히 살아남았다. 그리스 신화가 지금까지도 삶 곳곳에 영향을 끼치고 있듯 북유럽 신화도 생명력을 지니고 이어지고 있는 것이다. 궁극적으로 저자가 우리에게 전하고자 하는 것은 다름이 아니라 이 책을 통해 북유럽 신화의 매력에 푹 빠지는 것이다. 500페이지가 넘는 방대한 분량을 읽어 내려가는 데에도 불편함이 없는 까닭은 독자에 대한 저자의 숨은 배려 덕분이다. 곳곳에 이야기의 앞뒤 맥락을 잇는 추가 해설이 있고 그리스 로마 신화, 인도와 중국 신화 등 다른 신화와의 유사점을 비교하고 약탈혼이나 허니문 등 현대까지 이어진 관습 등을 소개되어 독자가 끝까지 흥미롭게 읽을 수 있다.

인간은 누구나 여행을 꿈꿉니다. 친구들과 떠나는 여행 혹은 사랑하는 연인과 떠나는 달콤한 여행도 꿈꾸지만 무엇보다 혼자 떠나는 여행에 로망을 갖고 있죠. 특히 혼자 가는 여행이라면 가급적 멀리 그리고 더 오랜 기간 머물 수 있는 곳을 동경하지 않나요? 저는 가끔 남미나 아프리카 같은 곳에 한 달이고 두 달이고 혼자 있다 오는 꿈을 꿉니다. 왜 우리는 지금 여기서 멀리 떠나고 싶어 하는 걸까요? 그렇죠. 피곤하고 힘들어서죠. 지금 이곳에서 사람들과 부딪치며 마음의 상처가 쌓였기 때문일 겁니다.

학교를 졸업하는 사람들에게 우리는 축하를 보냅니다. 이제 가정과 학교라는 울타리를 벗어나 당당한 사회 구성원이 된 것을 축하하고 격려하죠. 그리고는 이내 등을 떠밀어 사회라는 공간으로 집어넣습니다. 하지만 그렇게 떠밀려 들어온 사회는 그리 낭만적인 곳도 이상적인 곳도 아니라는 걸 깨닫는 데 그리 많은 시간이 필요하지 않습니다.

사회라는 공간은 정말 구별짓기를 잘합니다. 학력에 따라 대학원졸, 대졸, 고졸을 순서대로 나열해서 구별을 하고요. 대학도 어쩜 그렇게 구별을 잘하는지 놀랄 따름입니다. 서울대, 연고대는 물론 서성한, 중경외시 그리고 지잡대까지. 학력만으로 뿐이 아닙니다. 남자냐 여자냐는 성별로 구별을 하고 거기서 또 남자라면 키가 얼마다, 여자라면 외모가 어떻다라고 구별을 합니다.

어디 사는가도 구별합니다. 서울 사냐? 강남 사냐? 아파트 사냐? 몇 평이냐? 또 나이로도 끊임없이 구별을 합니다. 나이가 너무 많다 어리다는 물론 젊다는 이유만으로 반말을 듣거나 말도 안 되는 차별을 받기까지 합니다.

도대체 사회는 왜 이렇게 구별을 하고 그 구별을 기반으로 차별을 만들어갈까요? 그리고 그 속에서 나는 또 왜 이렇게 마음의 상처를 받고 살아야 하는 걸까요? 그래서 이번 파트에서는 이 책들을 살펴보기로 하겠습니다.

먼저 피에르 부르디외의 『구별짓기』입니다. 더 설명 안 해도 되겠죠?
다음은 젊은 세대와 기성세대의 갈등을 경제적으로 접근한 박종훈 기자의 『세대전쟁』. 그리고 마지막으로는 여자라는 이유로 차별받아야 하는 한국의 현실을 이해하기 위해 베스트셀러 『82년생 김지영』을 소개하겠습니다.

6장

사회생활에서
상처받은 사람에게
건네는
따뜻한 한 마디

A book is a gift you can open again and again

I look at a gift you can open again and again

소속과 비소속의 희한한 마음 경계

『구별짓기』
피에르 부르디외

콩고 왕자로 알려진 조나단이라는 친구가 있습니다. 친형인 라비와 같이 방송활동을 해서 아마 아시는 분들도 꽤 많으실 겁니다.

저자 최진기와 라비. | 출처: 오마이스쿨

저와도 인연이 되어서 방송도 하고 같이 강연도 몇 번 한 적이 있습니다. 조나단의 별명이 콩고 왕자입니다. 실제로 부족국가인 콩고에서 꽤 높은 신분을 가졌던 집안의 아들입니다. 라비의 아버님도 지금 한국에 오셔서 교수로 활동하고 계십니다. 이분들은 망명을 허용받은 몇 안 되는 아프리카 분들이기도 합니다.

저는 개인적으로 조나단을 아주 좋아합니다. 밝고 건강하고 특히 여러 국가에서 생활을 해봐서 세계를 바라보는 시각이 매우 개방돼 있어서 더더욱 좋아하는 친구입니다. 그런데 이 친구가 그 큰 덩치를 가지고서 한번은 저와 이야기를 하다가 눈물을 글썽인 적이 있습니다.

여동생이 하나 있는데 어느 날 오더니 왜 많은 공주 인형들 중에는 흑인 인형이 없냐고 하더랍니다. 그리고 나중에 막상 흑인 인형을 보고 나서는 자기도 이쁘지 않다고 했다는 겁니다. 그때 여동생이 속상해하는 모습을 보고 세상의 모든 인종의 공주 인형은 다 예쁘다고 다독여주었지만 말 못할 상처를 받았다고 하더군요.

조나단 가족끼리는 생활을 하면서 피부색 때문에 서로에게 상처받는 일이 당연히 없었을 겁니다. 그러다가 외국에서 사회생활을 하게 되면서 부득이 피부색 때문에 차별받고 그리고 그것이 엄청난 상처가 되어 돌아왔을 겁니다.

사회생활이 씻을 수 없는 상처를 주는 이유 중 하나는 바로 그 상처가 차별에서부터 시작된다는 점일 겁니다. 너는 피부색이 달라, 너는 출신국가가 달라, 너는 성이 달라, 너는 출신지역이 달라, 너는 출신학교가 달라….

아…. 너는 다르다 라는 이 저주받은 끔찍한 단어의 정체는 도대체 무엇일까요?

한때 한국 교육현장에서 가장 시급히 해결해야 할 과제로 떠올랐던 문제가 바로 왕따 문제였습니다. 당시 학생들을 강의하고 있던 저에게도 많은 학생이 상담했던 문제였습니다.

　서울 상계동에서 과외를 하고 있었을 때입니다. 여학생이었는데요, 아주 똑똑한 친구였습니다. 공부를 매우 잘했습니다. 거의 전교권이었고요, 서울대나 연고대를 갈 수 있는 실력을 가진 친구였습니다. 그런데 고2 들어서면서 이 친구가 부모님께 자퇴를 하겠다고 했습니다. 집에서는 난리가 났죠. 미쳤냐고. 그런데 저한테는 이미 상담을 했었고 저도 자퇴를 하는 것이 낫겠다고 상담을 해주었었습니다. 나중에는 결국 제가 부모님을 뵙고 설득까지 했습니다. 과외를 하면서 저도 상담을 하기 전까지는 이 똑똑한 친구가 왕따를 당하리라고는 생각도 못했었는데 반에서 심한 왕따를 당하고 있었습니다.

　그런데 그 왕따를 당했던 이유가 바로 키가 작기 때문이라는 겁니다. 똑똑하고 공부 잘하고 거기다 말도 잘하고 이쁜 외모를 가져서 친구들이 왕따를 했나 봅니다. 아무튼 부모님께 저도 이런 사실을 차분히 말씀드렸고, 자식 이기는 부모 없다고 친구가 당차게 나가자 결국 부모님도 자퇴를 허용해주시더군요. 고등학교에만 왕따가 있을까요? 그렇지는 않을 겁니다. 사실 사회에도 왕따가 있을 겁니다. 차이가 무엇일까요?

　고등학교에서 왕따 문제가 발생하면 일부 사람들은 왕따를 당한 학생의 문제를 지적하기도 하지만 대부분의 사람은 왕따를 발생시킨 학교를 문제 삼지요.

　하지만 사회에서 왕따가 발생하면 왕따가 된 사람이 문제가 됩니다. 무슨 소리냐고요? 군대를 생각해보면 당장 아시죠? 군대에서 왕따를 당하는 사람을 우리는 고문관이라고 합니다. 보통의 지휘관이라면 고문관을 발생시킨 군대문화를 문제 삼지는 않습니다. 군대문화에 적응하지 못한 고문관을 문제 삼지요. 혹여 그 고문관이 사고를 칠까 봐 훈련이나 기타 일들에서 그를 더 배제하고 관심사병이라는 이름하에 감시와 차별을 정당화시키지요.

회사의 왕따도 마찬가지입니다. 왕따를 시킨 회사문화를 문제 삼는 사장님은 거의 없습니다. 웬만한 사장님은 다 왕따가 된 직원을 자르려고 하지 왕따를 시킨 직원들을 자르려고 하지는 않을 겁니다. 그게 사회고 그것이 사회가 우리에게 그렇게 많은 상처를 주는 근본 이유이기도 할 겁니다.

세상은 그렇게 구별짓기로 구성되어있나 봅니다. 그래야 원시시대 이래 우리가 생존하는 데 훨씬 더 유리했을 거라고 생각도 됩니다. 커다란 맘모스를 사냥하려고 사냥에 참가하는 집단을 구성합니다. 사냥에 참가한 사람들과 그 가족들은 분배의 대상이었을 것이고 사냥에 참여하는 과정 속에 저절로 분업과 협업적 질서가 자리 잡으면서 우리라는 의식이 자리 잡았을 것입니다. 그 집단에 포함되지 않는 사람 혹은 다른 집단의 사람들에게는 너희라는 호칭을 부여했겠죠. 그리고 당연히 우리 집단이 너희 집단보다 우월하다는 의식을 우리 집단은 스스로 가지게 되었을 겁니다. 그렇지 않았다면 우리 집단의 구성원들은 자신감과 자존감을 잃어버리고 자꾸 너희 집단으로 넘어가려고 했을 테니까요.

그것을 사회학에서는 내집단과 외집단이라는 개념으로 분류를 합니다. 즉 소속감과 애착심을 가지고 있는 자신이 속해 있는 집단을 내집단이라고 부르고 자신의 집단과 경쟁관계 혹은 적대관계에 있다고 생각하는 집단을 외집단이라고 분류합니다. 더 재밌는 건 사람의 마음은 희한해서 지금은 소속되어있지 않아도 내집단은 존재하고 또한 그가 속했던 내집단을 부정해도 여전히 내집단은 그를 쫓아다닌다는 겁니다.

예를 들어 여러분이 ○○고등학교를 졸업했습니다. 그러니 더 이상 ○○고등학교 학생이 아니지요. 하지만 여전히 ○○고등학교에 소속감을 가지고 있겠지요. 더 재밌는 것은 ○○고등학교를 다닐 때 '우리 학교는 똥통 학교야' 라고 비하하고 다녔으면서도 졸업하고 나서는 ○○학교와 다른 학교가 스포츠 경기에서 붙으면 미친 듯 우리 학교를 응원한다는 거예요.

즉 이 이론은 우리나라 사람들에게 다시 태어나면 어느 나라에서 태어나고 싶은지 물으면 많은 사람이 한국보다 스위스를 선택하겠지만 월드컵에서 한국과 스위스가 붙으면 단 한 명도 예외 없이 '대한민국 빠빠빠 빰빠'를 외치는 걸 설명하는 집단 분류 이론입니다.

그만큼 사람들 가슴속에는 우리라는 의식 그리고 너희라는 의식이 깊이 뿌리박혀 있습니다. 앞에서도 말씀드렸듯 사람들은 끊임없이 자기가 어디에 속해 있는지 자신의 집단을 확인하고 그 집단의 구성원이라는 것에 안도감을 가진 채 타 집단을 경계하고 살아가는 존재입니다. 그리고 그래야만 사회는 발전할 수 있을 겁니다.

'내가 다니는 회사는 ○○회사야. 그리고 ○○회사에 다니는 사람들은 나의 동료야. 그리고 우리가 같이 열심히 일해서 ○○회사를 발전시켜야지! 그래야 우리 구성원들도 다 잘되게 되잖아! 그러기 위해서는 우리가 경쟁회사인 △△회사보다 더 열심히 일하고 능률적으로 움직여 나가야 해.'

이렇게 생각하는 것은 참으로 바람직하고 어찌 보면 당연한 생각일 겁니다. 이렇듯 구별짓기는 사회를 구성하기 위해서는 당연히 필요한 논리이고 사회발전을 위해 꼭 필요한 일일 겁니다.

그런데 세상이 그렇게 간단하지만은 않은 법. 세상의 모든 구별짓기가 바람직할 수는 없습니다. 특히 집단 내부에서 보이지 않게 이뤄지는 구별짓기는 대부분 문제를 수반하는 경우가 많습니다. 예를 들어 볼까요?

어떤 집단 안에서 학력이 높은 사람들이 모여 그들과 학력이 낮은 사람들을 구별하기 시작합니다. 자연스럽게 학력이 높은 사람들이 학력이 낮은 사람들을 밀어내고 학력 높은 사람들 중심의 사회구조를 만들어나가겠죠. 아주 단적으로 좋은 직장에는 학력이 높은 사람들만 입사가 가능하게 됩니다.

좋은 직장 = 고학력자라는 등식이 성립하기 시작하면서 이제는 배우신 분들과 못 배운 놈들로 세상이 나뉩니다. 여기서 끝이 아니죠.

배우신 분들은 물론 못 배운 놈들도 그 안에서 끊임없이 더 구별짓기를 해나갑니다. 좋은 직장에 취업한 배우신 분은 그 안에서 승진을 위해 또 구별짓기를 만들어나갑니다.

경상도 출신과 전라도 출신으로 나누고 서울대 출신과 비서울대 출신으로 구분을 해나갑니다. 그리고 그 과정에서 경상도 출신이 전라도 출신을 밀어내고 서울대 출신이 비서울대 출신을 밀어냅니다.

예를 들어 그 과정에 전라도 지역 태생이자 서울대 출신이 있다고 가정해봅시다. 그 사람은 자기가 태어난 지역은 강조하지 않고 계속 서울대 출신이라는 것만 강조해갑니다. 그리고 굳은 신념을 갖게 되죠. 사회는 출신지역이 강조되는 연고주의 중심의 사회가 아니라 학력이라는 능력 중심의 사회가 되어야 한다고 말이죠.

그러다 출세에 실패하면 지역연고 중심의 사회를 끝없이 증오합니다.

반면 출세를 하면 저학력자 = 무능력자라는 신념을 갖고 살게 됩니다.

그뿐이 아닙니다. 못 배운 놈들이 살게 되는 세상에서도 비슷한 일이 일어나기 시작합니다. 그 안에서도 끝없이 구별짓기가 시작됩니다. 서울 출신과 비서울 출신으로, 남성과 여성으로 그리고 빽으로 들어온 사람과 그렇지 않은 사람들로 구별짓기가 이뤄집니다. 대부분의 사람은 내가 비서울 출신이거나 여성이라는 이유로 또는 회사 안에 빽이 없다는 이유로 상처받고 살아야 하는 세상이 돼버립니다.

구별짓기에 상처받은 사람들이 그 다음에 하는 행동 때문에 이러한 구별짓기는 더욱 슬픕니다. 구별짓기를 없애기 위해 모두 모여 함께 노력하고 세상을 바꾸기 위해 노력할까요?

그런 경우도 볼 수 있지만 사실 그렇지 않은 경우가 더 많습니다. 정말 슬프게도 구별짓기를 통해 상처받은 사람들이 스스로 다시 한번 구별짓기를 통해 타인에게 상처를 주는 행동을 한다는 거예요.

대기업에서 근무하지만 좋은 학교를 나오지 못한 것 때문에 상처받은 회사원이 하청업체에 가서는 나이 많은 사장에게 반말을 하고 직원들에게 함부로 합니다. 끝없이 자기 세뇌를 통해 자기만족을 얻어나가는 거죠. '나는 비록 학력 차별 때문에 더 이상 승진은 못하겠지만 국내 굴지의 대기업에 다니는 사람이란 말이야!' 이렇게 말입니다.

가끔 사회적 약자가 더 약한 사회적 약자에게 누구보다 심한 행동을 하는 걸 목격할 수 있습니다. 구별짓기라는 현상을 이용해 설명하면 이런 해설이 가능할 겁니다.

상민이라는 회사원이 있습니다. 그런데 상민이는 구별짓기에 의해 회사 내에서 차별을 당해 상처를 받았습니다. 하지만 상민이는 그러한 구별짓기에 어떤 저항도 할 수 없습니다. 그러다 쇼핑센터에 물건을 사는 과정에서 구별짓기를 시도합니다.

우선 손님과 종업원으로 구별을 짓지요. 손님은 왕이고 종업원은 종이어야 합니다. 그런데 이번에는 종업원이 상민이가 만든 구별짓기에 저항을 합니다. 상민이는 정말 참을 수가 없습니다. 상민이는 속으로 말합니다.

'나는 이보다 더 심하고 말도 안 되는 구별짓기에도 묵묵히 참고 있는데 이런 사소한 나의 구별짓기에 저항한다고?'

그래서 상민이는 그를 공격하고 더 큰 상처가 날 때까지 물어뜯으려 합니다. 그리고 그를 향한 자기의 공격이 정당하다고 굳게 믿게 되지요.

학교가 입시와 공부를 강조하면 강조할수록 거기서 구별짓기 당한 아이들끼리 모인 일진 같은 무리에는 폭력성이 더 강화될 수밖에 없습니다. 왜 입시교육을 가장 강조하는 일본에서 가장 먼저 왕따 문제가 발생했는지, 왜 왕따 문제가 교육환경이 좋은 강남에서도 사라지지 않는지 알 수 있지요.

왜 일본인보다도 친일파 형사들이 더 지독하게 고문을 했는지, 그리고 더 가깝게는 일베라고 불리는 친구들이 왜 극단적인 언행을 하는지 조금은 이해할 수 있는 단초이기도 합니다. 아주 단적으로 말씀드리면 치열한 경쟁사회에서 구별짓기를 당한 일부 남자들이 다시 한번 성별 구별짓기를 시도한 것이지요.

자기는 치열한 경쟁사회에서 구별짓기의 희생자가 되면서도 단 한 번의 저항도 하지 못하고 억울함을 호소해보지도 못했는데 여성들은 거기에 비해 별로 억울할 것도 없어 보이는 거예요. 그런데도 너무 많은 저항을 하고 있다고 생각할 겁니다. 더 나아가 자신들이 역차별을 당한다고 생각을 하겠지요.

이 책을 읽는 여러분이 좋아하는 스포츠는 무엇인가요? 축구, 야구, 테니스, 골프? 책의 저자인 부르디외는 이렇게 말합니다.

당신은 당신이 좋아하는 스포츠를 개인적 취향으로 선택했다고 생각하겠지만 사실 그것은 당신이 선택한 것이 아닌 당신이 속한 집단의 취향의 반영이라고요.

아마 당신이 육체노동자라면 축구를, 사무직 노동자라면 테니스를, 부장님이라면 골프를 그리고 사장님이라면 요트를 좋아할 것이라는 겁니다. 저자의 책에 나와 있는 표를 하나 보여드리겠습니다.

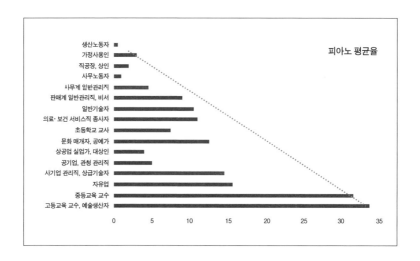

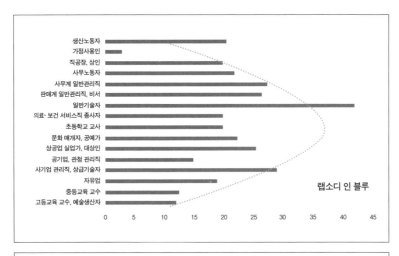

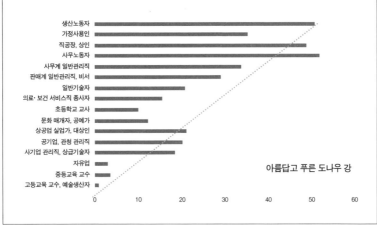

3개의 음악 작품에 대한 계급분과별 선호도

점선이 참 재밌죠? 점선에 따르면 피아노 평균율은 아래로 내려갈수록 선호도가 높아지고 랩소디 인 블루는 중간이 선호도가 가장 높고 아름답고 푸른 도나우 강은 위로 올라갈수록 선호도가 높아집니다. 좋아하는 음악만으로 사회적 구별짓기가 이뤄지고 있다고 부르디외는 이야기합니다.

사회적으로 가장 큰 구별짓기의 큰 틀을 역시 있다/없다일 겁니다. 있나! 없나!로 구별짓기를 시도해볼까요? 애인 있니 없니? 차 있니 없니? 대학 졸업장 있니 없니? 직장 있니 없니? 집 있니 없니? 정말 끝도 없이 있다/없다로 우리는 구별을 짓고 살아가는지 모릅니다. 그런데 가장 결정적인 있다/없다는 무엇일까요? 집? 애인? 졸업장? 차?

아뇨. 우리는 자본주의 사회에 살고 있다는 것을 잊으시면 안 되죠. 바로 자본입니다. 자본주의 사회에서 가장 근본적인 구별짓기는 당연히 자본의 유무에 의한 구별짓기입니다.

'너 자본이 있니? 없니?'라는 질문에 '없다'라고 답변해야 한다면 당연히 자신의 노동력을 판매해서 살아가는 노동자의 삶을 살 것이고, 자본을 가지고 있다면 다른 사람의 노동을 사서 살아가고 있을 겁니다. 둘 사이에서 애매한 삶을 살아가는 사람도 있겠지만 어쨌든 자본주의 사회에서 근본적인 구별짓기는 바로 자본의 유무라 할 수 있겠죠. 그리고 생각해보면 이건 참 상식적인 이야기일 수 있습니다.

그런데 부르디외가 뛰어난 점은 자본주의 사회에서도 진정한 구별짓기는 단순한 자본에 의해서가 아니라 문화자본에 의해 규정된다고 이야기한다는 것입니다. 한국에서 살고 있는 부자를 머릿속에 떠올려 봅시다. 그 부자는 아들에게 무엇을 해주려고 노력을 할까요? 바로 교육입니다. 자식을 외국인 학교에 진학시킨 후 외국 유명대학에 보내는 교육 코스를 선택하거나 외고에 진학시킨 후 대치동에서 사교육으로 무장하여 소위 SKY라고 불리는 명문대학에 진학시키려고 부단히도 노력할 겁니다. 왜 그럴까요? 여기에는 보이지 않는 그리고 부자도 의식적으로 느끼지 못하는 두 가지 전략이 숨겨져 있다고 저는 생각합니다.

바로 교육에 의해 상류층이 가지고 있는 꼭 뭐라고 정의할 수 없지만 그들만의 의식과 행동을 깊숙이 내면화하기를 바라고 있다는 겁니다. 왜 말로는 꼭 뭐라고 할 수는 없지만 상류층과 하류층은 똑같은 옷 똑같은 차를 타고 다녀도 뭔가 좀 다르잖아요? 그걸 부르디외는 아비투스(habitus)라고 정의했습니다.

부자 부모는 한마디로 자식들이 무의식적으로 상류층의 그 무언가의 의식과 행동을 내면화하기를 기대하는 겁니다. 영어회화는 기본으로 하고 악기는 하나 정도 다룰 수 있어야 하고 사회 이슈에 대해서 어느 정도 토론을 할 수 있는 정도의 실력을 갖추고 독서량도 좀 있고 공부도 남들에게 뒤떨어지지 않을 정도로 하고 사회적 약자도 배려할 줄 아는 예의범절을 갖춘 아들이 되기를 원하는 겁니다.

이런 아들이 아마 재테크 방법론으로 무장한 아들보다 더 귀여울 겁니다. 왜냐면 한마디로 이런 문화자본을 가지고 있는 아들이 그냥 단순히 많은 자본을 가지고 있는 다른 아들보다 사회에서 더 나은 삶을 살 수 있다고 믿기 때문입니다. 그들 스스로 사회에서 무수히 그걸 겪었기 때문이겠죠.

거기다가 가급적이면 좋은 대학을 가야 합니다. 제 친구들 중에는 명문대에서 강사 생활을 하는 친구들이 많습니다. 그런데 아주 끔찍한 이야기를 하더군요. 예전과 달리 학교 앞에 비싼 밥집이 엄청 많다는 거예요. 그런데 거기에 학생들이 바글바글하답니다.

예를 들어 상당히 고급 초밥집인데 점심시간에 무리 지어 학생들이 몰려오고는 한다는 거예요. 그런데 왜 끔찍하냐고요? 거기서 알바하는 친구들도 모두 그 학교 학생이라는 거죠.

예전에는 명문대라도 가난한 친구나 부자 친구나 비슷했습니다. 하지만 이제는 그 차이가 확연히 벌어졌다고 봐야 할 겁니다. 가난한 친구들에게는 명문대를 나와도 예전처럼 취업이 쉬운 것도 아닐뿐더러 비싼 등록금 때문에 알바를 하며 다른 친구들처럼 학점을 따기도 만만치 않아진 거죠. 더구나 자신의 역량을 키워나갈 시간을 마련하기 어려운 현실이 된 겁니다.

모두 아시다시피 이제 가난한 집에서 열심히 공부하고 명문대 나와도 인생 역전은 힘들어진 사회입니다. 가난한 집에서 명문대를 가기도 어려워졌지만 명문대를 나와도 별 소용이 없다는 거죠.

하지만 부잣집 도련님들에게는 다른 이야기입니다. 여유가 있으니 학점도 잘 딸 수 있고 취업도 잘되니 여전히 명문대 졸업장이 매력적이라고요?

아뇨. 취업 따위는 원래 그분들한테 중요한 것이 아니고요. 그냥 도련님들은 학교를 다니면서 친구들과 고급스런 초밥집을 다니시면 되는 겁니다. 그러는 과정에서 자연스럽게 그 친구들은 인맥, 학맥, 지연 등으로 표현되는 연줄망을 확보하게 되지요. 그것이 부르디외가 이야기하는 사회적 자본입니다.

상류층의 아비투스를 갖추고 상류층과 다양한 연결망을 가진 자식을 만들고자 오늘도 사장님과 사모님들은 열심히 자식 교육에 매진하고 계실 겁니다. 의식하고 있든 그렇지 않든 말이죠.

아무튼 부르디외는 여러 사회 계급들간의 구별짓기가 어떻게 벌어지고 있는가를 단순한 자본이 아니라 생활양식을 중심으로 파악하여 포스트모더니즘 시대에 프랑스 철학을 대표하는 대가가 되었습니다.

인도에는 카스트 제도가 있다고 하지요. 학교 다닐 때 배우셨을 텐데요. 혹시 기억나시나요? 최고의 성직자 계급인 브라만 다음에는 정치적 계급인 크샤트리아 그다음에는 평민인 바이샤 그다음에는 천민인 수드라 뭐 이런 거죠.

그런데 제가 인도 갔을 때 깜짝 놀란 것이 있습니다. 이 카스트 제도가 피부색에 따른 차별에서 유래가 되었다는 겁니다. 인도인들은 이 제도를 바르나(Varna)라고 부르는데 그 뜻이 색깔이라는 겁니다. 인도에는 아시다시피 원래 거주민인 드라비다인이 있었지요. 그런데 위에서 유럽계열의 아리안족이 쳐들어 내려오면서 자연스럽게 지배층은 아리안족이 그리고 피지배층은 드라비다인이 된 겁니다. 그러니 상대적으로 아리안족의 하얀 피부가 드라비다인의 검은 피부와 대별되었을 겁니다. 그리고는 간단한 색깔에 의한 구별짓기가 수천 년을 내려왔습니다. 그 과정에서 얼마나 많은 인도인들이 상처를 받고 살아왔을까요?

우리 주변에도 나날이 피부 색깔이 다른 사람들이 몰려오고 있습니다. 구별짓기는 또 시작되고 누군가는 또 상처를 받으면서 살아가게 될 겁니다. 우리의 노력이 없다면 말입니다.

독서법 ──────────────── *Reading method*

전문가 혹은 사회학 전공자가 아니면 독파가 어렵습니다. 그냥 안 읽으셔도 됩니다. 하지만 그래도 도전하고 싶으시다면 목차에서 관심이 가는 페이지를 찾아서 스윽 읽어보시길 바랍니다. 쉽지 않지만 그래도 재미를 느낄 수 있는 부분이 곳곳에 숨어있습니다.

대학원 시절 이 책을 영문판으로 읽었던 기억이 납니다. 안 그래도 짧은 영어 실력에 난해한 문장이 더해지자 그냥 한마디로 오마이갓이었습니다. 그래도 아비투스니 문화자본이니 하고 알은체 떠들고 다녔던 걸 생각하면 지금도 낯이 뜨겁습니다.

부끄럽지만 아마 당시 저의 속마음으로는 "나는 일반인과 다른 최첨단의 포스트모더니즘을 학습한 지식인이야"라고 구별짓기를 하고 다녔나 봅니다. 반성 또 반성합니다.

세대 간 존중으로 우리가 지킬 수 있는 것들

『지상 최대의 경제 사기극, 세대전쟁』
박종훈

얼마 전 tvN 프로그램 중 하나인 〈토론대첩〉이라는 프로그램에 나갔었습니다. 기성세대를 대표하는 패널로 나온 제가 젊은이들을 대표하는 친구들과 세대차이에 관해 토론하는 프로그램이었습니다. 일자리를 둘러싸고 기성세대와 젊은 세대가 바라보는 관점이 얼마나 다른가를 점검할 수 있는 기회였는데 아직도 그 토론 중에 어느 친구가 했던 말이 기억납니다.

"그래서 선생님! 저희들에게 더 노오오력하라는 말입니까!?"

참 답답했습니다. 한마디로 그 청년이 이야기하고 싶었던 것은 개인적으로 아무리 노력해도 해결할 수 없는 사회구조의 장벽 앞에 서있는 우리들에게 우리를 이해하고 있는 것처럼 이야기하는 최진기라는 너 역시 결국은 노오오력하라고 충고나 하냐는 힐난이었던 것입니다. 혹시나 저역시 꼰대를 넘어 개저씨가 되고 있지 않은지 돌아보게 되는 시간이었습니다.

이 책은 스페인의 한 영화 〈아마도르Amador〉로부터 시작을 합니다. 간단히 줄거리를 말씀드리면 아마도르라는 노인이 있는데 거동을 못합니다. 그래서 그의 딸은 500유로를 주고 마르셀라라는 젊은 간병인을 고용합니다. 하지만 얼마 후 노인이 사망합니다. 젊은 간병인 마르셀라는 노인이 죽자 더 이상 500유로를 받지 못할까 봐 고민이 됩니다. 이제 마르셀라는 시체에 장미꽃을 꽂고 방향제를 뿌리면서 노인이 살아있는 것처럼 위장을 합니다. 얼마 후 딸이 돌아와서 발각이 납니다. 하지만 영화의 반전은 이제부터 시작됩니다!

딸 역시 아버지의 죽음이 알려지면 더 이상 아버지의 연금이 나오지 않을까 봐 마르셀라와 함께 아버지의 죽음을 계속 숨겨나갑니다.

축구는 잘할지 몰라도 미래가 없는 스페인 청년들의 현실을 극적으로 보여주는 영화입니다. 이 영화가 왜 세대전쟁을 의미하냐고요?

이 영화에서 단적으로 보여준 현실은 한 명의 노인 연금이 두 명의 젊은이가 벌 수 있는 수입보다 큰 현실에 있습니다. 나쁘게 이야기하면 노인 천국, 청춘 지옥 사회를 보여준다는 것이죠.

스페인의 소득대체율은 2017년 기준 82%이고 공식적인 은퇴연령(2016년 기준 65세, 출처 OECD)보다 실제 은퇴연령(2016년 기준 62.4세. 출처 OECD)이 더 낮습니다. 더불어 자가 보유율이 2017년 1월 기준 77.8%(출처: Trading Economics)입니다. 한마디로 일찍 은퇴하고 퇴직하기 전에 연금의 80%를 받으며 편안하게 집에서 노후를 보내는 노인분들이 스페인에는 많다는 겁니다.

그것도 그 좋은 지중해성 기후를 즐기면서 말입니다. 반면에 뉴스를 들어 아시겠지만 한때 스페인 청년 실업률은 50%를 넘었고 지금도 거의

40%에 육박하고 있습니다. 그 당시 저도 스페인에 갔었습니다. 스페인은 기후가 좋아 노천카페가 정말 많습니다. 그런데 평일 대낮에 그 노천카페에 사람들이 너무 많이 있어요. 그것도 젊은 청년들이 커피나 맥주 한 잔을 시켜놓고 하루 종일 앉아 있는 모습을 너무 많이 볼 수 있었습니다. 원치 않았겠지만 하루를 낭비해야 하는 청춘들이 너무 많았습니다.

그러다 보니 매년 스페인의 젊은이들이 일자리를 찾아 해외로 나갑니다. 이 책에 따르면 2020년까지 해마다 50만 명의 젊은이들이 해외로 나갑니다. 글로벌 금융위기 전에는 매년 50만 명이 스페인으로 들어왔는데 지금은 거꾸로 50만 명이 나가고 있다는 겁니다. 모든 상황이 스페인과 비슷하면서 조금 더 나쁜 포르투갈의 경우는 매년 나가는 젊은이가 10만 명이랍니다. 인구 천만 명인 나라에서 일 년에 10만의 청춘이 나간다면 그 나라에 미래가 있겠냐고 이 책에서는 통렬히 지적하고 있습니다.

이렇게 젊은이들이 나가는데 노인 복지가 지속될 수 있을까요? 노인분들에게 복지 혜택을 드리지 말자는 게 아니라 젊은이들이 행복하고 부유하지 않은 한, 노인들만의 복지는 절대 오래갈 수 없다는 겁니다. 노인분들께 드리는 복지비용은 바로 젊은이들의 주머니에서 나올 수밖에 없기 때문입니다.

더 재밌는 것은 스페인과 포르투갈을 떠나는 젊은이들이 주로 가는 나라입니다. 어느 나라로 갈까요? 북한 경제가 개방되고 북한 사람들이 자유롭게 다른 나라로 갈 수 있다면 어디로 가겠어요? 당연히 남한으로 오겠죠? 왜냐면 언어가 소통이 되니까요. 그렇게 생각하면 스페인과 포르투갈 친구들은 어디로 갈까요?

바로 남미가 되겠죠. 포르투갈 젊은이는 브라질, 스페인 젊은이는 남미 각국을 생각할 수 있을 거예요. 하지만 안타까운 건 남미는 오히려 경제수준도 낮고 거기도 경제가 어렵다는 겁니다. 거기다 멀기까지 하죠.

우리나라 경제가 어려워진다고 북한으로 젊은 청춘이 취업하러 가지는 않을 거라는 겁니다. 그럼 지금 경제가 좋은 곳은 어디인가요? 바로 독일과 미국입니다. 특히 같은 유럽에 있는 독일이 최우선 타겟이 됩니다. 어떤 친구들이 갈까요?

거꾸로 질문을 던져야 합니다. 독일에서는 어떤 스페인 청년을 원할까요? 단순 노무직? 아뇨, 그건 아랍계나 동구권에서 오는 분들이 다 해줍니다.

그들은 독일어를 구사하는 전문적인 기술을 가진 고학력자를 원하겠지요. 그러한 스페인 청년들이 독일로 실제로 많이 넘어가고 있습니다. 한마디로 스페인과 포르투갈 입장에서는 국부유출이고 독일 입장에서는 국부유입입니다. 그리고 그런 스페인이나 포르투갈 청년이 독일에서 경제활동을 하며 생계를 유지한다는 건 역설적으로 독일 노인들의 복지비용을 위한 조세 자원을 만들어주고 있다는 것이지요.

한마디로 스페인이라는 국가에서 온갖 돈을 들여 키운 청년이 독일로 넘어가 독일 노인들을 위해 독일에서 일하고 세금을 내고 있다는 겁니다.

이러한 점이 바로 대한민국에 반면교사가 되는 점이겠지요. 기성세대들이 절실하게 깨달아야 하는 점입니다. '요새 젊은이들은' 하고 혀를 끌끌 찰 것이 아니라 바로 기성세대들을 지키고 보호해줄 사람이 지금의 청춘들이라는 것을 말입니다.

기성세대들에게 제일 화날 때가 있습니다. 이런 말을 할 때입니다.

'요새 젊은이들은 말이야! 패기가 없고 도전정신도 없고 도대체 고생

을 안 하려고 해요. 중소기업이나 3D 업종은 사람이 없어서 난리라는데 말이야!'

제가 화를 내는 진짜 이유는 이렇게 말하는 사람들 중 많은 사람이 자기 자식은 이미 유학 가 있거나 좋은 대학 나와 잘나가고 있다는 것이죠. 자기 자식에게는 절대 권하지 않을 일을 남의 자식에게 권하는 것. 정말 파렴치하다는 생각을 하게 됩니다.

이 책에서 이런 이야기가 나옵니다. 호주에서는 젊은 친구들이 광부가 되기를 원한다고요. 왜냐고요? 이 책 일부를 인용하겠습니다.

> "2011년 11월 《월스트리트저널》은 서호주 지역 지하광산에서 일하는 제임스 디니슨James Dinnison이라는 광부를 소개했다. 그는 8,000만 원짜리 셰비Chevy 픽업트럭과 주문 제작한 5,000만 원짜리 고가의 오토바이를 타고 다니며 취미활동을 하고 있다. 고등학교 중퇴 이후 곧장 광부 일을 시작해 7년이 지난 지금 그는 한 해에 무려 20만 달러, 우리 돈으로 2억 3,000만 원이나 되는 고소득을 올린다. 호주 광부들의 평균 연봉은 약 1억 2,000만 원 정도로, 이는 호주 전체 근로자 평균 연봉의 두 배에 가까운 수준이다. 이처럼 안정적인 생활을 누릴 수 있기 때문에 광부는 3D 업종임에도 불구하고 '꿈의 직업'이 된 것이다."[41]

대한민국을 이렇게 바꾸는 것이 우선입니다. 이제 세대 간에 극명히

---

41 박종훈, 『지상 최대의 경제 사기극, 세대전쟁』 21세기북스, 2013.

갈리는 주제를 하나 다루어야겠습니다. 지금 우리가 사는 대한민국이 헬조선이냐는 것입니다. 대한민국이 헬조선이라는 것을 이해하기 어려운 사람들의 부류는 두 가지로 나누어볼 수 있습니다.

하나는 기성세대고 하나는 외국 생활 경험이 많은 사람들입니다. 기성세대의 관점은 이렇습니다. '어떻게 우리가 만들어 놓은 나라인데'라는 관점이죠. 어디 말씀을 들어보겠습니다.

"국민소득 100불도 안 되던 나라를 우리가 갖은 노력을 해서 국민소득 3만 불을 만들었는데 여기가 헬조선이라고? 너네가 알아? 우리가 보릿고개를 넘기던 시절을? 그때가 진짜 헬조선이야!"

한편으로는 맞지만 다른 한편으로는 틀린 말이지요. 대한민국의 청춘은 더 이상 절대빈곤과 싸우고 있지 않고요. 설령 국민소득이 높아진다 한들 청춘들은 더 행복해질 거라고 기대하고 있지도 않기 때문입니다. 사실 기성세대의 이러한 주장은 뭐 크게 반박할 것도 없습니다. 젊은 청춘에 대한 기초적 이해가 부족하기 때문에 나오는 말이니까요.

좀 다른 반박은 외국 생활을 많이 하신 분들의 이야기입니다. 혹은 외국인들이지요. 이분들은 헬조선이라는 말을 이해하지 못합니다. 한국에서 생활해보면 이렇게 좋은 나라가 없거든요. 일단 치안이 최고입니다. 젊은 여자 혼자서 밤거리를 마음껏 자유롭게 돌아다녀도 되고요. 새벽까지 홍대나 강남에서 비틀거리고 토해도 특별히 문제 되지 않습니다.

대중교통은 어떻고요. 일단 외국인들은 우리나라 지하철에 대해서 다섯 번 놀랍니다. 첫 번째는 지하철 노선표를 보고 놀랍니다. 안 가는 곳이 없거든요. 두 번째는 저렴한 가격에 세 번째는 깨끗함에 그리고 네 번째는 사람들의 질서 수준에 그리고 마지막은 무엇일까요? 바로 지하철 안에서

와이파이가 터진다는 것이지요. 하하하! 여기서 그치지 않습니다. 식당 많죠. 또 그 식당들이 밤늦게까지 영업을 하지요. 거기다 의료보험을 생각하면 여기는 헬조선이 아니라 지상낙원입니다.

제가 영어과외를 받은 적이 있습니다. 회화 때문입니다. 그런데 스웨덴 친구한테 배웠는데 그 친구가 하는 말이 바로 이런 내용들이었어요. 자기 나라를 의료천국이라고 하지만 의사 보기가 너무 힘들고 또 실제로 보면 불친절하다고요. 그러다 한국에 라식 수술을 하러 갔는데 바로 할 수 있고, 가격도 100만 원대로 저렴한 데다 의사나 간호사가 모두 친절해서 깜짝 놀랐다고요. 이게 우리 대한민국입니다. 지상낙원이지요.

그런데 우리 청춘은 왜 행복하지 않을까요?

5포 세대에게 물어보면 그 답이 있을 겁니다. 연애도 결혼도 할 수 없는 세대가 행복하다는 것은 불가능하겠죠. 기성세대는 온양온천으로 신혼여행을 갔을망정 결혼도 하고 기저귀 살 돈은 없었지만 애를 낳았잖아요. 그런데 지금의 청춘은 결혼을 하기도 어려울 뿐만 아니라 한다 해도 행복해지기 너무 어렵다는 겁니다.

결혼하기 어려워진 것이야 주택가격 상승과 육아비용 증가가 가장 대표적인 이유일 겁니다. 그런데 더 중요한 것은 결혼해도 예전처럼 행복해지기 어려워졌다는 겁니다. 그것은 청년들은 결혼의 문제를 가족의 결합이 아닌 개인의 문제로 바라보는데 여전히 부모는 결혼을 가족의 결합으로 바라보기 때문이라는 것입니다.

사랑하는 두 청춘이 있습니다. 그래서 결혼을 약속합니다. 그런데 서구의 젊은이와는 달리 한국사회에서는 넘어야 될 허들이 너무 많습니다.

일단 결혼식이 문제입니다. 식장의 장소와 규모부터 신랑가족 중심으로 갈 것인가 신부가족 중심으로 갈 것인가부터 해결해야 합니다. 식장의 장소와 규모가 잡히면 다음에는 혼수가 결정되어야 합니다. 가족 중 어디까지 혼수가 준비되어야 할 것이지 금액과 내용은 무엇이 되어야 할지 말입니다.

그것뿐입니까? 애를 낳으면 친가에서 기를지 외가에서 기를지가 결정되어야 하고요. 아무튼 이놈의 혼사문제를 가지고 다투다 헤어지는 커플이 하나둘이 아닙니다.

좀 더 뒤에 자세히 다루어 보겠습니다만 이미 개인주의적이고 자유주의적인 가치관을 가지고 있는 청춘들에게 여전히 강요되고 있는 집단주의적(가족도 일단 집단이라고 보고요) 문화가 청춘들을 불행하게 만든다는 겁니다.

집단주의에 익숙한 기성세대들은 사실 행복을 모르고 살았다고 해도 과언이 아닐지 모릅니다. 왜냐면 행복은 기본적으로 개인적인 것이니까요. 개인의 행복을 꿈꾸는 사람은 있어도 집단의 행복을 꿈꾸는 사람은 솔직히 거의 없지 않나요?

우리 이제 전체가 잘돼야 너도 잘될 수 있다는 말 좀 그만둡시다.

저 개인적으로도 가장 행복하지 않았던 시절이 있습니다. 군 시절이지요. 대부분의 남성분들이 그렇겠지만 군 시절을 추억하는 사람은 있어도 돌아가려는 사람은 없지요. 그만큼 군 시절을 행복하게 여기는 사람은 없습니다. 육체적으로 힘든 게 그 이유일 수도 있지만 정신적으로 힘든 곳이 군대입니다. 개인이 사라지고 집단만이 남아 있기 때문입니다.

여러분 언제 불행을 느끼시나요? 취업에 실패했을 때? 사귀는 여자가 배신할 때? 당연하지요. 하지만 진정한 불행은 집단의 선호와 나의 선호가 대립됐을 때 집단의 선호를 선택해야 할 때입니다.

점심시간에 밥을 먹으러 가서 짜장면을 먹고 싶은데 모두 짬뽕을 시켜서 어쩔 수 없이 나도 짬뽕을 시킬 때 불행한 거 아닌가요? 회식 가기 싫은데 가야 할 때, 노래방이 아니라 찜질방이 가고 싶은데 따라가야 할 때, 친구들과 놀러 가고 싶은데 아버지가 가족모임이라고 꼭 참석하자고 할 때, 내가 사랑하는 연인이 아니라 집안이 정해준 사람과 결혼하라고 할 때, 내가 원하는 전공이 아니라 가족이 원하는 전공을 선택해야 할 때 사람은 불행한 거 아닌가요?

집단주의 문화 속에서 개인이 행복을 찾기란 너무나 힘들죠. 그런데 이러한 집단주의 문화에 익숙한 기성세대들은 집단주의를 너무나 자연스럽게 받아들이기 때문에 집단주의 문화와 개인주의가 충돌했을 때 아무 생각 없이 집단주의 문화를 받아들입니다.

그런데 지금의 세대는 그렇지 않습니다. 개인주의적 삶과 가치관으로 무장되어있는데 사회는 여전히 집단주의를 강요하는 것이지요. 그러니 행복지수는 점점 더 낮아질 수밖에 없을 겁니다. 경제적으로 절대빈곤은 해결했을지 모르지만 상대빈곤은 갈수록 심각해지고 거기에 부의 세습이라는 문제가 끼어들고 더 나아질 거라는 기대가 무너지는 상황까지 전개되고 있으니 우리 청춘들이 어찌 보면 대한민국을 헬조선이라고 하는 것이 당연할지도 모릅니다.

그런 의미에서 우리 모두 젊은 청춘들에게 반성문을 써야 하지 않을까 싶은 마음이 듭니다. SNS로 무장한 고등학생들에게 교실 안에서 7~80년대식 교과서를 들이밀고 있지는 않은지 외국인과의 자유로운 의사소통을 꿈꾸는 친구들에게 여전히 딱딱한 영문법을 주입하고 있지는 않은지 구글과 같은 직장을 꿈꾸는 친구들에게 80년대식 종합상사 문화를 전하면서 현실을 직시하라는 말만 남발하고 있지는 않은지 말입니다. 수평적 사고에 익숙한 청춘들에게 위계서열이나 강조하고 있지는 않은지 말입니다.

이 책에 나오는 구절을 인용하면서 이 책 파트를 마무리하려고 합니다.

> *"청년의 가치를 먼저 깨닫는 나라만이 살아남는다."* [42]

고대 그리스에서 가장 막강했던 도시국가인 스파르타가 전쟁에 패해서 망한 것이 아니라 출산을 기피하는 사회가 된 까닭에 시민계급의 수가 줄어 멸망했다는 사실을 꼭 기억해야 합니다.

독서법 ———————————————— *Reading method*

저자가 기자입니다. 거기다 방송 진행 경험 등 다채로운 경력을 가진 대한민국 최고의 기자입니다. 기자가 쓴 글의 장점은 사실에 충실할 뿐 아니라 전달능력이 탁월하다는 점입니다.

이 책이 그렇습니다. 경제에 문외한이어도 어렵지 않게 접근할 수 있습니다. 학생이나 20대보다 오히려 30대 직장인들이 꼭 읽어봐야 할 책이라고 생각됩니다. 저자가 이전에 직장인들을 위해 쓴 저서가 많아서 그런지 이 책에서도 직장에서 전략을 세우거나 회의 발표 때 쓰거나 인용할 것들이 넘쳐 납니다.

---

42 같은 책.

개인적으로 박종훈 기자와는 인연이 있습니다. 지금 이 책을 쓰고 있는 기간에도 KBS 제1라디오 박종훈 기자가 진행하는 라디오 프로그램의 고정 패널로 나가고 있습니다. 박종훈 기자에게 고마운 한 가지는 제가 강의할 때 박종훈 기자의 허락 없이 박종훈 기자가 쓴 책 내용을 인용한 적이 있다는 겁니다. 나중에 소주 한잔 사겠습니다!! 하하하!

사회의 모순과 부조리 그 간극 안에서

『82년생 김지영』

조남주

세상에는 참으로 많은 어려운 문제들이 있습니다만 어려운 문제 하나를 더 드려봅니다.

"경험하지 않은 것을 인식할 수 있을까?"
"경험할 수 없어서 경험하지 않은 것에 올바른 판단을 할 수 있을까?"

갑자기 웬 철학? 아닙니다. 책 제목 때문에 눈치채신 분도 있겠지만 과연 '남자가 여성의 입장을 이해 할 수 있을까'에 대한 근본적인 질문입니다. 혹은 거꾸로 '여자가 남성의 입장을 이해할 수 있을까'라는 문제에 대한 질문이기도 하지요.

여자가 살면서 겪는 차별 그리고 그것 때문에 받게 되는 마음의 상처를 과연 남자가 이해할 수 있을까요? 그러면 아마 여성에게서 이런 대답이 돌아올 겁니다. '피상적으로 이해는 하겠지만 진정으로 알지는 못할걸요?' 라고요.

많은 여성이 화장실에 들어가면 제일 먼저 하는 게 무얼까요? 몰래카메라가 있나 없나를 살펴보는 거랍니다. 남자들이라면 절대 맞출 수 없는 답입니다.

원시인을 이해하기 위해서는 어떻게 해야 할까요? 특히 원시인들 중 카니발리즘을 행하는 식인종을 이해하기 위해서는 어떻게 할까요? 서구인의 관점으로 바라봐야 할까요? 요새는 그렇게 이야기하는 사람들은 거의 없을 겁니다. 이때 필요한 관점을 사회학에서는 상대주의적 관점이라고 이야기합니다. 연구대상자의 입장에 서보아야 사태를 제대로 파악할 수 있다는 겁니다.

그런데 어떻게 연구대상자의 입장이 되어보죠? 내가 카니발리즘을 이해하기 위해서 식인종이 되어보아야 하나요? 이거는 될 수도 없지만 되어서도 안 되는 문제지요. 식인종을 이해하기 위해서 식인을 한다는 것은 생각만 해도 소름 끼치는 일이니까요.

하지만 많은 문화인류학자들은 상대주의적 관점을 통해 식인 풍습을 서구인들이 생각하던 그런 야만의 풍습으로 규정할 수만은 없다는 것을 알아냈습니다. 극단적으로 배가 고프면 식인종만이 아니라 사람도 사람을 먹을 겁니다. 현대에서도 비행기 추락 사고나 해상 사고에서 그런 사례들을 접하고는 하니까요.

문화인류학자가 알아낸 것은 이런 것이었습니다. 대부분의 식인 풍습은 사실 장례문화와 밀접한 관련이 있다는 것이었습니다. 죽은 이들의 영혼을 간직하기 위해서 식인 풍습이 있다는 것입니다. 그렇다면 문화인류학자들은 어떻게 식인종이 되어보지도 않고서 식인 풍습의 비밀을 알아낸 걸까요?

개를 키우시나요? 자 내가 키우는 개의 상태를 알아보고 싶습니다. 불편하지는 않은지 배가 고프지는 않은지 그리고 혹시 요새 연애를 하고 싶어 하는건 아닌지 말입니다. 어떻게 해야 할까요?

이때 우리가 할 것이 상대주의적 관점입니다. 개의 입장이 되어보는 겁니다. '아니, 사람이 어떻게 개가 되어보냐고요?' 맞습니다. 그건 불가능합니다. 그리고 그렇게 하라는 것도 아니고요.

먼저 개한테 뼈다귀를 던져준 행위를 개의 입장에서 생각합니다. 기분이 나쁘겠군요. 먹는 거를 던져줘서 말입니다. 어때요? 잘 파악한 건가요?

그렇지 않을 겁니다. 상대주의적 입장이 된다는 것은 내가 개가 된다는 것이 아니라 인간과 개의 차이로부터 발생하는 그리고 내가 인간이기 때문에 가지고 있는 선입견과 편견을 벗어나서 인간과 개의 공통점에 주목하고 그 입장에 서보는 겁니다. 밥을 던져주면 화를 내는 것은 인간만의 특징이지만 배가 고플 때 밥을 찾는 것은 개나 사람이나 같은 이치입니다.

상대주의적 관점은 사실 연구자와 연구대상자가 공통점이 있기 때문에 가능한 겁니다. 개와 나의 공통점이 무엇입니까? 바로 동물이라는 공통점이지요. 내가 배가 고픈 건 왜죠? 동물이기 때문입니다. 그러면 자연스럽게 내가 밥을 안 먹으면 배가 고프듯 개도 밥을 먹지 않으면 배가 고프고, 내가 맞으면 아프듯 개도 맞으면 아프다는 것을 알게 되는 겁니다. 그러면 우리는 깨닫게 됩니다. 개를 때려서는 안 되고 굶겨서도 안 된다는 것을 말입니다.

그런데 개를 왜 때리고 굶기는 사람들이 있나요? 바로 인간과 개를 완전히 다른 존재로 생각하고 있기 때문이지요. 인간도 동물이라는 점을 잊고 있기 때문입니다. 그래서 개를 이해하기 위해서는 먼저 개의 입장에서 보아야 합니다. 그건 바로 나와 개의 공통점을 먼저 인식하고 그리고 그 다음 하나하나 개와 인간의 차이점에 주목해나가는 겁니다. '아! 개는 네 발로 걷는구나', '아! 개는 발정기가 있구나' 이런 식으로 말입니다.

서구의 문화인류학자들이 카니발리즘의 발생 원인과 이유를 설명할 수 있게 된 이유는 바로 그들이 서구인의 편견을 버렸기 때문입니다. 저 야만인과 우리 문명인은 다르다 라는 전제로부터 출발한 것이 아니라 식인종과 서구인도 알고 보면 같은 인간이다 라는 전제로부터 출발을 했기 때문에 올바른 진실을 찾아낼 수 있었던 겁니다. 이렇듯 사실 상대를 이해하기 위해서는 상대와 같아질 필요도 없고 그럴 수도 없는 경우가 대부분입니다. 그럼에도 불구하고 우리는 상대에 대해 진정한 이해를 할 수 있습니다. 그것이 바로 인간이라는 존재라고 저는 믿고 있습니다.

사회생활을 하다 보면 남성의 입장에서 여성이 뭐 그렇게 차별을 받고 상처를 받는지 이해하기 힘든 경우가 많습니다. 그리고 어떤 남성은 이해조차 하지 않으려는 경우도 많고요. 또 거꾸로 여성들의 경우 어떻게 이것을 남성들에게 이해를 시켜야 할지 모르기 때문에 이해를 시키는 데 실패하는 경우가 많습니다. 그리고 그러한 행동이 때로는 오해를 발생시키고 쓸데없는 소모적 논쟁과 분란만을 일으키는 경우가 많지요.

이때 필요한 것이 바로 상대주의적 관점입니다. 즉 남성은 여성의 입장에 여성은 남성의 입장에 서보는 겁니다. 그런 이야기는 많이 들으셨을 겁니다. 하지만 이때 중요한 것은 남성과 여성의 차이로부터 출발하는 것이 아니라 같은 인간이라는 공통점에서 출발해야 이해를 할 수 있다는 겁니다.

내가 입사를 했을 때 명문대 출신이 아니라 임원이 될 확률이 적다면 얼마나 억울하겠습니까? 그래서 항의를 합니다. 그랬더니 돌아오는 대답이 현재까지 명문대 출신이 이직률도 낮았고 회사에 대한 충성도도 높았기 때문이라는 대답이 온다면 기분이 어떨까요? 거기다가 임원이 되면 다른 회사들 임원들과 어울리면서 자연스럽게 친분을 쌓아야 하는데 그럴 때 꼭 필요한 게 명문대 출신이라는 대답을 듣는다면 말입니다.

마찬가지입니다. 일반적으로 취업문은 남자보다 여자에게 더 힘듭니다. 그런데 여성분이 그 힘든 취업문을 뚫고 취업을 했습니다. 하지만 여성이 남성보다 임원이 될 확률은 너무 적습니다. 화가 나서 회사에 물어보았더니 이전까지 여성들은 시집을 가거나 애를 낳으면 회사를 그만두기 때문이라고 한다면 얼마나 화가 날까요? 그리고 당직을 세우기도 어렵다는 대답을 듣는다면 말입니다. 거기다가 대한민국 대기업 임원이 되려면 골프도 잘 치고 밤에 술도 잘 마셔야 하는데 그게 여성은 어렵다는 대답을 듣는다면 말입니다.

그래서 일부 여성분들은 개인적으로 생존을 위해 남성화 전략을 택하기도 합니다. 남성보다 더 남성적인 여성이 되는 것이지요.

대기업 임원 여성입니다. 그런데 남자보다 골프도 잘치고 술도 잘 먹습니다. 성적인 농담도 남자보다 더 거칠게 잘합니다. 그럴 때 동료 임원이 칭찬 아닌 칭찬을 하지요.

"아이고, 우리 아무개 이사님은 얼굴은 미스코리아신데 행동은 미스터 코리아야."

참 웃픈 현실이 아닐 수 없습니다. 그 여성분이 무슨 죄가 있겠습니까만 좀 안타까운 것은 그 여성분 역시 다른 여성들에게 더 남자다운 여성을 강요하고 여성적인 여성(?)을 삐딱하게 보게 된다는 겁니다. 임신과 출산 때문에 부득이하게 회사를 그만두는 여성을 제일 못마땅하게 보는 것이 이를 악물고 악착같이 살아남아 고위직에 오른 여성이라는 점은 참 아이러니한 것이지요.

그래서 이 소설은 여성보다도 오히려 남성이 읽어야 할 소설입니다. 사실 남성분이 이 소설을 처음부터 끝까지 읽기는 정말 쉽지 않습니다. 저역시 마찬가지였습니다. 불편하고 불쾌하거든요. 하지만 읽다 보면 무릎을 딱 치게 만드는 구석이 있습니다. "아, 그래서 그랬구나. 나는 생각도 못한 것이었는데" 하고 말이죠.

소설에 이런 내용이 있습니다. 주인공 여성이 같은 학교 남자친구와 헤어진 뒤 서클 엠티에 간 상황에서입니다. 그녀는 잠결에 평소 친절했던 선배와 그 친구의 이야기를 듣게 됩니다. "지영이 어때?"라고 묻자 "야, 누가 남이 씹던 껌을 씹냐"는 선배의 대답을 말이죠.

이 구절에서 정말 얼굴이 뻘개졌습니다. 젊은 시절 어떤 남자들은 우스갯소리로 했을 법한 농담입니다. 그런데 그 농담을 하면서도 단 한 번도 그 농담을 듣는 당사자가 받을 충격이나 고통은 생각해본 적이 없을 겁니다. 같은 인간으로써 한번 씹고 뱉는 껌으로 취급받는다고 생각을 하면…. 아마 소설 속의 여성 김지영의 마음을 이해하려면 이렇게 생각해야 할 겁니다. 회사 엠티에서 잠결에 임원들의 이야기를 듣는 것이지요. "김 대리 괜찮지 않아? 정말 성실하고 능력 있고 최고 아냐?" 그랬더니 한 임원이 이렇게 말하는 것입니다.

"그럼 뭐해. 지잡대 출신인데. 껌이지 뭐. 단물 빠질 때까지 일 시키고 다음에는 뭐⋯."

아마 그날로 그 임원 놈 멱살이라도 한번 잡고 사표를 쓰시게 될 겁니다.

자 많은 남성분들 아시겠죠. 여성들이 사회에서 살아가며 겪는 아픔은 남성들이 상상하는 것보다 더 큰 상처라는 것을요. 제발 그 여성들의 상처에 소금을 뿌리는 짓을 하지는 마시기를. 저도 더욱 조심하고 여성들의 입장에서 더 이해하도록 노력해야겠습니다. 다만 여성분들께도 남성들이 가지는 여성혐오에 대해서 말씀드리고 싶습니다. 여성분들이라면 김치녀나 운전하는 김여사의 이야기만 나와도 무척 불편하게 들릴 겁니다. 그리고 저 역시 그런 용어에 대해서 올바르다고 생각하고 있지 않습니다. 다만 혐오를 어떻게 극복해나갈 것인가에 대해서 제가 가지고 있는 자그마한 생각을 말씀드리고 싶습니다.

혐오는 사실 미움이나 싫다는 감정보다도 훨씬 더 자극적이고 강렬한 단어입니다. 사전을 찾아보면 '어떠한 것을 증오 혹은 불결함 등의 이유로 싫어하거나 기피하는 감정으로 불쾌, 기피함, 싫어함 등의 감정이 복합적으로 이루어진 비교적 강한 감정'이라고 나옵니다.

항상 사전적 정의는 사람을 피곤하게만 만드는 것 같습니다. 그냥 이렇게 제가 설명을 해볼게요. 우리나라 사람들을 혐오하는 나라는 어디일까요? 미국 중국 소련 독일? 아닙니다. 그런 나라들은 우리를 혐오하지 않죠. 용어를 생각해보시면 됩니다. 혐한이라는 용어입니다. 그리고 그 용어를 쓰는 나라는 지구상에 딱 두 나라가 있습니다. 바로 일본과 대만이지요. 혐한! 참으로 무서운 단어입니다. 한국사람을 이유 없이 증오하고 미워하는 거니까요. 한편으로는 한류열풍이 불고 있는 두 나라인데 한편으로는 혐한이라니 아이러니하지 않나요? 좋아하는데 혐오하다니 말입니다.

다른 나라도 한류가 불고 있는데 왜 혐한은 대만과 일본에서만 이뤄지고 있을까요? 우리와 가까워서? 예, 맞지만 반만 맞는 정답입니다. 중국이나 동남아도 우리와 가깝지만 혐한이 나오지는 않습니다. 가까워야 혐오가 나오지만 거기에는 또 하나의 비밀이 있습니다. 혹시 이런 기억 있나요? 학교 다닐 때는 나보다 정말 못한 놈이었는데 어느 날 보니 내 직장상사가 되어있습니다. 분명 학교 다닐 때는 찌질이였는데 지금 보니 나보다 더 샤프하고 스마트합니다. 업무 처리도 잘하는 것 같고 동기들 중 일부는 내 친구인 직장상사를 높게 평가하고 무척 잘 따릅니다. 미치겠죠. 나는 그놈이 코 찔찔거리고 학교 다니던 것을 다 아는데 말입니다. 그리고 내가 보았을 때 여전히 그놈은 일부 행동에서는 그 코 찔찔거릴 때 하던 행동을 다 못 고치고 있는데 말입니다. 그때 나오는 감정이 바로 혐오입니다.

대만과 일본을 보시죠! 우리보다 나았고 우리보다 잘나갔습니다. 심지어 일본은 우리를 35년간 식민통치까지 했지요 그런데 지금은 어떤가요?

위의 예와 같습니다. 일본에 사는 50대, 소나라는 전자회사에 다니는 직장인의 입장에서 보겠습니다. 그 사람의 입장에서 본다면 우리 일본은 동남아에 엄청난 돈을 뿌렸는데 동남아에 가보면 한류는 있지만 일류는 없습니다. 일본문화가 어떤 문화인데요. 17~19세기까지 유럽에 자포니즘의 열풍을 만든 일본문화 아닙니까?

거기다 한국사람들 보면 뭔가 이제는 일본인이 보기에 더 세련되었습니다. 원색으로 무장한 자기들보다도 뭔가 더 세련된 복장과 매너를 가진 거 같고 당당하면서도 자상해보입니다. 결정적으로, 그래서 그런지 자기의 아내까지도 배용준을 욘사마라고 하고 쫓아다닙니다. 거기다 한국에 가보니 생활수준도 일본보다 뒤떨어지지 않고 실질적으로 물가가 싸기 때문에 더 윤택한 생활을 하고 있습니다. 거주하는 아파트도 더 널찍널찍하고요. 해외에 나가보면 일본사람 만나기는 어려워도 한국사람 천지입니다. 도무지 이해가 안 가는 것이요. 우리 아버지 때에는 식민지였고 나 젊었을 때는 기생관광이나 가던 나라였는데 말입니다.

그런데 마침 중국에 티비를 팔려고 갔더니 아니나 다를까 한국의 삼성에게 판매처를 빼앗겼습니다. 그리고서는 중국사람들과 어울려 중국말로 중국노래를 크게 부르면서 중국사람들처럼 행동합니다. 이때 드는 감정이 바로 혐한입니다.

마찬가지로 남성들의 감정이 이럴 수 있습니다. 여성이라는 존재는 예전에는 자기 아래에 있던 존재였는데 이제는 동등하다 못해 위에 있는 존재가 되었습니다. 상전벽해할 노릇입니다. 그런데 고맙고 감사해하기는 커녕 여전히 차별받는다고 시정하라고 요구합니다. 진짜 차별받는 것은 남성인 나인데 말입니다.

단적으로 볼까요? 예전에는 교사는 대부분 남자였습니다. 그런데 이제는 대부분의 교사가 여자가 되었습니다. 그리고 교사가 되고 싶어도 군대를 가야 하기 때문에 실질적으로 교사가 될 수 있는 임용고시 공부 기회를 박탈당하고 말았습니다. 기가 막힐 노릇입니다. 그래서 군 가산점 좀 달라고 하는데 남성으로 구성된 헌법재판소에서 안된다고 합니다. 기가 막힐 노릇이지요. 여학교라 여선생들은 마음껏 활보하는데 마침 미투 운동이 불고 있어서 여간 행동이 조심스러운 게 아닙니다. 수업시간에 주의를 주려고 해도 핸드폰 카메라부터 들이대는 것 같습니다. 여학생하고 부딪치기라도 했다가는 이 기간제 교사 자리마저 날아갈 것 같습니다. 그래서 밤에 일베에 들어갑니다. 거기는 나만의 해방공간이니까요.

혐한 감정을 가진 일본사람에게 당신이 잘못되었다고 꾸짖으면 그 사람이 진짜 반성을 할까요? 아주 구체적으로 나열합니다. '식민지배가 얼마나 비인간적인지 아느냐?', '너희들이 전후 경제성장을 한 것은 6.25가 결정적이었다', '일본 남성들이 가지는 가부장적 요소가 얼마나 일본여성을 괴롭혔는지 아느냐?' 등등등 말입니다.

물론 맞는 말이고 당연히 해야 하는 말입니다. 일본정부의 반역사적 태도에 대해서는 실리를 떠나 명분으로 당당히 맞서야 하는 것은 당연한 일이지요. 하지만 혐한을 가지고 있는 개인의 마음을 돌려세우는 방법은 그것을 넘어야 합니다. 어떤 방법이 있을까요. 바로 앞에서 이야기했지만 공통점을 찾아서 연대하고자 하는 노력입니다.

혐오의 감정이 성립하기 위해서는 앞에서 말씀드렸지만 가까워야 한다고 말씀드렸습니다. 브라질 사람을 혐오하는 한국인 있나요? 마찬가지로 한국인을 혐오하는 브라질 사람도 없습니다. 아마 앞으로 중국을 혐오하는 한국인들이 많이 나올 겁니다. 이 글을 읽으신 분들이라면 더 설명을 드리지 않아도 왜 제가 그런 말을 하는지 충분히 이해하실 겁니다. 그렇다면 혐한은 어떻게 극복할 수 있을까요? 저는 일본이 월드컵에서 우리 한국이 먼저 떨어져도 일본은 남아서 올라갔으면 하는 마음이 강해지면 된다고 생각합니다. 서양인에 비해서 열등할 수밖에 없는 체력조건을 팀워크로 극복하고자 하는 것이 한국과 일본 축구 아닌가요? 일본이 밉다와 한국이 밉다가 출발이 아니라 동아시아인의 신체조건의 부족함을 팀워크로 커버하는 것이 우리의 공통점이라는 인식에서 출발하는 것 말입니다. 이것이 혐한을 극복하는 출발점이라고 생각합니다.

내가 미워하는 친구가 있습니다. 어떻게 화해를 하죠? 알고 보니 우리가 같은 점이 있다는 것이 바로 화해의 출발점입니다. 아빠와 딸이 서로 미워하고 죽도록 싸우다 다른 가족과 싸움이 번지면 서로 단결합니다. 왜? 우리는 한 가족이니까요. 저는 이런 사고에서 여혐 극복의 단초를 마련해야 한다고 생각합니다.

남자 신입사원의 속마음은 '왜 나만 물통을 들지? 왜 나만 당직을 서지? 모두 같은 신입사원인데' 하고 여자 신입사원의 속마음은 '저놈이 나보다 더 빨리 진급하고 임원이 될 확률이 높아'라는 생각으로 가득 차 있다면 여혐이나 남혐은 극복될 수 없을 겁니다. 둘이 '그래, 우리는 같은 27기 신입사원이야'라는 생각을 갖고 있다면 여혐이나 남혐이 자리 잡을 자리는 없을 겁니다. 그러한 상호이해에서 출발할 때 저는 감히 여혐이 극복될 수 있다고 봅니다.

앞에서 말씀드렸지만 자꾸 남성과 여성의 차이만을 부각시킬 것이 아니라 공통의 관심사를 더 열심히 찾아야 한다는 것이지요. 물론 이 출발의 전제는 남성이 먼저 여성의 관점에서 출발해야 한다는 겁니다. 왜냐면 이전까지 사회를 움직여온 지배집단이 피지배집단의 입장에 서는 것이 전제가 되어야만 역사는 그다음 단계로 옮겨갈 수 있기 때문입니다.

남성이 먼저 여성의 입장에 서고 그리고 그다음 남성과 여성이 공통점을 찾아 사회의 모순과 부조리에 맞서면서 공통점을 하나하나 찾아나간다면 한국사회에 존재하는 남녀차별의 문제는 물론 여혐의 문제까지 해결할 수 있지 않을까 감히 말씀드립니다.

여성이라면 끝까지 격한 공감을 하면서 술술 읽어나가실 수 있을 겁니다. 특히 82년 이전에 태어난 여성이라면 더 큰 공감을 갖고 읽어 내려갈 수 있을 겁니다. 아니면 일부 여성분들은 조금만 읽고 책을 접을지도 모릅니다. 다 아는 이야기를 뭐 이렇게 글로 쓰나 하고 말입니다. 하지만 남성 입장에서는 읽기 불편할 뿐만 아니라 대단한 인내가 요구되는 책입니다. 어떤 어려운 책보다도 내용은 쉽지만 완독은 어려운 책입니다. 가슴에 참을 인자 세 개를 새긴다는 각오로 완독을 부탁드립니다. 완독을 하시면 유부남이라면 가정생활이 좀 더 편해지실 거고요. 애인이 있다면 연인관계가 좀 더 부드러워질 겁니다.

TIP

저도 남성인지라 말씀드립니다. 직장생활의 부조리를 아주 정확히 그리고 지독하게 사실적으로 다룬 책입니다. 처음부터 끝까지 다 맞는 이야기입니다. 그런데 그 책을 읽은 평범한 직장상사의 입장에서는 뭐라 반박하기 어려워도 '좀 그렇다'는 생각을 지울 수 없을 겁니다. 엘 고어의 『불편한 진실』이라는 책의 표제처럼 진실은 불편하다는 생각이 들고, 그래서 진실을 외면하는 것이 편할 거라는 생각도 들고 갑자기 '내가 뭐 그렇게 직장에서 부하 직원에게 잘못했나' 하는 생각도 들고 급기야는 '이거 너무한 책 아니야?' 하는 생각이 들 수도 있습니다. 세상에 간단한 것은 없나 봅니다.

A book is a gift you can open again and again

정의 하나를 뚝심 있게 사유한 철학자

『정의론』

존 롤스 지음, 황경식 옮김, 이학사

←•☉•→

제1원칙

각자는 모든 사람의 유사한 자유 체계와 양립할 수 있는 평등한 기본적 자유의 가장 광범위한 전체 체계에 대해 평등한 권리를 가져야 한다.

제2원칙

사회적·경제적 불평등은 다음 두 가지, 즉

(a) 그것이 정의로운 저축 원칙과 양립하면서 최소 수혜자에게 최대 이득이 되고,

(b) 공정한 기회균등의 조건 아래 모든 사람들에게 개방된 직책과 직위가 결부되게끔 편성되어야 한다.

— 본문 중에서

존 롤스(John Rawls)는 정의라는 하나의 주제를 평생 연구한 사람으로 단

일 주제의 철학자(one-theme philosopher)라는 별명이 붙을 정도였다. 그가 20여 년간 탐구하고 사색하며 공들여 닦아낸 책이 이 책, 『정의론』이다. 정의론은 두 차례의 세계대전으로 무너졌던 도덕철학과 규범에 대한 비관론을 극복해낸 새롭고 독창적인 이론이었다. 『정의론』의 출간은 그 자체가 하나의 사건이었고 당시 유명 일간지 등 매체들은 경쟁적으로 이 책에 대한 특집 기사와 칼럼을 쏟아냈다. 『정의론』은 지금까지도 정치·사회학도들의 필독서이자 교과서이며 이제는 20세기를 대표하는 고전의 반열에 올랐다. 롤스는 현대 도덕철학의 한 획을 그은 인물로 여겨지고 있다.

롤스가 1958년 발표한 「공정으로서의 정의」라는 논문에는 『정의론』의 골자가 담겨있었다. 그러나 당시는 윤리학 자체가 학문의 지위를 확립하지 못한 채 경험할 수 없는 감정적인 주제로 여겨지던 때였다. 그는 이전의 논문에서 연구를 거듭하여 1971년에 『정의론』을 펴냈다. 이 책에서 롤스는 공리주의의 정치 철학을 비판하며 공리주의 방법론의 전체주의적 한계를 지적했다.

롤스는 정의를 사회적 합의의 대상으로 설정한다. 그는 정의의 두 가지 원칙을 발표하였다. 정의의 제1원칙은 평등한 자유의 원칙으로 모든 사람은 다른 사람의 자유를 침해하지 않는 선에서 최대한의 자유를 누릴 권리를 동등하게 지닌다는 내용을 담고 있다. 언론 및 결사의 자유, 양심의 자유와 사상의 자유, 인신의 자유, 사유 재산 소유의 자유, 체포와 구금으로부터의 자유, 공직을 가질 자유 등이 롤스가 말하는 자유에 포함되어있다.

제2원칙은 차등의 원칙과 기회균등의 원칙으로 나뉜다. 차등의 원칙은 불평등이 정당화될 수 있는 최소한의 조건을 제시한다. 불평등으로 이익이 생겨난다면 최소 수혜자에게 최대의 이익이 되어야 한다고 롤스는 말한다. 기회균등의 원칙은 직위나 직책 등에 대해서는 모든 이에게 균등한 기회가 제공되어야 하며 삶의 다른 기회들도 평등하게 보장되어야 한다는 내용이다.

제1원칙은 제2원칙에 항상 우선한다. 즉 다수에게 이익이 된다 하더라도, 그 이익이 아주 많다고 하더라도 누군가의 자유를 침해한다면 그 행위는 정당화 될 수 없다.

　롤스는 1921년 미국 볼티모어에서 태어나 프린스턴대학에서 철학을 공부했다. 동 대학에서 박사 학위를 받은 후 코넬대학과 매사추세츠공대 교수를 지냈고 1962년 하버드대학의 철학과 교수가 되었다. 정의에 관한 뚝심 있는 연구로 알 수 있듯 그는 성실함 때문에 학생들 사이에서 일찍이 하버드의 성인(Saint Harvard)이란 별명으로 불렸다고 전해진다. 그의 정의론 강의는 1,000명이 넘는 수강생이 운집하는 하버드의 인기 강좌로 유명했다고 한다. 『정의론』에는 그의 한 우물만 파는 집념과 더불어 학자로서의 고뇌와 신념까지 담겨있는 것이다.

빈민에게로 뛰어든 사회학자

『괴짜 사회학』

수디르 벤카테시 지음, 김영선 옮김, 김영사

←⊸⊙◈⊙⊶→

로버트 테일러 주택단지의 수천 가구들은 살아남기 위해 몸부림치지 않을 수 없었다. 그것은 가난한 사람들이 사실상 주류 사회에서 분리된 채 힘겨운 삶을 살아가야 하는 최하층 도시 거주 지역의 축도였다.

— 본문 69페이지

사회학자들은 통계와 드러나는 현상을 바탕으로 연구한다. 자신의 주관적인 경험을 반영하기보다는 전체적인 사회 현상을 파헤치는 데 의의를 둔다. 그러나 여기, 관습을 깨고 거리로 나선 사회학자가 있다. 시카고의 공영주택 로버트 테일러 홈스. 이곳에는 마약 밀매 갱단 블랙 킹스와 주민회인 지역 자문 위원회가 공동체의 축을 이루고 있다. 시카고 사회학과의 박사 과정에 있던 저자 수디르 벤카테시(Sudhir Benkatesh)는 이 공영 주택단지에 발을 내딛는다. 도시 빈곤에 대한 설문조사를 하기 위해서였다. 용감하고 열정 넘치는 이 대학원생은 이후 10년간 이 주택단지에서 빈곤층의 생활과 질서를 몸소 체험하게 된다.

저자 수디르 벤카테시는 컬럼비아대학교의 사회학 교수로 빈곤층의 경제 생활 및 사회학에 대해 연구하고 있다. 박사 과정 시절에 시카고의 마약 판매 갱단과 가깝게 지내면서 그들의 경제생활을 조사했고 그 과정에서 갱단의 비밀 장부를 입수했다. 그 덕분에 『괴짜 경제학』의 저자로 유명한 경제학자 스티븐 레빗(Steven Levitt)과 함께 마약과 개안의 지하 경제에 대한 여러 논문을 발표할 수 있었다. 갱단의 내부에서 사회학 조사를 한 그의 특이한 이력과 기록들은 책, 논문, 다큐멘터리 등으로 제작되어 다양한 매체에 소개되었고 전 세계적인 주목을 받았다.

그는 블랙 킹스의 보스와 친해졌고 보스의 보호 아래 마약상과 마약 중독자, 무단 입주자, 매춘부, 포주, 사회운동가, 경찰, 주민 대표, 공무원 등과 어울렸다. 갱단은 주택단지의 통치 세력이나 다름없어서 주민들은 문제가 생기면 경찰 대신 갱단을 부를 정도다. 갱단은 이미 정치세력처럼 자리 잡아 시의원에게 로비는 물론 지역 사회 단체들과 협력하기도 한다. 마약 판매와 매춘으로 벌어들인 자금은 갱단을 통해 시카고의 지역 사회로 재분배되고 있었다. 지역 자문 위원회의 대표도 이 공영 주택단지의 모두가 밀고자이자 부정수익자라고 고백한다. 공동체는 도덕적으로 용납하기 힘들며 나아가 불법적이기까지 한 방법으로 수익을 발생시키고 그 공범 의식을 공유하며 심리적 공동체로 거듭난 것이다.

그러나 공고해보이던 이 공동체는 곧 사라질 위기에 처했다. 정부에서 공영 주택단지를 철거하기로 했기 때문이다. 가구의 1/4만이 이주 지원금을 받을 수 있으나 지역 자문 위원회 대표는 그 대상을 선정하는 과정에서 뇌물을 받았다. 결국 주택단지는 사라지고 기반을 잃은 갱단과 주민 위원회는 사라진다. 이들 흑인 공동체는 이렇게 와해되었다.

저자는 제3세계적인 이 공동체를 서술하면서 빈민 공동체의 이면을 생생하게 전달한다. 그들에게는 정의의 손길이나 법적 보살핌이 미치지 않는다. 그들은 당면한 굶주림을 면하기 위해 공동체의 권력자에게 몸을 팔고 뇌물을 바친다. 독자는 미국 사회가 빈민을 방치하고 현실과 동떨어진 정책만을 시행했다는 것을 이 책을 통해서 알 수 있다. 사회 공동체가 취약층을 감싸 안고 함께 살아갈 다른 방법은 없는지 한국사회 또한 그들을 외면하고 있지는 않은지 고민하게 하는 책이다.

승리를 결정하는 프레임 힘

『코끼리는 생각하지 마』

조지 레이코프 지음, 유나영 옮김, 와이즈베리

←·◎·◎·◎·→

정치에서 프레임은 사회 정책과 그 정책을 실행하기 위해 만드는 제도를 형성한다. 프레임을 바꾸는 것은 이 모든 것을 바꾸는 일이다. 그러므로 프레임을 재구성하는 것은 곧 사회의 변화를 의미한다.

— 본문 10페이지

"왜 평범한 시민들이 자기 이익에 반하는 보수 정당에 투표하는가?" 정치적 진보를 지지하는 사람들 사이에서 심심찮게 나오는 말이다. 미국의 보수 정당은 기득권의 이익 추구에 방점을 두는데 어째서인지 막대한 부와는 거리가 먼 시민들도 보수를 지지하는 모양새다. 그러나 보수 정당의 정책이 소시민을 위하지 않는다는 진실을 알게 되더라도 보수 지지자들은 진보 정당에 표를 던지려 하지 않는다. 『코끼리는 생각하지 마』는 이 의문에 답하는 책이다.

조지 레이코프(George Lakoff)는 인지언어학의 창시자로 세계적으로 가장 저명한 언어학자로 손꼽힌다. 프레임 이론을 제시한 학자로도 유명하다. 미국 캘리포니아 버클리대학 언어학과와 인지과학과의 석좌교수이며 국제인

지언어학회의 초대 회장을 지냈다. 정치 프레임 구성 분야의 미국 최고 전문가로서 라디오와 TV에 출연하고 대중 강연을 펼치고 있다. 이 책에서 그는 미국의 사회적 쟁점을 둘러싼 진보와 보수의 프레임 전쟁에서 진보가 취해야 할 입장과 나아가야 할 방향을 제시한다.

여러분에게 누군가 '코끼리는 생각하지 마!'라고 말했다고 가정해보자. 세상에는 코끼리 말고도 생각할 거리가 많기 때문에 쉬울 것처럼 보이지만 그 순간 머릿속엔 코끼리가 떠오르고 만다. 레이코프는 이와 같은 원리를 제시하면서 보수의 프레임을 단순 부정하는 것은 단지 그 프레임을 강화할 뿐이라고 주장한다. 레이코프에 따르면 프레임은 현대인들이 정치·사회적 의제를 인식하는 과정에서 본질과 의미, 사건과 사실 사이의 관계를 정하는 직관적 틀을 뜻한다. 선거에서 프레임은 상황을 유리한 쪽으로 이끌 때 도구로 사용되는데 전략적으로 짜인 프레임을 제시해 대중의 사고의 틀을 먼저 규정하는 쪽이 선거에서 승리하며 이 프레임 자체를 반박하는 반대 세력은 오히려 해당 프레임을 강화하는 딜레마에 빠지게 된다.

이 책의 영문판 원서의 부제는 'The Essential Guide for Progressives'로 진보를 위한 필수 가이드다. 지금까지 미국의 보수 정치세력이 먼저 프레임을 세우면 진보 세력은 그 프레임에 반박하는 전략을 계속해서 써왔다. 레이코프는 진보에게 필요한 힘은 프레임을 따라가지 않고 새롭게 프레임을 재구성하여 대응하는 것이라고 말한다. 또한 이 책의 10주년 전면개정판에서 그는 우월한 프레임 구성으로 오바마가 당선된 후 왜 곧바로 다시 민주당이 프레임 전쟁에서 패배했는지 그래서 이제 무엇을 어떻게 해야 하는지를 밝히기 위해 이 개정판을 출간한다고 밝혔다.

『코끼리는 생각하지 마』가 설명하는 보수와 진보의 프레임 전쟁은 그러나 정치에만 국한되지는 않는다. 유권자를 소비자로 바꾸어 생각한다면 마케팅과 커뮤니케이션 분야에도 충분히 적용할 수 있다. 실제로 국내에 프레임 개념이 소개된 이후로 다양한 분야에서의 응용이 이루어지고 있다. 독자들은 보수 지지자인지 진보 지지자인지를 떠나 각자의 삶에 프레임의 원리를 응용하고 기존의 프레임에 대응해볼 수 있을 것이다.

경제학의 숲을 조망하다

『부자의 경제학 빈민의 경제학』

유시민 지음, 푸른나무

❦

국제사회는 "거인과 난쟁이, 정상인과 불구자, 문명인과 반문명인, 미개인이 공존하는 불균형 상태"에 있다. 거인과 난쟁이 사이의 자유무역은 난쟁이를 영원히 거인에게 예속시키는 수단이다. 여기서 보이지 않는 손은 지배와 예속이라는 불평등한 질서를 조성한다.

— 본문 127페이지

경제학은 학문의 영역으로 접하기에는 너무 어렵고 방대하다고 느끼는 독자들이 많다. 어쩌면 평범한 삶을 살아가는 우리에게는 뉴스에 나오는 경제 소식을 챙겨보는 편이 더 삶에 도움이 될지도 모른다. 앞으로 오를 주식 종목을 가르쳐준다면 더없이 좋을 테고 말이다. 그러나 경제학의 숲을 조망하는 눈을 뜨게 해줄 책이 여기에 있다. 고학력 백수나 지식 소매상을 자처하는 유시민 작가가 써낸 『부자의 경제학 빈민의 경제학』이다.

유시민은 1978년 서울대학교 사회계열에 입학한 후 반독재 민주화운동으로 두 차례 제적과 복학을 거듭한 끝에 1991년 경제학과를 졸업했다. 신민당에 입당하였다가 1991년 탈당한 그는 1992년 독일 요하네스 구텐베르크 대학에서 경제학을 공부하며 『부자의 경제학 빈민의 경제학』을 썼다. 당시 2년간 한겨레신문 독일 통신원으로 활동하기도 했다. 1998년 1월 귀국하여 본격적으로 방송 활동과 작가로서의 활동을 병행했다. 동아일보에 칼럼을 연재했으며 〈MBC 초대석 유시민입니다〉와 〈MBC 100분 토론〉에서 진행자로 활동했다. 주요 저서로 『청춘의 독서』(2009), 『어떻게 살 것인가』(2013), 『역사의 역사』(2018) 등이 있다.

저자는 자유방임시장의 예언자로서 시장에 보이지 않는 손 개념을 제시한 인물인 애덤 스미스로 포문을 연다. 그리고 토마스 로버트 맬서스 목사의 『인구론』을 통해 사회는 언제나 부유한 소수와 빈곤한 대중으로 나뉜다는 메시지를 소개한다. 자본가 계급에게 환영받았던 데이비드 리카도의 주장, 자유주의자 프리드리히 리스트의 보호 무역론, 카를 마르크스가 지적한 자본주의의 병폐, 신고전파 경제학자들의 주장, 헨리 조지의 불로소득 규탄, 톨스타인 베블렌이 제도적 환경에 적응한 부자들을 연구한 『유한계급론』, 존 앳킨슨 홉슨의 세계대전 예언, 케인스의 자유방임주의의 종말 등을 소개한다.

또한 16세기에서 19세기 사상가들을 소개한다. 제러미 벤담의 공리주의 철학이 등장하면서 경제학의 주류는 최대 다수 최대 행복의 추구를 주장한다. 공리주의 철학을 기반으로 세이는 생산의 3요소 설을 발전시켰다. 시니어는 계급투쟁을 인정하는 경제사상을 빈민의 경제학이라 칭하며 자본가와 노동자를 동일시했다. 프랑스의 바스티아는 이 빈민의 경제학에 날카로운 풍자를 가하였고 프랑스 혁명가 프루동은 "모든 재산은 도둑질한 것이다"라는 슬로건을 내걸기도 했다.

이러한 혼란 속에서 존 스튜어트 밀은 『공리주의』를 펴내며 자유방임시장의 원리를 인정하고 사회주의자들의 항의를 수용하며 균형을 잡으려 했다. 독자들은 『부자의 경제학 빈민의 경제학』에서 지금의 세계 경제를 뒷받침하는 다양한 사상가들과 경제학자들의 이론을 살펴보면서 우리 경제 이면에서 작동하는 경제학적 원리를 알아차리고 더 넓은 시야로 경제를 바라볼 수 있을 것이다.

소비사회의 병폐를 지적한 프랑스의 철학자

『소비의 사회』

장 보드리야르 지음, 이상률 옮김, 문예출판사

❧⟨❁⟩❧

아름답다는 것이 그처럼 절대적인 지상명령인 것은 그것이 자본의 한 형태이기 때문이다.

— 본문 196페이지

제2차 세계대전 이후 대량생산 시스템 전반이 급속도로 성장하면서 상품을 대량으로 생산하고 소비할 수 있는 사회가 도래한다. 인류가 진입한 이 새로운 시대를 소비사회(Consumption Communities)로 지칭한 인물이 프랑스를 대표하는 사회학자이자 철학자인 장 보드리야르(Jean Baudrillard)다. 그는 이 책『소비의 사회』에서 소비의 사회적 논리와 대중매체 이론을 확립함으로써 현대인이 대중사회를 이해하는 틀을 제공했다는 평가를 받는다.

보드리야르는 1929년 7월 프랑스의 랭스에서 태어났고 소르본대학에서 수학했다. 파리10대학의 사회학과 교수였으며 뉴욕대학과 캘리포니아대학 등에서 강의했다. 포스트모더니즘의 큰 별로 불리며 기호언어학에 대한 업적이 널리 알려졌다. 특히 그의 급진적 성향이 드러나는 시뮬라시옹 이론 때문에 하이테크 사회이론가라고 불린다. 그는 사회학과 철학의 테두리를 거부했고 끊임없이 전통 사회이론을 거부하며 독자적 행보를 보였다. 그가 철학·문화·사회 등의 영역을 넘나들면서 다양한 스타일로 제시하는 화두는 늘 논쟁의 소용돌이를 불러일으켰다. 그는 현대 사회를 독특한 시각으로 비판하고 분석했으며 통념을 버리고 새로운 사고를 하도록 끊임없이 자극을 주었다.

그는 미국 사회를 포함해 대량생산과 끊임없는 소비가 일상화된 현대 사회를 분석했다. 『사물의 체계』(1968)에서 이미 사물의 소비 현상을 집중적으로 다룬 보드리야르는 이 책에서 소비가 관계(단지 사물과의 관계만이 아니라 집단 및 세계와의 관계)의 능동적 양식이라고 말했다. 그는 현대에는 인류가 지금까지 이뤄왔던 계급사회가 사라지는 대신 거대 기업들이 새로운 사회적 위계질서를 만들어낸다고 보았다. 그들이 소비자의 욕구를 자극함으로써 억제할 수 없는 욕망을 불러일으킴을 빠르게 알아차린 것이다.

그에게 사물이란 명확히 규정된 기능과 욕구에만 한정된 것이 아니다. 사물은 소유자의 행복과 권위에 밀접한 관련성을 지니며 이러한 사회적 논리와 욕망의 논리에 따라 사물의 의미작용은 현대인의 무의식적인 영역에 작용한다. 들고 다니는 가방이나 집안에 들이는 가전 등의 형태와 브랜드가 우리 자신을 대변하는 사물임을 독자는 이미 알고 있다. 보드리야르는 사물 소비의 욕구에 매스미디어가 커다란 영향을 끼치고 있음을 상기시키며 그 병폐를 지적한다. 또한 대중매체가 소비자에게 섹슈얼한 이미지를 어떻게 제공하고 있는지 지적하고 소비의 풍요로움 때문에 여가마저 돈을 주고 사야 하는 현대인의 삶에 개탄한다.

자유와 평등을 내면화한 진정한 개인주의자

『개인주의자 선언』

문유석 지음, 문학동네

❦❦◉❦❦

> 개인이 먼저 주체로 서야 타인과의 경계를 인식하여 이를 존중할 수 있고 책임질 한계가 명확해지며 집단 논리에 휘둘리지 않고 자기에게 최선인 전략을 사고할 수 있다.
>
> ─ 본문 25페이지

시나리오 쓰는 판사이자 책 쓰는 판사로 유명한 문유석 판사가 2015년에 쓴 『개인주의자 선언』이 2018년까지 계속 판매량의 상승 곡선을 그리고 있다. 저자는 첫 책 『판사유감』에서 10년간 법관 게시판에 올린 글과 언론에 기고한 내용을 정리한 바가 있다. 이후 『개인주의자 선언』을 출판한 데 이어 『미스 함무라비』의 대본을 직접 집필하여 화제를 모았다. 저자는 출간한 모든 책에서 법과 사람, 정의 그리고 한국사회의 단면을 일관적인 태도로 그려낸다. 그 진실성 때문에 독자들이 그의 책을 계속 찾고 있는지도 모른다.

저자 문유석은 현 서울중앙지법 부장판사이다. 소년 시절에 그는 좋아하는 책과 음악만 잔뜩 쌓아놓고 홀로 섬에서 살고 싶다고 생각할 정도로 책 읽기를 좋아했다. 1997년부터 판사로 일했으며 판사의 일을 통해 비로소 사람과 세상을 배우고 있다고 여긴다. 책벌레 기질 탓인지 글쓰기를 좋아해 다양한 재판 경험과 그때 느끼고 생각한 것들을 틈나는 대로 글로 쓰고 있다. 칼럼「전국의 부장님들께 감히 드리는 글」로 전 국민적 공감을 불러일으킨 바 있다.

『개인주의자 선언』은 개인주의자라는 저자의 자기 고백으로 시작된다. 개인주의는 이기주의와는 다른 개념이다. 개인주의자는 자신을 명확히 알고 타인과의 경계를 분명히 설정한다. 그래야만 타인을 존중할 수 있고 책임의 한계가 분명해지며 집단의 논리에 개인이 희생당하지 않기 때문이다. 그러나 우리 사회는 군대 문화에 익숙하다. 집단주의의 상징과도 같은 군대 문화에 조직이 길들었기에 개인은 통제당하고 자기 의사를 억압당한다. 저자가 속한 법조계에도 이러한 문화가 깊게 정착되어 있을 것이다.

2부 '타인의 발견'에서는 사회에 만연한 갑질의 폐해를 지적하며 변한 건 세대가 아니라 시대라고 말한다. 상하를 막론하고 다른 개인의 영역을 침범하는 말과 행동은 상처밖에 될 수 없음을 분명히 한다. 개인 사이에서 SNS까지 광범위하게 배설되는 무례한 언행은 개인의 상처를 넘어서 법적 분쟁까지 유발한다. 저자는 판사로 일하면서 겪은 에피소드를 이곳에 엮어두었다.

3부 '세상의 불편한 진실과 마주하기'에서는 불편한 진실로 가득한 우리 사회의 민낯을 밝힌다. 내부고발자를 비난하는 집단주의자들과 같이 우리 사회는 정의를 말하는 사람을 매장하고 집단의 가치를 더 우선시하는 사람들이 많다. 또한 소수의 불편함을 다수의 편함으로 정당화하는 경우도 많다. 우리 사회 구성원들은 이와 같은 불합리를 개선하기 위해 자유와 평등의 가치를 내면화하며 끊임없이 대화해야 한다고 저자는 외친다.

사랑만큼 값진 진짜 우정의 가치

『진정한 우정』

장 자끄 상뻬 지음, 양영란 옮김, 열린책들

◀─◦◦◎◦◦─▶

내가 보기에 우정은 사랑보다 더 많은 것을 요구합니다. 사랑에선 설명하고, 사과하고, 고백합니다. 우정에선 이런 것들이 훨씬 더 힘들지요. 우정이란 매우 드문 일이긴 하지만 인간이 받아들여 볼 만한, 자신을 던져 볼 만한 도전입니다.

— 본문 105페이지

『자전거를 못 타는 아이』(1995) 등으로 세계인에게 잔잔한 감동을 주었던 프랑스의 삽화가 장 자끄 상뻬(Jean-Jacque Sempe). 그가 오랜 세월 함께 일해 온 언론인 마르크 르카르팡티에와의 대화를 기록하여 삽화와 함께 실은 책이 『진정한 우정』이다. 두 사람은 진지하게 때로는 농담을 섞어가며 어른들의 우정의 다양한 부분을 논한다. 그들은 작은 부분 하나까지도 놓치지 않으며 자신들이 겪은 일과 들은 이야기를 끌어와 서로의 생각을 공유한다.

상뻬는 1932년 프랑스 보르도에서 태어났다. 소년 시절 악단에서 연주하는 것을 꿈꾸며 재즈 음악가들을 그리기 시작했다. 1960년 르네 고시니와 함께『꼬마 니꼴라』를 만들어 대성공을 거두었고 1962년에 작품집『쉬운 일은 아무것도 없다』가 나올 무렵에는 그는 이미 프랑스에서 데생의 일인자가 되었다. 지금까지 30여 권의 작품집들을 발표하고 프랑스의《렉스프레스》,《빠리마치》와 미국《뉴요커》등 유명 잡지들에 기고하고 있다. 프랑스 그래픽 미술 대상도 수상했다. 산뜻한 그림, 익살스러운 유머, 간결한 글로 사랑을 받고 있는 장 자끄 상뻬는 자극적인 주제를 채택하지 않으면서도 유아층부터 성인층까지 두터운 독자들을 확보하고 있다.

상뻬는 진정한 우정이라는 말 자체가 동어 반복이라 말한다. 우정이라는 말 자체에 이미 진정한 의미가 담겨있다는 말이다. 상뻬는 이렇듯 엄격한 우정관을 내보이면서도 소박하고 부드러운 면모를 드러낸다. 그가 생각하는 진정한 우정에는 상대에 대한 존중이 기본으로 깔려 있다. 우정에 형식이 있는 것은 아니지만 암묵적으로 약속된 기사도와 같은 규칙이 있기 마련이다. 물론 그것이 의무는 아니지만 말이다. 우정은 의례적일 때도 있지만 때론 격려가 되기도 한다. 친구는 서로가 주는 도움을 받아들이는 데 거부감이 없는 사이라고 상뻬는 말한다. 그러나 그렇다 해도 조심스럽고 현명하게 적당한 거기를 두는 것이 진정한 우정의 모양이기도 하다.

르카르팡티에는 상뻬의 말에 질문을 던지고 그의 말을 때때로 정리한다. 오랜 친구와의 깊은 우정과 짧은 인연에서 확인하는 우정 그리고 개인적인 친분은 없지만 생활의 곳곳에서 만나는 유명인사들과의 우정에 대해서도 이야기한다. 두 사람은 우정도 사랑과 같이 노력이 필요하다고 말한다. 그런 점에서 우정은 사랑과 비슷하다. 우정 또한 사랑처럼 사소한 기적과 우연 또는 필연으로 이루어진 것이기도 하다. 사랑이 그렇듯 우정 또한 완벽할 수 없다. 사람 사이의 관계이기에 언제나 이상적일 수는 없는 것이다.

몸의 상처와 마음의 상처의 가장 큰 차이는 무엇일까요? 보이고 안 보인다? 아뇨. 몸의 상처도 보이지 않는 상처가 많습니다. 암이라는 놈은 CT인가 뭔가를 촬영하기 전에는 보이지도 않고요. 심지어 두통이라는 놈은 분명 몸의 상처일 텐데 어떤 두통은 아예 눈에 보이지 않습니다. 그래서 가끔 의사들은 이렇게 진단을 합니다. '아무 외견적 증상은 없으나 환자가 극심한 두통을 호소함'

그렇다면 몸과 마음의 상처를 구별하는 기준은 무엇일까요? 저는 이렇게 생각합니다. 몸의 상처는 객관화할 수 있지만 마음의 상처는 객관화가 불가능하다고요. 감기의 원인과 증상은 조금씩 다르지만 특정한 바이러스 때문이라고 진단을 할 수 있습니다. 하지만 우울증은 그 원인이 무엇인지 혹은 그 증상이 무엇인지를 객관화한다는 것 자체가 어찌 보면 인간이 가진 만용일지도 모릅니다. 물론 우울증 역시 진단이 필요하고 처방이 필요하지만 말입니다.

그래서 마음의 상처에는 몸의 상처와는 다른 특별한 치료 약이 필요하다고 생각합니다. 그리고 그 치료 약은 아스피린처럼 누구에게나 통용되는 객관적인 치료 약이 아니라 사람마다 처방이 달라져야 하는 치료 약일 겁니다. 그 치료 약의 이름은 다름 아닌 위안입니다. 마음의 상처를 받은 모든 사람은 다른 사람의 위안을 필요로 합니다. 그리고 그 위안을 주는 사람은 부모일 수도, 연인일 수도, 친구나 직장동료일 수도 있지요. 더 나아가 아예 일면식도 없는 사람일 수도 있습니다. 그리고 그들이 원하는 위안의 내용도 사람마다 너무너무 다를 겁니다.

그래서 이 파트에서는 우리가 어떻게 위안을 받을 수 있는가를 이야기하고자 합니다. 첫 번째는 음식으로부터의 위안입니다. 음식만큼 나에게 큰 위안을 주는 것이 있을까요? 군 훈련병 시절 그 고된 훈련과 기합 중간에 주어지는 초코파이 한 개, 가난했던 청춘 시절 고된 노가다 중간에 후루룩 먹었던 순댓국 한 그릇, 실연의 아픔을 달래주던 술 한잔 그리고 지금이 글을 쓰면서 마시는, 컵에 온기가 그대로 느껴지는 커피 한잔. 이 모든 음식이 저에게 큰 위안을 주었습니다.

인간이 아무리 이성을 가진 사회적 동물이라고 외치더라도 결국은 동물이기에 먹음을 통해서 가장 큰 위안을 받나 봅니다. 그래서 이 위안이라는 파트를 음식에서부터 시작해보겠습니다.

7장

음식이
당신에게 위안이
되어준다면

A book is a gift you can open again and again

I look at a gift you an open again and again

최악의 음식과 최고의 음식이 주는 교훈

『음식문화의 수수께끼』

마빈 해리스

인문학은 영어로 humanities입니다. 한마디로 인문학은 인간을 인간답게 만드는 학문이라는 것이지요. 그렇다면 인간이 인간답기 위해서는 어때야 할까요? 제가 생각하는 정답은 '질문을 던질 줄 알아야 한다'입니다. 질문하는 존재, 그것이 바로 인간 아닐까요?

실연당한 친구가 있습니다. 가장 먼저 해야 할 일은 사랑했던 연인 없이 어떻게 살아나가야 할 것인가를 생각하는 일일 겁니다. 하지만 인간은 그러지 않습니다. '내가 왜 차였지?' 부터 생각하는 존재입니다.

두번 다시 볼 수 없는 시험에 떨어져도 앞으로 어떻게 살아갈지를 고민하는 것이 아니라 '왜 떨어졌지?' 부터 생각하는 존재, 친구의 칼에 찔렸을 때도 어떡하면 살아서 도망갈 수 있을까가 아니라 '얘가 날 왜 찔렀지?'를 먼저 질문하는 존재, 그게 바로 인간입니다.

가만히 생각해보면 내가 왜 차였지? 왜 떨어졌지? 얘가 날 왜 찔렀지?

같은 질문은 미래를 살아가는 데 도움이 되지 않을 뿐 아니라 실용적이지 못한 질문입니다. 하지만 이렇듯 실용적이지 못한 질문을 던지는 것이 인문학입니다.

사실 인문학은 원래부터 실용적이지 못한 학문입니다. 동양에서는 인문학을 가르켜 시(詩)·서(書)·화(畵)라고 합니다. 그리고 선비는 기본적으로 시·서·화를 해야 한답니다. 하지만 과거 시험에는 시나 서나 화를 보지 않지요. 출세에 도움이 되지 않습니다. 서양에서도 마찬가지이지요. 인문학을 'liberal art'라고도 합니다. 여기서 liberal(자유로운)의 어원인 라틴어 'liber'는 사회적·정치적으로 제약되지 않는다는 의미를 담고 있습니다. 진리가 너희를 자유롭게 하리라는 말이 있지요. 인문학은 우리를 자유롭게 만들어 줄지는 몰라도 세상에서의 성공에는 도움을 주지 못합니다. 원래 그게 인문학입니다.

요즘은 인문학 열풍이라고 합니다. 그런데 대학에서는 열풍은커녕 순수 인문학과는 여지없이 폐과가 되거나 이름을 바꿔 간신히 명맥을 유지하는 것이 현실입니다. 그런데 무슨 인문학 열풍입니까? 지금 불고 있는 인문학 열풍은 학문으로서의 인문학 열풍은 아니라는 것이지요.

그렇다면 열풍이 부는 곳은 어딥니까? 바로 기업과 백화점 문화센터입니다. 하나씩 보기로 할게요.

기업에서 인문학 열풍이 부는 이유는 간단합니다. 4차 산업혁명의 시대에는 인문학이라는 기본기 없이는 기업도 버티기 힘들다는 인식의 확산 때문입니다. 당대 최고의 기업가인 스티브 잡스도 이런 열풍에 기여했지요. 가장 충격적인 것은 2011년 구글에서 직원을 6,000명 뽑으면서 인문학도로 7~80% 이상을 채웠던 일이었죠. 왜 그랬을까요? 잘은 모르겠지만 아무튼 이제 이윤 창출에도 인문학이 필요해진 시대가 된 게 아닐까요?

백화점 문화센터는 좀 다릅니다. 논리와는 상관이 없지요. 백화점 문화센터 인문학 강의가 활발해지는 데에는 두 가지 이유가 있습니다. 하나는 고령화고 또 하나는 노동시간의 단축입니다.

즉 생산 활동에 종사하지 않는 시간이 늘어남에 따라 인간이 스스로에게 '난 누구지?'라는 질문을 던지게 된 것이지요. 그렇습니다. 인문학은 바로 인간에 대한 질문입니다. 인간이란 무엇이지? 한국인은 무엇이지? 남자란 무엇이지? 그리고 결국은 다시 난 누구지?를 묻는 것이죠.

그래서 이 책은 음식에 관한 가장 인문학적인 책입니다. 이 책은 솔직히 다른 음식을 다룬 책들과는 수준이 다른 책입니다. 마빈 해리스라는 분이 탁월한 문화인류학자라고 불리는 이유이기도 합니다.

예를 들어 볼까요? 학생들에게 논술을 가르칠 때 늘 느끼는 일입니다.

학생들에게 체벌이 왜 필요하고, 또 왜 필요없는지를 논하라는 질문을 주었다고 합시다. 그 질문에 대한 답변을 하수와 중수 그리고 상수로 표현해 말씀드리겠습니다.

우선 하수는 자기의 이야기로 시작합니다. 체벌은 안된다. 맞아봤는데 아프다 혹은 사랑의 매가 나를 변화시켰기 때문에 있어야 한다. 뭐 이런 이야기를 하지요. 한마디로 수필을 쓰는 겁니다. 전형적인 하수죠.

중수는 체벌을 설명합니다. 좀 멋진 친구들은 이런 말을 합니다. '체벌은 타인의 의사와 상관없이 자신의 의사를 관철하기 위하여 물리적 혹은 언어와 정신적 능력을 동원하여 타인에게 강요하는 것이다.' 멋진 정리입니다. 이런 친구들에게 제가 B를 주면 난리가 납니다. 왜 자기가 B밖에 되지 않느냐고 말이죠. 그러면 저는 이렇게 말해줍니다. "지금 체벌에 대해 논하라고 했지 설명하라고 하지 않았잖아. B도 다른 애들이 하도 못해서 준거야."라고 말입니다.

그러면 A를 받는 상수는 어떻게 이야기할까요? 바로 질문을 던지고 글을 시작합니다. '최근 선진국을 중심으로 체벌 반대 여론이 높아지고 있다. 우리나라 역시 시간이 흐를수록 반대 여론이 높아지고 있다. 그 이유가 무엇일까?' 이렇게 말입니다. 반대로 체벌을 찬성하는 글을 쓸 때도 질문부터 시작합니다. '영국 등 선진국에서도 여전히 체벌이 존재한다. 소위 선진국이라고 불리우는 그들이 여전히 체벌을 인정하는 이유는 무엇일까?' 뭐 이렇게 말입니다. 이렇게 질문을 던지고 그 답을 찾아가는 과정이 있어야 상수로 평가받을 수 있고 바로 이들이 A학점을 받는 것이지요. 거기에 덧붙여 그 답을 찾아가는 과정이 논리적이고 그 논리를 뒷받침 하는 사례가 적정하고 풍부할 때 A+가 되는 것입니다.

〈100분 토론〉을 생각해봅시다. 이제 아시겠죠? 누가 가장 하수입니까? 바로 자기의 경험이나 자기 이야기만 하는 사람들이지요. 듣다보면 곧 눈살이 찌푸려집니다. 그 다음 중수 분들은 주구장창 설명을 하시는 분들이지요. 처음에는 들을 만하지만 좀 있으면 지겨워 채널을 돌리게 됩니다. tv프로그램을 보다보면 여러분이 느끼기에 어떤 분들의 말이 가장 설득력 있게 느껴지시나요? 예를 들어 유시민, 노회찬, 전원책—이분들의 말엔 공통점이 있습니다. 보수나 진보를 떠나 끊임없이 질문을 던지고 논증하고 반박하니까 우리 귀에 재미있게 들리는 겁니다. 거기에 풍부한 사례와 위트를 곁들이면 최고의 논객이 되는 겁니다.

이 책이 바로 그렇습니다. 바로 음식에 대한 질문으로부터 시작합니다. 사실 우리의 삶에서 몰라도 될 이야기일지도 모릅니다. 이 책이 던지는 질문들을 하나하나 보도록 하지요.

1. 왜 인도의 힌두교도들은 소를 먹지 않는가?
2. 인간은 왜 이렇게 고기를 밝히는가?
3. 유대인과 이슬람교도들은 왜 돼지를 가장 더러운 동물로 규정하고 먹지 않는가?
4. 왜 미국인은 말고기를 먹지 않는가?
5. 왜 북유럽인들은 우유를 많이 먹고 중국인은 그렇지 않은가?
6. 대부분의 사람은 왜 벌레를 역겨워하는가?
   그러나 왜 어떤 사람은 벌레를 맛있게 먹는가?
7. 애완동물은 언제 먹는가?
8. 식인은 왜 하는가?
9. 임신 중에 왜 어떤 음식들이 금기가 되는가?
10. 수백만 명의 눈을 멀게 하는 안구건조증은 어떻게 없앨 수 있는가?

정말 모두 재밌는 질문들이지요. 모두를 여기서 말씀드릴 수는 없어서 두 가지 질문에 대해서만 답을 쫓아가 보겠습니다. 6번과 10번입니다. 먼저 6번. 책은 이렇게 시작합니다.

"유럽인들이나 미국인들에게 왜 벌레를 먹지 않느냐고 물어보면 이렇게 대답할 것이다.

"윽, 벌레는 역겹고 병균 투성이지 않소."

마빈 해리스의 답은 간단합니다. 하나는 맞고 하나는 틀렸다는겁니다. 벌레는 유럽인이나 미국인들에게 역겨운 것은 맞지만 병균 투성이는 아니라는 것이지요.

우리는 벌레를 먹는 민족입니다. 무슨 소리냐고요? 번데기를 간식으로 먹으니까요. 예를 들어 사랑하는 외국인과 헤어지는 방법은 간단합니다. 해산물집에 가서 산낙지를 시키고 밑반찬으로 나오는 번데기를 먹고 그리고 미국이나 유럽에서는 화장실에서나 사용하는 두루마리 휴지로 입을 한번 쓱 닦아주시면 게임 셋. 그 서양 외국인은 다시는 당신을 찾지 않을 겁니다. 이 책은 벌레를 역겹게 만든 것은 벌레가 아니라 환경이라고 이야기합니다. 책에서 제시하는 도표입니다.

	큰 척추동물이 없음	큰 척추동물이 있음
무리 짓는 곤충이 있음	1번	2번
무리 짓는 곤충이 없음	3번	4번

눈치채셨나요? 4번과 같은 환경을 가진 유럽에서는 곤충을 혐오할 수밖에 없다는 것입니다. 왜냐면 곤충을 통해서 단백질을 얻는 것보다는 큰 척추동물을 길러서 단백질을 얻는 것이 훨씬 더 효율적이기에 곤충을 통해 단백질을 얻으려는 사람들은 도태될 수밖에 없고 곤충은 혐오식품이 되었다는 겁니다. 고기는 신에게 바치는 신성한 제물이 되고요. 물론 바친 다음에는 인간이 먹지만 말입니다. 저자는 이러한 인류의 행위를 최적 먹이 찾기 이론이라고 정의내립니다. 좀 더 가볼까요?

반면 1번의 경우 저자는 이러한 지역들을 아주 세세하게 하나하나 찾아나갑니다. 대표적으로 아마존 유역이나 아프리카 열대 밀림 지역의 예를 들지요. 곤충은 아주 맛있는 음식이 됩니다. 통통하게 살이 찐 애벌레는 사랑하는 연인과 함께하는 만찬의 주재료가 되는 것이지요. 아마 동양에서는 가뭄이 들어 가축이 말라 죽어갈 때 찾아온 메뚜기떼가 되겠지요. 저도 어렸을 때 튀겨 먹었습니다.

이게 문화상대주의입니다. 함부로 남의 문화를 재단해서는 안된다는 것이지요. 물론 문화 중에는 사라지고 없어져야 할 문화도 있습니다. 남편이 죽으면 따라 죽는 인도의 사티(sati)나 우리의 순장제도 같은 것들이지요.

분명 인류의 인권을 무시하고 짓밟는 제도는 반드시 사라져야겠지만 그렇지 않다면 함부로 타인 혹은 타국의 문화를 폄하해서는 안 되겠습니다. 이미 이것을 간파한 대학자가 있습니다. 바로 춘추전국시대의 대사상가 한비자입니다.

> *"뱀장어는 뱀과 비슷하고 누에는 나방의 어린 벌레와 닮았다. 뱀을 보면 누구나 놀라고 나방의 어린 벌레를 보면 누구나 기겁을 한다. 그러나 어부는 손으로 뱀장어를 잡고 아낙네는 손으로 누에를 잡는다. 즉 이익이 된다고 생각하면 누구나 용감해지는 것이다."*

어떠한 사람도 뱀장어를 잡는 어부나 누에를 치는 여인을 비웃을 수는 없는 겁니다. 이것이 문화상대주의입니다. 참, 번데기는 대단히 위생적인 식품입니다. 질 높은 비단실을 얻기 위해 누에의 생육에 최적화된 시설에서 자라고 증기로 쪄내면서 살균이 이루어지기 때문입니다. 거기다 누에나방은 농약에 민감하기 때문에 사실상 번데기는 무농약 무균 고단백질

식품입니다. 외국인에게 설명해주시기 바랍니다. 단 유통에서 장난치는 사람들까지는 모르겠습니다.

이번에는 10번입니다. 안구건조증 하면 어떤 생각이 드세요? PC를 많이 봐서 걸리는 현대인의 병쯤으로 생각하실 겁니다. 하지만 이 책에 따르면 여전히 매년 수십만 명의 동남아시아의 제3세계 아동들이 이 병 때문에 눈이 먼다고 합니다. 책의 내용입니다.

> "안구건조증의 주요한 원인은 오래 전에 알려졌다. 그것은 비타민 A의 결핍에서 온다. 비타민 A가 부족하면 각막이 있는 눈물샘이 윤활유 역할을 하는 물을 분비하지 않고 대신 딱딱하고 마른 케라틴이라는 단백질을 분비한다. 눈은 케라틴으로 덮이게 되고 이것이 눈동자에 궤양을 일으켜 마침내 눈동자가 없어지게 된다."[43]

너무나 끔찍하고 답답한 일입니다. 그런데 막상 비타민 A는 동물의 간이나 동물성 지방에 충분히 있을 뿐 아니라 만일 동물성 지방이 부족한 곳이라도 값싼 푸른 야채에서도 충분히 얻을 수 있기에 많은 학자들이 안타까운 지적을 합니다. 저자는 대표적으로 영양학자 도날드 맥레른(Donald Mclaren)의 말을 인용합니다.

> "프로비타민 A 카로티노이드는 열대 몬순지역의 전형적인 마을에 온통 널려있는 푸른잎들에 풍부하게 있다. —이들 지역의 녹말 음

---

43 마빈 해리스 『음식문화의 수수께끼』 한길사, 2018.

식인 쌀에는 카로틴이 들어 있지 않은데 사람들이 푸른잎의 중요
성을 깨닫지 못하고 있다는 데 문제가 있다."[44]

푸른 잎을 먹으면 되는데 그러지 않아 안구건조증으로 눈이 멀어가는 동남아시아의 제3세계 사람에 대한 안타까운 시선이 느껴집니다.

하지만 이제는 반전의 순서입니다. 동남아 제3세계 그 지역의 아이들은 성장하면서 한사코 푸른 잎 채소를 거부합니다. 그저 밥만 찾습니다. 왜냐고요? 어렸을 때부터 푸른 잎 채소만 지긋지긋하게 먹었기 때문입니다. 비타민은 아이들에게는 다음의 문제입니다. 단백질, 지방 그리고 탄수화물이 해결되지 않았는데 무슨 비타민 같은 소리입니까?

당연히 배가 부르기 위해서는 고기나 곡물이 우선되어야 하는데 고기는 언감생심. 곡물을 먹어야 하는데 곡물이 모자라니 부모는 어렸을 때는 풀때기만 줍니다. 자라면서 이제는 곡물을 먹을 수 있게 되자 곡물만 먹을 뿐인 거죠. 효율적인 선택을 하고 있는 겁니다.

밥 먹을래? 풀 먹을래? 당연히 밥을 먹지요!

실제의 동남아 제3세계의 문제는 안구건조가 아니라 식량부족이었던 겁니다. 대부분의 아이들은 안구건조증으로 눈이 멀기 전에 굶주림으로 쓰러져 가고 있던 겁니다. 중요한 것은 안구건조가 아니라 식량부족이었던 겁니다. 아마 도날드 맥레른 씨는 정말 좋은 분이었을 겁니다. 그리고 안타까운 마음에 그런 글을 쓰셨을 거고요.

하지만 그러한 선의가 막상 당사자에게는 어떤 의미인지는 짐작도 못

---

44 같은 책.

했을 겁니다. 그것이 바로 문화상대주의가 필요한 이유입니다.

독서법 ———————————————————————————— *Reading method*

어려운 책입니다. 재레드 다이아몬드의 『총, 균, 쇠』 보다 아주
조금 더 읽기 힘든 책이라고 생각하시면 될 겁니다. 완독이 쉽지
않습니다. 그래도 쉽고 재밌게 볼 수 있는 파트는 3장 신성한 암
소의 수수께끼, 8장 벌레, 10장 식인 정도입니다. 마빈 해리스의
책을 이해하기 위해서는 기본적으로 그가 기본적으로 마르크스
주의적으로 문화를 이해하려고 한다는 것을 알아야 합니다. 마
르크스의 대표적인 논리가 하부구조인 경제가 상부구조인 정치,
문화, 예술을 결정한다는 관점이지요. 마빈 해리슨 역시 마찬가
지입니다. 음식의 영양가, 맛, 조리방법 등은 상부구조에 불과하
고 진짜 중요한 것은 음식을 둘러싼 물질적 조건과 그 변화라는
것입니다.

TIP

계층에 따라 식당에 대한 평가가 달라진다고 합니다. 식당에 대한 평가
를 물어보는 용어가 하층은 "많이 주냐"라면 중층은 "맛있냐" 그리고 상
층은 "분위기 어때" 입니다. 음식을 통해 만족을 느끼는 기관은 어디일
까요?
하층은 위, 중층은 혀 그리고 상층은 오감이라는 답변이 나온다네요. 당
신은 어떤 기관으로 음식에 만족을 느끼시나요?

때로는 몰라도 되는 진실이 필요하다

『달콤한 제국 불쾌한 진실』
김경일

굳이 몰라도 되는 진실에 대한 이야기를 해볼까 합니다. 사랑에 서툰 친구들이 범하기 쉬운 오류가 있습니다. 바로 사랑하는 연인의 과거를 캐묻는 일입니다.

남》나 전에 사랑했던 사람은 어떤 사람이었어?

여》몰라, 하하.

남》뭐 어때. 내가 자기를 이렇게나 사랑하는데.

여》….

남》정말 난 너의 모든 것을 사랑할 수 있어, 너가 살아왔던 그 모든 것을.

여》정말?

남》그냥 궁금해서 그래, 얼마나 사랑했었어? 왜 헤어졌는데?

여》응. 대학교 1학년 때부터 사귄 사람이었는데, 일본여행 같이 갔었어. 무척이나 나를 아껴줬어. 유학을 같이 가자고 했는데 곰곰이 생각하니까 나한테는 외국 생활이 좀 아닌 거 같더라구.

참 바보 같은 커플입니다. 물어보는 남자나 대답을 하는 여자나 말입니다. 둘이 알아야 될 진실은 서로 얼마나 사랑하냐일 겁니다. 하지만 둘은 그것보다 굳이 몰라도 될 진실에 더 관심을 두고 있습니다. 앞으로 둘의 관계가 순탄치 않아 보이는 것은 저만의 생각일까요?

앞서도 말씀드렸지만 인간은 총에 맞아 죽어가면서도 어떡하면 살아날 수 있을까보다 '네가 왜 날 쏘았지?'라고 질문을 던지는 존재입니다.

가만히 생각해보면 그 순간 어떻게 하면 살아날 수 있을까를 생각하는 것은 생존을 위해 꼭 필요한 태도일 것이고 나를 쏘았지를 알려고 하는 것은 그 순간에는 굳이 몰라도 될 진실을 알려고 하는 태도일 겁니다. 재밌는 것은 인간은 이렇든 굳이 알 필요가 없는 진실에 대해 궁금해하는 존재라는 겁니다.

혼자 사는 부자 중년 남자가 있습니다. 그런데 사랑하는 사람이 생겼습니다. 그래서 결혼을 하기로 결심을 했습니다. 그런데 그 여인하고는 나이 차가 많이 납니다. 남자보다 스무 살 연하 여인입니다. 사람들은 수군거립니다. 돈 때문에 저 여인이 결혼하려고 하는 거라고요. 자기 생각에는 절대 아닌데 말입니다. 사람들이 하도 뭐라고 하니까 차츰차츰 남자도 그럴지도 모른다는 생각을 하기 시작합니다. 그때 친구가 이야기합니다. "그냥 한 번 네가 말기 암이라고 말해봐, 그때 하는 거 보면 금방 알 수 있잖아."

그 젊은 여인이 남자를 진짜 사랑한다면 슬퍼할 것이고 그렇지 않다면 겉으로만 슬퍼하는 척하고 속으로는 좋아할 겁니다.

여러분이 남성이라면 어떻게 하시겠습니까? 아마 성급한 분들이라면 당장 그렇게 할지 모르지만 거꾸로 현명한 분들이라면 절대 그런 시도를 하지 않으실 겁니다. 왜냐고요? 어떤 결론이 나와도 만족스럽지 못할 것이기 때문입니다. 돈 때문에 나와 결혼하고자 한 여인이라는 것이 밝혀지면 내 마음의 상처가 너무 클 겁니다.

또 이럴 수도 있어요. 인심도심(人心道心)론[45]이라는 성리학의 이론이 있습니다. 처음에는 욕심 때문에 일을 시작하더라도 나중에는 도덕적 마음으로 변한다는 것이지요. 처음에는 출세하려고 정치를 시작했는데 하다 보니 진정한 애민(愛民)사상을 가지게 되었다든지, 처음에는 돈을 벌려고 시작한 유치원 선생님인데 하다 보니 진짜 아이들을 사랑하게 되는 경우를 설명하는 이론입니다.

이 경우에도 처음에는 여인이 돈 때문에 나를 만났지만 진정 나를 사랑하게 되어가고 있을 때 이런 실험을 했다면 그 사랑은 분명 깨졌을 겁니다. 어찌 되었든 슬픈 일입니다.

자 반대로 실험 결과 그 여인이 저를 사랑하는 것으로 밝혀져도 불행은 피할 수 없습니다. 진정 남자가 여인을 사랑했다면 그런 시험에 들게 한 자신을 용서할 수 없을 겁니다. 아무튼 얻을 수 있는 것은 진실뿐 두 사람 모두에게 행복이란 오지 않을 겁니다. 이렇듯 때로는 진실이 모두를 슬프게 할 수 있다는 것을 우리는 살면서 너무나 잘 알고 있습니다.

이런 경우를 한번 보지요. 마카롱을 너무너무 좋아하는 승희라는 친구가 있습니다. 승희가 이런 사실을 알게 됩니다. 마카롱이라는 게 원래는

---

45 유학의 심성론(心性論)에서 심(心)의 양면성에 관한 학설로 '인간의 신체적 기운에서 나타나는 것'을 인심 '선천적인 본성에서 우러나오는 것'을 도심이라고 설명한다. 이것의 발생 근원은 유학자들마다 다소 다르게 설명하나, 일반적으로 인심을 억제하고 도심을 자연스럽게 발하는 것을 추구한다.

이탈리아 음식었는데, 메디치 가문의 한 공주가 당시에는 야만국과 다를 바 없는 프랑스 왕과 혼례를 치르며 주방장과 시종들을 함께 데려가게 되면서 프랑스에서 유행하게 되었다는 사실 말입니다.

이러한 사실을 알면 승희는 더 맛있게 마카롱을 먹을 수 있을 겁니다. 반면에 마카롱의 칼로리가 얼마나 높은지 그리고 그 칼로리를 높이는 일등공신인 설탕이 얼마나 많은 흑인 노동 착취의 결과인지, 백설탕 제조과정에서 본래의 사탕수수의 성질이 얼마나 많이 변형되는지 같은 사실을 알아야 할까요? 어려운 문제입니다. 누구는 다이어트를 원하는 승희를 위해 또는 승희의 건강을 위해서 알아야 한다고 할 수도 있습니다.

하지만 그 진실을 모르는 덕분에 마카롱을 통해 직장과 사회생활에서 혹은 생리통의 스트레스에서 잠시 벗어날 수 있었던 승희에게 진실을 꼭 알려줘야 할까요? 쉽지 않은 문제일 겁니다.

반대로 아주 럭키한 경우도 있을 수 있습니다. 마침 승희가 마카롱 알레르기가 생긴 겁니다. 때마침 그때 마카롱이 설탕 덩어리며 설탕의 역사가 승희가 그토록 경멸하던 제국주의 시대 식민지 노동 착취의 역사라는 걸 알려 주는 겁니다. 울고 싶을 때 뺨 때려 주는 진실이 되는 것이지요.

지금부터 소개시켜 드리는 이 책『달콤한 제국 불쾌한 진실』이 바로 이런 책입니다.

책으로 들어가 보겠습니다. 먼저 책 제목을 살펴보면, 불쾌한 진실이라는 표현이 눈에 띕니다. 불편한 정도가 아니라 불쾌해서 참을 수가 없다는 뜻이지요. 뭐가 그렇게 불쾌하냐고요? 아무 생각 없이 사용하는 제품혹은 조금은 찝찝하게 생각하고 있으면서도 그냥 사용하는 제품에 대해제대로 된 진실을 안다면 도저히 그 제품을 사용할 수 없다는 뜻으로 만든 제목 같습니다. 이 책은 그러한 제품 네 가지를 소개합니다.

첫 번째로는 네 번째 손가락 위에서 반짝이는 다이아 반지 속에 얼마나 많은 피 묻은 인간의 탐욕이 숨겨져 있는지 살펴봅니다.

두 번째로는 아침과 함께하는 그란데 사이즈의 카페라테 속에 얼마나 많은 핍박받는 노동자의 눈물과 한숨이 있는지고요.

세 번째로는 연인과 함께 마시는 와인 한잔 속에 녹아든 상업주의와 인간의 허세에 대해 이야기합니다. 그리고 마지막으로는 인간이 입는 최고의 옷감 모피를 다루고 있습니다.

책에 나오는 중국의 너구리 사육 공장에 대한 서술입니다.

> "저기 물이 얼어붙은 그릇에 피 묻은 살점 같은 게 있는데요?"
> "너구리가 얼음을 핥다가 혀가 달라붙은 걸 억지로 떼다 잘린 거야 저런 건 굶어 죽기 전에 서둘러서 모피를 벗겨내야 해"[46]

이건 시작입니다.

> "몽둥이로 내려치는 거야. 이렇게 피가 나지 않을 만큼만 머리를 계속 내려치라고. 그래도 안 죽으면 이렇게 목뼈를 부러뜨리면 돼. 그 다음 역시 뒷발부터 돌려 자른 후에 벗겨 내는 거야. 쫙 벗겨 질 때의 손맛이 제법."
> "아, 아직 죽지 않았어요!"

---

46 김경일, 『달콤한 제국 불쾌한 진실』 함께읽는책, 2015.

"바로 안 죽어, 길게 살아 있는 놈은 10분이 지나도 심장이 뛰더라고, 살아서 버둥거려야 한 번에 쭉 뜯어내기가 쉬워."[47]

아마 보통 강심장이 아니면 이 책을 읽고 난 뒤에 모피코트를 사기는 어려울 거 같습니다. 특히 모피코트를 입고 다니는 대부분이 여자라는 점에서 더욱 그렇습니다.

반대로 이 책은 이런 분이 제일 좋아하실 거 같습니다. 아내가 모피코트를 사달라고 합니다. 당연히 해주고 싶고 해줄 수도 있을 거 같은데 좀 비싸고 솔직히 아깝습니다. 그럴 때 아내가 이 책을 읽으면 얼마나 좋을까요.

질문입니다.

'모피를 입는 행동은 비도덕적 행동일까요?'

교육에는 초등교육과 고등교육이 있다고 말들을 합니다. 초등교육이 명확한 선악을 보여주는 교육이라면 고등교육은 세상이 그렇게 쉽게 선악으로 나누어질 수 없다는 사실을 가르쳐 주는 것 아닐까요? 아동 만화에는 선한 인물과 악한 인물이 명확히 그려지지만 도스토옙스키 문학에 등장하는 주인공의 내면에는 선과 악이 공존하고 있듯이 말입니다.

양털을 얻기 위해 양을 키우는 과정에서 인간은 양의 엉덩이 주변에 파리가 꼬여 양이 죽어나가는 것을 방지하기 위해 엉덩이 살을 잘라내는 뮬싱(mulesing)이라는 작업을 합니다. 유튜브에서 한번 찾아 보시면 당분간 모직 옷은 못 입으실 겁니다.

면화는 지구의 재배면적의 4% 내외를 차지하지만 거기에 쓰이는 농약

---

47 같은 책.

은 25% 이상을 소모합니다. 병충해에 취약해서 많은 농약이 필수적인 작물이기 때문입니다. 그리고 면화는 재배과정에서 물을 엄청 필요로 하는 작물입니다. 세계 물 분쟁의 원인이 되는 대표적인 작물이지요.

그렇다면 대안은 나일론 혁명으로 이뤄낸 인공섬유, 인류가 입고 있는 옷감의 60~70%를 차지하는 옷감입니다. 하지만 석유화학제품이라 기본적으로 반환경적일 수밖에 없고요. 특히 인공섬유 옷들은 세탁을 할 때마다 눈에 보이지 않는 미세 플라스틱을 만들어냅니다. 해양오염의 주범이라는 의심을 받고 있지요. 어떤 재질의 옷을 입어야 할지 고르기가 쉽지 않습니다.

마지막으로 입을 수 있는 옷감은 비단 정도인데 비싸서 망설여지실 겁니다. 거기다 비단옷은 내구성이 너무 약해서 오래 입을 수도 없습니다. 또한 비단옷을 만들려면 살아있는 번데기를 쪄야 합니다. 고치 안의 누에들이 뜨거운 물 속에서 고통받는 모습을 상상하는 것 역시 좋은 기분을 갖게 하진 않죠.

축구공을 생각해봅시다. 축구공을 만들기 위해서는 여러 섬세한 과정이 필요합니다. 특히 수십 조각으로 나누어져 있는 오각형의 천들을 조립 봉제해서 하나의 공으로 만드는 과정에 많은 아동 노동이 투입되고 있었습니다. 세계적인 시민단체들과 양심적인 사람들의 노력으로, 이런 축구공을 만드는데 얼마나 많은 제3세계 어린이들의 노동이 불법적으로 착취되는지 서서히 밝혀지기 시작했습니다. 그리고 그런 노동 착취의 꼭대기에 세계적인 스포츠 의류 업체가 있다는 것이 알려지자 난리가 났습니다. 저 역시 그러한 아동노동 착취에 분개했고 지금도 당연히 어떤 이유에서든 아동노동 그 자체를 반대합니다. 그러던 와중에 여론의 등살에 못 견딘 해당 회사 등은 여러 궁여지책을 동원하여 비판을 모면하다가 획기적인 방법을 찾아냅니다. 바로 오각형의 천들을 조립하는 공정을 자동화하는 것이지요. 그렇게 간단히 축구공을 만드는 아동노동의 문제는 해결이 되었습니다.

하지만 진짜 문제가 여기서부터 시작되었죠. 아동들이 신발공장에서 더 이상 착취당하지 않게 되자 아동의 집안 소득이 제로가 되었습니다. 대부분은 부모가 노동능력을 상실했거나 애초에 아동에 비해 인건비가 비싸서 일하지 않았던 것입니다. 그래서 아동이 공장에서 일하지 않으면 집안의 소득이 끊기는 겁니다. 그렇다고 국가가 복지를 챙겨줄 리는 전무하죠. 가족 모두가 각기 흩어져 축구공을 만드는 아동 노동보다도 못한 일자리를 향해 나서게 됩니다. 이 가족의 뒷이야기는 눈물이 날 정도로 비참합니다. 아빠는 구걸에 나서고 엄마는 대리모를 여동생은 아동매춘을, 소매치기를 견디다 못한 남동생은 장기매매에 나서게 됩니다.

저는 부작용이 아무리 커도 반드시 아동노동은 금지되어야 한다고 생각합니다. 다만 말씀드리고 싶은 것은 세상은 그렇게 간단하지만은 않다는 겁니다. 아동 노동을 금지한 것이 더 큰 불행을 가져올 수도 있듯이 말입니다.

그렇다면 이런 문제를 이해하기 위해서는 어디서부터 출발해야 할까요? 이 문제를 이해하기 위해서는 우선 자연과학적 진리와 사회과학적 진리가 다르다는 인식에서부터 출발해야 한다고 생각합니다.

역사상 세상 사람들을 가장 불쾌하게 만들었던 진리가 무엇일까요? 저는 단연코 진화론이라고 생각합니다. 인간과 원숭이의 조상이 같다니? 기독교가 지배 사상이던 19세기 중반 찰스 다윈의 진화론은 얼마나 사람들을 불편하게 만들었습니까? 하지만 당대의 진화론자들과 선각자들은 한 치의 물러섬도 없이 진화론을 관철시키기 위한 노력을 멈추지 않았습니다.

이렇듯 자연과학적 진리는 시대와 상황을 초월하는 진리입니다. 하지만 사회과학적 진리는 그러지 못한 경우가 많습니다. 사람을 때리는 것은 나쁜 일일까요? 태형은 나쁘냐는 겁니다. 당연히 나쁜 것이지요. 하지만 가만히 생각해보면 예전에는 그렇게 나쁜 일이 아닙니다. 지구가 태양을 돈 것은 지동설이 나오기 전에도 존재했던 일이지만, 태형이 나쁜 일이 된 것은 그것을 사람들이 나쁘다고 인식했을 때 비로서 나쁜일이 된 것입니다. 이 시대에 이순신 장군이 온다면 바로 구속입니다. 죄목은 인권침해입니다. 『난중일기』를 보시면 이순신 장군이 얼마나 많은 태형을 실시했는가가 아주 자세히 나와 있습니다. 사람을 때리는 것은 분명 나쁜 행위이지만 그것은 어찌 보면 지금의 기준입니다.

로마시대로 가서 여러분이 귀족이 되었다고 생각해봅시다.

"막시무스. 저번에 네가 판 노예가 또 탈출을 했어, 그놈 이름이 뭐라던가 아톰이던가? 그래서 태형 100대를 처벌했지. 너 혹시 그놈이 탈주 성향이 있던 거 알면서 나한테 판 거 아나?"

"왜 그래 노시쿠스! 그 아톰말이야 오고스트도 엄청 탐내던 놈이었어, 자기한테 팔라고 무려 200달란트를 제시했었다고! 그런데도 난 너와의 우정을 생각해서 150달란트에 너한테 팔았다고! 그렇게 이야기하니 정말 섭섭하구만."

"섭섭하다고 막시무스? 안 되겠구먼. 우리 법정에서 시시비비를 가려보자고!"

당시 정의를 실현하는 로마의 법정에서는 누구의 손을 들어줄까요? 어떤 재판관도 노시쿠스가 아톰이라는 노예에게 100대의 체형을 가했다는 것에 대해서 문제를 삼지 않겠죠? 아톰이 노예가 된 것이 정당하냐? 혹은 노예제가 정당하냐는 문제는 말할 것도 없고요. 아마 재판관들은 정말로 아톰이 전에도 탈주를 했던 노예였는지, 막시무스는 그것을 알고서도 아톰을 매매했는지를 판단할 겁니다.

많은 전문가나 지식인이 사회과학적 진리 역시 자연과학적 진리와 다를 바가 없다고 생각하고 접근하는 것은 아닌가 싶습니다. 세상을 선악으로 나누어 악으로 덮인 세상을 점차 걷어내는 것이 먼저 진리를 알게 된 전문가나 지식인의 임무입니다. 따라서 그러지 못한 사람들을 위해 자신을 희생해서라도 깨우쳐 주어야 한다는 생각 말입니다.

꼭 나쁘다고 하기는 뭐하지만 근대적 계몽주의에서 벗어나지 못한 생각이 아닐까요? 숨겨진 진실은 나만 알고, 이것을 알리는 것은 나의 임무라는 생각 그리고 많은 나쁜 사람들이 이것을 숨기려 해서 사람들이 모르는 거지 알기만 하면 세상은 금방 바뀔 거라는 생각 말입니다. 현대에는 걸맞지 않은 좀 위험한 생각이 아닐까 합니다. 이런 생각을 하는 분들이 종종 음모론에 빠지지요. 하지만 또한 그렇다고 해서 선각자분들의 역할을 부정해서도 안될 겁니다.

제가 학부시절 감명 깊게 읽었던 책 중에 피터 싱어의 『동물해방』이라는 책이 있습니다. 솔직히 지금도 공감합니다. 고통을 느끼는 모든 존재에 대해 고통을 행하는 것은 범죄다. 맞습니다. 저는 진정으로 그렇게 생각합니다. 그리고 그의 주장은 서유럽 사회에 커다란 반향을 불러와 인도적 도살과 인도적 가축 사육을 앞당기는 계기를 만들었습니다.

여러분, 낙지도 고통을 느끼기에 산낙지를 칼로 탕탕이를 만들어 먹는 것은 처벌받아야 된다는 주장에 대해 어떻게 생각하십니까? 말도 안된다고요? 얼마 전 한국에서도 낙지가 고통을 느낀다고 주장하는 동영상이 화제가 되었습니다. 뜨거운 냄비에 들어가지 않으려는 낙지의 몸부림을 보여주는 동영상이었습니다. 아마 머지않은 미래에는 낙지 탕탕이 금지법이 만들어질지도 모릅니다.

최초의 진리를 주장하는 사람을 우리는 선각자라고 합니다. 때로는 그들이 너무 앞섰기에 당대의 주류사회로부터는 이단아 취급을 받기 십상이지요. 조선시대 과부의 재가를 허용하자는 동학교도의 주장이 당시에는 얼마나 급진적인 사상이었습니까? 남편이 죽자 아내가 따라 죽는 집안에 열녀문을 내리던 시절이었습니다. 불과 20년 전만 해도 한국사회에서 동성애자의 권리를 주장하는 것이 얼마나 힘든 일이었습니까? 피터 싱어가 동물해방론은 쓰던 해가 1975년입니다. 그 역시 마찬가지였습니다. 하지만 그러한 선각자들을 통해 인류의 역사는 발전해나가는 것 아닐까요?

지금까지 『달콤한 제국 불편한 진실』이라는 책을 통해 우리가 미처 알지 못했던 음식의 뒷이야기를 알아보았습니다. 최초의 진리를 주장하는 선각자들의 이야기도 살펴보았지요. 이 다음부터는 조금 다른 결의 이야기를 해볼까요? 음식의 뒤에 가려진 진실이 우리를 불편하게 하기도 하지만, 한편으로 음식이 우리에게 위안이 된다는 사실을 떠올릴 수 있는 이야기입니다. 사실 쉬어가는 페이지이니 편하게 읽거나 다음 장으로 넘기셔도 좋습니다.

제 주위에도 음식으로 위안을 얻는 사람들이 종종 있습니다. 여기서 위안은 다르게 말하면 위로와 안심이지요. 순서만 바꾸면 안심과 위로가 될 겁니다.

자식을 기르는 부모라고 생각해보세요. 다섯 시면 학교에서 돌아오던 아이가 어느 날 밤, 아홉 시가 넘도록 연락도 없습니다. 핸드폰도 받지 않고 미치기 일보 직전입니다. 발을 동동 구르고 있던 중 경찰서에서 연락이 옵니다.

"동욱이 어머님 되시지요? 여기 B경찰서입니다."

경찰서라니! 별별 생각이 다 듭니다. 다리가 후들거리고 정신이 혼미한데 경찰이 이렇게 이야기합니다.

"동욱이가 경찰서에 있습니다. 어디 다친 곳은 없으니 걱정하지 마십시오."

이 말 한마디에 안심이 됩니다. 다행이라고 생각이 드는 것도 잠시 아들이 왜 거기 있을까라는 의문이 듭니다. 그때 경찰이 말을 이어나갑니다.

"동욱이가 자전거를 타다가 자동차와 부딪쳤습니다. 일단 동욱이가 실수해서 그런 거 같은데 자동차 주인과 잘잘못을 가리고 있는 중입니다. 그런데 아무튼 중학생치고는 야무지고 아주 똑똑합니다. 아무튼 걱정 마시고 경찰서로 좀 와 주셔야 할 것 같습니다."

아들의 연락 두절에 극도로 긴장했던 엄마는 전화를 끊고 일단 안심이 됐을 겁니다. 직접 봐야 알겠지만 아이가 다친 곳이 없이 안전한 곳에 있는 걸 확인했으니까요. 또한 아이가 야무지게 대처를 잘했다는 말 또한 엄마 입장에서 작은 위안이 되었을 겁니다.

저는 음식이 우리에게 주는 위안도 위의 이야기와 다르지 않다고 생각합니다. 불안이 해소되었을 때, 기본적인 욕구를 만족됐을 때, 생각만 해도 기분이 좋아지는 어떤 것이 있다는 사실, 그런 사소한 것들이 내 삶에 위로가 되는 순간이 있습니다. 하지만 그럼에도 우리는 내가 취하고 싶은 것만, 좋은 이야기만 알면서 살 수는 없습니다. 세상이 그리 간단하지만은 않으니까요. 때로는 몰라도 될 진실을 알게 되는 것이 도움이 될 때도 있습니다. 그리고 세상의 진실은 어느 날 걸려오는 전화 한통으로부터 오기보다는, 내가 적극적으로 움직일 때 더 많이 만날 수 있습니다. 바쁜 일상 속 내가 가진 세상의 폭을 더 넓힐 수 있는 가장 좋은 방법은 독서라는 능동적인 행위를 하는 것일 겁니다. 내가 알지 못했던 또 다른 세상이 책 속에 있습니다.

독서법 ——————————————————————— *Reading method*

아마 이 책을 보지 못하고 제 소개만 본 분들은 이 책이 굉장히 어려워서 완독하기 힘든 책으로 오해하실 수 있을 겁니다. 아닙니다. 만화책입니다. 그것도 아주 재밌게 쓴 만화책이라 책을 잡으면 그냥 술술 읽어나갈 수 있습니다. 좀 글이 많은 만화책이지만 그림도 너무 잘 그려주시고 캐릭터도 돋보여서 술술 나갑니다.

TIP

아주 재밌고 유익한 책입니다. 제가 책을 소개하면서 약간은 부정적인 뉘앙스로 이야기한 것처럼 느껴질 수도 있는데 그렇지 않습니다. 거꾸로 만화책이라 더더욱 그렇게 표현해낼 수 있다고 생각합니다. 알고는 있지만 불쾌해서 외면하려던 진실과 정면으로 맞설 수 있는 기회를 제공해주는 책입니다.

세상이 진짜 더 맛있어지는 독서

『세상을 바꾼 음식 이야기』

홍익희

먹방 열풍입니다. 저도 사실 엄청 즐겨보는 프로그램이 있습니다. 바로 〈맛있는 녀석들〉이라는 프로그램 입니다. 저는 거기에 나오는 개그맨분들이 참 좋습니다. 유민상 씨도 좋고요, 김준현 씨도 좋고 닭다리를 기가 막히게 먹는 문세윤 씨도 그리고 김민경 씨도 참 좋습니다. 아마 네 분다 푸근한 인상이라 그럴지 모릅니다. 하지만 제가 이 프로그램을 다른 먹방이나 음식 프로그램보다도 더 좋아하는 이유가 있습니다.

첫째, 진짜 맛있게 먹습니다.

제목이 '많이 먹는 녀석들'이 아니라 '맛있는 녀석들'입니다. 사실 저는 폭식가들이 놀라울 정도로 많이 먹기만 하는 먹방은 그리 좋아하지 않습니다. 물론 일부 국회의원들이 주장하듯 유튜브에서 방송되는 먹방이 국민건강을 해치므로 제한해야 한다는 놀라운 주장에는 절대 반대하지만 말입니다. 음식을 많이 먹는 프로그램이 좀 거북한 이유는 음식의 본질과는 동떨어져 있는 프로그램이라고 생각하기 때문입니다.

식사는 스포츠나 예술이 아닙니다. 우리는 사람이 할 수 있는 극한이 어디까지인지 궁금해합니다. 그리고 그러한 극한을 발현한 사람을 보면서 동경을 가집니다. 정신의 극한을 보여주는 것이 예술이라면 육체의 극한을 보여주는 것이 스포츠라고 생각합니다. 그렇다면 극한의 식사를 하는 행위 역시 궁금할 수도 동경할 수도 있는 것 아닐까요?

물론 그럴 수도 있지만 조금 다르다고 생각합니다. 기본적으로 식사는 인간의 본능적인 욕망을 채우는 행위입니다. 인간의 본능적인 욕망의 극한이 어디인지를 보는 것은 결코 행복하지도 바람직하지도 않은 일입니다. 인간의 헛된 욕망의 끝을 보여주는 것이 바벨탑이고 영생에 대한 욕망의 끝을 보여주는 것이 피라미드와 진시황릉이라면 인간 성욕의 끝을 보여주는 것이 포르노고 인간 식욕의 끝을 보여주는 것이 바로 폭식 먹방이라고 생각합니다.

지금도 그렇지만 예전에도 음식점을 소개하는 많은 방송들이 있었습니다. 〈맛있는 녀석들〉도 완전히 그 포맷을 벗어나지는 않았지만 그전의 방송들의 공통된 특징을 보면 음식에 대한 과한 칭찬들이 넘쳐납니다.

한입을 먹고 나면 마치 포도주를 주제로 한 일본의 만화 『신의 물방울』에 나오는 주인공과 같은 표정을 짓습니다. 그리고 세상에 이보다 맛있는 음식은 없다는 칭찬과 함께 과장이 더해집니다. 마치 1234년 고려의 왕이 온 나라를 찾아 헤맨 끝에 돌아가신 어머니가 만들어주던 음식과 똑같은 맛을 내는 음식을 찾아 먹는 듯한, 울음과 웃음이 뒤섞인 감격의 표정을 짓죠. 끝으로 엄지를 치켜세우며 최고라고 외칩니다.

물론 이 프로그램에도 식당이 나오고 음식에 대한 칭찬이 나옵니다.

조금 다른 것은 이분들이 음식을 맛있게 먹는 것은 음식이 너무 훌륭해서이기도 하지만 기본적으로는 배가 고파서이기 때문입니다. 그분들은 음식이 아주 맛있든, 꽤 맛있든 아니면 그냥 맛있든 그냥 많이 드십니다. 배고픔이 없어질 때까지 말이지요. 그리고 포만감이 든 순간 식사를 멈춥니다. 배부를 때까지 먹는 자연스러운 전 과정을 처음으로 보여준 먹방이라고 생각합니다. 특히 네 명 중 한 명이 '한입만'에 걸려서 못 먹게 되면 그 사람은 다른 세 명이 맛있게 음식을 먹는 것을 보면서 어쩔 줄 몰라 합니다. 그 이유는 음식이 맛있어서일 수도 있지만 기본적으로 배가 고프기 때문입니다.

그러기에 어찌 보면 음식이 가져야 할 본질에 가장 충실한 프로그램이라는 생각을 들게 만듭니다. 음식이란 당연히 허기를 채워주는 게 가장 큰 임무가 아닌가요. 그리고 그 허기를 채우기 위해 음식을 찾아다니고 만들었던 것이 어찌 보면 인간의 역사 아닐까요?

둘째, 만들어지는 과정이 길게 나오지 않습니다

세상 모든 사람들은 이렇게 이야기합니다. 결과보다 과정이 중요하다고요. 맞는 말입니다. 그 말이 가장 필요한 영역은 바로 인생이 아닐까 싶습니다. 어떤 사람이 되었느냐보다 훨씬 더 중요한 것이 당연히 어떤 사람이 되기 위한 과정이겠지요.

하지만 과정보다 결과가 훨씬 더 중요한 것이 있습니다. 바로 음식입니다. 어떤 프로그램을 보면 음식을 만드는 과정이 며느리도 모르는 비법으로 처리가 되고 그 과정이 얼마나 고되고 땀이 필요한 노동인가를 보여주는 프로그램이 있습니다. 조미료 없이 맛을 내기 위해 노력하는 주방의 땀방울을 보여주고는 하지요.

하지만 그런 모든 프로그램의 결론은 그래서 '이 음식이 맛있다'입니다. 정말 결과로만 평가받는 것, 그것이 바로 음식입니다. 새로운 설렁탕 식당에 갔다 온 친구가 있을때 우리는 무엇을 물어봅니까? 그 집 설렁탕 어떻게 만들디? 몇 시간을 고아? 고기 손질은 누가 하고? 기름은 어떻게 거두디? 이렇게 물어보는 친구 있나요? 하하하 아뇨, 아무도 없습니다.

단 한마디로 이렇게 이야기하죠. '맛있냐?' 저는 그래서 이 프로그램이 너무 좋습니다.

자 그래서 이 책을 추천하게 되었습니다. 왜? 이 책을 읽으면 음식이 더 맛있어지기 때문입니다. 제가 언제 한번 일본 입시학원의 초청으로 고급 일식집을 갔을 때의 경험입니다. 배가 고파서 일수도 있고 회가 신선해서 일수도 혹은 비싸서 더 맛있게 느꼈을지도 모릅니다. 그러나 그 맛을 잊지 못하는 가장 큰 이유는 초밥이 정말 천천히 나오기도 했지만 그 초밥 하나하나가 나올 때마다 그 초밥에 대한 설명이 있었기 때문이었습니다. 음식을 가져오는 분이 뭐라고 일본말을 하시면 그 옆에서 다른 분이 통역을 해주시는데 참 뭐라고 할까? 그냥 분명 초밥이었는데 꼭 맛있게 먹어야 되는 초밥으로 초밥이 변신하는 느낌이었습니다.

인간이 음식을 맛있게 만들어 주는 것 중에 하나가 바로 음식에 대한 설명입니다. 고급 코스요릿집에 가면 코스가 하나하나 나올 때마다 설명이 곁들여지는 이유겠지요, 역시 인간은 동물이지만 평범한 동물은 아닌 듯싶습니다.

음식에 대한 설명을 들었다고 그 음식에 대한 화학적 성분이 변하는 것도 아니고 같이 먹는 사람이 변하는 것도 아닌데 음식이 맛있어집니다. 그래서 고급 레스토랑으로 가면 갈수록 일반인이 알아들을 수 없는 용어로 그렇게 간지를 잡아 설명을 하는 모양입니다.

　때로는 반감이 들기도 하지만 아무튼 음식에 대한 스토리를 안다는 것은 그 음식을 더 맛있게 먹을 수 있는 기본이 되는 것 같습니다. 그런 전제 하에서는 이제 음식을 만드는 과정도 중요해집니다. 왜냐면 그 과정 역시 하나의 음식 스토리가 되기 때문이지요.

　이 음식이 어떻게 만들어졌는가를 아는 것만으로도 음식은 더 맛있어집니다. 예전에 누가 만들어서 누가 먹었는지 또 어떻게 먹었는지를 아는 것만으로도 음식 맛이 변하는 이치이지요. 그래서 이 책을 소개하게 되었습니다. 이 책을 읽고 드시면 음식이 맛있어집니다.

　이 책에는 자세히 나와 있지 않지만 주당인 저로서는 술 이야기부터 시작하고자 합니다. 세상의 술은 두 가지로 나누어집니다. 그냥 효모의 무산소호흡으로 자연상태에서 만들어질 수 있는 발효주와 그 발효주를 끓여서 만드는 증류주로 말입니다.

　발효란 음식에 들어간 당분이 무산소호흡으로 알코올로 변하는 건데 곡식이 발효하면 곡주, 과일이 발효하면 과일주랍니다. 그래서 보리가 발효하면 맥주, 쌀이 발효하면 막걸리, 포도가 발효하면 포도주 뭐 그런 식이지요.

　과일 중에는 포도가 당도가 높아서 유일하게 자연상태에서 발효를 하고 다른 과일은 설탕을 넣어야 합니다. 그리고 맥주를 증류하면 위스키, 포도주를 증류하면 코냑 그리고 막걸리를 증류하면 소주, 사탕수수로 만든 주정을 증류하면 럼, 선인장의 일종이 용설란으로 만든 주정을 증류하면 테킬라 이렇게 되는 겁니다. 아 갑자기 술이 더 땡깁니다. 제가 좋아하는 안동소주 이야기를 해볼까요?

원래 말젖을 발효시켜 만든 마유주를 먹던 몽고인들이 아랍에 가서 증류기를 보고 말젖으로 만들던 마유주를 증류시켜 만든 술이 소주의 유래입니다. 그 후 몽고가 우리나라에 쳐들어오자 자연스럽게 소주도 우리나라에 들어오게 되었는데, 몽고가 쳐들어오자 공민왕이 안동으로 도망가고 그 후에 몽고가 일본에 쳐들어가려고 만든 전진기지가 안동에 있다 보니까 안동지역에서 자연스럽게 소주가 발달했다, 뭐 이런 이야기를 들으면 갑자기 안동에 가서 소주를 먹고 싶어지지 않나요?

유홍준 전 문화재청장님이 그분의 베스트셀러인 『나의 문화유산답사기』에서 이렇게 말씀하셨죠. 아는 만큼 보인다라고요. 음식의 세계도 마찬가지입니다. 아는 만큼 맛있고 맛있는 만큼 위안을 받을 수 있습니다.

말도 안 되는 직장상사의 괴롭힘과 핍박을 피해 KFC에 앉았습니다. 황량한 도심, 피할 곳이라고는 절대 직장상사가 올 것 같지 않은 KFC라는 것이 너무 서럽기까지 합니다. 그리고 살이 찔지도 모르지만 넘치는 스트레스를 해소하기 위해서는 고소하고 바삭한 닭다리를 먹는 수밖에 없다는 생각이 들어 프라이드 닭다리를 시켰습니다. 그런데 문득 이 KFC가 과거에 음식이 부족했던 흑인들이, 백인이 먹고 남긴 닭뼈에 붙은 살을 먹기 위해 만든 음식이라는 것이 생각나 순간 가슴이 울컥해집니다. 그리고 〈집으로〉라는 영화의 주인공 아이가 백숙보다 치킨을 좋아하는 이유가 마이야르 반응 때문이라는 것을 아는 순간, 참 닭다리 하나도 달라 보입니다.

뭐 그렇게 피곤하게 사냐고요? 그냥 먹으면 되지 당신이 좋아하는 〈맛있는 녀석들〉과 다른 이야기하는 거 아니냐고요? 항상 〈맛있는 녀석들〉처럼 배고팠다가 포만감을 느낄 정도로 먹을 수는 없습니다. 배가 덜 고파도, 포만감이 넘치지 않을 정도로 먹어도 맛있게 음식을 먹는 방법이 바로 이런 방법이라고 저는 생각합니다. 5장에서 여행 이야기를 하며 말씀드렸지만 그냥 가서 보는 것과 그 장소의 스토리를 알고서 보는 것이 얼마나 다릅니까?

대부분의 사람들은 로마에 가기 전에 로마를 공부하고 갑니다. 왜냐고요? 모르고 간 로마에서 느끼는 것과 알고 간 로마에서 느끼는 것이 엄청 다르다는 것을 알기 때문입니다. 그런데 왜 음식에 대해서는 그렇게 하지 않으시나요? 그래서 이 책을 추천드립니다. 이 책의 장점은 바로 여러분이 일상에서 드시는 음식을 보다 맛있게 해드릴 수 있다는 것입니다. 본격적으로 이 책에 대한 소개를 시작할게요.

이 책은 구체적으로 우리가 아는 리소토와 이탈리아의 리소토가 다르다는 사실을 알려줍니다. 처음 이탈리아에서 리소토를 먹었을 때 저는, 아니 왜 이 사람들은 왜 거의 익지도 않은 생쌀을 먹는 거지? 라는 의문이 들었습니다. 한국에서 먹던 리소토와는 무척이나 달랐으니까요. 알고 봤더니 리소토라는 이름이 쌀을 뜻하는 '리소(riso)'와 적음을 나타내는 접미사 '토(-tto)'가 결합된 말로, 짧은 시간에 만드는 쌀 요리란 뜻이랍니다. 그러니 생쌀을 씹는 듯한 식감이 났던 겁니다.

맛이 있든 없든 푹 익은 쌀로 만든 리소토는 리소토 본연의 모습이 아니었던 겁니다. 이 사실을 알게 된 후 밀라노에서 다시 먹은 리소토는 맛있더라고요. 입맛이 변한 것일지도 모르지만 아무튼 그놈의 리소토는 안 익어야 하고, 밀라노가 스페인의 식민지였을 때 스페인의 파에야가 들어와서 생긴 음식이고, 본고장이 밀라노임을 안 순간 생쌀 리소토가 맛있어졌습니다. 그리고 푹 익은 리소토를 리소토 본래의 맛이라고 먹는 친구들이 우스워지기도 했습니다. 물론 건방을 떤 것이긴 합니다만, 하하하.

이러한 이야기가 이 책에는 너무나 많습니다. 피자 이야기만 해볼까요? 피자는 오븐에 구워야 하기 때문에 일반 집에는 만들 수 없어서 사 먹던 음식이라는 이야기는 지금도 우리가 왜 피자를 사 먹는지를 설명해 줍니다.

나폴리 서민의 음식이었다는 이야기, 지금도 피자는 서민의 음식입니다. 그리고 마르게리타라는 피자의 이름이 왕비가 토마토와 모짜렐라 그리고 바질을 얹은 색깔이 초록, 하양, 빨강이라 당시 이탈리아의 통일을 염원하던 민중의 바람을 담아 생겨났다는 이야기만으로 더 맛있어지지 않나요?

물론 조심해야 합니다. 이런 이야기를 안다고 함부로 이야기하다가는 꼰대 소리 듣기 십상입니다. 꼰대가 되지 않는 첫 번째 방법은 아는 것을 먼저 설명하는 것이 아니라 그냥 앎에 만족하는 겁니다. 그냥 이 피자가 그렇구나 하고 먹고 이 와인이 그렇구나 하고 마시고 이 시가가 그렇구나 하고 피우면 됩니다. 내가 얻은 지식은 애초에 나를 위한 지식이었지 결코 상대를 위한 지식이 아니었으니까요. 그러다가 혹시 질문이 나온다면? 그건 복권에 당첨된 것 같은 행운이 아닐까요?

문득 생각해보면 외국에 가서 적응하기 가장 어려운 것 중 하나는 역시 음식일 겁니다. 사람 입맛이 간사하다고 하지 않습니까? 대부분 한두 끼 정도 외국 음식을 맛있게 먹습니다. 하지만 며칠 계속 먹다 보면 구수한 된장찌개나 매콤한 김치찌개를 그리워하기 마련입니다. 그래서 소개해 드리는 책이 이 책입니다. 저자가 한국사람이기 때문입니다. 물론 냉면이나 김치 같은 한국적인 주제는 아닙니다. 소금, 맥주, 보리, 밀과 같은 아주 보편적인 음식을 다루고 있지요.

한국인에게는 한식이 물리지 않듯이 이 책 역시 물리지 않고 부담스럽게 읽을 수 있는 이유는 한국사람이 쓴 책이라 그런가 봅니다.

책을 읽다가 무릎을 쳤습니다. 가만히 생각을 해보면 한국 음식을 한국 음식답게 만드는 것은 역시 장입니다. 된장, 고추장, 간장, 청국장의 그 '장' 말입니다.

책의 한 구절을 인용하겠습니다.

> "장은 우리 고유의 발효음식으로, 콩 단백질이 분해되면 특유의 향기와 감칠맛이 생깁니다. 장은 우리 음식을 맛있게 하는 기초식품이자, 육류의 섭취가 부족했던 우리나라의 전통 식생활에서 단백질 공급원이기도 했습니다."[48]

결국 한국 음식은 장 맛이고 그리고 그 장은 메주로 만드는 것이고 메주는 콩으로 만드는 것입니다. 그리고 이런 한국 고유의 음식이 발달하게 된 이유를 책 속의 다음 구절을 통해 알 수 있습니다.

> "오늘날 농학에서는 콩의 한 종류인 대두의 원산지를 한반도와 만주 남부로 보고 있으며 약 5000년 전에 재배가 시작되었다고 합니다."[49]

---

48 홍익희, 『세상을 바꾼 음식 이야기』, 세종서적, 2017.
49 같은 책.

이렇듯 콩의 원산지는 우리 한반도였습니다. 또한 한국 음식을 가장 한국 음식답게 만드는 것이 바로 콩이었습니다. 이 간단한 사실을 그렇게 많은 두부와 콩나물을 먹고 자라면서도 몰랐다니!

독서법 —————————————————— *Reading method*

처음부터 끝까지 독서를 할 필요가 없는 책입니다. 언제든 생각 날 때 읽어도 좋습니다. 음식을 먹기 전에 봐도 좋겠네요. 아마 음식이 훨씬 더 인문학적으로 맛있어질 겁니다. 파트별로 모두 재밌고 흥미로운 이야기라 책도 술술 읽힐 겁니다. 책에서 소개 되는 음식을 순서대로 나열해볼게요.

1부 ─밀, 보리, 소금, 쌀

2부 ─육포, 대구, 후추, 향신료, 고추

3부 ─설탕, 청어, 커피

4부 ─감자, 콩, 올리브, 치즈, 꿀

5부 ─피자, 국수, 맥주, 와인

TIP

전형적으로 글씨가 큰 책입니다. 노인을 주 독자 책으로 할 내용은 아니니 노인분들을 배려해서 글씨를 크게 한 것 같지는 않습니다. 책 페이지 수를 헤아려 보니 236페이지입니다. 거기다 중간에 그림도 참 많습니다. 한마 디로 좋게 이야기하면 빨리 읽을 수 있는 책이고 다르게 이야기하면 페이 지 수 대비 가격이 좀 있는 책입니다. 저도 책을 많이 냈습니다. 그리고 제 책 중에도 이런 책이 있습니다. 다시 생각해도 얼굴이 달아오르네요.

알고 먹는 냉면이 더 맛있다

『냉면열전』

백헌석 · 최혜림

저 역시 음식으로 위안을 찾는 대표적인 사람입니다. 앞서도 말씀드렸
듯이 정말 앞으로는 그렇게 살지 않겠다고 다짐을 하지만 저 역시 한국 자
본주의의 치열한 경쟁 속에서 살아남기 위해 몸부림치다 보니 워커 홀릭
이라는 (한때 속으로 자랑스러워했던) 병을 아직도 앓고 있습니다.

저희 사무실은 서초동이고요. 부끄럽지만 토요일도 당연히 일을 합니
다. 하지만 토요일에 해외에 있지 않으면 가는 곳이 있습니다. 주로 혼자
가는데요. 강남역에 있는 북한식 냉면집인 '을밀대'라는 곳입니다. 문재
인 대통령과 김정일 위원장이 만나기 전까지만 해도 그냥 가서 먹을 만한
곳이었는데 지금은 보통 식사시간에 가서는 줄을 한참 서야 해서 점심시
간이나 저녁시간 특히나 여름에는 아예 그 시간대에 가는 것은 포기해야
되는 식당이 되고 말았습니다.

저는 주로 오전 11시에 갑니다. 그때가 개업시간이라 사람도 없고 한

적해서 말입니다. 제가 가면 사모님들이 알아보고 바로 막걸리부터 주십니다. 낮술이지요, 하하하! 선주후면이라고 먼저 한잔하고 먹는 평양냉면 맛은 정말 끝내줍니다. 그 심심하면서도 오묘한 맛 때문이지요. 이 맛을 모르는 사람들이 아직도 많다는 것이 너무 속상해서 어떨 때는 참을 수가 없습니다. 답답합니다. 애써 여기까지 와서 평양냉면의 본질과는 거리가 먼 비빔냉면을 시켜서 드시는 분들을 보면 안타깝고, 식초와 겨자를 너무 많이 넣어서 먹는 분들을 보면 더 안타깝습니다. 이 맛있는 냉면한테 저분들이 죄를 짓는 모습을 보는 거 같아서 말입니다. 아직도 냉면과 막국수를 구별 못하시는 분들 보면 속상합니다. 백미처럼 메밀을 많이 깎아서 만들면 메밀이나 냉면이 되는 것이고요. 현미처럼 거의 깎지 않으면 막국수가 되는 겁니다.

그러니 기본적으로 맛은 당연히 많이 깎은 메밀이나 냉면이 더 고소하고 부드러운 맛이 나고 막국수는 거친 맛이 나겠지요. 가난한 강원도는 아까워서 메밀을 많이 못 깎아서 막국수를 먹고 있는 것이고, 평양과 같이 잘사는 곳은 많이 깎아서 동치미 국물이나 육수 국물을 더해 냉면을 만들어 먹었다는 설명이 가능하지요. 아무튼 저는 이 집 냉면을 무척이나 좋아합니다. 맛도 맛이지만 가장 좋아하는 이유는 이 집은 다른 평양냉면집과는 달리 고기를 같이 구워서 팔지 않아서 고기 굽는 냄새 없이 냉면만을 맛볼 수 있어서입니다. 이 집을 참 좋아했고 지금도 좋아하고 있습니다.

아무튼 그래서 저는 시간만 맞으면 많은 사람들을 모시고 와서 이 집에서 냉면을 먹으면서 많은 이야기를 해드리고는 했습니다. 왜 부산에서 밀면이 발달했는지, 왜 예전에는 잔칫집에서 국수를 먹었는지, 왜 부산에만 돼지국밥이 발달했는지, 평양냉면과 함흥냉면이 어떻게 다른지 열심히 설명해가면서 선주후면을 하고는 했습니다. 지성이면 감천이라고 아니나 다를까? 제 영향을 받아서 냉면을 좋아하게 되는 분들이 주변에 하나둘씩 생겨나기 시작했습니다. 그러니까 저는 더욱 좋더라고요. 왜냐면 혼자 가서 먹지 않고 같이 가서 먹을 사람들이 생겼다는 것이 너무 좋았기 때문입니다. 왜 이렇게 제 이야기를 오래 하냐고요? 사실은 이 이야기를 하기 위해서입니다.

아는 후배 두 분을 모시고 평상시처럼 이 냉면집을 갔습니다. 그리고 화장실을 잠깐 다녀오려고 했는데 저와 같이 온 일행분의 목소리가 방에서 새어 나왔습니다.

"이 생고무줄 같은 걸 왜 먹노? 참 지가 좋으면 지 혼자 와서 묵지 안그러나."

"아 누가 안 그런다냐, 누가 서울 사람 아닐까 봐 이걸 싱거워서 어이 먹노."

뒤통수를 세게 얻어맞았습니다. 역시 들으면 안 되는 것이 뒷담화지만 꼭 들어야 하는 것도 뒷담화인지 모릅니다. 맘 같아서는 방문을 열고 바로 이렇게 말하고 싶었습니다.

"이 부산 촌놈들아, 양키들이 배급 주던 밀가루로 밀면이나 만들어 먹던 너희들이 냉면 맛을 알아? 자꾸 먹어보란 말이야. 그러면 그 맛이 무엇인지 알게 된다고! 맛이 없는 맛! 그 맛도 모르면서 참나."

그런데 그때 저는 아주 부끄럽지만 깨달은 바가 있었습니다. 음식은 위안이고 그 위안의 주체는 정말 자기 자신이어야 하고 누구에게도 강요받는 위안은 절대 위안이 될 수 없다는 사실을 말입니다.

여러분도 그런 경우가 있지만 저도 사실 그런 경우를 당할 때 너무 끔찍했습니다. 아는 지인분과 만났습니다. 술 한잔을 하러 가려 하는데 그분이 말을 합니다.

"어때 오늘은 가볍게 와인 한잔하지?"

이 제안은 소주 한잔, 맥주 한잔, 막걸리 한잔 혹은 위스키 한잔하자는 제안과는 달리 주종을 바꾸기에는 너무 강한 제안입니다. "소주 한잔할까?"에는 "어제 너무 달려서 그냥 가볍게 맥주 한잔해도 될까?" 라는 답변이, "막걸리 한잔할까?"에는 "배가 불러서 좀 그런데 그냥 독주로 위스키나 빼갈 한잔하자" 라고 쉽게 대답을 하지만 제기랄 이놈의 와인이 무엇인지 와인 한잔하자는 제안에는 절대 주류의 종류를 바꾸어서는 안될 것 같은 무의식이 작동합니다.

"좋아요 선배. 와인 한잔하러 가죠"

여기서부터 고통은 시작됩니다. 선배의 정답을 정해놓은 질문에 답할 시간이 곧 다가옵니다. "어느 나라 와인으로 할까?" 이때 바로 대답을 하면 안 됩니다. 좀 생각하는 듯하다가 "선배는 어느 나라 와인이 괜찮아요?"라고 대답을 해야 합니다. 함부로 나라를 말했다가 선배가 좋아하는 와인이 아니면 큰일 나거든요. "응. 오늘을 호주산 와인으로 하지. 가성비가 좋잖아."

그리고부터 시작입니다. 와인 이야기를 최소 두 시간을 들어야 합니다. 오죽하면 견디다 견디다 못해 『신의 물방울』을 사서 저도 읽었겠습니까? 와인을 먹으면서 주인공이 이런 식으로 내뱉습니다. '앗 이 맛은 1453년 콘스탄티노플이 이슬람 세력에 항복하기 직전 비탄한 심정을 감싸 안으며 적진을 향해 무모한 돌진을 하기 직전 왕이 마시면서 느꼈던 황무지를 배경으로 한 그 맛!' 뭐 이런 식이지요. 떼루아가 어떠니, 디켄딩이 잘 되었니, 로버트 파커가 어쩌니저쩌니 그러다가 하이라이트가 나옵니다.

"하지만 진기야 비싸지 않아도 좋은 와인이 있어, 그걸 볼 줄 알고 맛볼 줄 아는 사람이 진짜 와인을 아는 거란다! 미국 자본이 검열한 기준을 벗어나서 값싸지만 자연을 느낄 수 있는 맛을 가진 와인도 많거든! 그리고 더 중요한 것은 자기가 좋아하는 맛이 진짜 중요한 거야! 나한테 맞는 와인 말이야."

"아 그래요 선배" 그리고 속으로 저는 뭐라고 하겠습니까? "저는 그냥 소주가 좋아요! 와인 비싸고 취하지도 않고 취하면 아침에 머리 아프고 아! 시려요. 차라리 막걸리가 전 더 잘 어울려요!"라고 말입니다.

그런데 그 선배가 바로 저였다는 것이지요. 장소가 와인 바가 아니라 냉면집으로 시간이 몇 시간이 아니라 한 시간으로 줄었을 뿐 본질은 다르지 않았다는 겁니다.

너무 창피했습니다. 그래서 지금은 다시 냉면집에 가더라도 주로 혼자 다닙니다. 특히나 저희 회사 직원분들은 절대로 데리고 가지 않습니다. 이제는 알고 있습니다. 그동안 욕을 얼마나 먹었는지를요.

그래서 대한민국 국적기를 탈 때 너무 불편한 게 있습니다. 외국을 자주 다니는 저로서는 국적기가 비싸서 그렇지 너무 좋습니다. 직원분들이 너무 친절해서 일단은 가장 좋고요 또 비빔밥이 나와서 너무 좋습니다. 불고기도 있을 때도 있고 아무튼 우리 입맛에는 국적 항공사 음식이 최고입니다. 그런데 뭐가 불편하냐고요? 가끔 비즈니스 클래스를 이용할 때 특히 그걸 잘 느끼는데요, 한국 비행기처럼 와인 리스트를 들이미는 항공사는 아직 만나보지를 못했습니다. 심지어는 승무원분이 와인이 종류별로 든 바구니를 들고 다니면서 와인을 권해주시기도 합니다. 솔직히 코미디입니다. 차라리 비즈니스 클래스라면 안동소주를 권해야 하는 거 아닐까요? 국적기를 운행하시는 높은 분들의 생각을 조금은 짐작할 수 있을 거 같습니다.

'우리 비행기는 고급비행기입니다. 그 증거로는 이렇게 좋은 와인을 많이 가지고 있으니까요', '우리 승무원들은 최고의 승무원들입니다. 그 증거로는 이렇게 와인에 대해서 많은 지식을 가지고 있으니까요' 또한 '그런 우리 비행기를 이용하는 고객 여러분도 최고이시죠, 왜냐면 기내식과 함께 와인 맛을 느낄 수 있는 분들이시니까요'

위안은 남에게서 받는 것이 아니라고 생각합니다. 외국어나 수학공식은 남에게서 배울 수 있지만 위안만은 남에게서 배울 수 없다고 생각합니다. 간혹 힘들 때 옆 사람에게서 위안이 되는 말을 듣고 힘을 낼 때도 있습니다. 그런데 이 상황은 누군가에게서 위안을 받은 것으로 보기 힘듭니다. 그보다는 그때 내가 듣고 싶었던 말을 마침 내가 원하는 사람이 해주어서 스스로 위안이 된 것 아닐까요?

듣고 싶은 위안의 말도 듣고 싶은 사람이 아닌 다른 사람에게 듣는다면 위안이 되지 않듯, 위안받고 싶은 사람에게 원하지 않는 말이 나온다면 결코 위안을 받을 수 없습니다. 정말 원하는 사람에게서 원하는 말이 나와야만 위안이 됩니다. 그것은 사실 위안의 주체가 상대가 아닌 '나' 자신이기 때문입니다.

음식이 위안이 되는 가장 본질적인 이유는 식사가 주는 안정감이 있기 때문일 겁니다. 앞에서 행복의 기원이라는 책에서도 보았듯 위안을 받고 싶다는 말의 동의어는 불안하다는 겁니다.

현대인에게 불안의 형태는 참으로 다양해졌지만 오랜 시간 인류의 가장 큰 불안은 굶주림에 대한 공포였습니다. 그런데 그 굶주림을 해결하고 마음껏 먹을 수 있다는 것은 참으로 큰 위안이었을 겁니다. 거기다 많은 사람들과 식사를 하는 것처럼 생존 불안이 줄어드는 큰 위안이 무엇이 있겠습니까? 그래서 우리는 음식을 통해 서로에게 위안을 주고받는 것일지도 모르겠습니다.

아내가 남편을 위로해주고 싶을 때 혹은 남편이 아내를 위로해주고 싶을 때 우리는 어떻게 합니까?

"자기야! 밥 먹으러 나갈까? 내가 좋아하는 걸로 먹기로 하고"라고는 아무도 하지 않습니다. "자기야 밥 한 끼 할까? 오늘 힘들어 보이는데 자기 좋아하는 삼계탕 먹으러 갈까?" 아니면 "몇 시에 와? 당신 좋아하는 오징어찌개 끓여 놓을게 와서 좀 먹고 힘내!"라고 합니다. 그게 진정한 음식에서 오는 위안이라고 생각합니다.

본격적으로 책이야기를 해볼게요.

제목은 냉면 열전이지만 실제로는 냉면 다큐멘터리를 본 것 같은 느낌을 받습니다. 다큐멘터리의 특징이 무엇인가요? 일체의 연출을 배제한 채 있는 그대로 사실을 시청자에게 보여주는 것이죠. 조에족의 삶을 그대로 노출해 보여주었던 잊지 못할 다큐멘터리인 〈아마존의 눈물〉처럼요. 그래서 이 책이 좋았습니다. 냉면에 대한 대단한 찬양을 늘어놓지도 않습니다. 냉면을 모르면 안 될 것처럼 훈계하지도 않고요. 그저 냉면이 맵고 짠 것으로 대별되는 한국 음식과는 달리 정반대의 밍밍하고 담백한 맛으로 승부하고 있다는 점을 말하고요, 냉면의 종류 및 유래와 먹는 방법 등에 대해

차분히 설명하고 있습니다. 마치 냉면 백과사전을 보는 듯한 느낌을 받게 됩니다. 책 목차만 보시면 금방 아실 겁니다. 지면 관계상 일부 목록만 보여드릴게요.

1. 한국인과 냉면
   우리는 왜 메밀 면을 먹었을까 — 026
   언제부터 냉면을 먹었을까 — 034
   메밀에서 국수까지 — 043
   냉면, 양반에서 서민으로 — 057

2. 냉면, 역사의 한가운데
   냉장고의 발명과 여름냉면 — 079
   무쇠 제면기의 등장 — 085
   냉면 배달부가 간다 — 091
   남북회담과 함께한 냉면 — 125

3. 평양냉면의 모든 것
   평양냉면은 여름 음식일까? — 133
   평양냉면, 제대로 먹자 — 149
   달걀과 겨자, 식초의 비밀 — 170

4. 더 쫄깃하게, 더 시원하게
   함흥에는 함흥냉면이 없다? — 177

함흥냉면의 원조를 찾아서 ─ 183

부산의 명물이 된 밀면 ─ 199

5. 팔도 냉면 유랑기(우리나라 냉면집들이 소개 되어 있습니다.)[50]

　냉면에 대해 궁금한 것만 쏙쏙 뽑아서 담아냈습니다. 정말 이 책 한 권이면 냉면만큼은 어디 가서 먹더라도 맛있게 먹을 수 있을 것 같습니다. 자기가 아는 것을 장황하게 독자들에게 설명하는 것이 아니라 거꾸로 독자들이 궁금해할 만한 것들만 쏙쏙 뽑아서 책을 쓸 수 있다는 사실이 놀라웠습니다. 왜 그런가 생각해보았더니 역시 정답은 저자분들에게 있었습니다.

　저자는 두 분인데 백헌석 님은 PD고 최혜림 님은 방송작가셨습니다. 한마디로 다큐멘터리를 만들 듯 책을 만들었으니 밀도 높은 다큐멘터리처럼 느껴졌던 겁니다.

　또한 실제로 이 책은 2013년 8월에 방영된 MBC 다큐스페셜 〈냉면〉을 토대로 엮은 것이랍니다. 냉면만이 아니라 음식에 대한 모든 책들이 이렇게 다큐멘터리처럼 잘 정리되어있다면 참 좋겠다 하는 생각이 들었습니다.

---

50 백헌석 · 최혜림, 『냉면열전』 인물과사상사, 2014.

다큐멘터리 보듯 보시면 됩니다. 다큐멘터리의 특징이 무언가요. 드라마와 달리 아무 편부터 보셔도 된다는 것이지요. 그래서 이 책도 마찬가지입니다. 아무 편부터도 보셔도 됩니다. 함흥냉면을 좋아하시면 당연히 함흥냉면 편부터 보시는 것이고요, 당장 냉면집에 달려가고 싶으신 분은 팔도 냉면 유랑기부터 읽으시면 되겠죠. 냉면집에서 가면 가끔 냉면값이 너무 비싸다는 생각을 합니다. 하지만 이 책값은 비싸지 않습니다.

TIP

에티켓이라는 말이 있습니다. 그 유래를 살펴보니 프랑스 절대왕정기 루이 14세가 궁중 파티를 열 때면 서로 왕 옆에서 밥을 먹으려고 경쟁이 벌어져 난장판이 되기 일쑤였다고 합니다. 그래서 입구에서 자리 배정표를 나누어주었다고 합니다. 그 표 이름이 바로 에티켓이었다고 하지요. 냉면집에 가면 아무래도 연세 지긋하신 분들이 많이 오십니다. 그런데 그분들 중 왜 그렇게 많은 분들이 종업원들에게 반말을 하는지, '꼰대열전'을 보는 듯합니다. 모두 냉면집에서든 어디에서든 에티켓은 지키셨으면 좋겠습니다.

삶에 풍미를 더하는 음식의 역사

『역사학자 정기문의 식사(食史)』

정기문 지음, 책과함께

<·><·>◉<·><·>

인간은 먹는 것에 중대한 의미를 부여한다. 먹으면서 사랑, 우정과 같은
관계를 맺고, 거래를 하고, 신앙생활을 하며, 권력을 유지한다. 인간은 음식을
얻기 위해 끊임없이 노력하고 때로는 전쟁도 불사하며, 음식을 통해 계급과
성, 종족 등을 구별해왔다.

— 서문 중에서

음식을 주제로 어디에서부터 어디까지 이야기할 수 있을까? 문명과 역사
의 발전과 흐름 속에 음식은 언제 어디서고 빠지지 않는다. 아마도 우리 삶의
거의 모든 것과 연관 지어 생각해볼 수 있지 않을까. 소울푸드, 힐링푸드라는
단어처럼 음식은 영양분 섭취 그 이상의 의미가 있다. 우리는 주변에서 어떤
것을 누구와 어떻게 얼마나 더 맛있게 먹을 것인가를 골몰하며 맛과 풍미를 향
유하기 위해 정성을 쏟는 사람들을 어렵지 않게 만날 수 있다. 음식은 단순한
먹을거리가 아닌 중요한 문화콘텐츠로 자리매김하여 다채로운 경험을 제공할
뿐 아니라 우리 일상 곳곳에 전방위적으로 스며들어있다. 그렇다면 과거에 음

식은 어떤 의미였을까? 이 책에서 저자는 우리에게 친숙한 일곱 가지 음식을 통해 해당 음식의 역사와 인류사에 끼친 영향과 의미에 대해 이야기한다.

역사상 고기, 빵, 포도주, 커피 등은 인류사에 중대한 전환을 불러왔다. 이 책에서 다루고 있는 일곱 가지 음식 중에는 디저트나 간식 등의 기호식품들이 포함되어있다. 기호식품의 등장은 기존의 생존을 위한 식사에서 벗어나 맛을 추구하고 즐기는 문명의 발달이라는 의미가 있다. 물론 상황에 따라 기호식품이 좋은 대체재가 되기도 했다. 예를 들어 과거 유럽의 물은 석회질 성분이 많고 각종 광물과 하수에 오염되어있어서 마실 수 있는 수준이 되지 못했으므로 사람들은 술, 커피, 차에 열광하였다. 포도주를 식수 대용으로 마셨는가 하면, 가축의 젖을 오래 보관할 수 있던 방편으로 만들었던 치즈는 온 유럽에 널리 퍼지게 되었다. 또한 다양한 산업과 기술은 식문화뿐 아니라 더 나아가 인류의 인구구조에 영향을 끼쳤다. 예를 들어 15세기를 기점으로 농축산 기술이 발달했는데 이때 가축 사육이 증가함에 따라 단백질 섭취가 늘고 여성의 평균 수명이 남성보다 길어지면서 남녀 간의 성비가 역전되었다.

이처럼 각각의 음식의 발달과 전개는 시대마다 다른 형태로 나타났으나 하나 공통적인 사실이 있었다. 특정 음식은 오직 권력층만 누릴 수 있었다는 것이다. 하지만 근현대로 올수록 더 많은 사람들에게 더 많은 종류의 음식이 널리 보급되었다. 빵이나 홍차, 커피, 초콜릿 등은 급변하는 세계사의 주요 지점에 등장하며 사람들의 삶에 풍미를 더했다. 지금 우리는 전 세계의 음식을 보고 먹고 즐길 수 있는 세상에 살고 있다. 이처럼 풍족하게 누리고 있는 음식이 어떤 의미를 지니고 있는지 되새겨 보게 하는 이 책은 현재 우리의 음식문화를 더 잘 이해하고 향유하게 돕는 열쇠가 되어 줄 것이다.

우리는 매일 세계를 먹는다

『음식의 언어』

댄 주래프스키 지음, 김병화 옮김, 어크로스

<hr>

혁신은 언제나 작은 틈새에서 발생한다. … 음식의 언어는 이런 장소들 '사이'를, 고대에 일어났던 문명의 충돌과 현대의 문화 충돌을 들여다보는 창문이며, 인간의 인지, 사회, 진화를 알게 해주는 은밀한 힌트다.

— 프롤로그 중에서

우리는 보통 삼시세끼를 먹지만 다양한 매체, 다양한 방식을 통해 그 이상의 수많은 음식을 접한다. 잘 아는 음식이라면 다양한 주관적인 평가가 가능하겠지만 경험해 본 적 없는 음식 앞이라면 이야기가 달라진다. 호기심이 동할 수도 있는 반면 곤란함을 느낄 수도 있다. 이런 순간에 우리가 믿고 의지할 곳은 메뉴판뿐이다. 메뉴판에는 단순히 요리의 재료, 조리법에 대한 설명뿐 아니라 다수의 잠재적인 언어학적 힌트가 들어있다. 예를 들어 메뉴에 쓰인 단어가 길어질수록 음식값이 비싸다거나, 고급 레스토랑 메뉴와 리뷰에는 섹스 은유가 자주 나온다거나, 유명 아이스크림 브랜드인 하겐다즈의 마케팅에 음운학적 원리가 숨어있다는 등의 이야기가 바로 그것이다. 이런 독특한 관점의 주인공은 『음식의 언어』의 저자 댄 주래프스키(Dan Jurafsky)다. 언어학자인 저자는 우리가 미처 생각지도 못한 관점으로 다양한 음식을 탐구한다.

어학 분야의 세계적 석학이자 스탠퍼드 대학의 언어학 교수인 저자는 괴짜 언어학 교수로 알려져 있다. 이 책에도 그의 독특한 관점이 유감없이 드러난다. 그는 음식을 주제로 인류의 역사와 경제, 문화, 사회를 자신의 지적 경험을 토대로 재해석하면서 궁극적으로는 심리와 행동 그리고 욕망의 근원까지 탐구해나가며 다채로운 이야기를 펼치고 있다. 그의 목소리를 따라 내용을 읽다 보면 고대의 레시피, 음식명의 어원, 메뉴판, 포장지의 문구 등에서 인간의 진화와 심리, 행동을 해독하는 비밀스러운 힌트들을 발견할 수 있다. 즉 그가 말하는 음식의 언어는 문화인류학, 행동경제학 등 여러 분야를 아우르는 새로운 인문학인 셈이다.

이 책에서 주목하는 음식들은 우리가 흔히 접할 수 있는 음식들이다. 케첩, 마카롱, 아이스크림, 토스트, 밀가루, 소금, 포테이토칩 등의 각 메뉴를 탐험하며 대항해시대의 중국과 유럽 그리고 고대의 아랍의 사회문화적인 환경을 보여준다. 음식 이야기를 따라가다 보면 어느새 인류의 문화, 사회, 역사의 흔적을 발견하게 되는데 저자는 이 지점을 정확히 해독해낸다. 저자의 깊은 통찰은 그가 근거로 제시하는 방대한 자료에 있다. 고대의 레시피, 백 년 전 온라인 메뉴 컬렉션 1만 개, 현대식 메뉴 6,500건, 65만 건의 요리 가짓수, 백만 건에 이르는 맛집 리뷰 등 계량언어학적 도구를 바탕으로 데이터화한 자료를 활용하고 있다.

이 책이 가지고 있는 특징 중 하나는 평소 특별하게 생각하지 않았던 음식들을 돌아보게끔 하는 데 있다. 우리가 먹고 말하는 것은 문화의 산물이다. 그가 설명하는 음식의 언어들은 우리의 취향과 교양을 말해준다. 그 어떤 음식일지라도 그의 이야기 속에서 인류 문명의 사연을 들여다볼 수 있는 특별한 화석으로 재탄생된다. 그의 깊은 관심과 논리적이고 깊이 있는 해설은 우리에게 음식이 단순한 홍밋거리를 넘어 세계의 경제와 문화와 심리를 다시 바라볼 수 있게 해준다.

커피가 우리에게 주는 것들

『커피인문학』

박영순 지음, 인물과사상사

✦⟿⟐⟦⟐⟿✦

> 일련의 과학적 탐구 끝에 커피의 시원지는 예멘이 아니라 에티오피아인 것
> 으로 뒤늦게 밝혀졌다. 하지만 예멘은 커피의 역사에서 보석 같은 존재다. 예
> 멘이 없었다면, 아직도 커피는 아프리카의 깊숙한 계곡에 숨겨 있을지 모른다.
>
> ― 본문 46페이지

국제커피협회(International Coffee Organization, ICO)에 따르면 지난해
한국은 세계 커피 소비량 1위 국가인 미국, 2위 브라질 등에 이어 6위로 조사
되었다. 최근엔 커피 소비량이 1인당 400잔을 돌파했다는 기사가 나왔다. 굳
이 통계로 확인하지 않더라도 커피는 우리의 일상이고 커피가 없는 삶은 이제
상상하기 어렵게 되었다. 그 인기만큼이나 원두나 커피의 종류에 대한 일반적
인 상식도 대중에게 널리 퍼져있으며 관련 학술연구도 다방면에서 진행되고
있다. 하지만 커피는 우리의 생각보다 더 많은 이야깃거리를 가지고 있다. 미
국독립혁명, 프랑스혁명, 오스트리아 전투 등 세계사 측면에서뿐 아니라 한국
의 역사 속에도 커피는 그 존재감이 크다. 한국인으로는 최초로 세계 3대 인명

사전인 〈마르키스 후즈 후(Marquis Who's Who)〉 커피 분야에 등재된 박영순 저자의 『커피인문학』은 커피와 엮인 세계의 역사와 커피 마시는 문화를 돌아보는 뜻깊은 기회를 제공한다.

　남아있는 기록에 따르면 커피는 6세기쯤 처음 발견되었다. 사우디아라비아, 이란, 예멘 등 이슬람 권역에서 발견된 자료에 따르면 9세기쯤부터 커피를 찾아볼 수 있다. 이를 토대로 커피의 시원지는 약 1,000년의 긴 세월 동안 예멘으로 알려졌으나, 에티오피아 또한 시원지를 자처하며 논란이 발생했다. 오랜 논란 끝에 현재 정리된 가설은, 에티오피아에서 유래하여 예멘에서 최초로 커피나무를 경작했다는 것이다. 한편 유럽에는 1615년 커피가 처음 등장한다. 이스탄불을 오가던 이탈리아 베네치아 상인들에 의해 소개되었다. 처음 커피를 접한 유럽인들은 '아라비아의 와인'이라는 뜻을 가진 '카와'라고 불렀다. 유럽으로 건너간 커피는 '카페 문화'를 통해 대중화에 성공한다. 또한 커피는 17세기 유럽국가들에 소금, 향신료, 설탕, 담배 등을 대체할 상품으로 낙점되어 노예 참혹사라는 어두운 그림자를 드리우기도 했다. 막대한 양의 커피를 생산하기 위해 서양의 강국들은 식민지에서 인력을 충당했다. 한편 커피가 지닌 힘은 바다 건너 한국에서도 유효하게 작용했다. 커피가 전파된 구한말은 계몽과 저항의 정신이 그 어느 때보다 절실하게 필요한 시기였고, 고종과 정동파는 커피를 외교에 활용했다. 유럽과 미국의 외교관들과 친분을 쌓기 위해 커피를 대접했고 국제사회에 지원을 요청하기도 했다. 커피는 단순한 음료가 아니다. 각 나라의 낡은 풍습을 타파하도록 용기를 주었으며, 부당한 압력을 거부하고 저항할 수 있도록 시대적 각성과 표출을 돕는 중요한 촉매제의 역할을 했다.

　총 네 장으로 구성된 『커피인문학』은 커피의 시원부터 전파된 흐름을 따라 각 나라에 발생한 혁명적 사건들을 되짚어본다. 2장은 특히 한국의 커피 역사를 살펴보고 있어 우리에게 시사하는 바가 크다. 이후의 장들에서도 커피 문화를 이해하는 데 도움이 될 만한 자료와 읽을거리가 풍부하다. 차나 술 등에 비해 커피는 역사가 길진 않다. 하지만 커피는 특히 세계사의 중요한 대목에 등장하여 자유를 위한 투쟁이 있는 곳에 영감을 주는 특별한 성격을 지닌다. 책의 목소리에 귀를 기울여 이야기에 녹아들면 커피의 또 다른 색다른 매력과 향을 만날 수 있을 것이다.

가장 역사적인 발명, 요리의 탄생

『요리 본능』

리처드 랭엄 지음, 조현욱 옮김, 사이언스북스

❖❖❖

우리 조상들이 처음으로 익힌 음식을 먹어 더 많은 열량을 얻었을 때, 그들과 그 후손들은 날것을 먹는 같은 종의 다른 경쟁자들에 비해 유전자를 후대로 전달하는 데 훨씬 유리했을 것이다. 그 결과로 이들은 새로운 진화적 기회를 얻게 되었다.

— 본문 중에서

『요리 본능』을 소개하기 위해서는 우선 원제를 살펴보는 것이 도움이 될 것 같다. 'Catching fire: how cooking made us human'이라는 제목처럼 이 책의 주제는 불의 사용과 요리의 탄생과 함께한 인류의 진화를 다루고 있다. 이 책은 특히 화식(火食, 불로 식재료를 가열, 조리하는 섭식 방법)이 섭식 측면에서 생식에 비해 어떤 점이 더 유리한지 세세히 밝히고 있다. 인류는 가열 조리를 통해 소화율과 흡수율을 높일 수 있었다. 높은 에너지 효율로 뇌 발달과 같은 긍정적 영향뿐 아니라 잉여시간을 갖게 되어 다양한 활동이 가능해졌다. 이는 흔히 다이어트나 영양소 섭취 측면에서 생식이 화식보다 더 좋다는 기존의 통

넘에 반하는 견해인 셈이다. 또한 남녀 성별의 분업화에도 영향을 끼쳤을 것이라는 의견을 제시하는데, 꽤 설득력 있는 근거가 논리정연하고 자연스럽게 흐르고 있다.

생존을 위해 먹었던 과거와 달리 현대의 음식은 말 그대로 문화가 되어 일상에서 즐길 수 있는 많은 콘텐츠를 생산해냈다. 일례로 쿡방, 먹방 등의 콘텐츠의 인기는 꽤 오랫동안 지속되고 있다. 요리와 음식에 대한 관심이 끊이지 않지만, 최초의 화식이나 요리의 탄생에 대해 정확히 알고 있는 사람은 드물다. 볶고, 삶고, 튀기고, 끓이는 등의 다양한 조리법이 끊임없이 탄생하고 공유되는 가운데 요리의 기원에 대한 흥미가 떨어지는 것은 자연스럽다고도 할 수 있겠다. 하지만 요리는 인류 역사상 가장 위대한 발명이라는 것이 이 책에 담긴 핵심이다.

1장에 이 책의 주제 의식이 담긴 재미있는 구절이 소개된다. 다음은 영국의 유명 전기 작가인 제임스 보즈웰(James Boswell)이 쓴 『히브리디스 제도 여행기』의 한 구절이다. "나에게 인간을 정의하라면 '불로 요리하는 동물'이라고 하겠다. 동물도 기억력과 판단력이 있으며 인간이 지닌 능력과 정열을 모두 어느 수준까지는 가지고 있다. 그러나 요리하는 동물은 없다." 저자는 이 문장에 적극 공감하면서 뒷받침하는 예시들을 뒤따라 붙이고 있다. 영국의 방송사 BBC에서 시행한 생식실험, 분자구조 변형의 과학적 근거 등 방대한 실험 결과를 바탕으로 해당 논리를 자연스럽게 이어가고 있다.

인간의 진화에 대한 내용을 다루고 있는 책은 많다. 하지만 요리라는 주제를 가지고 새로운 관점에서 접촉한 시도는 아마도 처음일 것이다. 이 책은 불, 요리, 인간의 진화 과정의 상관관계를 통해 인간의 진화의 근원적인 요소에 대한 호기심을 넘어 한 차원 넓은 사고를 할 수 있는 기회를 제공한다.

역사는 맥주와 함께 흐른다

『그때, 맥주가 있었다』

미카 리싸넨 · 유하 타흐바나이넨 지음, 이상원 · 장혜경 옮김, 니케북스

❦ ⊹ ❦

이탈리아 국민의 맥주 사랑은 광고가 일깨운 것이었다. 맥주가 '남녀노소 누구에게나' 어울린다는 점을 환기하고, '무더운 여름은 물론이고 사계절 내내' 즐길 수 있다고 강조했다. … 너무 많이 마시지만 않는다면 맥주는 부작용을 걱정하지 않고도 원기를 충분히 회복할 수 있는 좋은 음료였다.

— 본문 중에서

맥주는 그 어떤 음료와 비교해도 뒤지지 않을 만큼 오랜 세월 대중에게 꾸준히 사랑받아왔다. 현대의 맥주는 발효 방식에 따라 크게 세 가지로 나뉜다. 에일, 라거, 람빅이 그것인데, 한국의 거의 모든 맥주는 저장 공정에서 숙성한 맥주인 라거 비어에 해당한다. 우리나라의 1인당 술 소비량은 세계 15위 정도며 특히 맥주의 연간 소비량은 117병으로 굉장한 양이다. 마시고 즐기긴 쉽지만 일상에서 맥주의 정확한 역사를 알 기회는 흔치 않다. 그런 면에서 두 역사학자가 집필한 『그때, 맥주가 있었다』는 우리의 일상의 사물에 특별하게 다가갈 기회를 제공한다. 맥주를 주제로 인류의 역사와의 연결고리를 장면마

다 꼼꼼히 짚어주면서 종교와 문화를 넘어 역사의 흐름과 밀접한 관련성을 갖는 맥주 이야기를 지루함 없이 전개하고 있다. 흥미로운 역사 상식은 물론, 잘 알고 있다고 생각했으나, 사실 잘 알지 못했던 맥주의 새로운 면면에 대해 자세히 알 수 있다. 중세 초기에서 21세기에 이르기까지 유럽 전역의 여러 지역에서 일어난 다양한 사건과 18개국 24종 맥주에 관한 상세 정보가 담겼다.

유럽의 역사에서 맥주는 거의 빠짐없이 등장한다. 벨기에의 명물 오줌싸개 동상과 특산품 램빅 맥주의 전설도 재미있지만, 벨기에와 스웨덴에 이어 현대의 제1차 세계대전처럼 나라의 흥망을 좌우하는 큰 전쟁에서 맥주는 전투를 승리로 이끄는 원동력이 되거나 특별한 일화 속에서 활약한다. 그뿐 아니라 미술과 문학 분야에서도 맥주는 빠짐이 없다. 네덜란드 화가들의 주요 소재가 되거나 J.R.R. 톨킨과 C.S. 루이스의 대작 『반지의 제왕』, 『나니아 연대기』가 옥스퍼드의 작은 맥주 펍에서 탄생되었다는 믿지 못할 이야기는 맥주와 예술의 연관성을 생각해볼 수 있게 하는 재미있는 대목이다.

저자가 들려주는 맥주의 역사를 살펴보면, 인물과 나라와 세계의 역사에 크고 작은 영향을 끼치며 발전 계승되어 왔음을 알 수 있다. 역사의 흐름과 궤를 같이하는 맥주의 변천을 따라가다 보면 잘 정리된 서양 역사서 한 권을 읽는 느낌을 받는다. 맥주의 시작과 현재, 유럽의 대표적인 맥주 유형(라거, 다크라거, 에일, 스타우트) 등도 소개된다. 독일, 저지대 유럽국가, 스칸디나비아 3국 등 유럽 각국의 독특하고 개성있는 맥주의 역사가 소개되는 부분은 맥주를 조금이라도 아는 사람이라면 흥미롭게 느낄 만하다. 동유럽과 북유럽의 희귀한 브랜드 맥주에 대한 소개뿐 아니라 하이네켄이나 기네스처럼 우리나라에도 소개된 바 있는 친숙한 맥주의 이야기도 담고 있다. 전반적으로 맥주에 대한 생생한 이야기가 쉴 틈 없이 이어지고 있어 지루할 틈이 없다. 이 책을 통해서라면 유럽의 역사와 맥주의 관계를 고루 톺아보는 새로운 경험이 가능하다.

한정된 교양의 지평을 넓히는 작업은 그런 것이다. 내가 이미 알고 있다고 생각했던 것에서 새롭고 놀라운 정보를 발견하고 얻는다면 그것만큼 만족스러운 일은 없을 것이다. 맥주를 주제로 유럽의 역사를 한 바퀴 산책하는 기분 또한 썩 유쾌하다.

아는 만큼 맛있는 술의 세계

『생각하는 술꾼』

벤 맥팔랜드·톰 샌드햄 지음, 정미나 옮김, 시그마북스

적절한 존중과 배려의 태도를 갖추면 알코올은 고통보다 기쁨을 북돋아 준다.

- 본문 8페이지

『생각하는 술꾼』은 15종의 술을 주제로 술과 관련된 다채로운 이야기를 담고 있다. 30여 년에 걸쳐 주류 전문 저널리스트로 활동한 두 저자의 술에 대한 지적 내공이 글 안 곳곳에 숨어있다. 술의 역사부터 전설이나 인물들에 대한 일화까지 시종일관 유쾌하게 서술한다. 세계적으로 사랑받고 있는 술의 종류와 음용법 등 술을 좋아하는 사람이라면 솔깃할 정보 또한 포함되어있다.

인류 최초의 음료인 맥주뿐 아니라, 표트르 대제와 스탈린, 윈스턴 처칠 등 각계 인사들이 사랑한 보드카, 시와 철학 그리고 진리가 담긴 와인, 미국의 전설적인 영화배우 험프리 보가트가 사랑한 진 등 다양한 종류의 술이 목차를 구성하고 있다. 그리스의 철학자 아르케시우스의 '술은 인간의 성품을 비추는 거울이다'라는 말처럼 술은 우리의 내면을 비추는 매개체가 되어 유구한 역사 속에서 인간과 함께해왔다. 술에 대한 학술적 연구는 오래전부터 이루어져왔다. 인류학적 연구를 통해 증명되었듯 나라나 문화, 사회별로 술을 대하는 태도에 조금씩 차이가 있다. 양보다는 질이라는 인식하에 음식으로 즐기는 곳이 있는 반면, 스트레스 해소나 유흥의 목적을 강하게 띠고 있기도 하다. 하지만 전 세계적으로 나타나는 술에 대한 끊임없는 관심과 애정은 술이 가진 긍정적인 의미와 역할의 필요성을 반증한다고 볼 수도 있을 것이다.

이 책은 술의 효용론적인 관점을 주목하고 있다. 술을 좋아한다면 술에 대해 더 깊이 알 필요가 있다는 것이 두 저자가 이 책에서 말하고 있는 포인트다. 두 저자의 술에 대한 진지한 접근과 명주에 대한 역사 속 일화는 이야기 너머 깊숙이 얽혀있는 과거 사람들의 발자취를 느낄 수 있는 삽화들과 더해져 독자의 눈길을 사로잡는다. 또한 15종의 술에 대한 문화와 역사적 사실들, 이름난 술꾼들, 술의 기원이나 재료, 다양한 상식, 레시피까지 자세한 설명을 통해 다양한 정보가 주어진다. 딱딱한 정보성 글이 아닌 두 저자의 개성과 견해가 드러난 편안한 글이다. 예를 들면 선인장(용설란)을 재료로 증류한 테킬라의 경우, 소금과 라임을 곁들인 원샷은 말리고 싶다거나, 감자와 보리 등의 원료로 증류한 보드카는 글레이즈드 햄과 연어 슬라이스와 좋은 궁합을 보이며 스트레이트로 마시는 것이 일반적이라는 등의 흥미로운 상식과 정보가 이어진다.

술을 주제로 한 도서가 적지 않은 지금, 이 책이 우리에게 어떤 가치를 가질 수 있을까. 이 책의 효용 가치는 술에 관심이 있는 사람에게는 유용하고, 관심이 없어도 소소한 재미를 느끼며 읽을 수 있는 다양한 정보 요소가 있는 책이라는 것에 있다. 이 책에 담긴 술 이야기는 몰라도 상관이 없는 이야기가 대부분이다. 하지만 두 저자의 주장처럼, 막상 알고 나면 소소한 즐거움을 느낄 수 있다. 또한 술에 대해 잘못 알고 있었거나 부정적으로 치부했던 면이 있다면 이 책을 통해 그러한 선입견을 어느 정도 해소할 수 있다. 그리고 술이 어째서 그토록 친근한지 알 수 있다. 술은 고대에서부터 성경, 세계사, 유명인사들의 이야기, 음식 등 연관이 되지 않는 곳이 없을 정도로 오랫동안 인류와 동고동락했다. 우리 곁에 머무르고 있는 술들이 어떤 이야기를 품고 있는지 궁금하다면 이 책이 도움이 될 수 있을 것이다.

저는 17년 동안 학원강사를 했습니다. 성인이 된 후 가장 많은 시간을 교육분야 종사자로 살았습니다. 하지만 저는 제 자신을 교육자라고 생각하지 않습니다. 교육자가 되려고 노력해보았지만 교육자가 되지는 못했습니다.

교육분야에 종사한다고 모두 교육자라고 할 수는 없을 겁니다. 교육자란 진정한 교육을 해주는 사람이라는 의미입니다. 여기서 진정한 교육이란 단순한 지식의 전달을 넘어 인간적인 그 무언가를 전달해 주는 것을 말합니다.

강사와 교육자를 구별하는 기준은 지식인과 지성인을 구별하는 데 있습니다. 지식인이 일반인보다 많은 전문적인 지식을 갖고 있는 사람이라면, 지성인은 그 지식은 물론 그 지식을 바탕으로 당대의 양심이 요구하는 실천을 하는 사람일 거라 생각합니다. 강사와 교육자의 차이도 마찬가지입니다. 강사가 교과와 관련된 지식을 전달하는 사람이라면 교육자란 지식에 더불어 인간됨을 전달해주는 사람이겠죠.

여러분도 경험해보셨겠지만 학창시절 그런 교육자를 만난다는 건 일생에 전환점을 만드는 일입니다.

저 역시 그랬습니다. 저는 지금도 오늘의 저를 만들어 주신 선생님들을 잊지 못합니다. 바로 한림대학교 대학원 시절의 은사분입니다. 부끄럽고 죄송하지만 꼭 호명을 한 분 한 분 해드리고 싶습니다. 성경륭 선생님, 송호근 선생님, 신광영 선생님 그리고 유팔무 선생님!

책이라고는 몇 권밖에 모르는 주제에 세상 모든 것을 다 아는 척 건방졌던 저에게 세상에 얼마나 많은 책들이 존재하는지를 깨우쳐 주셨고, 지금도 방송이나 신문에 등장하는 착취당하는 대학원생들의 삶은 상상할 수도 없게 사소한 심부름조차 시키지 않으셨던 선생님들이었습니다. 제자들에게 공부만 하라고 다독여주시고 그러지 않으면 꾸짖어주시고 그리고 장학금도 열심히 알아봐주시던 정말 세상에 가장 훌륭한 선생님들이었습니다. 아무튼 여러분도 일생에 한 번은 그런 교육자를 만나는 행복을 가졌으면 좋겠다는 생각을 합니다.

이 장에서는 두 권의 책을 다루고자 합니다. 첫 번째로는 교육의 공간은 역시 학교, 대한민국 학교가 무엇을 해야 하는지 그 지침을 보여준 가장 대표적인 책입니다. EBS 제작진이 다큐멘터리를 책으로 엮은 『학교란 무엇인가』라는 책입니다.

다음에는 세상에서 가장 이상적인 학교라고 여겨지는 서머힐을 다녔던 학생이 쓴 체험기적 성격의 책 『서머힐에서 진짜 세상을 배우다』입니다.

8장

교육이
희망이라면

A book is a gift you can open again and again

~ I think it a gift you can open again and again

『학교란 무엇인가』

EBS 학교란 무엇인가 제작팀

이렇게 시작할게요. 교육에 관심 있는 분이라면 누구나 꼭 읽으셔야 하는 책입니다. 이 책에서 다루는 여러 주제 중 딱 네 가지만 이야기하겠 습니다.

1. 어떤 학생이 공부를 잘하는 학생일까?
2. 부모의 어떤 행동이 자녀의 공부실력을 떨어뜨릴까?
3. 부모가 어떤 행동을 해야 자녀의 공부실력이 올라갈까?
4. 사교육은 어떻게 활용해야 할까?

교육에 관심 있는 한국인이라면 누구나 갖는 가장 대표적인 질문입니 다. 그러나 정답은 없다고 생각되는 질문일 겁니다. 그러나 이 책만큼은 분명한 해답을 제시합니다. 지금부터 그 정답을 하나씩 찾아가 봅시다.

1. 어떤 학생이 공부를 잘하는 학생일까?

어떤 학생을 만났습니다. 이 학생이 공부를 잘하는 학생인지 아닌지 궁금하시죠. 어떻게 알아낼 수 있을까요? 저는 오랜 학원강사의 경험으로 그 노하우를 알고 있습니다. 뭘까요? 수업을 얼마나 집중해서 잘 듣고 있는지 일까요? 아닙니다. 졸음을 쫓기 위해 고개를 리드미컬하게 흔들던 학생일지도 모릅니다. 시험 한 번 보면 된다고요? 그 방법도 틀린 것은 아니지만 그날의 컨디션도 고려해야 하고 시험의 난이도와 범위를 다 고려한다면 그것 역시 쉬운 방법은 아닐 겁니다. 그렇다면 무슨 방법이 있을까요? 이 책 본문을 소개하겠습니다.

> *"무엇을 알고 모르는지 정확하게 안다."*
> *"뛰어나게 머리가 좋은 것도 아니고 생활 습관이 남다른 것도 아닌데 왜 어떤 아이들은 0.1%의 뛰어난 실력을 갖는 걸까? 제작진은 기억력 테스트를 진행하면서 아이들이 맞힌 단어 개수보다 더 흥미로운 사실을 발견했다."* [51]

여기서 흥미로운 사실은 무엇일까요? 다음의 내용도 살펴볼게요.

---

51 EBS 학교란 무엇인가 제작팀, 『학교란 무엇인가』, 중앙북스, 2011.

학업성취도와 기억력 테스트

1. 일반 학생팀

   학생 1 : 5개 예상하고 8개 맞혔어요.

   학생 2 : 10개 예상했는데 4개 맞혔어요.

   PD : 왜 이렇게 차이가 났어요?

   학생 2 : 그냥 25개 중에서 10개 정도는 외우고 있을 거라 생각했
   는데 아니더라고요.

2. 0.1% 학생팀

   학생 1 : 8개 써서 8개 맞췄어요.

   학생 2 : 7개 맞힐 거라 예상했어요.

   PD : 실제로는?

   학생 2 : 7개 맞혔어요. 저는 암기력이 좋다고 생각했는데 아니구
   나. 그렇게 생각했어요. [52]

일반 학생 집단과 0.1% 학생 집단의 차이는 기억력이 아니라 자기가 아
는 것과 모르는 것을 정확히 알고 있는가, 그렇지 않은가의 차이였습니다.

그럼 이것이 왜 성적을 가르는 기준이 되느냐고요?

당연히 공부는 모르는 것을 알아나가는 과정입니다. 그런데 자기가 무
엇을 모르는지를 모르는데 어떻게 공부가 되겠습니까? 무엇을 모르는지
를 알아야 공부가 되지요? 이것이 공부를 해야 하는 진짜 이유입니다.

---

52 같은 책.

자기가 무엇을 모르는지를 모르면 공부에 성공할 수 없고, 자기 회사에 부족한 것이 무엇인지를 모르면 사업에 성공할 수 없고, 여자친구가 자기한테 실망하고 있는 것이 무엇인지 모르면 연애에 성공할 수 없습니다. 자기의 부족함을 모르면 인생에서 성공할 수 없는 거 아니겠습니까?

자기가 자기를 정확히 알아나가는 것, 자녀가 본인 스스로를 정확히 알아나가는 것이 바로 교육의 출발이자 완성이라고 생각합니다.

2. 부모의 어떤 행동이 자녀의 공부실력을 떨어뜨릴까?

자녀에게 칭찬과 꾸중 중 무엇을 하시겠습니까? 그리고 지금 무엇을 더 많이 하고 계신가요? 혹시 꾸중을 더 많이 하고 계신 건 아닌가요? 가만히 생각해보니 꾸중을 더 많이 하고 있다고요? 그래서 아이들에게 죄책감이 든다고요? 아뇨, 그러실 필요 없습니다. 꾸중이 칭찬보다 반드시 나쁜 것이 아닙니다. 그리고 세상에는 우리가 모르고 하는 나쁜 칭찬이 너무나 많습니다.

아이와 함께 백화점에 갔습니다. 부모가 로봇 장난감 매장을 그냥 지나치자 아이가 철퍼덕 드러눕고 울음을 터트립니다. 농성이 시작된 겁니다. 저 장난감을 사주기 전에는 결코 아이는 물러서지 않을 기세입니다. 이때 아버지가 나서서 이야기합니다.

"철수야 이번에 좀 참으면 아버지가 다음에 더 좋은 거 사줄게. 우리 철수 착하지"라고 하는 순간 철수는 깨닫습니다.

'내 경험에 따르면 다음은 없다'

'아버지까지 나선 것으로 보아 울음소리가 더 커지면 틀림없이 사줄 것이다. 잘하면 옆에 있는 더 큰 로봇을 골라도 될지 모른다.'

따끔한 꾸중이 필요할 때 어쭙잖은 칭찬이 불러온 참사입니다. 꾸중할 자리에서 칭찬하거나 타이르는 것, 버릇없는 아이를 만드는 지름길입니다.

이 책은 잘못된 칭찬이 가져오는 부정적 효과를 아주 잘 보여줍니다. 두 개의 실험 사례를 보여드리겠습니다.

칭찬의 역효과 실험 1 ─ 칭찬스티커의 효과

"방송국 세트장에 작은 도서관이 만들어 졌다. 초등학교 2학년 열 명의 아이들은 이곳에서 100분 동안 책을 읽기로 했다. 그런데 선생님께서 아이들을 모아놓고, 책을 한 권 읽을 때마다 스티커를 주겠다고 말한다. 칭찬스티커를 주겠다는 선생님의 말에 대부분의 아이들이 관심을 보였다."[53]

아이들은 어떤 행동을 보였을까요? 결과적으로 아이들은 자기 나이 또래들이 보는 책보다 쉬운 책을 그것도 건성으로 읽기만 합니다. 학생들에게 중요한 것은 이미 책이 아니라 스티커입니다. 바로 목적과 수단이 뒤바뀌어 버리는 목적 전도 현상이 발생한 겁니다. 만일 스티커마저 없어진다면 독서도 사라질 겁니다. 칭찬이 사라지면 독서도 의욕도 공부도 사라집니다. 또 다른 사례입니다.

---

53 같은 책.

"실험에 참가한 아이들은 세트장에 지어진 나무다리를 건너게 된다. 갈림길에서 색깔이 다른 두 개의 방 중 하나를 선택해야 한다. 한쪽은 빨간 방, 다른 한쪽은 파란 방이다. 방을 선택한 아이들은 퍼즐로 되어 있는 수학 문제를 두 번씩 풀게 된다."[54]

처음 쉬운 문제는 어느 방을 들어간 친구들이나 다 풉니다.

그러나 빨간 방에 들어간 친구들에게는 "잘한다 머리 좋네" "그 어려운 문제를 가볍게 풀다니"라는 식으로 칭찬을 합니다.

그리고 파란 방에 들어간 친구들에게는 "어려운 문제를 풀기 위해 끝까지 노력하는구나" "중간중간 어려운 문제도 있었는데 침착하게 푸네"라고 합니다.

결론은 빨간 방에 들어간 친구들은 대부분 난이도가 낮은 수준의 문제를 선택하지만 파란 방에 들어간 친구들은 대부분 더 높은 수준의 수학문제에 도전한다는 것이지요.

역효과 실험 2의 결론은 다음과 같습니다.

잘못된 칭찬은 자신감을 없애고 도전을 방해한다는 사실입니다. 칭찬이 이뤄지려면 결과에 대한 것이 아니라 철저히 과정에 대한 칭찬이어야 한다는 것도 보여줍니다. 시험 잘 봤네라고 기뻐하는 부모가 아니라 열심히 노력했구나라고 말해주는 부모가 왜 더 좋은 부모인지 단적으로 보여주는 사례

---

54 같은 책.

입니다. 그리고 어렸을 때 주변으로부터 많은 칭찬을 받은 영재와 천재들이 왜 어른이 되고는 두각을 나타내지 못하는지에 대해 설명해주는 실험이기도 하지요.

사실 저는 기본적으로 칭찬이나 꾸중이 빈도가 낮으면 낮을수록 좋다고 생각합니다. 왜냐면 대부분 칭찬이나 꾸중은 사람이 한 행동의 결과를 평가하기 때문입니다.

상벌이 명확해야 하는 대표적인 곳이 군대입니다. 군대는 결국 승전이냐 패전이냐라는, 결과만으로 평가받는 집단입니다. 결과로만 평가받는 집단에서는 과정은 중시되지 않습니다. 하지만 우리 아이는 군대가 아니라 학교를 다니고 있습니다. 명심해야 할 일입니다.

만약 자녀가 공부를 못하길 바란다면 칭찬을 하면 됩니다. 그리고 또 무엇을 시키면 공부를 못하게 될까요?

저에게 수업을 듣기로 결정을 했던 학생들이 늘 하던 질문이 있습니다.

"샘 선택과목으로 경제를 선택하고 샘 수업을 듣기로 결정했어요. 무엇을 준비해 가면 될까요?" 그러면 제 대답은 한결같았습니다.

"예습만 해오지 마."

어렸을 때 정말 많이 듣던 말이 있습니다. 예습 복습을 철저히 하라는 말이지요. 그런데 틀린 말입니다. 복습만 철저히 하면 됩니다. 그리고 예습은 안 하면 안 할수록 좋습니다. 왜냐고요? 예습은 학습의 재미를 떨어뜨리기 때문입니다.

일요일 낮 12시, MBC에서 하는 프로그램이 있습니다. 알고 계시나요. 〈출발! 비디오 여행〉이라는 프로그램입니다. 영화를 소개하는 아주 재밌고 유익한 프로그램입니다. 하지만 극장에 가서 볼 영화 소개가 나오면 부지런히 다른 프로그램으로 채널을 돌립니다. 정작 영화를 재밌게 볼 수 없기 때문입니다. 공부라고 다를까요?

하지만 대한민국의 교육현장에서는 영화 예고편을 보고 극장에 가는 정도가 아니라 아예 영화를 다 보고 그것도 모자라 평론과 작품해설까지 공부하고 영화를 보러 갑니다. 그러니 막상 영화관에서 영화를 보면 재미있을 리가 없지요. 대한민국 교육현장이 이렇습니다. 주범은 당연히 선행학습입니다. 우리의 교육에서 반드시 사라져야 할 가장 나쁜 교육입니다.

저는 개인적으로 강연을 하러 다니면서 대한민국의 교육은 세계 최고 수준이라고 혹은 수준급이라는 말을 수도 없이 하고 다닙니다. 왜냐면 그게 사실이기 때문이지요. 학급당 기자재 수나 교사 수준 그리고 학생 수준 아무튼 최고입니다.

하지만 한국 교육은 장점도 많지만 치명적인 단점도 여럿 있습니다. 그 단점으로 많은 분들이 입시 중심의 교육을 꼽습니다. 틀린 말은 아니지만 저 개인적으로는 그거 못지않게 진로교육의 부재와 선행학습의 일상화를 꼽습니다. 선행학습의 유혹은 대단합니다. 저 개인적으로도 잘 알고 있습니다. 제가 사립초등학교를 나왔습니다. 중학교에 진학을 하고 나서 치른 첫 시험 전교 석차를 모두 저의 초등학교 출신들이 장악했습니다. 예를 들면 제가 초등학교 때 반에서 15등을 했는데 중학교에 가니 전교 10등이 됐던 겁니다. 그만큼 저희 초등학교 졸업생들이 압도적인 실력을—중1 초반의 수준을—갖고 있던 겁니다.

이유는 간단했습니다. 선행학습으로 이미 모두 알고 있는 내용을 가르치고 있었으니까요. 당시에는 중학교 때부터 영어 공부를 시작했지만 저희 초등학교는 이미 기초영문법 정도는 대부분이 마스터한 상태였습니다.

그런 애들을 데리고 ABCD를 가르치니 학교 공부는 정말 껌이었습니다.

하지만 시간이 흘러 중3이 되니 모든 것이 변했습니다. 제 성적도 반에서 15등 전후로 정상화되었고요. 나머지 친구들도 그랬습니다. 일부는 오히려 정말 형편없는 성적을 냈습니다.

선행학습은 모르핀이라고 생각하면 됩니다. 처음에는 엄청난 효과가 있습니다. 그러나 시간이 지나면 그 효과는 점점 떨어지고 결국 모르핀 없이는 아무것도 할 수 없게 됩니다. 이 책의 본문입니다.

> "지나친 선행학습은 학습의욕을 저해한다. 기초가 완벽하게 닦인 상태에서의 선행학습은 어느 정도 예습의 효과를 거둘 수 있다. 하지만 그렇지 못한 상태에서의 선행학습은 학습효과를 기대할 수 없는 것은 물론이고, 알고 있다는 자신감만 심어줘 결국 수업시간에 소홀해지는 결과를 낳는다." [55]

당연한 말입니다. 공부하기에 가장 좋은 책은 교과서입니다. 왜냐면 가장 많은 교육전문가가 모여 수많은 연구 끝에 공부하기 가장 좋게 만든 책이기 때문입니다. 중1 때 수학 공부하기 가장 좋은 책은 중1 수학 교과서입니다. 수많은 전문가가 모여서 내린 결론입니다. 중1 나이에는 이 정도 수준의 수학공부를 하는 것이 맞다고 말입니다. 많은 분들이 잘못 생각하고 계신 것 같아서 가슴이 아픕니다.

---

55 같은 책.

3. 부모가 무엇을 해야 시키는 대로 공부를 잘하게 되는가?

이 질문에 답이 있다면 눈이 번쩍 뜨이실 겁니다. 그렇다고 공부의 신이 지적하는 그런 묘책은 아니지만, 정답에 근접한 이야기를 하고 있습니다. 이 책에서는 그 방법으로 세 가지를 보여주고 있습니다. 첫 번째 방법을 말씀드리기 전에 우선 책에 나오는 표를 보여드리겠습니다.

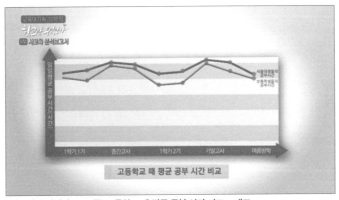

『학교란 무엇인가』, 173쪽, 고등학교 때 평균 공부 시간 비교 그래프

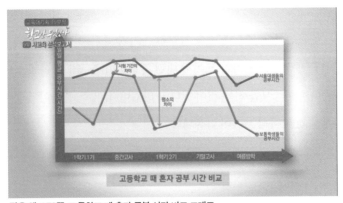

같은 책, 173쪽, 고등학교 때 혼자 공부 시간 비교 그래프

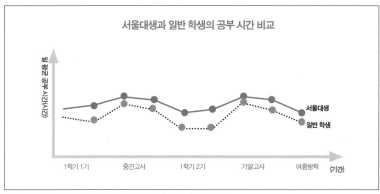

같은 책, 173쪽, 서울대생과 일반 학생의 공부 시간 비교 그래프

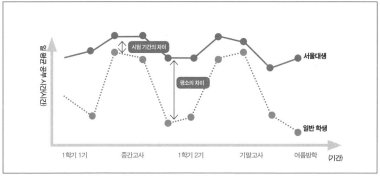

같은 책, 173쪽, 서울대생과 일반 학생의 혼자 공부한 시간 비교 그래프

　저 역시 많은 학생을 가르쳐봤기에 경험적으로 확실히 아는 겁니다. 공부를 잘하는 학생일수록 전체 공부시간 중 수업을 듣는 시간보다 자기 혼자 공부하는 시간이 깁니다.

　대학입시에서 떨어진 최우수 학생들이 수업이 많은 재수 종합반에 가기를 꺼려하는 이유이기도 합니다. 최근 자기주도학습 열풍이 부는데 알고 보면 수업보다 혼자 공부하는 편이 효율적이라는 말을 다르게 표현하는 걸 겁니다. 결론적으로 혼자 공부하는 습관을 만드는 것이 공부 잘하는 가장 중요한 방법입니다.

두 번째 방법은 복습입니다. 이건 맨 처음에 말씀드린 것과 연관되어 있습니다. 복습은 예습과 달리 자기가 무엇을 몰랐는지 정확히 알게 해주는 효과가 있습니다. 아까 제가 그랬죠? 자기 성적을 정확히 아는 친구들이 공부를 잘하는 친구들이라고요.

그러면 그 친구들은 어떻게 그렇게 되었을까요? 간단합니다. 복습하면서 자기가 모르는 것이 무엇인지를 깨달았기에 자기 실력을 정확히 알게 된 겁니다. 첫 번째와 두 번째를 합치면 간단하지요. 자기 혼자 복습하는 시간을 길게 갖는 아이가 공부를 잘하게 됩니다. 마지막으로는 책 읽기가 아니라 책 읽어주기입니다.

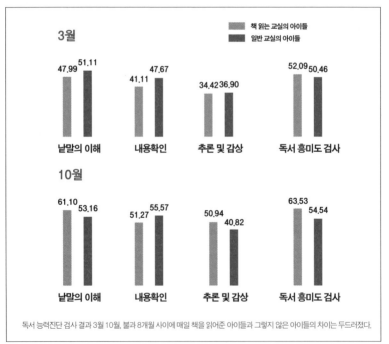

독서 능력진단 검사 결과 3월 10월, 불과 8개월 사이에 매일 책을 읽어준 아이들과 그렇지 않은 아이들의 차이는 두드러졌다.

같은 책, 116쪽, 독서 능력 진단 검사 비교 그래프 공부의 기초체력은 결국 독서량이 결정합니다. 이걸 부정할 교육학자는 아무도 없습니다. 기초체력 없는 아이들에게 사교육 선행학습을 해서 반짝 효과를 보는 순간 비극이 시작되는 것은 아닐까요? 독서량을 결정하는 가장 큰 변수는 책 읽어주기입니다.

> *"가장 바람직한 책 읽기의 방법은 좋은 책을 천천히 읽어주면서 아이의 반응을 끌어내는 것입니다. 아이의 반응을 살펴보고 질문을 유도해내는 과정을 통해 베르니케 영역과 브로카 영역이 균형 있게 발달합니다."*[56]

베르니케 영역과 브로카 영역이 무엇인지는 이 책을 읽으면서 확인하시기 바랍니다.

어떤 학생이 공부를 잘하는 학생인지 알고 싶다면, 수업을 듣는 학생에게 지금 수업을 얼마나 이해하고 있는지 물어보면 됩니다. 그때 정확히 자신이 어느 정도 이해했는가를 답할 수 있는 아이가 공부를 잘하는 겁니다.

"80% 쯤 이해하고 있습니다. 중간의 몇 부분은 어려워서 이해가 안됩니다. 복습을 하든지 아니면 보충수업을 들어야 하는지 생각하고 있습니다."라고 이야기하는 친구가 정말 공부를 잘하는 친구입니다.

거꾸로 "샘, 그럼요. 완전히 퍼팩트하게 이해했어요." 혹은 "하나도 모

---

56 같은 책.

르겠어요." 라는 답변은 대부분 공부를 못하는 학생들의 답입니다. 80%라고 이야기해서가 아니라 자기의 학습수준이 정확히 어느 정도인지 아는 학생이 공부를 잘하는 학생이라는 의미입니다.

4. 사교육은 어떻게 활용해야 할까?

이 책은 사교육에 대한 적절한 비판이 넘쳐나는 책입니다 하지만 사교육을 활용하는 방법까지 놓치지 않고 제안해 주고 있습니다. 이 책은 그 방법으로 아홉 가지를 이야기합니다.

> 1. 남들이 좋다는 학원에 현혹되지 마라.
> 2. 아이와 함께 의논하라.
> 3. 학원 다니는 기간과 목적을 미리 정하라.
> 4. 강사와 긴밀한 협조 관계를 가져라.
> 5. 학원과 학교 숙제를 꼼꼼하게 챙겨라.
> 6. 학원을 보상이나 벌로 이용하지 마라.
> 7. 아이가 좋다는 말을 다 믿지 마라.
> 8. 아이가 거짓말을 하거나 지나치게 힘들어하면 과감하게 끊어라.
> 9. 학원 레벨 테스트 결과에 연연하지 마라. [57]

---

57 같은 책.

아홉 가지 내용 중 약간은 비현실적 것도 있지만 대부분 아주 정확한 이야기입니다. 사교육의 두목이었던 저로서 하나만 덧붙이면, 부모님보다 학생들이 더 잘 안다는 겁니다. 오히려 학생들이 더 잘 판단할 때가 많습니다.

중3만 넘어서 고1 정도가 되면 학생들이 부모님보다 사교육의 장단점을 더 잘 압니다. 학생을 믿어 주시면 어떨까요?

독서법 ——————————————— *Reading method*

이 책을 소개하면서 제가 꼭 학부모에게 책을 소개하듯이 썼지만 학부모만이 아니라 전 국민이 읽어야 할 필독서입니다. 그것도 부분만이 아니라 전체를 필독해주시기 바랍니다. 책 내용도 어렵지 않고 글도 방송작가분들이 써서 그런지 아주 매끄럽습니다.

TIP

공부하는 데 가장 좋은 책이 교과서라는 것은 막상 제가 공부할 때는 몰랐다가 수능 강의를 하면서 알게 된 겁니다. 배워야 할 것들을 놓치지 않고 그 내용들 중 핵심 역시 정확히 지적한 책이 바로 교과서입니다. 어른들도 다시 한번 보시면 제 말에 대부분 동의해주실 겁니다. 교육을 가장 잘 아는 방송은? EBS입니다. EBS가 엄청난 노력을 해서 만든 다큐멘터리를 책으로 만들었습니다. 대한민국 학교에 관해서는 최고의 책입니다.

끝 모를 배움의 가치로 세상을 품다

『서머힐에서 진짜 세상을 배우다』

채은

작년에 고맙게도 tvN 방송국에서 다큐멘터리를 촬영하자고 했습니다. 세계 교육현장을 가보는 특집 프로그램 〈행복 난민〉으로 방문국은 덴마크 였습니다. 저는 너무 감사했습니다. 안 그래도 교육 강국 중 하나로 여겨지는 덴마크의 교육이 너무 궁금했었는데 방송국에서 가니 얼마나 섭외가 잘 되겠습니까. 흔쾌히 출발을 했습니다. 그리고 방송의 위력을 다시 한번 느꼈습니다.

개인적으로 가면 섭외할 수 없는 분들을 만날 수 있었습니다. 학교 교장 선생님, 담임 선생님들, 교육 정책 담당자, 그리고 많은 학생들, 짧은 기간이지만 개인적으로 갔을 때에는 결코 만나 볼 수 없는, 그리고 얻을 수 없는 지식을 얻을 수 있었습니다. 그리고 그다음에는 핀란드의 교육현장까지 둘러 보았습니다. 저로서는 분에 넘치는 지식 호강을 했습니다.

지금도 제가 여러 교육기관을 가게 되면 '세계의 교육 현장을 간다'라는 제목의 강의를 합니다. 그때마다 가장 먼저 던지는 질문은 자유교육의 나라, 행복의 나라 덴마크의 고등학생들은 학교가 끝나면 무엇을 할까라는 질문입니다. 학원? 스포츠 센터? 미술학원? 집에서 부모와 대화하기? 데이트? 뭐 이런 식의 답변이 나옵니다만 모두 정답은 아닙니다.

정답은 바로 아르바이트입니다. 다들 일을 하러 갑니다.

제가 방송국의 도움으로 덴마크의 가정을 방문해 가족들과 저녁을 했습니다. 식사가 끝날 무렵 집안의 따님이 일어나기 시작했습니다. 저는 학교생활에 대해 더 이야기하고 싶었지만 아쉬운 마음에 어디를 가느냐고 물어보았습니다. 그러자 따님의 대답은 너무 당연하다는 듯 '일하러 가요' 였습니다. 부모님도 아무렇지도 않았고요. 이렇게 강의를 시작하면 일단 강연장에 있던 학생들과 학부모들이 모두 술렁거립니다. 아니, 고등학생들이 공부가 끝나면 다 일하러 간다고요? 우리 학생들보다 더 나을 것이 없잖아요? 이런 생각들을 하게 되기 때문일 겁니다.

우리나라 학생들한테 야간 자율학습할래, 편의점 알바할래라고 물어보면 무엇을 선택할까요? 부모님들은 자녀들한테 무엇을 시키실 건가요? 제가 이렇게 강의를 시작하는 이유와 이 책을 소개하면서 이렇게 시작하는 이유는 덴마크는 물론 덴마크 교육 역시 유토피아는 아니라는 이야기를 하기 위해서입니다.

시중에 나오는 책들을 보면 깜짝깜짝 놀랄 때가 있습니다. 그 책들을 보면 북유럽은 천국입니다. 깜짝 놀랄 복지 혜택을 누리면서 개인주의에 기반한 책임의식을 바탕으로 공존과 관용의 사회를 만들어 나가고 있는 곳이지요. 그러면서도 높은 경제수준을 이뤄내고 있는 그 나라 사람들은 일과 삶의 조화를 만들어 나가는 완벽한 남녀평등의 국가입니다. 저는 이런 책을 보면 솔직히 한심하다는 생각밖에 들지 않습니다. 왜냐면 80년대 운동권 서적들이 마치 사회주의 국가나 북한을 그렇게 묘사했었거든요. 세상의 모든 악의 근원인 사유재산이 없고 사람들은 모두 평등하며 서로를 사랑하고 인류애로 똘똘 뭉쳐 무상의료와 무상 주택공급을 받으며 가난에 대한 걱정 없이 완벽한 남녀평등이 이루어진 국가라고 말입니다.

세상에 그런 나라는 없습니다. 다만 북유럽 국가들은 현대 사회에서 분명히 성공적인 모델을 만들어냈습니다. 그래서 우리는 그들이 어떻게 그런 성공적인 모델을 만들었는지를 배워야 합니다. 하지만 그곳을 유토피아로 인식하고 무작정 따라가려고만 하는 것은 한국사회에 또 다른 혼란만을 가지고 올 겁니다.

알바를 보내는 덴마크의 학부모가 그러더군요. 예전에는 모든 고등학생들이 다 예외 없이 알바를 하러 갔었는데 이제는 일부 잘 사는 집안에서는 자녀들을 방과 후에도 공부시킨다고요. 무슨 말일까요?

이제는 덴마크도 어느 대학 무슨 과를 나왔냐가 중요해지는 사회가 조금씩 돼가고 있다는 뜻이지요. 신자유주의 혹은 시장주의의 논리가 교육의 영역에도 조금씩 밀어닥치고 있다는 뜻입니다. 역사의 퇴보인가요? 진보적인 분들을 그렇게 볼 수 있겠죠? 하지만 어찌 보면 균형을 찾아가는 것 아닌가요?

덴마크의 사교육업체를 찾아가 보았습니다. 덴마크에도 사교육이 있냐고요? 사교육 업체의 대표가 그러더군요. 우리의 시장 규모가 나날이 커지고 있다고요.

물론 대한민국에 비하면 아무것도 아닙니다. 방송국 분들이 그 사장님에게 저를 대한민국 사교육 스타강사 출신이라고 소개하자 그 업체의 대표가 몇 명이나 가르쳤냐고 묻더군요. 그래서 제가 많을 때는 일 년에 십만 명 가르쳤다고 하니까 믿지를 못하더군요. 그만큼 아직 덴마크의 사교육이 초보적이기는 합니다만 예전에는 없었던 현실로 다가오는 것 역시 사실입니다.

예전 일부 북유럽 국가들은 의대도 추첨으로 진학을 했습니다. 그래도 사회에서는 아무런 불만이 없었습니다. 왜냐면 의대를 나와도 다른 전공을 한 것에 비해서 특별할 게 없었기 때문일 겁니다. 그런 나라에서 의사란 평범한 샐러리맨과 다를 바가 없는 그냥 의사라는 직업을 가진 사람에 불과하기 때문일 겁니다.

하지만 시장의 고용이 불안정해짐에 따라 차츰 평생 일자리가 보장되고 상대적으로 점차 소득이 높아지는 의사에 대한 선호도가 높아진 것이죠. 이제는 의대 진학을 추첨이 아니라 시험을 봐서 선발해야 한다는 여론이 높아졌고 그 시험의 경쟁 역시 점점 치열해지는 것을 볼 수 있습니다.

물론 북유럽의 교육과 우리의 교육은 많은 차이가 있습니다. 덴마크의 고3 수학 교실을 방문했습니다. 일단 자유로운 분위기는 우리와 너무 달랐고요. 학생들이 우리보다는 빨리 성숙해서 그런지 고3이 마치 대학원생들 포스가 나더라고요.

자! 아무튼 6~7명의 학생과 선생님이 수업을 진행하고 있었습니다. 수업이 끝난 후 저는 선생님에게 우리나라 수능 수학 시험지를 보여드렸습니다. 난이도가 어떠냐고 물어보았지요? 어떤 대답이 돌아왔을까요?

저도 깜짝 놀랐습니다. 대답은 "그렇게 어렵지는 않습니다"였거든요. 4점짜리는 몰라도 2~3점짜리 문제들은 자기네 학생들도 풀 수 있을 거라는 대답이었습니다. 그런데 반전은 거기서부터입니다.

이런저런 이야기를 조금 더 하다가 제가 문득 생각이 나서 다시 질문을 드렸습니다. '우리나라 수능 수학은 이 시험지의 30문제를 100분 안에 푸는 겁니다'라고 말씀드렸습니다. 그리고는 당신의 나라는 어떤가요? 라고 물었습니다.

그때 그 선생님이 정말 깜짝 놀라더군요. "이 30문제를 100분 안에 푼다고요? 저도 못 풀 텐데, 정말입니까?"

그들과 우리의 교육방식의 차이였습니다. 제가 본 그들의 수학시간은 미분 수업이었습니다. 가만 보니 정말 문제 하나를 가지고 90분 수업을 하던걸요. 미분이 나오게 되는 원리를 모눈종이 그래프에다 한점 한점 표시를 해가면서 이해를 돕는 수업이었습니다.

우리 수학시간에는 상상하기 어려운 수업이지요. 우리는 사실 이런 과정을 공식으로 외우게 됩니다. 그리고 그 공식을 바탕으로 응용력을 높여나가는 수업이지요. 사실 미적분의 원리와는 거리가 먼 수업입니다. 그러니 기초과학 분야에서 우리가 서구를 따라갈 수는 당연히 없는 법. 그러니 그런 분야에 상을 주는 노벨상은 엄두도 낼 수 없는 법입니다.

하지만 대신 우리가 잘하는 것은 응용을 하는 것입니다. 원리를 몰라도 공식을 가지고 변형된 문제를 푸는 데는 우리를 따라갈 학생들이 없습니다. 우리가 응용과학을 바탕으로 고도성장을 이뤄낸 배경을 설명해주는 교육 현실인 것입니다. 대한민국의 교육을 함부로 나쁘다고 할 수 없는 이유입니다.

각국은 독특한 교육제도 속에 교육의 발전을 이뤘습니다. 우리 역시 마찬가지입니다. 직업교육의 모범국가로 꼽히는 독일은 진로교육이 발전했습니다. 연령별, 적성별, 다양한 진로교육으로 자신의 직업을 찾아나갑니다. 특히 놀라운 것은 엘리트 대학문화가 전혀 없습니다. 한마디로 대학 서열화라는 것이 존재하지 않습니다. 제가 좋아하는 김선 선생님이 쓴 『교육의 차이』를 보면 독일 대학에 다니는 친구가 다른 나라의 대학문화를 비꼬면서 하는 이야기가 나옵니다. 잠시 소개해드릴게요.

> "누나, 독일 교육의 단점이 뭔지 알아? 독일에서 평생 살 거면 아무 상관없는데, 외국 가면 대학 졸업장을 가지고 으스댈 수가 없다는 거야! 미국, 영국, 한국에서 온 애들은 자기가 어느 대학 나왔다고 얘기하면서 은근 슬쩍 자랑하고 끼리끼리 뭉치잖아. 독일 대학 졸업장으로 뻐기면 오히려 내가 이상한 사람이 되어버려. 하하하."

이번에는 핀란드를 볼까요. 핀란드는 90년대와 2000년대 교육의 모범 국가로 꼽혔습니다. 그 이유는 일단 공부를 모두 잘했습니다.

PISA 시험에서 동아시아들과 나란히 높은 성적을 기록했습니다. 더 놀라운 것은 동아시아 국가의 학생들과 동일한 성적을 거뒀음에도 공부하는 시간은 거의 반밖에 되지 않았던 겁니다.

거기다가 학생들의 성적 편차가 적었습니다. 또한 부모의 경제력과 학생의 성적이 상관관계가 없었습니다. 한마디로 아이들이 조금만 공부해도 모두 공부를 잘하고, 부모가 잘살든 못살든 다 같이 비슷하게 공부를 잘했다는 겁니다. 정말 대단한 성과였습니다.

하지만 지금은 경제위기와 시장주의적 교육관이 들어섬에 따라 이러한 교육제도 역시 많이 흔들리고 있습니다. 핀란드 역시 떨어지는 학생들의 학습능력과 낮아지는 교사 수준 등으로 심각한 교육위기를 겪고 있는 중입니다.

북유럽과 독일 등 유럽의 전통국가들이 교육 공개념을 중심으로 평등교육을 지향해왔다면 많은 영미권 국가들은 수월성 중심의 교육을 해왔습니다. 그리고 그러한 교육의 바탕 위에 놀라운 성과들을 거둬 왔습니다. 대학교 성적을 매기면 늘 거기에는 영미권 대학들이 상위권 랭킹을 거두지요. 우리의 대학들도 그 등수에 목숨을 걸고 있지요. 하지만 한국의 대학이 하버드를 제치고 랭킹 1, 2등을 차지할 일은 없을 겁니다.

하버드 대학에 1년에 들어오는 기부금이 얼마인지 아십니까? 한 해에만 1조가 넘습니다. 그러니 하버드가 랭킹 1, 2위를 놓친다는 것은 있을 수 없는 이야기입니다. 그러니 그러한 아이비리그에서 창의성과 개방 정신으로 뭉친 슈퍼 엘리트들이 속속 나올 수밖에 없고 그들이 바로 미국의 심장 실리콘 밸리를 만들어 내는 것은 당연한 일일 겁니다.

하지만 이런 엘리트 교육은 당연히 교육의 양극화를 불러올 수밖에 없습니다. 그 결과는 일반적인 미국 대중의 우민화를 가져왔지요. 뭐 여기서 그것에 대해서 자세히 논할 시간과 기회는 없고요. 아무튼 교육의 모범국가 역시 많은 실패를 수반하고 있다는 것을 반드시 알아야 한다는 것입니다. 그래야만 우리가 그들이 교육에서 거둔 성과를 배우고 그 과정에서 발생한 실패는 반복하지 않을 수 있을 테니까요.

아무튼 엘리트 교육하면 역시 최고봉은 영국인 듯합니다. 옥스퍼드나 케임브리지가 전통을 바탕으로 한 최고의 엘리트 교육기관이라는 것은 누구도 부정할 수 없을 겁니다. 영국교육의 장점을 나열하면 끝이 없습니다.

언어교육은 글쓰기와 토론을 중심으로 이루어집니다. 당연히 객관식 시험은 찾아볼 수 없습니다. 자율성 그리고 비판능력을 강조하는 교육을 통해 단순한 지식인이 아닌 사회적 책무를 다하는 엘리트를 키워냅니다.

그리고 예체능 교육의 강화를 통해 전인격적인 인간을 만들기 위해 노력합니다. 그러한 교육의 출발점은 바로 가정으로부터 시작되어 결국은 노블레스 오블리주의 전통을 만들어 냈습니다. 대단하지요. 하지만 거꾸로 대안교육의 대명사로 대표되는 서머힐은 바로 이러한 영국교육의 엘리트주의와 수월성 교육 그리고 주입식 교육에 반발하면서 등장합니다. 아이러니한 일이지요. 그게 세상입니다.

결론부터 말씀 드리면 영국의 엘리트 교육도 서머힐의 자율교육도 결코 완벽하고 이상적인 교육은 될 수 없습니다. 여러분의 자제가 옥스퍼드에 가거나 서머힐에 간다고 결코 그들 인생의 성공이 보장된다고 할 수 없는 이유이기도 합니다. 하지만 아무튼 우리는 모두 서머힐만큼은 공부해야 합니다. 왜냐고요? 우리의 아이들이 행복하지 못하기 때문입니다.

성적-행복도 그래프 | 출처: OECD

우리나라 학생들이 공부를 잘하는 것은 정말 높게 평가해줘야 합니다. 정말 똑똑합니다. 하지만 한편으로 너무 불행합니다. 그래서 그 대척점에 있는 서머힐이라는 학교는 동경의 대상이 되곤 합니다. 그렇다고 우리의 교육이 전부 서머힐처럼 되어야 한다는 것은 아닙니다. 다만 서머힐에 다니는 학생들이 누리는 행복을 우리의 학생들도 누릴 수 있는 방안은 없는지 모색해 봐야겠지요.

그래서 이 책을 선택했습니다. 서머힐에 대한 책들은 너무 많습니다만 행복은 주관적이라, 서머힐이 주는 행복을 알기 위해서는 서머힐에 다녔던 사람이 쓴 책을 소개해드려야 정확하다는 생각을 했습니다. 그래서 서머힐을 다닌 학생이 직접 쓴 책을 선택했습니다.

저자인 채은은 91년 서울에서 태어나서 99년 아홉 살에 오빠, 남동생과 함께 서머힐에 9년간 다닌 학생입니다. 책 제목이 『서머힐에서 진짜 세상을 배우다』이니 당연히 서머힐 생활에 만족을 했겠죠. 저자는 당연히 서머힐 생활이 너무나 행복한 생활이었다고 이야기하고 있습니다.

서머힐이 학생에게 행복을 줄 수 있는 이유는 무엇일까요? 여러 이유를 들 수 있겠지만 가장 큰 것은 학생들에 대한 신뢰를 기초로 학교가 구성되었기 때문이라고 봅니다.

유명한 장난감 회사인 레고가 위기에 빠졌던 적이 있습니다. 80년대 닌텐도로 대표되는 일본의 게임기 회사들이 대대적으로 게임기를 보급함에 따라 레고가 밀리면서 일어났던 일입니다. 회사 내부에서는 '이대로는 안되겠다 우리도 게임기 업체로 변신해야 한다'라는 목소리가 높아졌습니다. 그리고 실제로도 그런 시도를 했지만 도저히 일본 닌텐도의 벽을 넘을 순 없었습니다. 회사의 위기가 심화되었을 뿐입니다.

그때 특별히 채용된 문화인류학자와 심리학자들이 아이들을 대상으로 실험을 합니다. 아이들에게 닌텐도와 레고를 주고 어떻게 노는가를 본 것이지요. 그런데 예상과는 달리 아이들은 시간이 흐를수록 차츰 닌텐도를 버리고 레고를 가지고 놀기 시작했습니다. 그리고 점점 더 어려운 레고에 도전해 나가기 시작했던 겁니다. 아이들은 어른들의 우려와 달리 자극적인 게임기에만 탐닉해 매몰되지 않고 어느 순간 스스로 창의에 도전해 나가기 시작했다는 겁니다. 여기에서 모티프를 얻은 레고는 다시 블록사업에 매진했고 더 고난도의 레고를 만들어 내면서 결국은 오늘날의 레고를 만들어 냅니다.

아이들을 게임기로부터 격리시키는 것이 아니라 믿고 기다리면 레고로 돌아올 거라는 믿음처럼 아이들에 대한 신뢰로 시작한 학교, 그게 서머힐의 정신이라고 생각합니다. 그러한 정신이 이 책의 저자인 채은씨의 글에도 녹아 있습니다. 책의 부제들입니다.

'아이들은 노는 것만큼 배우는 것을 좋아한다.'
'공부는 내가 하고 싶을 때 스스로 하는 것'
'자유의 학교에 있는 2백개가 넘는 규칙들'
— 물론 규칙은 학생들이 자율적으로 만들어 낸 겁니다.

이런 믿음이 아이들의 행복을 만들어주었다고 저는 믿습니다. 본문입니다.

"나는 한국 나이로 아홉 살 때부터 수업을 들었다. 자연을 누비며 한참을 뛰놀고 게임보이를 하면서 포켓몬을 잡으며 다녔지만, 놀다 보니 새로운 것이 배우고 싶어졌다. 나는 몇몇 수업에 마음 내킬 때마다 한 번씩 들어가기 시작했고, 하다 보니 재미있어서 계속 수업을 들었다. 물론 모두가 나처럼 아홉 살에 수업을 시작하는 것이 아니다. 훨씬 일찍 혹은 늦게 시작하는 이들도 많고, 모두가 듣는 과목과 양이 다르다. 무엇보다 누구도 수업을 강요하지 않는다."[58]

그럴 때 학교는 무엇을 해주냐고요?

"패션에 처음 관심이 생겼을 때 역시 나는 레너드(선생님)에게 달려갔다. 레너드는 나만을 위해 수업시간을 정하고 내게 패션 디자인을 가르쳤다. 패션 디자인에 대해 아무것도 모르고 패션과는 제일 거리를 두고 사는 레너드지만, 어디서부터 어떻게 시작할지 몰라 하는 나를 위해 다양한 서적들을 구입했다.

… 우리는 그 책에 나온 대로 과제를 하며 패션 수업을 진행했다. 또 패션 디자인 일러스트 그리는 방법을 알려주는 책을 보며 수시로 패션 드로잉을 연습했다.

… 그러던 어느날 레너드가 아나와 나를 런던에 있는 빅토리아 앨버트 뮤지엄의 한 전시에 데려갔다.

… 나는 그 전시가 내 생애 가장 인상적인 전시가 되리라고는 상

---

58 채은, 『서머힐에서 진짜 세상을 배우다』, 해냄출판사, 2014.

상도 못했다."[59]

　채은이는 그래서 서머힐이 행복했을 겁니다. 학생을 믿고 기다려주는 학교, 그리고 학생이 무언가를 하고자 하면 그 길의 동반자가 되려고 하는 학교임이 틀림없습니다. 우리에게 많은 시사점을 주는 학교임이 틀림없습니다. 하지만 서머힐이 우리의 맹목적인 대안이 되거나 모든 학생에게 행복을 주는 학교만은 아니라는 것을 채은이는 말합니다. 본문입니다.

　"하구미가 말했다. "난 절대 아이를 서머힐에 보내지 않을 거야"
　　… 어렸을 때 우연히 서머힐에 관한 정보를 접하고 부모님께 말씀드려 영국으로 건너왔지만, 하구미는 서머힐을 다닌 것에 대해 후회했다. 하구미의 가장 큰 불만은 수업이었다."[60]

　어떤 수업이길래 그랬을까요?

　"한 미술 선생님은 미술은 가르칠 수 있는 과목이 아니라고 생각했다. 그래서 미술실을 열어놓고 누구든지 들어와 자기만의 작품을 만들 수 있도록 수업을 진행했다 … 미술을 정식으로 배우고 싶은 학생들은 불만이었다.
　　… 지금보다 더 공부를 잘하지 않았을까? 부모님과 더 사이가 좋

---

59 같은 책.
60 같은 책.

지 않았을까? 서머힐을 안 다녔다면 말이다. 안에서 느끼는 서머힐
이 다르듯이 밖에서 보는 서머힐도 다르다."[61]

그리고 고통을 받는 학생들의 이야기도 나옵니다.

> *"서머힐이라고 모든 아이들이 마냥 해맑게 뛰어다니기만 하는 것*
> *은 아니다. … 주위 친구들 가운데는 고통을 겪는 아이들이 적지 않*
> *았다.*
> *… 친구들의 고통과 불안은 거식과 폭식 증세로 나타났다. … 이*
> *상하게도 이 시기에는 여러 친구들이 도미노처럼 와브르 폭식과*
> *거식 증세를 보였다.*
> *… 이 친구들의 문제는 대부분 가족과 연관되어 있었고 … 고등*
> *학교에 진학하면서 부모님과 함께 살게 되어 몹시 힘들어하던 한*
> *친구가 있었다. '서머힐을 다니느라 부모님과 오래 떨어져 살아서*
> *지금 더 힘든 게 아닌가 싶어.'"*[62]

어른들과 달리 서머힐이 유토피아만은 아니라는 것을 서머힐에 적응
한 채은이는 잘 알고 있었습니다. 다시 한번 말씀 드리지만 세상에는 유토
피아도 유토피아 학교도 존재하지는 않습니다. 하지만 어떤 학교를 다니
든 학생들에게는 늘 항상 꼭 해주어야 할 말이 있습니다. 바로 이 책 뒷장

---

61 같은 책.
62 같은 책.

맨 위에 나오는 말입니다.

"너는 이미 충분히 특별해."

한 번만 더 바꾸어 말씀드리고 싶습니다. "나도 이미 충분히 특별해" 라고 말입니다.

독서법 ——————————————————————— *Reading method*

모든 연령대가 독서가 가능한 책입니다. 이런 수준의 글을 쓸 수 있는 학생이 된다면 서머힐을 보내도 좋을 듯합니다. 자기의 일을 아주 객관적으로 담아냅니다. 감정에 치중함이 없이 글을 써 내려갑니다. 글을 장황하지 않은 단문으로 서술하여 감정적이 되기 쉬운 자기의 이야기를 그렇지 않게 풀어나갑니다. 서머힐에서 한글을 배웠을 리는 없을 터인데 말입니다. 영어로 글을 써도 얼마나 잘 쓸까 하는 생각이 들었습니다.

TIP

학원 강의를 하다 보면 대안학교 출신의 학생들을 많이 만날 수 있습니다. 제가 만난 대안학교 출신들을 위험하지만 일반화시켜 보겠습니다. 먼저, 개성과 창의가 톡톡 튑니다. 그런데 공부를 못합니다. 그러나 공부를 시작하고 동기가 부여되면 성적이 아주 빨리 향상됩니다. 그런데 가끔은 친구와의 교우 관계가 원만하지 못합니다. 군대 생활을 할 수 있을지 남학생들은 걱정이 됩니다. 그렇지만 아무튼 무지하게 밝습니다. 한마디로 장단점이 뚜렷한 아이들입니다.

교육 선진국의 불을 지피는 교육

『교육의 차이』

김선 지음, 혜화동

❦⬥❦

교육에서 가장 중요한 가치는 무엇일까? 우리나라에는 어떤 교육의 가치
가 필요할까?

— 머리말 중에서

"교육은 양동이를 채우는 일이 아니라 불을 지피는 일이다" 아일랜드의 시
인이자 극작가인 윌리엄 버틀러 예이츠가 한 말이다. 그만큼 교육에서는 동기
와 목적이 중요하다는 말이다. 무엇을 위해 공부하는지 분명한 인식을 하고
강력한 성취 욕구를 불태울 수 있도록 동기부여를 해주는 것이 교육의 역할이
다. 우리나라의 교육 제도가 이 역할을 제대로 수행하고 있는지를 묻는다면
그에 대한 답은 회의적일 수밖에 없다. 예이츠의 말에 비추어 봤을 때 우리나
라 교육은 불을 지피도록 장작을 건네는 것이 아니라 양동이만 채우라고 닦달
하고 있지 않은가?

이 책의 저자 김선은 영국 옥스퍼드대학교에서 철학·정치·경제 통합 과정
을 공부한 비교교육학자이다. 박사 과정을 마칠 때까지 15년간 영국, 미국, 독

일의 명문 대학에서 교육 및 연구 환경을 경험하고 공부했다. 이 책에서는 그 경험들을 토대로 우리나라 교육 제도가 나아가야 할 방향을 제시한다. 그가 채택하고 있는 비교교육학의 연구방법은 크게 지역연구와 비교연구 두 가지이다. 지역연구는 한 나라 또는 한 지역을 집중 연구하는 것이고 비교연구는 나라와 지역을 동시에 검토한다. 오늘날의 비교교육학은 역사적인 측면보다 사회적인 측면에 기대고 있다. 역사는 본질적으로 특정 시대와 장소에 국한되는 면이 있어서 그 가치가 비교교육학자들에게는 제한으로 작용한다는 이유에서다. 비교교육학자들은 지금의 체제에 적용할 수 있는 요소를 추출하고 연구해야 하기 때문에 사회과학적인 접근방법에 더 중점을 준다. 이는 우리나라가 외국의 교육 제도를 수용할 때에도 반드시 유념해야 할 부분이기도 하다. 우리는 우리나라의 특수성과 외국의 특수성을 헤아리지 않고 무조건 받아들이는 경향이 있다. 따라서 저자는 외국의 교육 제도들을 하나하나 면밀히 짚어 보면서 우리나라 교육 제도에 실질적인 도움을 줄 만한 부분을 헤아려 보자고 제안하는 것이다.

저자는 책 속에서 독일, 미국, 싱가포르, 핀란드와 같은 교육 강국들의 교육제도와 교육철학을 비교하며 네 가지의 공통 키워드를 소개한다. 기회, 토론, 자유, 과정이 바로 그것이다. 한마디로 학생들에게 기회를 주는 데 초점을 맞춘다고 할 수 있다. 독일은 학생들이 자신의 재능을 발견하고 키워 나갈 수 있도록 돕고, 미국은 장학금 제도를 잘 구축하여 가능성 있는 학생들에게 지급하고, 싱가포르는 정부 차원에서 교육을 전면 지원하고, 핀란드는 학생 스스로가 자신의 속도에 따라 학업을 진행할 수 있도록 폭넓은 교과과정을 마련해 두었다.

저자가 이들의 교육 방식을 연구하고 분석하면서 내린 결론은 아이러니하게도 비교할 수 없다는 것이었다. 교육 제도는 정치, 경제, 문화, 복지 모두를 포함한 전체적인 환경을 고려해서 만들어지고 발전하는 것이라 편협한 시선으로 제도만을 연구하기보다는 제도가 생성되기 이전에 어떤 맥락이 존재했는지를 이해하는 과정이 필요하다고 말한다. 그저 다른 나라에서 좋다는 것을 이식하거나 모방한 교육제도나 정책은 성공할 수 없는 것이다.

바람직한 교육 시스템의 바탕에는 교육을 어떻게 바라보는가라는 시선의 차이가 있다. 교육 강국들은 모두 교육은 자신만의 창의적인 생각으로 다른 사람과 소통할 수 있는 능력을 키워 주는 것이라는 목표를 전제로 한다. 이에 입각하여 토론과 논술 능력을 길러 주는 교육과정을 운영하고 다양한 과외활동을 통해 협업 능력을 계발하도록 시스템을 갖추고 있다. 독자는 타국의 교육과 우리 교육의 차이를 폭넓게 비교한 이 책으로 우리 교육을 살피는 시야를 넓힐 수 있을 것이다.

억압받는 자들의 편에서

『페다고지』

파울루 프레이리 지음, 남경태 옮김, 그린비

⟲⟳⊙⟲⟳

억압적 사회의 혹독한 의미를 이해하는 데 피억압자보다 더 나은 적격자
가 또 있겠는가?

— 본문 57페이지

페다고지(Pedagogy)는 Paida(어린이)와 Agogos(지도하다)를 합친 말로 어
린이를 가르치는 교육을 뜻한다. 학습자가 가지고 있는 선천적인 재능과 소질
을 계발한다는 의미를 지니고 있어 교육학의 뿌리로 일컬어진다. 하지만 교사
를 중심으로 이루어지는 교육에 초점을 맞추고 있어 학습자의 경험은 고려되
지 않으며 오직 교사가 계획한 교과만을 따라야 한다. 교사가 학습자에게 지
식을 전달하는 형태로 권위적이고 형식적인 측면이 강하다. 이에 반대되는 개
념으로 안드라고지(Andragogy)가 있다. Andros(성인)과 Agogos(지도하다)
를 합친 말로 성인을 가르치는 교육을 뜻한다. 페다고지와는 다르게 학습자가
스스로 배우고 주도해 나가는 학습 상황과 과정을 중시한다. 이 때문에 학습
자의 경험이 무엇보다도 중요한 학습자원이며 교사는 조력자의 역할로 함께

한다. 페다고지와 안드라고지를 한마디로 말하면 교사 중심 교육과 학습자 중심 교육이라고 할 수 있다.

저자 파울루 프레이리(Paulo Freire)는 브라질의 교육학자로 빈민 지역에서 태어나 어린 시절부터 가난하고 굶주린 사람들을 보면서 자랐다. 1929년 대공황 시대에 극심한 빈곤과 기아를 경험하면서 빈민층이 겪는 문제와 이에 관련되어 있는 대중교육에 큰 관심을 기울이게 되었다. 그는 교육의 혜택을 받지 못한 사람들에게 읽기와 쓰기를 가르치는 문맹퇴치운동을 벌이며 그들이 자신의 삶과 생활을 주체적으로 변화시키도록 도왔다. 교육 사상가로서 활동하며 교육의 목표는 인간해방에 있다는 의식을 사람들에게 전파했다.

동시에 경제적으로 극빈하고 사회적으로 소외된 사람들을 수면 위로 끌어올릴 수 있는 교육은 무엇인지에 대해 평생 탐구했다. 그는 소외 계층을 더욱 도태시키는 교육 제도 대신 실존주의와 사회주의, 인격주의를 토대로 하는 본질적인 민중의 의식화 교육이 필요하다고 주장했다. 이 책에서는 그의 교육 사상을 바탕으로 기존의 교육 제도와 앞으로 지향해야 할 교육 제도에 대한 논지를 펼친다.

프레이리는 소외된 이들을 피억압자로 칭하며 그들을 위한 교육학의 의미와 조건을 설명하면서 우리가 취하고 있는 은행저금식 교육과 문제제기식 교육을 비교하였다. 은행저금식 교육이란 사람을 유순하고 관리 가능한 존재로 간주하며 수동적인 역할만을 부과하는 것을 목표로 한다. 은행저금식 교육 아래 있는 사람들은 자신이 속해 있는 세계에 대해 의문을 품지 않게 되며 주어진 역할의 테두리 안에서만 순응하면서 살아가게 된다.

이는 스스로를 세계의 관리자로 여기는 억압자들의 관점에서 볼 때 이익에 완벽하게 부합하기 때문에 이 시스템에 문제를 제기하거나 쟁점을 발견하는 비판적 능력을 함양하는 교육을 원치 않는다. 프레이리는 소위 지배계급이라 불리는 자들의 의견만을 반영한 은행저금식 교육을 비판하면서 해결책으로 문제제기식 교육을 내세운다. 문제제기식 교육은 삶에서 발생하는 모든 일들에 대해 무조건 받아들이지 말고 그 원인을 파악하고 개선점을 토론하는 비판의식을 기를 수 있도록 한다. 프레이리는 세상을 살아가면서 비판의식이 반드시 필요하다고 보았고 사람들이 이를 연마할 수 있는 방법을 소개한다.

프레이리의 주장을 따라가다 보면 자연스럽게 우리나라의 교육 방식이 떠오른다. 우리나라는 페다고지에 가까운 교육 방식을 취하며 학습자와 자유롭게 의견을 주고받는 것이 아니라 일반적인 지식을 주입하는 데 급급하다. 우리는 이 교육 방식을 이미 비판적인 시각으로 바라보고 있기는 하지만 어떻게 변혁해야 할지 여전히 고민 중인 상태이다. 프레이리는 대화는 굳게 잠긴 교육의 문을 열어 줄 열쇠라고 말한다. 그의 말처럼 수많은 대화와 토론 속에 분명 답이 있을 것이다.

과거의 방법으로 미래에도 성공할 수 있는가

『최고의 교육』

로베르타 골린코프 · 캐시 허시-파섹 지음, 김선아 옮김, 예문아카이브

←◦◦◦◦◦→

이제 성공요소들은 무엇인지 또 우리 아이들의 교육이 어떻게 이런 성공요소들을 달성하는 데 도움을 줄 수 있는지에 대해서 우리의 시야를 넓혀야 할 시점이다.

—본문 31페이지

"아이들은 어떻게 배우는가?" 이 질문은 우리에게 두 가지를 시사한다. 첫째는 부모에게 자녀의 성공이란 어떤 의미인가, 둘째는 어떻게 하면 부모가 아이의 미래를 성공으로 이끌 수 있을까다. 더 자세히 들어가서 이야기하면 부모가 행해 왔던 생활 방식과 문화가 자녀에게 어떤 영향을 미치고 이것들을 어떤 방식으로 활용해야 자녀가 설정한 목표를 달성하는 데 도움을 줄 수 있는가라는 질문이다.

4차 산업혁명에 진입하면서 세상은 따라잡기 힘든 빠른 속도로 급격하게 변화하고 있다. 이 때문에 오늘날 사회의 인재들에게 요구되는 역량은 부모나 그 윗세대 시절에 언급됐던 역량과는 분명한 차이가 있다. 이 책에서는 앞

으로의 교육이 이런 점을 염두에 두고 발전하고 있는지를 의문으로 제기한다. 실제로 대부분의 학교는 이러한 새로운 목적과는 상반되는 교육 방식으로 운영되고 있다. 만약 교육이 사회적으로나 개인적으로나 성숙한 성인으로 자랄 수 있는 환경을 만든다면 더할 나위 없는 최고의 교육이 될 것이다. 이 원대한 사명을 어떻게 하면 현실화할 수 있을까?

이 책의 저자 로베르타 골린코프(Roberta M. Golinkoff)와 캐시 허시-파섹 (Kathy Hirsh-Pasek)은 모두 발달심리학자로 유아기부터 청소년기까지 인간이 성장하는 시기의 교육과학을 다루는 연구가들이다. 그들은 현 교육 시스템이 21세기에 성공할 수 있는 인재들을 길러 내지 못한다는 점을 지적하며 지난 40년 동안 지속했던 연구와 다섯 명 자녀를 키운 경험을 바탕으로 아이들이 잠재력을 발견하고 그것을 성장시킬 수 있도록 하는 원칙들을 소개한다.

그들은 다가오는 미래에는 협력, 의사소통, 콘텐츠, 비판적 사고, 창의적 혁신, 자신감 이 여섯 가지 역량이 필요할 것이라 꼽는다. 그 이유에 대해서도 함께 밝힌다. 인간은 철저히 사회적인 존재다. 다른 사람과 함께 살아가면서 자신의 영역을 지키는 것이 과제다. 협력은 매우 핵심적인 능력이며 남녀노소를 불구하고 가장 기본으로 요구되는 소양이다. 협력을 기반으로 구축되는 것이 의사소통 능력이다.

인간은 아기 때부터 눈으로, 울음으로, 웃음으로, 옹알이로 의사소통을 해 왔다. 삶에서 의사소통이 부재하는 순간은 한시도 없다. 타인과의 의사소통을 통해서 거두는 결과가 바로 콘텐츠이다. 사람, 장소, 사물을 비롯한 우리 주위의 모든 사건들을 통해서 습득한 정보의 결과인 것이다. 새로운 데이터가 넘쳐나는 시대에 생존하기 위해서는 새로운 콘텐츠들을 효율적으로 재빨리 받아들이고 마스터해야 한다. 하지만 이때 올바르고 정확한 콘텐츠를 선별해 내기 위해서는 비판적 사고가 필요하다. 창의적 혁신은 콘텐츠와 비판적 사고가 더해졌을 때 탄생하는 것이다.

수많은 콘텐츠 가운데 빛나는 옥석을 가려내는 사고가 창의적인 생각을 만든다. 그리고 이를 세상에 내놓으려 할 때 자신감이 팔 할이다. 결국 이 여섯 가지는 어떤 환경에 놓이고 어떤 변화를 겪더라도 적응하고 스스로를 계발할 수 있는 능력들이다. 저자들은 "로봇과 인공지능이 루틴화된 일자리를 점점 더 많이 차지하고 있을 뿐만 아니라 심지어 로봇들도 더 깊이 사고하기 시작했다"라는 경고를 던지며 교육 현실을 되돌아보게 한다. 결론적으로 우리는 우리에게 불어오는 변화의 바람에 제대로 적응하고 더 나아가서 그 변화를 주도적으로 이끌기 위해 무엇을 배우고 무엇을 가르쳐야 하는지를 고심해야 한다.

교육, 기본의 자리에서 바라보다

『아이의 미래를 바꾸는 학교혁명』

켄 로빈슨·루 애로니카 지음, 정미나 옮김, 21세기북스

❦❦❦❦❦

나는 표준화 문화가 학생과 학교에 어떻게 해를 끼치는지 설명하면서 교육에 대한 차별화된 사고방식을 제시하려 한다. 또한 당신에게는 제도를 변화시킬 힘이 있다는 것을 보여주고 싶다.

— 본문 8페이지

우리 사회는 매우 다양한 역할과 직업을 지닌 사람들로 구성되어있다. 그건 아마도 우리가 본디 저마다 다른 재능을 갖고 태어났기 때문일 것이다. 그런데 우리 시회는 이 점을 간과하고 있는 듯하다. 하나부터 열까지 다른 아이들을 모아놓고 표준화라는 명목하에 똑같은 교육으로 아이들을 가르친다. 저자 켄 로빈슨(Ken Robinson)은 이를 표준화 운동이라 명명한다. 이 교육 방침은 최근 몇 년간 세계적인 쟁점으로 부상해 왔다. 미국 전 대통령 오바마는 교육 개혁을 행정부의 최우선 과제로 꼽았고 중국은 교육의 대대적 혁신을 추진했다. 브라질 최초의 여성 대통령 지우마 호세프는 정부의 쇄신 전략 가운데 교육을 핵심에 두었다. 이처럼 세계 각지에서 교육이 정부의 주요 아젠다로

떠오르는 이유는 무엇일까?

첫 번째는 경제적인 이유다. 디지털 기술의 급속한 발전으로 지난 25년간 혁신이라 부를 만한 변화가 일어났고 이 과정에서 제조와 서비스 부문에서의 경쟁력이 심화됐다. 따라서 정부가 고학력 노동력이 국가 경제적 번영의 중대한 요소라는 점을 인식하면서 정책 방향이 혁신, 기업가 정신, 21세기형 기술에 맞춰지게 되었다. 그에 따라 교육에 막대한 돈이 투자되면서 교육이 세계적으로 최대 사업으로 부상하고 있다.

두 번째는 문화적 이유다. 교육은 공동체가 이룬 고유의 가치와 전통을 다음 세대로 전달하는 수단이라 이 시기에 아주 중요한 것이다. 세 번째는 사회적 이유다. 공교육의 목표는 자라난 배경이나 환경의 차별 없이 모든 학생이 능동적이고 적극적인 시민으로 성공할 수 있는 기회를 부여하는 것이다. 또한 사회 안정에 필요한 태도와 행동을 장려하는 것에도 의의가 있다. 바로 여기에서 표준이라는 단어가 따라붙는다. 표준을 향상시키는 일은 교육에서 바람직하게 여겨진다. 그런데 어떤 표준을 세워야 할까? 그 표준 선정 이유와 시행 방법은?

표준화 운동은 학업 표준의 향상에 특히 높은 비중을 둔다. 언뜻 보면 타당한 것 같아도 학문 중심적 개념에 지배당하기 쉬운 방향이다. 자세히 들여다보면 표준화 운동에서는 학문적 공부를 강조하고 있는 만큼 예술, 음악, 체육 같은 실용적 과목이나 비학문적인 과목을 등한시한다. 따라서 학생들이 지닌 다양성을 배제한 채 학문을 주입시킨다는 문제가 발생한다.

청년 실업률이 세계적으로 유례없이 높은 수치를 기록하고 있다. 이들은 모두 학교에서 가르친 대로 표준화 운동에 따라 착실히 공부한 청년들이다. 다시 말하지만 우리 사회는 아주 다양한 재능, 역할, 직업의 집합체이다. 우리 삶에서 없어선 안 되는 긴요한 직업들이 곳곳에 있다. 그런데 학교에서는 학문적 기대에 부합하지 않는다는 이유를 들어 이러한 직업들의 역할을 중요하게 다루지 않으며 2류 직종으로 구분하고 있다.

과연 교육의 핵심 목적이 청년들의 잠재력을 일깨우고 꿈을 실현할 수 있도록 의지와 역량을 키우는 것에 합당한지 다시 생각해 봐야 할 시점이다. 저자는 기본의 자리에서 교육을 바라보아야 한다고 역설한다. 학습자의 학업성취도를 높여 주는 결정적 요소는 스스로의 동기와 기대다. 자기주도성이 뒷받침되어야 한다는 것이다. 생각해 보라. 누군가의 명령에 의해 기계적으로 지식을 받아들이고 암기했을 때보다 자발적으로 하고 싶은 공부를 했을 때 훨씬 결과가 좋지 않았는가?

학생을 학습으로 초대하라

『최고의 교수』

EBS 최고의 교수 제작팀 지음, 예담

←⋙⋘⊙⋙⋘→

미국의 명문 대학 교수들은 학습 동기가 바닥인 요즘 학생들을 어떻게 가르치고 있을까? 그들에겐 학생들의 눈과 귀를 붙잡는 특별한 비결이 있지 않을까?

— 머리말 중에서

이 책은 미국 내 유명 대학에서 최고의 교수라고 평가받는 교수 9명을 찾아가 남다른 그들의 교수법과 교육철학을 인터뷰한 내용을 담고 있다. 나이도 분야도 환경도 교수법도 모두 다른 이 교수들에게서 한 가지 공통점을 찾는다면 그건 바로 학생들을 존중하는 마음이다. 그들은 학생들을 단지 수업에서 스쳐 지나가는 이들이라 여기지 않고 학생들의 입장에 서서 그들의 배움을 위해 끊임없이 고민하고 탐구하여 강의를 펼치는 선생님들이다. 따라서 그들이 담당하고 있는 과목은 워낙 어려워서 회피과목으로 여겨지는 데에도 불구하고 항상 인기 만점이라고 한다.

이 중에서 인상적이었던 교수법을 세 가지를 소개하고 싶다. 피츠버그대학교 국제정치학과 D. 골드스타인 교수가 그 첫 번째이다. 골드스타인 교수는 70세가 넘은 나이에도 항상 유쾌한 수업을 위해 노력하여 개구쟁이라는 별명으로 불리기도 한다. 그는 수업에서 역사적 사건을 설명할 때 그 내용에 맞는 복장과 소품을 준비하여 분장한 채로 나타난다고 한다. 우스워보일 수도 있지만 학생들의 이목을 끌고 더 기억에 오래 남도록 유도하는 데 탁월하다. 이 수업 방식의 바탕에는 수업을 연극 무대처럼 살아 숨쉬도록 연출하고 싶다는 그만의 교육철학이 있다. 역사 수업에서는 지루하게 이론을 달달 읊는 것보다는 이렇게 학생들에게 직접 시연하는 것이 분명 더 효과적인 방법이다.

두 번째 조벽 교수는 동국대학교 석좌교수이며 미시건공과대학교 기계공학과에서 학생들을 가르치고 있다. 우리나라에서는 『나는 대한민국의 교사다』라는 책으로도 익히 알려져 있다. 조벽 교수는 학생들에게 과제를 부여하고 평가하는 방식이 특이하다. 먼저 과제를 일괄적이 아니라 다양한 유형으로 출제하여 학생들이 스스로 기호에 맞게 선택할 수 있게끔 한다. 그리고 제출한 과제에 대해서는 구체적이고 자세한 피드백을 추가하여 돌려준다. 학생들은 그것을 보고 부족한 부분과 참고할 점을 함께 공부할 수 있다. 과제가 단순히 평가만을 위한 수단이 아니라 다음 단계로 나아갈 수 있는 디딤돌이 되도록 만들어 주는 것이다. 그는 교수의 강의 노트가 교수가 무엇을 해야 한다라는 초점에만 맞춰져 있으면 그 수업은 학생들을 관객으로 한 교수의 독무대가 된다며 학생들이 적극적으로 참여할 수 있는 요소가 반드시 있어야 한다고 말한다. 요즘 학생들이 적극적이지 않다는 비판을 하기 전에 교수 자신이 학생들의 참여를 끌어내지 못 하는 건 아닌지를 봐야한다고 지적한다.

마지막으로 1986년에 노벨화학상을 받기도 한 하버드대학교 화학과 교수 D. 허슈바흐의 교수법도 눈여겨봐야 할 지점이 있다. 허슈바흐 교수는 과학과 인문학을 접목시킨 스토리텔링 형태의 수업으로 과학이 어렵다는 편견을 걷어 내는 교수법을 채택한다. 화학 입문 수업 때는 화학 개념들을 자유로운 시로 표현해 보는 시간을 갖는데, 시를 읽을 때 시적 언어들이 지닌 숨겨진 의미를 찾아가듯 화학 개념 또한 그 의미를 파악하기 위해서는 학생들 스스로 연구해야 한다는 취지에서 비롯한다. 또한 흥미로운 과학적 발견이나 실패한 이론에 대해서도 토론을 벌이면서 다각적인 시각을 기르도록 한다.

"교육받았다는 것은 무엇을 얼마나 배웠느냐의 문제가 아니다. 중요한 건 생각하는 방식이 바뀌었느냐는 점이다"라는 허슈바흐 교수의 말처럼 우리 학생들이 스스로 생각하고 통찰할 수 있는 힘을 기를 수 있는 학습으로 초대해야 할 것이다.

가르치는 자와 배우는 자는 서로를 키운다

『도올의 교육입국론』

김용옥 지음, 통나무

❀❀◈❀❀

다시 말해서 정치혁명보다 교육혁명이 역사의 진로를 더 근원적으로 변
화시키는 것이다.

―본문 18페이지

도올 김용옥은 행동하는 철학자로 유명하다. 우리 사회의 수많은 문제들
에 대해 학문적 시각에 입각하여 의견을 개진하고 거침없이 직설하는 것으로
사람들에게 큰 깨우침을 주었다. 그는 국내대학과 중국대학 모두에서 많은 제
자를 양성했다. 『교육입국론』은 그가 실제로 학생들을 가르친 경험을 통해서
다져온 교육철학을 담은 책이다. 이뿐만 아니라 80여 권에 이르는 방대한 주
제들을 다룬 저서들을 통해 세상과 그리고 대중과 소통하고 있다.

이 책에서 도올이 말하고자 하는 교육철학은 총 다섯 가지다. 먼저 교육은
이념이 아닌 인간 그 자체에 대한 이해가 바탕이 되어야 한다는 인간론이 그
서두이다. 도올은 인간론의 관점에서 정치적 혁명보다 교육적 혁명이 역사의
길을 더 윤택하게 변화시킨다고 말하며 학생을 입시나 사회적 경쟁 수단의 당

사자로 보지 않고 학생 자체의 성장을 도모하는 혁신 교육이야 말로 바람직한 방향이라고 주장한다.

이어서 공부론에서는 진정한 공부의 의미에 관해 탐구한다. 공부는 몸(Mom)을 전제로 하는데 몸이란 정신(mind)과 육체(body)의 이분법적 분할을 거부하는 인격 전체를 말하는 것이다. 즉 공부란 몸, 그 인격 전체를 닦는다는 의미이다. 이는 반드시 시간을 필요로 한다. 시간을 두고 축적되어야만 하는 덕(德)이다. 이러한 과정을 돕는 것이 바로 교육이다. 교육은 우리가 말하는 도덕의 핵을 형성하는 것이 목표이다.

제도론에서는 공교육의 혁신교육화를 통해 입시제도와 대학체제를 바꾸어야 한다고 역설한다. 만약 공교육 전체가 혁신 학교의 형태를 갖추게 되면 역으로 대학입시가 저절로 중·고교의 요구에 의해 변화할 것이다. 그러면 지금처럼 대학이 중·고교의 모습을 규정하는 게 아니라 중·고교의 교육체계가 대학에게 원하는 바를 요청할 수 있다.

교사론에서 도올은 교사는 교육의 주체이자 학교의 주체이며 교육혁명의 주체라고 정의한다. 학생들에게서 자발성을 끌어내고 학생들끼리 협력할 수 있도록 하는 주체로서의 교사 역할을 강조한다. 교육은 과정 그 자체도 중요하지만 인격적인 성장을 목표로 차근차근 단계를 밟아 가는 것이다. 이 과정에서 교사가 바로 서지 않으면 어떤 교육 개선도 이루어지기 어렵다며 교사의 중요성을 이야기한다.

마지막으로 회고와 전망에서는 공자의 교육론과 도올의 어머니가 가르친 마음가짐을 소개하며 교사가 지녀야 할 두 가지 덕성을 설명한다. 하나는 학생들을 인격적 존재로 존중하고 그들의 마음을 헤아리는 정서적 폭을 갖춘 인격이고, 또 하나는 자기가 소유한 지식과 옳은 신념을 효율적으로 학생에게 전파하고자 하는 지적 열정이다. 도올이 제시한 이 다섯 가지 교육철학은 지

금 우리 교육의 현주소를 일깨우고 교육 개혁 이전에 다져야 할 기반을 고민

토록 만든다.

지식은 미래를 위한 자산

『아무도 의심하지 않는 일곱 가지 교육 미신』

데이지 크리스토둘루 지음, 김승호 옮김, 페이퍼로드

⟨⤙⟐⤚⟩

나는 우리 교사들의 노력이 부족하지도 의지가 낮지도 않았다는 것을 알고 있다. (…) 나는 그 문제를 교육 구조가 아니라 교육 내용의 문제로 여기면서 이 관점에 관심을 갖기를 제안하고 싶다.

— 본문 20페이지

"한국 학생들은 미래에 필요하지도 않은 지식과 존재하지도 않을 직업을 위해 하루 10시간 이상을 허비하고 있다." 이는 세계적으로 유명한 미래학자 앨빈 토플러가 지난 2007년 우리나라 교육에 대해 비판한 내용이다. 한마디로 우리나라 초·중·고 지식교육이 창의적인 인재를 길러내는 데 부적합하다는 말이었다. 이후 오랜 시간이 지났지만 우리나라 교육은 여전히 제자리에 머물러 있다. 이런 가운데 미래에는 지식 기반의 하드스킬보다 자기 관리, 인간관계, 의사소통, 비판적 사고력, 리더십 등 소프트스킬을 갖춘 인재가 필요하다는 전망이 세계 곳곳으로 퍼져 나가는 상황이다. 따라서 미래 인재가 갖추어야 할 역량을 기를 수 있는 교육에 대한 논의가 활발히 이어지고 있다.

저자 데이지 크리스토둘루(Daisy Christodoulou)는 3년 동안 중학교에서 영어를 가르쳤다. 그리고 미래 인재를 위한 핵심역량 계발을 목적으로 한 교육에 회의감을 느끼고 교직을 떠났다. 이후 교육의 본질에 대해 공부하면서 자신의 수업 실패 경험과 현 교육에 대한 직언을 담은 이 책을 발간했다. 자신을 비롯한 많은 영국 교사들이 수업이 유익하지 않고 낙오되는 학생이 많은 이유가 현 교육이 지식교육을 경시하는 관점에서 비롯한다는 것을 발견했다. 그리하여 이 책을 통해서 대부분의 사람들이 믿고 따르는 미래 인재를 위한 교육에 대해 다시 한번 생각해 보자는 제안을 하는 것이다.

저자는 현 교육적 관점을 일곱 가지로 정리하며 미신이라 명명하고 논리적인 근거를 제시한다. 그의 말에 따르면 정부와 교육계는 맹목적으로 미래 혁신 교육을 주장하고 있다. 지식교육을 등한시하고 핵심역량만을 배우기 때문에 학생들은 지식의 기반을 다지지 못한 채로 새로운 교육을 따라가기 바쁘다. 결과적으로 도태되고 포기하는 학생이 많아지는 것이다. 그 다음으로는 교사들도 피해를 본다. 교사들은 자신들이 지금껏 해왔던 지식 기반의 수업이 틀렸다는 평가를 받고 무엇이 맞는지 결론내리지 못한 상태로 수업을 진행한다. 따라서 학교교육의 울타리가 서서히 부식되는 것이다.

미래 인재 역량도 중요하지만 지식의 주머니가 텅 비어 있는데 역량을 쌓을 수는 없다는 게 저자의 요지이다. 기본 지식이 없이는 물 밀 듯이 밀려 들어오는 정보를 제대로 분류하고 활용할 수 없다는 것이다. 이 책은 영국의 교육 상황을 이야기하고 있지만 우리에게도 해당되는 부분이 많다. 우리나라는 영국의 교육과정을 상당 부분 참고하였고, 실제로 지식교육보다 미래 핵심역량과 학생 중심의 자기주도 학습을 강조한 2015년 교육 개정 내용은 영국의 2012년 교육 과정과 동일하다.

체스나 바둑을 어릴 때부터 배우면 두뇌 개발에 좋다는 말이 있다. 두뇌도 일종의 근육이라 단련하는 데 큰 도움이 된다는 것이다. 그런데 실제로 체스 마스터는 하수보다 머리가 좋을까? 그렇지 않다. 한 연구에 따르면 체스 마스터와 아마추어의 차이는 기보에 대한 지식의 차이라고 한다. 똑같이 체스 기보를 보여 줬을 때 체스 마스터는 20개 이상을 기억했지만 아마추어는 10개 정도밖에 기억하지 못했다. 체스 선수는 1만 개에서 10만 개 정도의 포지션을 장기기억으로 지니고 있다고 한다. 그들이 전문성을 발휘할 수 있는 것은 바로 이렇게 저장되어 있는 기억 즉 지식을 활용한 추론 능력 덕분이라는 것이다. 이 연구 결과는 지금의 교육에 시사하는 바가 크다. 지식보다 역량이라고 맹신하는 교육계의 편견을 다시 생각해보게 한다.

리더십을 설계하라

『이끌지 말고 따르게 하라』

김경일 지음, 진성북스

❦⊶⊙⊷❦

리더십의 이면을 파악해보려면 생각의 작동원리를 제대로 이해하는 것이 핵심이다.

— 머리말 중에서

전국 최상위권 학생들과 평범한 학생들이 무엇이 다른가를 조사한 연구 결과를 보면 지능지수, 부모의 학력과 소득 등 거의 모든 면에서 차이를 보이지 않았다. 유일한 차이점이자 그들의 공통점은 메타인지 능력이 뛰어나다는 것이었다. 메타인지란 70년대 심리학자 존 플라벨이 만든 용어로 스스로의 생각에 대해 판단하는 능력을 뜻한다. 예를 들어 시험지에서 자신이 고른 답이 맞는지, 어릴 때의 기억이 정확하게 일치하는지, 새로운 무언가를 배울 때 자신이 소화할 수 있을지 등의 판단을 할 때 사용되며 자신의 정신 상태, 곧 기억력이나 판단력이 정상인지를 결정지을 때에도 사용된다.

메타인지는 바꿔 말하자면 자신을 돌아보는 능력이다. 자신의 한계를 제대로 파악하고 그것을 뛰어넘기 위해서 언제 어떤 노력을 해야 하는지를 점검하는 능력인 것이다. 기억력과 판단이 흐려지는 알츠하이머의 경우가 바로 메타인지 능력과 연관이 있다. 높은 메타인지 능력은 성공한 리더에게서도 발견되는 특징이다. 이 메타인지를 어떻게 계발하고 활용하느냐에 따라 회사와 직원들의 앞날이 달라지는 것이다. 저자 김경일은 이에 주목하여 훌륭한 리더의 모습과 자질을 인지심리학적 측면에서 분석하고 사람들이 따르는 리더십을 설계해 보고자 한다.

김경일은 '무엇이 나를 움직이게 하는가?'라는 인지심리학적 이론을 바탕으로 조직의 성공을 위해 리더가 알아야 하는 심리를 연구하는 기업 리더십 전문 심리학자이다. 삼성, LG, SK 등 수많은 기업에서 리더십에 관한 강연을 열고 tvN 〈어쩌다 어른〉에 출연한 이력도 있다. 인지심리학이란 한마디로 인간의 생각을 연구하고 다루는 학문이다. 그가 이 책에서 다루고 있는 리더의 지혜는 상위 1% 리더만을 위한 내용이 아니라 누구나 언제든 리더의 자리에 앉을 수 있는 지금 시대를 반영하고 있다.

특히 저자는 지혜로운 리더라면 조직의 구성원들을 각각의 '나'로 구분해 주거나 하나의 '우리'로 묶을 때가 각기 다름을 알아야 한다고 주장하는 대목이 인상 깊다. '나'는 행복과 기쁨을 추구하는 데 적합한 자아개념으로 리더는 개인이 창의적인 일을 시작할 때 독립적으로 일할 수 있는 환경이 지원되고 있는지 관심을 기울여 줘야 한다. 반면에 '우리'라는 개념은 실수하면 안 되는 일이나 무엇을 예방하는 차원에서 강조하는 게 중요하다. 생각은 '나'가 하고 실행은 '우리'가 하도록 책임을 나누자는 것이다.

책을 찬찬히 읽어 나가다 보면 리더로서의 덕목과 가치뿐만 아니라 인생에 관한 혜안도 얻을 수 있다. 저자는 가치를 중요하게 여기는 사람이나 조직은 그 가치가 어두운 밤에 불을 밝히는 등대의 역할을 해주기 때문에 갈피를 잡지 못하고 흔들리는 상황에 처해도 힘을 잃지 않는다고 한다. 반면 가치에 대한 고려 없이 목표에만 골몰하는 쪽이라면 무언가를 지속적으로 추구해 나갈 힘이 없다고 한다. 우리가 인생을 살아갈 때, 목표를 향해 달려 나갈 때 가치의 구심점을 세워야 한다는 의미이다. 이는 독자들의 가슴에 와 닿을 말이다.

책을 소개하는 책을 쓰게 된 계기는 이 책의 출판사 사장님의 권유 덕분입니다. 당연히 처음 '이 책을 써보는 게 어떻겠냐'는 말을 들었을 때는 거절을 했습니다. 책을 소개하는 것도 부담스러웠지만 사랑이니, 희망이니, 위안이니, 이런 주제로 글을 쓴다는 것 자체가 저와는 너무 동떨어진 것이라고 생각했기 때문입니다. 그런데 다시 생각하고 글을 쓰기로 했습니다. 그래도 저를 만들어준 것은 제 책장의 책들이었습니다. 스마트폰 하나면 모든 것을 얻을 수 있는 세상에 그래도 책은 필요하고 살아남을 거라는 소박한 믿음도 뒷받침했습니다.

백 권의 책 모두를 하나하나 소개하고 싶었지만 그러기에는 저의 역량과 지면이 부족했습니다. 하지만 만일 저한테 지금까지 쓴 책 중 가장 소중한 책이 무어냐고 한다면 저는 주저 없이 이번 책이라고 말할 것 같습니다.

저는 인문학을 강의하고 다니는 강사라고 이야기하지만 사실 제가 다루는 주제는 아시는 분은 아시지만 사회과학입니다. 저는 사회과학을 전공했고 사회과학적 지식으로 무장한 사람입니다. 그래서 그런지 돌아보면 이 책에서도 추천드리는 많은 책들이 사회과학에 기반한 책들입니다. 그리고 제가 이전까지 쓴 책들의 대부분이 사회과학서적입니다. 그렇기에 그 책들에는 제 속마음을 담아내기가 힘들었습니다. 그래서 그런지 이 책 속에는 어느 정도 제 마음을 담아내었고 그래서 너무 좋았습니다. 그래서 좀 사변적일지도 모르겠습니다.

9장

과거를 통해
미래를 전망하는
역사

A book is a gift you can open again and again

A book is a gift you can open again and again

벽(癖)으로 세상의 벽을 넘은 사람들

『미쳐야 미친다』

정민 지음, 푸른역사

←◦⊙◦→

"지난 10년 가까이 나는 이들과 만나 울고 또 웃었다. 현실의 중압이 버거워 달아나고 싶다가도 이들 앞에 서면 정신이 번쩍 들었다. 나태와 안일에 젖었을 때 뒤통수를 후려치는 죽비소리를 들었다. 현실 앞에 부서지면서도 결코 외면하거나 회피하지 않았던 슬프고 칼날 같고 고마운 기록들이 여기에 있다."

— 서문 중에서

18세기 조선은 나라의 명운을 좌우할 수 있을 만한 큼직한 사건을 여럿 겪는다. 때문에 조신 후기에는 임신왜란과 병자호란의 중격에서 회복해야 하는 과제가 있었다. 동시에 오랜 역사를 자랑하며 명맥을 유지하던 유교 사회에 중국을 통해 새로운 서구의 문명이 유입된다. 급변하는 시대의 흐름 속에서 지식의 패러다임이 변화하는 것은 자연스러운 일이었다. 다양한 학문이 발달하고 국학 연구가 활성화 되는 등 조선 후기의 정치, 문화의 변동은 다각적인 형태를 띠고 있었다. 이 책『미쳐야 미친다』의 저자는 이 시기를 광기 넘치는 마니아의 시대라고 일컫는다. 허균, 홍대용, 박지원, 이덕무, 정약용, 김득신,

김영 등 조선시대를 대표하는 지식인들을 소환하여 치열한 그들의 삶 속에 녹아있던 열정과 광기에 대해 세세히 탐색한다.

이 책에 등장하는 지식인들에게는 몇 가지 공통점이 있다. 첫 번째는 그들 대부분 중앙이 아닌 경계에 서있던 사람들이라는 것이고 두 번째는 자신만의 방식대로 치열하게 한 시대를 살았던 인물들이라는 점이다. 특히 저자는 등장인물들을 독특한 하나의 코드로 묶어서 제시하고 있다. 바로 벽(癖)이다. 고전수필『백화보서』를 보면 이 단어의 의미를 대략적으로 파악할 수 있다. "사람이 벽이 없으면 쓸모없는 사람일 뿐이다. 대저 벽이란 글자는 질(疾)에서 나온 것이니 병 중에서도 편벽된 것이다. 하지만 독창적인 정신을 갖추고 전문 기예를 익히는 것은 왕왕 벽이 있는 사람만이 능히 할 수 있다."(박제가,『백화보서』) 즉 벽은 어떤 한 가지에 몰입하는 증상을 말한다. 또한 기존과는 다른 새로운 분야를 개척할 수 있고 높은 식견을 기르는 데 원동력이 된다는 점에서 긍정적으로 평가할 수 있다. 조선시대 독보적인 성취를 이룬 지식인들은 바로 이 벽을 추구하며 올곧은 자세로 자신만의 길을 걸어갔다.

1만 번 이상 읽지 않은 책은 독서록에 쓰지도 않았던 독서광 김득신, 사마승마저 탄복하게 했던 빼어난 글 솜씨를 지닌 이옥, 박지원과 박제가의 돈에 관한 편지들, 이덕무와 정약용의 그림자에 관한 산문 등 여러 지식인들의 일화를 통해 스스로를 한 단계 한 단계 높이는 지식인들의 내면의 풍경을 엿볼 수 있다. 이들이 더욱 대단한 것은 처절한 가난과 신분제도에 속박된 채 자신을 둘러싼 거대한 불행과 고통을 한 분야에 대한 열정으로 승화시켰다는 점이다. 저자는 가난과 신분의 굴레 속에서도 자신만의 길을 걷고 삶을 주도해나간 조선 지식인들의 면모에 찬사를 보내며 역사의 뒤안길로 사라진 그들의 이야기를 풀어나간다.

저자가 주목하는 것은 그들이 겪은 역경과 놀라운 성취에 그치지 않는다.

그들의 보편적이고 인간적인 감정을 이야기에 담았다. 신분을 뛰어넘는 깊은 우정을 나눈 허균과 계랑, 지위를 막론하고 음악을 통해 진심을 나누었던 홍대용과 벗들, 자신의 우둔함을 자책하는 제자에게 오히려 용기를 북돋우는 스승 권필과 스승을 정성껏 모시는 제자 송희갑 등에 나타난 삶의 태도는 오늘의 우리에게 울림을 전한다. 부단한 노력으로 사물의 본질을 투시하고 비범한 성과를 이끌어내는 통찰로 자신의 세계를 단단히 구축한 그들의 삶은 우리의 삶을 돌아보게 만드는 힘이 있다.

시대의 명암을 한눈에 보는 서양사 독법

『종횡무진 서양사』

남경태 지음, 휴머니스트

<<<◈>>>

전 세계를 통틀어도 동양사, 서양사, 한국사를 한 사람이 책으로 엮어낸
사례는 드물 것이다. 하지만 이 시리즈는 그런 형식적인 특징에 만족하지 않
는다. 독자들은 이 시리즈에서 한 사람의 지은이가 가진 일관된 사관과 역사
서술을 읽어내고 그것을 중심으로 공감이나 비판의 시선을 던져주길 바란다.

— 머리말 중에서

『종횡무진 서양사』는 역사를 다루고 있는 수많은 대중서 중에서도 그 존
재감이 남다른 작품으로 알려져있다. 책 내용을 살펴보기 전에 이 책의 저자
故남경태에 대한 소개를 하지 않고 넘어갈 수는 없을 것 같다. 인문학 저술가
이자 번역가였던 남경태는 2014년 향년 53세의 나이로 세상을 떠났다. 생전
에 53종 39권의 저서와 99종 106권의 번역서를 펴냈다. 같은 역사학자들로부
터 이 시대가 낳은 역사의 달인이라 불러도 좋을 만큼 풍부한 지식과 예리한
비교 사관을 갖추고 있을 뿐 아니라 입체적이고 생동감 넘치게 역사를 전달한
다는 평가를 받았다. 실제로 그는 동양사, 서양사, 한국사 등 많은 책을 엮었는

데 이는 전 세계를 통틀어 찾아봐도 손에 꼽을 만큼 드문 업적이라 할 수 있다. 역사, 철학, 시사는 물론 과학, 예술까지 여러 학문의 경계를 자유롭게 넘나드는 저술로 독자들에게 꾸준한 사랑을 받았다. 『종횡무진 서양사』 시리즈는 특히 생전에 저자가 가장 아꼈던 책이기도 하다.

이 책은 시대를 특정하지 않고 전 시대와 전 지역에 걸친 역사적 줄거리를 서술하는 역사적 기술 양식인 통사를 통해 서양사를 담았다. 특히 5,000년의 역사를 씨앗-뿌리-줄기-꽃-열매라는 나무의 생장 과정에 빗댄 독창적인 시각으로 방대한 분량의 서양사를 입체적으로 조명한다. 구체적으로는 서구문명의 시작이라고 할 수 있는 메소포타미아와 이집트 문명을 씨앗에, 그리스와 로마 문명을 뿌리에, 게르만 문명이 로마 문명과 합쳐지는 중세를 줄기에, 대항해 시대와 르네상스 · 종교개혁을 꽃에, 이후 자본주의의 발달과 근대 국민국가의 형성 그리고 오늘날까지의 시기를 열매에 빗대어 서술하고 있다.

1권에서는 고대와 중세사를 다루고 2권에서는 대항해 시대 르네상스와 종교전쟁을 거치면서 근대 국민국가로 발전한 유럽의 역사와 미국의 독립, 냉전의 종식과 이후 변화된 사회를 담았다. 여러 저작물을 통해 이미 검증된 저자의 필력과 더불어 1만 여년에 달하는 유구한 시간을 압축해낸 지적 내공과 자유분방한 사유는 서양사를 어렵다고 생각했던 독자들도 몰입할 수 있게 돕는다. 또한 역사 속 다양한 이야기를 꼼꼼하게 짚어주고 넘어가는 저자의 성실한 이야기꾼의 면모를 통해 역사는 사람이 알아야 할 모든 것이라는 저자 특유의 가치관을 느낄 수 있다.

사실 서양사에서 우리가 눈여겨봐야 할 부분은 몇몇의 혁명적인 사건뿐만이 아니다. 사건 발생 전후를 포함해 끊임없이 이어지는 과정과 흐름이다. 역사학자 에드워드 핼릿 카(Edward Hallett Carr)가 자신의 저서 『역사란 무엇인가』에서 한 말처럼 역사는 과거와 현재의 끊임없는 대화 즉 끊임없는 상호

작용의 과정을 통해 형성된다. 우리의 삶은 역사가 만들어지는 과정 속에 있다. 역사를 이해하는 가장 좋은 방법은 평소 이 대화에 귀 기울이는 것이다.

역사를 다시 직시하다
『그들이 본 임진왜란』

김시덕 지음, 학고재

◈◈◈◈◈◈

나는 우리 독자들이 임진왜란에 대해 한국의 관점 말고도 다양한 관점이 존재한다는 것을 이해하고 이 전쟁으로부터 다각적으로 교훈을 얻기를 바란다.

— 머리말 중에서

지금으로부터 400여 년 전 조선에 임진왜란이 발발했다. 선조 때인 1592년부터 1598년까지 일본이 조선을 침략하면서 일어난 이 전쟁은 7년간 계속되었다. 한산 대첩과 명량 대첩, 진주성 전투 등 한국사람이라면 한번쯤 들어봤을 법한 유명한 전투들이 이 시기에 발생했다. 전쟁 초반에는 일본이 우세했지만 이순신과 권율 등이 이끄는 조선군과 의병의 활약에 힘입어 사태는 조금씩 변했고 조선의 요청으로 명나라의 대규모 병력이 투입되고 조·명 연합군의 반격으로 전세는 완전히 뒤집어진다. 전쟁을 일으킨 도요토미 히데요시의 죽음으로 일본군이 철군하면서 전쟁이 종결된다.

임진왜란은 조선과 명나라, 일본 3국이 참전하여 동북아시아의 질서를 깨뜨린 최악의 사건이자 조선 최대의 전쟁으로 기록되었다. 전쟁 기간이 상당했던 만큼 그 여파 또한 컸다. 조선은 민간인을 포함한 수많은 사상자가 발생했으며 60퍼센트가 넘는 경작지가 파괴되고 문화재가 소실되는 등 우리에게는 큰 상처와 후유증이 남았다.

한편 일본의 입장을 살펴보면 일본에서는 임진년과 정유년에 해당하는 일본의 연호를 써서 임진왜란을 분로쿠의 역(文祿の役)으로, 정유재란을 포함해서는 분로쿠-케이조의 역(文祿慶長の役)이라고 부른다. 임진왜란을 자신들의 성취 중 하나 즉 성공한 사업으로 평가하고 있다. 이처럼 임진왜란을 대하는 한국과 일본의 시각은 상반된다. 이에 대해서는 다각적으로 연구가 진행되고 있지만 우리는 임진왜란을 두루 살펴볼 기회가 많지 않은 편이다. 임진왜란과 관련해 대중에 소개되는 책들의 대부분이 한국의 역사가들의 평가와 해석에 기초하고 있기 때문이다. 그런 면에서 『그들이 본 임진왜란』은 기존과 다른 새로운 시각을 제시하는 도서인 것이다.

이 책은 임진왜란 이후 19세기 중반까지 일본에서 나온 임진왜란 관련 문헌들을 하나하나 살피며 일본인의 의식 속에 자리한 전쟁의 모습 탐구라는 도서 주제에 대해 성실한 접근을 이어나간다. 저자는 특히 에도시대 200여 년간 베스트셀러였던 전기물, 군담소설, 역사소설에 주목한다. 대중적인 읽을거리 속에 나타난 전쟁의 이미지를 통해 전쟁을 어떤 식으로 받아들이고 어떻게 정당화·합리화하고 있는지 고찰하며 일본인이 가지고 있는 전쟁의 기억을 탐색하고 있다.

저자가 제공한 임진왜란 관련 문헌들을 살펴보면 당시 일본은 조선 침략을 정벌 내지 불의에 대한 정당한 전쟁이라는 주장을 펼치면서 옹호하고 있다. 하지만 외국에 의한 자국 침략은 부당한 일이라며 강력히 비판하며 두 얼굴의 입장을 보인다. 이는 임진왜란을 기록한 또 다른 문헌인 『정한록(征韓錄)』에서도 비슷한 내용을 찾아볼 수 있다. "조만간 조선의 황거를 함락시키고 곧장 명나라로 쳐들어가 옛날 원나라 장수 아자한, 범문호 등이 우리나라로 난입한 복수를 하려 한다."(25페이지) 다시 말해 임진왜란은 중국의 부당한 침략에 따른 자기 방어라는 주장이며 이는 조선 침략을 정당화하는 논리로 사용된다.

전쟁의 당사자인 두 나라의 입장이 극명히 다른 만큼 우리는 좀 더 끈질기게 서로의 입장을 탐구할 필요가 있다. 전쟁에는 항상 다양한 관점들이 존재한다는 사실을 이해한다면 더 많은 사실을 알아낼 수 있을 것이다. 임진왜란뿐 아니라 세계의 많은 역사적 사건들을 바라볼 때에도 다각적인 관점에서 객관적으로 살펴보는 노력을 통해 올바른 관점을 찾을 수 있다.

다시 보이는 에도시대

『학교에서 가르쳐주지 않는 일본사』

신상목 지음, 뿌리와이파리

❦❦◈❦❦

무가들이 실력 본위의 경쟁을 벌이는 일본 특유의 정치상황 속에서 막부를 에도에 두기로 한 도쿠가와 이에야스의 결단이 천하보청 및 참근교대제와 맞물려 혁신적인 도시문명의 서막을 열었다. 이것이 에도시대의 요체이다.

— 본문 48페이지

『학교에서 가르쳐주지 않는 일본사』는 일본 전체의 역사 중에서 도쿠가와 이야에스가 지배한 에도시대를 중심으로 이야기를 이끌어가고 있다. 도쿠가와 이에야스는 정이대장군에 취임하고 자신의 영지인 에도에 막부를 열었다. 이로써 도쿠가와 막부가 탄생한다. 즉 에도시대는 막부가 정권을 잡으면서 권력의 중심에 서게 되었던 260여 년의 기간을 나타낸다. 저자는 근대화 성공이라는 목표를 달성하는 데 중간 다리 역할을 한 에도시대를 배경으로 일본의 개혁과 발전 과정에 대해 주목한다. 어떤 배경에서 근대화가 시작될 수 있었는지 또 어떤 과정으로 근대화가 진행되는지 살펴보고 역사상 에도시대가 갖는 가치와 의미를 탐구한다. 논리정연 한 학술적 입장은 아니지만 일본의 풍속과 생활사 관점에서 찾은 다양한 자료를 통해 에도시대에 대한 내용을 짜임새 있게 구성하여 이해를 돕고 독자의 눈높이에 맞춰 어렵지 않게 서술하고 있다.

이 책에서 저자가 힘주어 말하는 부분은 일본의 근대화는 메이지 유신 이전 막부가 지배했던 에도시대부터 시작됐다는 것이다. 저자는 이와 같은 강조점을 드러내기 위해 전국시대를 지나면서 국가 지도자가 일본 사회가 가진 에너지를 미래 발전을 위해 어떤 방식으로 계획하고 이끌어나가는지 이 시기의 관료와 시민들은 어떤 역할을 해나가는지에 대한 이야기를 열여덟 가지 주제로 풀어낸다.

특히 에도시대에 막부에서 시행한 제도 중 가장 알려져있는 천하보청과 참근교대를 통해 메이지 유신 이전에도 이미 근대화로 나아갈 수 있는 내재된 힘이 있었다는 주장을 펼친다. 천하보청은 중앙정부의 역할을 수행했던 막부가 지방의 다이묘들을 통제하기 위해 만든 제도로 에도의 인프라 건설에 동원되었던 것을 말한다. 참근교대 역시 지방권력을 견제하기 위한 제도로 다이묘들은 의무적으로 에도에서 생활해야 했다.

이 두 제도로 인해 일본 전역의 다이묘들은 1년을 주기로 수도에서 생활했으며 이때 가족들도 함께 와서 볼모생활을 하기도 했다. 전국 270여 개의 다이묘가 수시로 에도로 이동하면서 도로와 역참이 크게 발달했으며 수로, 숙박, 물류, 유통, 화폐 등 다양한 상공업 발달에 큰 기여를 한다. 이 두 가지 덕분에 정권의 안정화는 물론 큰 경제적 파급까지 이룰 수 있었다. 또한 이들의 노력 동원으로 경제적 자원 낭비를 최소화하면서 높은 수준의 공공 인프라 구축이 가능했다. 지방권력의 효과적 견제와 공공 인프라 사업의 성공에 위의 두 가지 제도가 큰 역할을 했다.

그밖에도 에도 시대는 도시화, 자본화, 시장화가 빠른 속도로 이루어졌다.

기존의 지식이나 시장으로는 한계가 있다는 사실을 빠르게 깨달은 지도자들은 지속 발전의 기반을 든든히 닦아 놓기 위해 다양한 제도와 방법을 이용했던 것이다. 저자는 이 책을 통해 중세시대에서 근대로 변화하는 과정과 정부 주도의 근대화가 성공할 수 있었던 배경에 대해 제대로 설명한다. 그리고 학교에서는 배우지 않았던 에도시대에 대해 우리가 좀 더 알아야 하는 이유 또한 설득력 있게 풀어놓는다.

조선과 비교했을 때 더 뛰어난 사회 발전을 이룩할 수 있었던 이유가 무엇일지 선진국이 된 현대의 일본과 비교해볼 때 어떤 연관성이 있을지 등 생각해볼 만한 대목이 구석구석에 많다. 일본 역사에 대해 관심이 없던 사람도 이 책을 읽다보면 에도시대에 대한 새로운 지식과 당대의 생활과 문화가 녹아있는 여러 이야기를 통해 재미를 느낄 수 있을 것이다. 더 나아가 지금의 일본을 제대로 이해하는 데 유익한 정보도 얻을 수 있을 것이다.

20세기를 뒤흔든 혁명

『러시아 혁명사 강의』

박노자 지음, 나무연필

⟨⟨⟨◈⟩⟩⟩

이런 사회라면 새로운 혁명의 파도가 몰아치는 것은 시간문제일지도 모릅니다. 그러하기에 우리는 러시아 혁명이 남긴 긍정적·부정적 교훈을 철저히 학습해야 하지 않을까요. 그 과거 속에 미래의 씨앗이 있으니 말입니다.

— 본문 12페이지

18세기는 많은 사람들로부터 프랑스 대혁명의 시대로 표현되곤 한다. 이와 같은 측면에서 본다면 20세기는 러시아 혁명의 시대라고 표현할 수 있다. 당시의 러시아는 열강에 속했지만 서구에 비해 사회 모순이 컸으며 외국에 대한 경제 의존도 또한 컸다. 특히 러시아의 노동자들은 잔업을 포함해 하루 10~11시간의 고강도 노동에 시달렸다. 권위주의적인 공장 당국의 갑질에 끊임없이 핍박받고 만성적인 고용불안을 겪으며 고통 속에서 살아갔다. 억압과 착취가 일상화된 소수자들에게 혁명은 곧 자신의 삶을 획기적으로 변화시켜 줄 유일한 희망이었다. 때문에 실제 혁명에 가담한 대다수의 사람들은 귀족과 부호 등이 소유한 농장을 몰수해 이를 농민 공동체 구성원들과 평등하게 분배하려 했던 농민과 하루하루 고된 노동에 시달리던 러시아 도심의 대기업 숙련 공들이었다. 이렇듯 노동자와 소수의 사람들의 지지를 받았던 러시아 혁명과 혁명 이후 소비에트를 이끈 인물은 레닌, 트로츠키, 스탈린이었다. 『러시아 혁명사 강의』는 이 세 사람의 이야기를 중심으로 러시아 혁명의 과정을 면밀히 살펴본다.

이 책은 한편으로 러시아 혁명이 실제로 우리와 어떻게 관계 맺고 있는지에 대해서 다채로운 예시를 통해 설명하고 있다. 소련에서 태어나고 자라 페레스트로이카를 거쳐 러시아연방에서 살다가 한국으로 귀화한 역사학자라는 독특한 이력을 가진 저자 특유의 관점이 실증을 더해 이야기에 흥미를 더한다. 예를 들면 혁명 전 제정 러시아의 상황을 조선사절단이었던 윤치호가 남긴 기록을 통해 소개한다. 「모스크바의 인상」 여행기에서는 저자 여운형이 트로츠키의 연설을 보고 들은 목격담이 소개되는데 이를 통해 당시의 사회 변혁의 분위기를 느낄 수 있다. 이렇듯 러시아와 연결고리를 가지고 있는 한국의 다양한 사료들이 혁명사와 더해져 더 풍부한 이야기를 만들어낸다.

혁명이 발생할 당시 러시아의 발전 상황은 주변국과 상당한 차이를 보이고 있었다. 영국은 산업화가 이미 충분히 진행된 상황이었고 독일 또한 산업화 궤도에 오르고 있었다. 반면 러시아는 농업사회에 가까웠다. 주변국들의 발전에 따른 긴장과 위기의식은 러시아 혁명의 싹이 움트게 된 수많은 계기 중 하나로 볼 수 있다. 이후 레닌의 발탁으로 당 중앙위원회에 들어간 스탈린은 정권을 잡은 후 경제개발 계획을 통해 무상의료와 무상교육을 실시하고 노후 연금제도를 마련했다. 하지만 적색 개발주의는 훗날 공산당 간부들의 공장 사유화 욕망이 불거지고 야만적 자본주의로 변질되면서 서서히 저물어갔다. 러시아 혁명은 1920년을 전후로 사실상 퇴보의 길을 걷는다.

러시아 혁명은 결국 역사의 뒤안길로 사라졌으나 이 혁명이 우리에게 주는 의미는 여전히 각별하다. 결과적으로 러시아 혁명은 러시아뿐만 아니라 전 세계 역사의 흐름을 바꾸었다. 이 거대한 대전환은 현실의 문제를 성찰하고 변화시키려는 한 사람 한 사람의 대응에서 시작되었다.

러시아 혁명이 일어날 당시 사회의 상황을 떠올려보면 장시간의 고강도 노동, 하우스 푸어로서 고달픈 삶, 회사의 갑질, 고용 불안, 가난과 중노동의 대물림 등 불행의 날들의 연속이었다. 그런데 이 가혹한 현실의 모습은 어딘가 낯설지 않다. 우리는 러시아 혁명이라는 역사적 사실을 통해 우리 시대의 문제를 해결할 수 있는 중요한 힌트를 얻을 수도 있을 것이다. 앞이 막막하다면 지나온 길을 돌아보는 것도 의미가 있다. 오늘 우리는 역사를 되새겨보고 과오를 명징하게 파악하여 지금의 문제를 해소할 수 있는 방법을 끊임없이 고민하며 나아갈 때다.

제2차 세계대전의 2군에서, 마이너리거의 치열한 사투

『2차대전의 마이너리그』

한종수 지음, 굽시니스트 그림, 길찾기

◆◇◈◇◆

또한 폴란드는 두 얼굴을 지닌 나라이기도 한데 정작 세계인에게 잘 알려진 얼굴은 독일과 러시아 사이에서 시달리고 짓밟히는 약자의 모습이다. 우리나라에서는 폴란드의 그런 모습이 강대국에 시달린 우리의 모습과 동일시되는 경우가 많았다.

- 본문 18페이지

제2차 세계대전은 1939년부터 1945년까지 전 세계를 무대로 추축국(독일, 이탈리아, 일본)과 연합국(영국, 프랑스, 미국, 소련 등) 사이에 벌어진 전쟁이다. 제국주의 일본의 식민지라는 과거를 기억하고 있는 대한민국 국민에게는 잊을 수 없는 전쟁이기도 하다. 인류 역사상 가장 큰 피해를 남긴 전쟁인 만큼 이 전쟁의 소용돌이에는 위에 나열한 국가들 외에 다른 국가와 민족 또한 휩쓸려 들어갔다. 각자의 욕망이 뒤섞인 제2차 세계대전의 전쟁터. 그 2군에서 싸웠던 국가가 『2차대전의 마이너리그』에 소개된 폴란드와 핀란드 그리고 이탈리아다.

저자 한종수는 롯데관광과 한국토지공사(현 LH) 세종본부에서 근무했으며 현재 세종시 도시재생지원센터 사업지원팀장으로 근무 중이다. 대중 역사책을 쓰는 작가로서 거창한 역사 담론보다는 일상의 공간과 보통 사람의 소중한 흔적을 찾아 새로운 생명력을 부여하는 작업을 해왔다. 지은 책으로는 화제작 『강남의 탄생』(공저)을 비롯해 『2차 대전의 마이너리그』 『제갈량과 한니발, 두 남자 이야기』 『세상을 만든 여행자들』이 있으며 다수의 번역에 참여하였다.

그림을 그린 굽시니스트는 필명으로 디시인사이드 카툰 연재갤러리를 중심으로 활동을 시작하여 인터넷 세계에서 화제를 모았다. 마이너 세계의 패러디 시리즈인 『본격 2차 세계대전 만화』를 통해 디시인사이드 특유의 문화를 패러디라는 방식으로 작품의 소재로 적절히 활용했다. 이러한 역사와 서브 컬처 문화의 절묘한 조합으로 굽본좌라는 애칭을 얻으며 선풍적인 인기를 얻었다. 2009년부터 시사 주간지 《시사IN》에 「본격 시사인 만화」를 연재했으며 단행본으로도 발간되었다.

폴란드는 제1차 세계대전 이후 연합국의 지원에 힘입어 독립하였고 독일과 불가침 조약을 맺었으나 1939년 결국 독일의 침략을 받았다. 독일의 폴란드 침공은 제2차 세계대전의 시작을 알리는 중대한 사건이었다. 폴란드는 나치 독일과 소련의 점령 통치를 받았고 문화는 말살되었으며 유대인 대량 학살의 무대가 되었다. 폴란드가 주권을 되찾은 후에도 망명정부는 인정받지 못하고 공산주의 임시정부가 수립되었다. 치열하게 싸웠지만 세계대전의 고래 싸움에 등이 터져버린 폴란드의 힘겨운 싸움이 만화와 글로 묘사되었다.

핀란드는 독립한 지 이제 겨우 100년이 된 국가이다. 핀란드는 영토는 넓지만 적은 인구와 강대국 사이에 끼어있는 위치 때문에 스웨덴과 러시아 등의 침략을 자주 받던 국가였다. 핀란드는 강대국 사이에서 주권을 잃지 않으려

강하게 저항했다. 제2차 세계대전 초기 소련의 상호원조조약 체결을 거절하였고 소련은 핀란드에 전쟁을 선포한다. 그러나 핀란드의 끈질긴 저항은 연합국 측에 감동을 주었고 결국 강화가 성립되자 핀란드는 영토 일부를 잃었지만 나라를 지킨다. 1941년 독일과 소련의 전쟁이 시작된 후 핀란드는 영토 수복을 위해 소련에 대한 전쟁을 선포하며 그 끈기를 보여주었다.

무솔리니 통치하의 이탈리아는 추축국으로서 승승장구하는 듯했다. 『2차 대전의 마이너리그』에서는 무솔리니가 정권을 잡고 파시스트당을 창설하는 내용부터 잘못된 판단으로 몰락하는 과정까지를 서술한다. 평화를 바라는 국민과 야욕에 불타오른 정부의 분열 그리고 시작은 찬란했으나 끝은 보잘것없는 용두사미와 같았던 이탈리아의 전쟁을 기록했다. 이와 같은 상황에도 불구하고 최선을 다한 이탈리아 부대들의 이야기도 실었다. 제2차 세계대전의 변두리에 있던 이 세 국가의 사례로 우리는 전에 만나보지 못했던 마이너리그의 치열함을 엿볼 수 있다.

인물로 보는 서양근대사

『주경철의 유럽인 이야기1』

주경철 지음, 휴머니스트

❖ ❖ ❖

인간은 도도하게 흘러가는 역사의 물결 속에 떠내려가는 미물 같은 존재로 보일 수 있지만 그 인간의 행동이 역사를 만들어간다는 사실 또한 부인할 수 없다.

— 본문 7페이지

유럽의 유구한 역사의 기간 중 가장 흥미로운 기간은 언제일까? 많은 사람들이 중세에서 근대로 넘어가는 시기를 꼽는다. 중세의 한계를 넘어 새로운 사상과 다양한 사건이 공존하는 과도기적 시기였기에 관심이 집중되는 것은 자연스러운 일일 것이다. 『주경철의 유럽인 이야기1』는 바로 그 흥미로운 구간을 다루고 있다.

『주경철의 유럽인 이야기1』는 저자 주경철 교수가 네이버 파워라이터 코너에서 〈서양 근대 인물열전〉이라는 이름으로 연재한 내용을 엮은 책이다. 근대 인물들이 살았던 시대와 배경 그리고 복잡하게 얽혀 있는 유럽 왕족과 귀족들에 대한 흥미로운 이야기를 소개하며 많은 구독자를 모았었다. 유럽의 대

서양 진출로 시작된 근대 이후의 세계화 과정을 그려낸『대항해 시대』의 저자이기도 한 서양학자 주경철은 근대란 무엇인가? 근대는 어떻게 형성되었나? 라는 질문을 끊임없이 탐구하며 답을 찾아가려고 노력한다.

근대가 태동하는 순간부터 대항해 시대를 거쳐 오늘에 이르기까지 특히 바다와 해양문명을 통한 전 지구적 통합의 과정에 대한 밀도 있는 연구의 내용이 그간의 저작에 나타나 있다. 이 책에서 또한 근대의 새로운 물결 속에서 근대 국가의 성립을 재촉하고 새로운 세계의 문을 연 여덟 명의 역사적 인물의 이야기를 통해 그 탐구를 이어간다.

저자가 주목한 8인의 인물은 다음과 같다. 천사의 목소리의 부름을 받고 국왕을 찾아가 백년전쟁에 뛰어들어 큰 도움을 줬지만 이단 판정을 받고 화형을 당한 잔 다르크, 유럽의 중심에 왕국을 건설하고자하는 거대한 야심을 품었던 부르고뉴 공작들, 기독교 제국을 꿈꾼 카를 5세와 강력한 왕조국가를 만들기 위해 여섯 명의 왕비를 둔 절대 군주 헨리 8세. 중세를 거쳐 근대로 넘어가는 과도기의 과정에서 그들의 행동은 훗날 근대 왕조국가와 근대 국가체제 성립에 큰 영향을 미친다.

사실 서양근대사는 복잡한 왕실 내력과 인물 관계와 생소한 사건들 때문에 이해가 쉽지만은 않다. 하지만 이 책에서는 여러 인물의 각양각색의 삶을 드라마틱하게 그리면서도 복잡하게 얽힌 인물 관계와 사건을 한 줄기로 엮어내 사건의 전후를 명쾌하게 이해할 수 있게 해준다. 또 다른 장점은 유럽의 역사 속 해당 인물들이 가졌던 고뇌나 갈등이 역사적 상황과 맞물려 드러나고 있어 이야기에 공감하거나 몰입하기 쉽다는 점이다.

대제국을 위해 분투했던 샤를 대제의 고민이나 종교개혁을 일으킨 루터에 대한 이야기들에서 그들의 생각과 감정을 느낄 수 있다. 역사 속 인물들의 삶과 내면을 만날 수 있다는 것은 언제나 흥미로운 일이다. 역사의 물결 속에서 시대의 흐름을 가속화시킨 역사 속 인물들의 열정적인 삶을 통해 우리는 시대의 변화 속에서 끊임없이 고뇌했던 그들의 꿈과 고통, 열망과 좌절이 가득했던 근대 유럽 세계를 만날 수 있다.

인물이 지닌 사회적 배경과 사건 등을 재치 있게 해석해내며 복잡다단하게 얽힌 유럽사를 명쾌하게 그려낸『주경철의 유럽인 이야기1』을 통해 우리는 머릿속에 흐릿하게 머물러있었던 유럽의 근대 역사를 진하게 한 번 덧그려볼 수 있었다. 과거 인쇄술이 보급된 이후로 우리는 언제든 수백, 수천 년 전 과거에 대한 정보를 읽을 수 있다. 내가 알고 싶은 정보를 담은 재미있는 역사서를 만난다는 것은 해당 주제에 대한 구체적이고 풍성한 지도를 얻을 수 있는 방법이자 세계의 면면을 생생하게 체험할 수 있는 멋진 경험이다.

역사의 빛과 그림자

『역설』

백승종 지음, 산처럼

←◅◉▻→

과거는 우리의 시야에서 온전히 사라지고 마는 것이 결코 아니다. 과거는 우리 현실의 일부이자 다가올 미래에 상당한 지분을 가진 것이다. 누구도 역사로부터 자유로울 수가 없다.

— 본문 중에서

역설의 사전적 의미를 찾아보면 두 가지가 나온다. 자기의 뜻을 힘주어 말함 또는 그 말 자체를 뜻하는 역설(力說)과 어떤 사상이나 주장에 반대되는 이론이나 말로 모순을 일으키기는 하나 그 속에 중요한 진리가 함축되어있다는 역설(逆說)이 있다. 백승종의 『역설』은 우리나라의 역사를 톺아보며 현 사회의 쟁점에 대해 논의해보자는 제의를 담은 책이다. 이 책에 쓰인 역설의 의미는 뭘까? 역사의 빛과 그림자를 짚어보는 데 그 의의가 있다.

저자 백승종은 사학자이자 대학교수로 1990년부터 국내외 여러 대학교 및 연구 기관에서 한국사를 가르쳤다. 독일의 튀빙겐 대학교를 시작으로 서강대학교 사학과, 프랑스 국립고등사회과학원, 독일 막스플랑크 역사연구소 등 여러 역사기관에서 역사 강의를 했다. 저서로는『상속의 역사』(2018)『신사와 선비』(2018)『정감록 미스터리』(2012) 등 역사적 사실을 다채롭게 풀어낸 다수의 책들이 있다.

이 밖에도 다양한 정치·사회 문제들에 대해 때로는 사학자로서 때로는 한 사람의 선비로서의 목소리를 내며 과거를 옳게 인식하고 현 세대의 과제를 풀어나가자는 제안을 펼친다.『역설』에서는 정도전의 꿈, 세종의 길, 정조의 문화투쟁 같은 빛나는 문화를 이룩한 왕조시대를 살펴보고 그와 연결 지어 선비의 길, 과거시험, 매국노 등 우리나라만이 지닌 특이한 역사적 배경과 정신을 이야기한다.

이를 테면 정조 시대의 화가 김홍도에 관한 역사적 사실과 같은 부분이 굉장히 흥미롭다. 김홍도는 조선 시대 화가 중 가장 유명한 인물이다. 그는 주로 화폭에 백성의 희로애락을 담아내어 우리에게는 풍속화가로도 친근하다. 본래는 산수화나 풍속화를 주로 그렸는데 정조 시대에 이르러서는 주로 민생을 주제로 그림을 그렸다. 여기서 저자는 김홍도의 화풍이 변화한 이면에 정조와 김홍도 사이에 이루어진 모종의 합의가 깔려있다고 주장한다.

"정조는 여러 면에서 탁월한 군주였다. 그러나 정조는 새로운 문화와 혁신적 사고를 근본에서부터 봉쇄했다. 화단에서 그런 정조의 우익을 담당한 이가 바로 단원(김홍도)이었다"라는 대목이 바로 그것이다. 김홍도는 도화서에서 왕실 기록화를 도맡았고 국가적 편찬사업에도 참여해 화보 작가로 일한 이른바 친체제 화가였다. 김홍도의 풍속화에 나오는 이들을 보면 모두 유쾌한 표정에 살집도 좋다. 모두 행복한 모습이다. 실제로 그랬을까?

김홍도의 그림은 백성들의 삶을 있는 그대로 표현한 것 같지만 사실은 어두운 면을 모두 감추고 정조가 바라는 대로 조선을 이상사회로 묘사한 결과물이라는 것이다. 저자는 김홍도와 정조의 정치적 밀월관계를 지적하며 정치·문화적으로 풍성했다고 평가받는 정조 시대가 지닌 허점을 드러낸다. 지금 우리 사회라고 다르지 않다. 블랙리스트니 화이트리스트니 하는 정치·사회적 문제만 봐도 그렇다. 역사를 거울 삼아 우리에게 주어진 모든 사안에 대해 혜안을 갖고 바라보아야 할 것이다.

역사는 곧 미래다

『역사』

이이화 지음, 열림원

✦✦◆✦✦

역사 문제들이 오늘의 우리 삶과 관계가 없는 묵은 이야기인가? 결코 아니다.

— 머리말 중에서

"모든 역사는 자신들이 사는 현대와 맞물려있다" 역사학자이자 이 책의 저자 이이화가 한 말이다. 그는 한 사람의 인생에는 오랜 시간에 걸친 민족과 민중의 역사가 깃들어있다며 어느 세대든 깊은 역사 연구가 필요하다고 이야기한다. 이이화는 평생 100권이 넘는 저서를 출간한 한국 역사학계의 원로로 우리나라의 역사와 현 세태를 거시적으로 바라보고 올곧은 역사의식을 전파하는 인물이다. 그가 10년에 걸쳐 집필한 『한국사 이야기』는 우리나라의 5천 년 역사를 세세하게 다룬 책으로 실제 민중들의 생활사를 담아낸 전무후무한 역작으로 평가받는다.

『역사』는 이후에 나온 책으로 인류의 발생부터 우리나라의 격동기까지의 역사를 자세히 검토한다. 이 작업을 통해 저자가 말하는 주제의식은 바로 역사를 잊지 말자는 것이다. 변화하는 세상에 휩쓸려 맹목적인 변화를 추진하기보다는 역사를 발판으로 현재와 미래를 제대로 일궈나가는 것이 진정한 힘이라고 강조한다.

그는 여기서 더 나아가 주로 권력층과 기득권이 주인공인 승자의 기록 측면에서의 역사가 아닌 민중을 전면에 내세운 역사를 그린다. 따라서 지극히 휴머니즘적인 관점에서 민중의 삶과 의식에 집중한다. 예전 노비들의 삶에서 그들이 어떤 제재를 받고 살았는지 또 그 굴레에서 벗어나기 위해 어떤 노력을 했는지 등을 조명한다. 이러한 시도가 지닌 특이점 때문에 그는 사람들로부터 역사학계의 아웃사이더라는 별명으로 불리기도 한다. 그는 이에 아랑곳하지 않고 어떤 자리에서든지 역사는 과거가 아니라 미래라며 역사를 숙지해야 할 필요성을 설파한다.

그가 지적하듯이 많은 사람들이 역사의 중요성을 인식하지 못하고 있는 것이 현실이다. 역사를 모른다는 것은 자기정체성뿐 아니라 그 사회가 나아갈 방향성에 대해 자주적인 판단이 불가능해진다는 의미이다. 다른 것에 매몰되지 않고 우리만의 길을 걸어가려면 반드시 역사에 대한 논의가 있어야 한다.

반만 년은 아주 긴 시간이다. 이 책은 이 시간 속에 점점이 흩어져 있는 아주 방대한 양의 역사적 사실들을 속도감 있고 간결한 전개로 구성하여 독자들에게 제공한다. 정치·문화·사회·사상 등 폭넓은 역사 사료들과 그에 덧붙이는 저자의 흥미로운 해석을 따라가면서 우리가 어떻게 이 땅에 뿌리를 내리고 자라나 열매를 맺었는지 그 배경에는 어떤 것들이 있는지를 깊이 알아갈 수 있다.

그가 내내 말하는 것처럼 역사 이해를 계기로 잘못 알고 있었던 사실이나 왜곡된 역사를 바로잡고 어떤 역사의식을 세워야 하는지 고민해봐야 할 것이다. 선조들이 전수해준 삶과 지혜를 우리 안에 양분으로 삼고 미래를 도모한다. 이것이 바로 역사 공부의 목적이 아닐까 싶다.

레지스탕스들이 꿈꾼 세상

『한국의 레지스탕스』

조한성 지음, 생각정원

❖❖❖❖❖

테러리스트로 산다는 것은 그런 것이었다. 명랑함과 심각함이 기묘하게 혼합된 삶. 죽음을 각오한 이상 삶과 죽음은 단지 동전의 양면과 같은 것이었다. 그렇다면 오늘의 삶은 명랑하게 살아야 했다. 임무를 위해 거침없이 삶을 버려도 아쉬움이 남지 않도록 순간의 죽음을 위해 자신의 삶 전부를 바쳐야 했다.

— 본문 127페이지

일반적으로 제2차 세계대전 때 독일 점령 하에 놓였던 프랑스, 덴마크, 노르웨이, 네덜란드, 벨기에, 유고슬라비아, 체코슬로바키아, 그리스, 폴란드 등의 지역에서 일어난 저항운동을 레지스탕스라고 말한다. 레지스탕스는 처음에 침략당한 조국을 해방시키기 위한 애국투쟁으로 시작되었으나 침략자인 독일이 나치즘이라는 전체주의적 체제에 반대하며 인간의 자유와 존엄을 지키려는 투쟁의 성격을 갖게 되었다. 인간의 자유와 존엄을 지키려던 사람들이 한국에도 있었다. 민족해방과 새 조국 건설이라는 대의를 위해 자신의 모든 것을 기꺼이 던진 일곱 비밀결사단과 대한민국 임시정부가 있었고 청년 안창호의 신민회부터 만년 여운형의 조선건국동맹이 있었다. 『한국의 레지스탕스』의 저자는 이 책에서 이들을 레지스탕스라는 새로운 이름으로 부른다.

저자 조한성은 2006년부터 3여 년 동안 친일반민족행위진상규명위원회 조사관으로 일한 이력을 가지고 있다. 국내외 관련 자료를 수집·분석하는 과정에서 반대편에 서서 분투했던 근대 지식인들에게 관심을 갖게 되었다고 밝힌 바 있다. 각종 신문 보도자료, 선언문, 취지서, 연설문, 회고록 등 다양한 자료를 모아 진지하게 접근하고 탐구한 결과물이 『한국의 레지스탕스』다.

이 책을 통해 저자는 일본 제국주의에 맞서 투쟁한 항일 혁명가들의 고뇌와 투쟁 현장을 생생하게 전한다. 그리고 그 현장에는 대한제국 말기부터 1945년 해방할 때까지 국내외에서 활약했던 안창호, 신채호, 이동휘, 박상진, 김상옥, 여운형, 박헌영 등 수많은 혁명가들이 등장한다. 일본 제국주의는 강했고 혁명가들의 사상과 행동은 위험하고 무모한 도전이었기에 고난과 한계가 뒤따랐다. 하지만 이 책 안에 소환된 그들은 극한의 긴장감 속에서도 살았더라도 불행하지 않았노라고 말한다. 할 수 있는 일을 최선을 다해 실천한 그들의 삶은 오히려 더욱 찬란했다.

이 책을 통해 이런 질문 하나를 해볼 수 있을 것 같다. 한국의 레지스탕스들은 어떤 세상을 꿈꾸었는가? 이 질문의 답을 우리는 이미 알고 있다. 그들은 시대의 모순과 한계에 맞서면서 억압과 착취가 없는 세상, 인간의 기본권과 자유와 평등이 보장되고 입헌주의와 근대 민주주의의 가치가 지켜지는 나라를 한마음으로 꿈꾸었다. 이제 역사 속의 그들이 우리에게 질문을 던지고 있다. '당신은 어떤 꿈을 꾸고 있는가?' 우리의 역사는 우리가 어떤 꿈을 꾸느냐에 달려있다.

A book is a gift you can open again and again

상처, 위안, 희망이라는 주제를 잡아서 건방지게 여러분들에게 글을 전했지만 사실은 저에게 쓴 글이었습니다. 글을 쓰던 시기에 희망은 점점 더 없어지고 위안은 더 필요하고 상처는 더 커져만 가던 시기였기에 더 글 쓰는 데 매달렸나 봅니다. 제 사번의 일들을 더 세세히 이야기 드리고 싶었지만 결국은 누워 침 뱉기란 생각에 그만두었습니다.

아무튼 책과 함께한다는 것은 상처를 회복하고 위안을 받고 희망을 받는 최고의 방법이라고 생각합니다. 시간 날 때마다 도서관과 서점을 들를 수 있는 사람이 된다는 것이 얼마나 행복한지, 해보지 않은 사람은 모를 겁니다.

사람들은 자신이 좋아하고 잘하는 것을 남들에게 추천하고 때로는 강요합니다. "골프 한번 쳐봐", "바둑 한번 둬봐", "요가 한번 해봐" 등 셀 수 없이 많지요. 하지만 그 어떤 추천도(저 역시 주관적일 수 있지만) 서점에 한번 가보자는 말보다 멋질 수는 없다고 생각합니다. 점점 사라지고 있는 말이지만 말입니다.

10장

다시 만날 수 있다면
다시 만나고 싶은

A book is a gift you can open again and again

A book is a gift you can open again and again

청춘의 위대한 유산을 다시 읽다

『청춘의 독서』

유시민 지음, 웅진지식하우스

⟵❦❦◈❦❦⟶

청년 시절 읽었던 고전을 다시 읽어보면 어떨까? 시대도 변하고 나도 나이
가 들었으니 그때와는 무언가 다르지 않을까? 나이 50을 넘겼지만 아직도 살
날이 많이 남은 만큼 제대로 인생을 살아가려면 더 공부하고 더 배워야 하는
게 아닐까?

— 본문 313페이지

민주화 운동가부터 칼럼니스트, 국회의원, 장관까지. 유시민은 민주화의
격변기를 누구보다 능동석으로 지나온 인물이고 그 험난한 와중에도 읽기와
쓰기를 멈추지 않은 우리 시대 대표적인 지식인이다. 그가 격동의 청년기에
읽었던 고전을 다시 꺼내 들었다. 아버지의 서가에서 꺼내 읽은 문고본, 지하
서클의 선배들이 건네준 불온서적, 수감 중이 아니었다면 읽기 힘들었을 중국
고전들. 때론 청춘의 버팀목이 되어주고 때론 그에게 지혜를 준 책들. 그는 옛
시절의 책을 다시 읽으면서 과거의 자신과 대화할 수 있었다고 말한다.

대입예비고사 한 달 전 아버지의 서가에서 집어 든 세로쓰기 문고판 표도

르 도스토옙스키의『죄와 벌』 그는 책의 도입부 문장에 꽂혀 단숨에 읽어버린다. 청년 유시민이 등장인물의 가난과 음산한 풍경 묘사에 끌려 책을 읽었다면 중년의 유시민은 인간의 삶이 위험의 바다를 항해하는 것임을 깨달으며 이 책을 읽는다. 1970년대 후반 대한민국과 소설 속 1860년대 제정 러시아가 정의가 짓밟히고 착한 사람들이 멸시당한다는 점에서 닮아 있다는 것도 알게 된다. 중년의 유시민은 책에서 새로운 인물을 발견하기도 한다. 정신적인 문제를 안고 있는 다른 등장인물과 달리 유시민의 눈에 들어온 두냐는 반듯한 가치관과 인간적 품위를 지킨다. 이것이 바로 오랜 시간이 지나 책을 다시 읽는 데서 오는 소소한 즐거움이다.

"선한 목적이 악한 수단을 정당화하는가?" 도스토옙스키가『죄와 벌』에서 던진 질문이다. 도스토옙스키의 소설에서 주인공 라스꼴리니꼬프는「범죄에 대하여」라는 논문을 통해 사회악 척결과 공동선 실현의 방법을 제시했다. 이 대목에서 유시민은 히틀러와 스탈린을 떠올린다. 두 독재자는 비범한 사람들이 인류를 구원하려는 신념에 입각해 모든 종류의 폭력을 사용할 권리를 행사했다. 그들의 학살 행위를 돌이켜보며 그는 소설과 현실을 잇는다. 그리고 그 사유 끝에 그는 도스토옙스키가 20세기를 목격했다면 이렇게 말했을 것이라 예상한다. "선한 목적은 선한 방법으로만 이룰 수 있다." 유시민의 깊은 사유와 그의 신념을 느낄 수 있는 대목이다.

이와 같은 방식으로『청춘의 독서』에서 저자는 열네 권의 책을 소개한다. 이 책을 어떤 장소에서 만나게 됐는지 그 내용은 무엇인지를 짤막하게 소개한다. 그리고 저자가 책을 읽으며 주목했던 내용을 함께 나누고 더 나아가서 주제를 확장하여 관련 사례에 적용하고 사유해나간다. 그는 좋은 책이 그 자체로 기적이라 말한다.『사기』를 읽을 때 그는 2,000년을 뛰어넘어 사마천의 숨결을 느낀다.『광장』을 읽는 동안에 그의 정신과 감각은 60년 전 해방 공간으로 시간 여행을 하고 4·19 혁명 직후 새 공화국을 보면서 최인훈 선생이 느꼈던 환희를 함께 맛본다. 유시민의 『청춘의 독서』를 통해 독자는 책이라는 위대한 유산이 인간에게 얼마나 큰 영향을 끼치는지를 느끼고 독자 자신도 그 유산에 한 걸음 더 가까이 갈 수 있을 것이다.

세 화가의 빛나는 예술, 비참한 생애

『프리다 칼로와 나혜석 그리고 까미유 끌로델』

정금희 지음, 재원

❧❧❧❧❧

세 명의 여인들의 삶은 평탄하지 못하고 모두 매우 특이한 생애를 보낸 작가들이다. 그러나 분명한 것은 남성 우월주의 시대에 강한 성격과 개성으로 보수적인 사회와 맞서 새로운 시대를 만들어 보고자 했으며 이런 의미에서 그들은 선각자의 길을 걸었다 할 것이다.

— 본문 11페이지

멕시코의 프리다 칼로, 한국의 나혜석, 프랑스의 까미유 끌로델. 이 세 사람의 공통점은 모두 여성 화가라는 점 그리고 남성 파트너와의 갈등으로 비참한 생을 살았다는 점이다. 이 세 사람을 엮어 『프리다 칼로와 나혜석, 그리고 까미유 끌로델』이라는 책이 쓰였다. 저자 정금희는 전남대 미술학과 교수로 전남대 사범대학 미술교육과 졸업 후 파리 제8대학 조형예술학과에서 학사 및 석사학위를 취득하고 파리 제1대학에서 미술학 박사학위를 받았다. 저서로는 『19세기의 서양회화사』 『이야기 근대 미술사』 『20세기 서양 조각의 거장들』이 있다.

저자는 프리다 칼로와 나혜석, 까미유 끌로델 각각의 생애를 해석하고 자신만의 견해를 덧붙인다. 프리다 칼로는 멕시코를 대표하는 초현실주의 화가이다. 그녀는 18세에 교통사고로 침대에서만 지내는 삶을 살기 시작했고 그때부터 붓을 들어 그림을 그리기 시작했다. 그녀는 그녀의 그림을 보고 찬사를 쏟아낸 멕시코 민중벽화의 거장 디에고 리베라와 21살의 나이 차에도 불구하고 사랑에 빠져 결혼했다. 그러나 그의 문란한 사생활과 그녀의 동생과의 외도를 목격하면서 엄청난 심적 고통을 겪었다. 그러나 수십 차례의 척추 수술을 거듭하면서도 프리다 칼로의 예술 세계와 기법은 더욱 발전하였다.

나혜석은 우리나라 최초의 여성 서양화가다. 여성의 권리에 대해 발언하기를 주저하지 않으며 여성의 삶에 대한 글쓰기를 멈추지 않은 작가이기도 하다. 도쿄에서 유화를 공부하고 귀국해 3.1운동에 적극 참여한 죄목으로 수감되었다. 이후 변호사 김우영과 결혼했고 조선미술전람회에 계속 입선했다. 그러다 최린이라는 남성과의 관계가 문제시되어 이혼했다. 가부장적인 사회의 외면과 함께 그녀는 점점 설 자리를 잃어가다가 행려병자로 삶을 마감하고 만다.

프랑스의 까미유 끌로델은 소아마비로 인해 프리다 칼로처럼 한쪽 다리를 절게 되었다. 그러나 천부적인 재능으로 여성임에도 불구하고 예술 교육을 받았다. 이후 오귀스트 로댕의 조수로 들어갔다가 그의 연인이자 모델이 된다. 뛰어난 재능을 가졌음에도 그녀의 작품은 로댕의 그늘에 가려 제대로 빛을 보지 못했다. 이후 갈등이 심하던 친모에 의해 정신 병원에서 30여 년을 살다 비참한 죽음을 맞는다.

세 여성 화가는 타고난 재능을 가지고 노력했지만 가부장적 사회의 억압으로 비참한 생을 살았다. 그들은 모두 기득권자인 남편의 종속물처럼 여겨지고 버림당했다. 여성이 주체적인 삶을 살지 못하던 시대에 자신의 독립적인 자아를 예술로 표출한 세 여성의 작품은 이들의 삶 때문에 더욱 치열한 아름다움을 지니고 있다. 선구자로서 더 많은 짐을 어깨에 지고 자신을 내보인 그녀들의 삶을 읽으면서 독자는 함께 슬퍼함과 동시에 작품을 더 깊이 이해할 수 있을 것이다.

격변의 중국을 이끄는 주역들의 생생한 이야기

『중국인 이야기』

김명호 지음, 한길사

◆━◎━◆

> 농촌 경험이 풍부한 중국공산당은 농민들의 심리를 꿰뚫어볼 줄 알았다. 토지개혁을 필두로 악질 지주와 토비, 일본에 부역한 한간, 아편 상인들을 색출해 1만 5,000명을 처단했다. 민심이 서서히 공산당 쪽으로 기울기 시작했다.
>
> — 본문 76페이지

할머니가 머리맡에서 읽어주는 옛날이야기를 들으면 저절로 이야기가 머릿속에 그려진다. 호랑이가 날뛰고 귀신이 춤추며 하늘에서 동아줄이 내려온다. 『중국인 이야기』는 마치 할머니의 옛날이야기와 같다. 열 권으로 기획된 이 시리즈는 현재 여섯 권에 걸쳐 독자에게 중국 근현대사의 주역들을 등장시키며 흥미롭게 풀어나가고 있다. 저자 김명호는 현장이 중요하다는 생각에 숱하게 발품을 팔며 중국을 공부하며 《중앙선데이》에서 「사진과 함께하는 중국 근현대」 시리즈를 연재했고 그것을 기초로 하여 중국의 격변기를 생동감 있게 서술했다.

저자 김명호는 경상대·건국대 중문과를 거쳐 현재 성공회대 중국학과 교수로 재직 중이다. 1972년 당시 헨리 키신저 미 국무장관의 중국 방문 뉴스를 접하고 충격을 받았다고 한다. 그때부터 공산국가였던 중국과 우리나라가 외교적 교류를 하지 않는 상태였음에도 중공을 연구하기 시작했다. 중국과 우리나라가 수교를 맺은 1991년부터는 중국 전문서점인 싼롄(三聯)서점의 서울점인 '서울삼련'을 10여 년간 경영하며 수많은 중국 자료·사진을 모았다. 이렇게 40여 년의 공부로 쌓인 중국 근현대에 대한 지식을 저자의 촌평을 담아 재미있게 구성한 책이 바로 『중국인 이야기』다.

『중국인 이야기』에는 중국 근현대를 만든 걸출한 인물들의 이야기가 생생하게 그려져있다. 북청사변 이후 베이징 의정서를 체결하면서 청나라 왕조는 쇠퇴하게 되고 이후 신해혁명으로 이뤄낸 중화민국에 쑨원이 임시 대총통으로 취임한다. 중화인민공화국으로 체계가 바뀌었고 대약진 운동으로 4천만 명이 굶어 죽기도 했다. 마오쩌둥의 문화대혁명으로 과거의 유산이 배격당하고 3천만 명이 희생당하기도 했다. 이렇게 청조 멸망에서 문화대혁명까지 중국은 엄청난 격동기를 지나왔다.

지금의 중국으로 발전해가는 이 방대한 스토리에는 주연과 조연이 있다. 저자는 이 주연과 조연 각각에 생동감을 불어넣어 중화민국 탄생, 공산당 창당, 북벌전쟁, 항일전쟁, 국공내전과 합작, 중소와 중미외교, 신중국 수립과 문화대혁명 등 파란만장한 역사를 버무려냈다. 이 실화의 등장인물로는 혁명가, 지식인, 예술인 등 다양한 부류의 사람들이 있다. 뜻을 이루려다 사라진 인물도 있고 담대한 마음가짐으로 우뚝 선 사람도 있다. 대의와 실리가 부딪치고 누군가는 커다란 실수를 했으며 인민을 짓밟기도 하고 경제를 부흥시키기도 했다. 독자들은 이 다양한 상황에서 각각의 인물들이 어떤 생각을 가졌고 힘의 방향은 무엇을 계기로 바뀌었으며 그 과정에서 인물들이 어떤 대화를 나누고 앞으로를 모색했는지 역동적인 논픽션 『중국인 이야기』를 통해 확인할 수 있을 것이다.

전쟁으로 파괴된 개인의 삶을 지탱하는 문학의 힘

『닥터 지바고』

보리스 파스테르나크 지음, 박형규 옮김, 문학동네

◄─◦◦◈◦◦─►

인간은 살아가기 위해 태어나는 것이지 살아갈 준비를 하기 위해 태어나는 것이 아니에요. 살아가는 일 자체는, 삶의 현상은, 삶의 재능은 매혹적이게도 진지한 것인데도!

— 본문 79페이지

1955년 보리스 파스테르나크(Boris Pasternak)의 『닥터 지바고』는 소비에트 연방의 러시아에서 출간을 앞두고 있었다. 그러나 혁명의 이데올로기를 부정한다는 이유로 출판이 거부되어 2년 후에야 이탈리아에서 출판될 수 있었다. 미국과 소련이 냉전으로 첨예한 이데올로기의 대립각을 세우던 냉전의 시기에 소련은 모든 출판물과 예술 작품을 검열하고 있었고 『닥터 지바고』 또한 그것을 피하지 못하고 1988년까지 출간이 금지되었다. 그는 이 작품 출간 1년 후 노벨문학상 수상자가 되었으나 소련작가동맹에서 제명되고 러시아에서 추방당할 위기에 놓여 수상을 거부하였다.

그러나 작품이 정치적으로 검열되었다는 사실과는 다르게 파스테르나크 자신은 정치와 혁명에 평생 관여하지 않은 사람이었다. 그는 문학 자체에 집중했으며 다른 작가들이 사상과 예술의 자유를 위해 망명을 시도했던 것과는 달리 러시아에서 평생을 살았다. 『닥터 지바고』는 파스테르나크 자신을 투영한 자전적 소설이며 그가 겪은 내전과 세계대전의 포화와 아내 지나이다와 연인인 이빈스크야와의 사랑을 엮어낸 서사시이다.

주인공 유리 안드레예비치 지바고는 러시아 혁명의 시대 한가운데에 있는 인물이다. 어릴 때 그는 어머니를 잃고 아버지 또한 달리는 기차에 뛰어들어 둘 모두를 잃고 만다. 지바고는 외숙 니콜라이의 영향을 받으며 의사로 성장하였고 삶과 죽음을 관조할 수 있게 된다. 그는 죽음이란 끝이지만 삶은 그 순간순간이 영속하기에 불멸이라고 생각한다. 그리고 문학이 죽음 없는 불멸의 순간을 향한 욕망이 타오를 수 있는 유일한 정신의 공간이라 믿는다. 그에겐 아내 토냐와 옛사랑 라라 두 여인이 있다. 라라를 택할 수 없어 토냐와 정략결혼을 하게 된 그는 우연히 이미 결혼한 라라와 다시 만나게 되고 몰래 밀회를 갖는다. 죄책감을 느끼지만 아내에게 그 사실을 고백하지는 못한다.

그러던 어느 날 전쟁의 기운이 그들을 덮친다. 지바고는 의사라는 이유로 빨치산에게 납치되어 제1차 세계대전의 군의관으로 복무한다. 지바고는 몇 년이 지나서야 빨치산에게서 도망쳐 라라와 다시 만난다. 그리고 토냐를 찾아 헤매지만 그녀는 이미 국외로 추방당한 뒤다. 라라의 남편인 혁명가 파벨이 처형당하고 지바고는 라라를 보호하기 위해 홀로 러시아에 남는다. 파리에 있는 토냐에게 돌아가기를 포기한 것이다. 거리를 배회하던 그는 또 다른 여성 마리나와 사랑에 빠져 가정을 이루고 시인이 되었다가 서른아홉의 나이에 지병인 심장병으로 사망한다.

『닥터 지바고』는 이념의 장을 넘어 전쟁의 포화와 세상의 격변 속 개인의 삶과 자유를 그려낸다. 이것이 이 작품이 전 세계적으로 사랑받을 수 있었던 이유다. 또한 혁명을 대하는 네 남녀의 표정을 그려내며 진정한 혁명이란 무엇인가와 개인의 혁명이 국가의 혁명과 연결될 수 있는가를 모색한다. 누군가는 안주하려 하고 누군가는 대의를 위해 투쟁하며 누군가는 개인과 국가의 혁명의 중간점을 찾는다. 독자는 『닥터 지바고』에서 엄혹한 세계에서 한 개인이 살아가는 과정을 바라보며 그들의 사랑과 열정 그리고 고뇌를 느낄 수 있을 것이다.

홀쭉한 배낭에 커다란 신념을 담다

『체 게바라의 홀쭉한 배낭』

구광렬 지음, 실천문학사

❧❦❧

"무슨 생각을 하슈. 당나귀의 불멸성에 관해?"

"아니오, 중위. 난 혁명의 불멸성에 관해 생각하고 있소. 당신들이 모시고 있는 상전들이 그렇게도 벌벌 떠는 그 혁명에 관해서 말이오."

— 본문 18페이지

　　체 게바라(Che Guevara)가 1967년 10월 9일 살해되었을 때 그의 홀쭉한 배낭 속에는 색연필로 덧칠된 지도와 두 권의 비망록 그리고 녹색 스프링노트 한 권이 있었다고 저자는 전한다. 그 노트에는 파블로 네루다, 세사르 바예호, 니콜라스 기옌, 레온 펠리뻬의 시가 필사되어있었다. 체 게바라가 전장의 한가운데서 시를 필사한 이유를 알기 위해 저자는 체 게바라의 생애를 조사한 여러 편의 논문과 그의 사진 등을 모아 분석했다.

　　저자 구광렬은 멕시코국립대학에서 중남미 문학을 공부한 뒤 멕시코 문예지《마침표(El Punto)》및《마른 잉크(La Tinta Seca)》에 시를, 멕시코국립대학교 출판부에서 시집『텅 빈 거울(El espejo vacio)』을 출판하여 중남미 작가로 활동했다. 국내에서는 현대문학에 시 「들꽃」을 발표하면서 활동을 시작한 뒤로 오월문학상을 수상한 이력이 있다. 이후 다수의 시집과 장편소설을 펴내고 번역도 맡았다. 그중 시집 『나 기꺼이 막차를 놓치리』, 에세이집 『체 게바라의 홀쭉한 배낭』, 소설 『반구대』는 문화관광부가 지정하는 우수도서에 선정되기도 했다. 현재 울산대학교 인문대학 교수로 재직 중이며 경주 동리목월문예창작대, 대구교대 등지에서 문예창작을 강의하고 있다.

체 게바라는 펜과 칼을 동시에 들고 싸웠던 인물이기에 그가 필사한 시들 또한 투쟁과 관련이 있다. 그가 아프리카에서 구입해 2년 6개월간 지니고 있던 녹색 노트에 이러한 내용이 들어있다. 저자는 녹색 노트 속 시의 내용을 분석하고 체 게바라와 네 시인의 관계를 분석하였다. 시들은 체 게바라와 시간적, 공간적 상관관계를 지녔는데 69편의 시는 순서대로 52편은 아프리카 지역과, 8편은 쿠바와, 9편은 볼리비아와 관계가 있는 것으로 나타났다. 그래서 저자는 아프리카와 아바나, 볼리비아에 이르기까지 3기로 체 게바라와 시를 소개한다. 거기에 더하여 잘 알려지지 않았던 체 게바라의 이야기도 소개한다.

이야기는 체 게바라가 사망하던 날 하루 전부터 시작된다. 수세에 몰린 그들은 굶주린 채 볼리비아 정부군의 습격을 받는다. 체 게바라는 감금된 채 취조를 받다 사살되고 그의 소지품은 뿔뿔이 흩어진다. 녹색 노트는 비망록과 함께 볼리비아군 정보기관 비밀금고로 들어간다. 13년 후, 영국 소더비 경매장에 그의 비망록이 나왔으나 녹색 노트는 40여 년간 그 위치를 알 수 없었다. 그러나 어느 날 그 복사판이 세상에 나오게 된 것이다.

혁명 전선에서도 그는 항상 책을 품고 살았다. 엘리트이자 이상주의적인 그의 기질을 읽을 수 있는 대목이다. 그는 아르헨티나에서 의학을 전공했으나 남미를 여행하면서 세계의 모순적인 면모를 맞닥뜨린 후 혁명의 필요성을 느낀다. 그를 공산주의자라 생각하는 사람도 많겠지만 그는 남미의 극심한 빈부 격차와 자본주의의 병폐를 인식하고 해결하고자 한 사람이었다. 즉 보통의 사람들을 사랑했던 것이다. 민중을 향한 그의 사랑과 박애주의가 그가 필사한 시에 묻어나 있다.

조국을 위해 일생을 바친 독립운동가의 발자국

『이회영 평전』

김삼웅 지음, 책보세

❖⟨◦◈◦⟩❖

갖은 고문에도 끝까지 함구하면서 이회영은 무슨 생각을 했을까. "세상의 변고를 겪으면서 의로움이 더 이상 욕되어서는 안 되리라"는 망명지에서 자주 읽었던 중국 혁명의 아버지 량치차오(梁啓超)의 유서를 떠올리지 않았을까.

— 본문 358페이지

우당 이회영은 한성부의 명문가에서 태어났다. 만석꾼의 아들이었던 그는 그러나 한일합방이 일어나자 전 재산을 팔고 만주로 건너가 독립운동에 헌신한다. 온 가족이 함께였다. 이회영은 안중근이 처형되고 신채호가 옥사한 뤼순 감옥에서 극심한 고문으로 순국했다. 해방 후 이회영의 여섯 형제 중에 다섯째인 이시형만 살아 고국으로 돌아왔다. 일제에게서 조선을 지키기 위해 모든 것을 바쳤던 이회영과 그 일가의 희생정신을 기록한 것이 김삼웅의 『이회영 평전』이다.

저자 김삼웅은 독립운동사 및 친일 반민족사 연구가이다. 《민주전선》 등 진보 매체에서 활동했으며 《대한매일신보》(현 서울신문) 주필로 있었다. 제7

대 독립기념관장을 지냈으며 민주화운동관련자명예회복 및 보상심의위원회 위원, 친일반민족행위진상규명위원회 위원, 제주 4·3사건희생자진상규명 및 희생자명예회복위원회 위원, 단재신채호선생기념사업회 이사, 『친일인명사전』편찬 자문위원 등으로 활동했다. 저서로는『친일정치 100년사』『한국현대사 바로잡기』『일제는 조선을 얼마나 망쳤나』『단재 신채호 평전』『백범 김구 평전』『만해 한용운 평전』『김대중 평전』등이 있다.

1910년 8월 29일 경술국치 이후 12월 30일, 우당의 일가 40여 명을 포함해 식솔 60여 명은 두만강을 건너 만주로 망명한다. 세간은 우당의 가문을 삼한갑족(三韓甲族)이라고 불렀는데 옛적부터 대대로 문벌이 높은 집안이란 뜻이다. 당대의 양반 가문들은 책임과 의무 없는 권리에 익숙했기에 나라가 망하자 조국에 등을 돌리고 일제에 빌붙었다고 저자는 서술한다. 우당도 이들과 같이 행동했다면 대대손손 부귀영화를 누릴 수 있었을 테지만 그들은 망명하여 신흥무관학교를 세우고 만주의 척박한 땅을 일궜으며 독립운동가들의 뒷바라지를 하면서 일제와 싸웠다.

우당은 을사늑약 후 헤이그 특사 파견에 힘쓰고 신민회를 창립했으며 고종황제를 중국으로 망명시켰다. 3·1 운동을 기획했고 신채호 등과 아나키스트 운동을 벌였다. 또한 중국의 저항 문인인 루쉰, 러시아의 에스페란토 맹인 시인이자 아나키스트인 에로센코와 교류하며 저변도 넓혔다. 그는 담대한 정신으로 독립운동가들에게 힘을 실어주었으나 그 업적은 독립운동가들에게 돌리며 겸허한 태도를 보였다.

독립의 순간을 보지 못하고 순국하였지만 이회영의 활약 덕분에 우리 민족의 긍지가 더해졌음은 말할 것도 없다. 비록 그의 일가가 영광의 현재를 누리고 있지 못하는 점은 개탄스럽지만 진정으로 조국을 위하고 사랑한 그들의 정신은 오늘날의 독자들과 위정자들에게 귀감이 될 것이다.

21세기 혁신의 아이콘, 스티브 잡스

『스티브 잡스』

월터 아이작슨 지음, 안진환 옮김, 민음사

⇠◈⇢

플라스틱 케이스 색깔을 결정하기 위해 애플이 선택했던 색상 전문 업체 팬톤 사는 2,000가지 종류의 베이지색을 갖추고 있었다. 스콧은 이렇게 회상한다. "세상에, 스티브는 그중에서도 마음에 드는 게 없다고 했어요. 좀 더 다른 베이지색을 원했어요. 결국 제가 나서서 설득해야 했지요."

— 본문 167페이지

2011년 10월 5일, 스티브 잡스가 눈을 감았다. 사람들은 애플의 미래를 걱정했다. 그러나 많은 이들의 우려와 달리 애플의 새로운 맥북과 아이폰은 여전히 프리미엄을 유지하고 있고 애플의 시가 총액은 1조 달러를 달성하기도 했다. 잡스의 철학을 담은 iOS는 사용자들이 통일된 UI와 클라우드로 전자기기를 이용할 수 있게 하여 편의성을 높였고 여전히 사용자들은 놀라운 편의를 제공하는 애플의 시스템을 지속적으로 사용하길 원한다. 여전히 애플이 보여주는 혁신에 호응하며 애플의 제품을 소비하는 사람들이 많다. 애플의 지속적인 성장의 기반을 잡스가 잘 닦아둔 덕이다.

애플만의 시스템에 철학을 담고자 한 잡스. 그가 성공만을 거듭한 것은 아니다. 그는 대학을 자퇴하고 부모 집의 차고에서 공동 창업자 워즈니악과 함께 애플을 설립하여 컴퓨터를 만들기 시작했다. 그렇게 최초의 개인용 컴퓨터 애플 I 은 차고에서 만들어졌다. 곧이어 내놓은 애플 II 도 성공하였지만 이후 이렇다 할 성과를 내지 못했고 잡스는 이사회에 의해 해고된다. 그는 애플에서 쫓겨난 동안에도 넥스트를 설립하고 픽사를 인수하여 〈토이 스토리〉를 만들어냈다. 그리고 넥스트를 애플에 매각하고 다시 최고경영자로 복귀한다.

시련에서 얻은 가치는 잃은 것들의 10배만큼의 가치가 있다는 그의 말처럼 그는 실패를 딛고 나아갔다. 스마트폰 시대에 들어서자 아이폰과 아이패드를 론칭하며 혁신의 아이콘이 되었다. 스마트 유비쿼터스를 실현하며 물건에 철학을 담는 그의 화법이 통한 것이다. 잡스만의 고집과 완벽주의적인 성격으로 이뤄낸 혁신이었다. 그는 남다른 고집과 총명함 때문에 사회생활에서 어려움을 겪었다. 하지만 반대로 그의 대쪽 같은 성격은 그가 창의적인 사고를 멈추지 않게 하는 원동력이기도 했다.

시중에 출간된 자신을 묘사한 책들에 환멸감을 느끼던 그는 2004년 췌장암 진단을 받은 후 자서전을 내기로 결심한다. 그래서 《타임》의 전 편집장이자 CNN의 전 최고경영자인 절친한 친구 월터 아이작슨에게 전기의 집필을 요청했다. 아이작슨은 2009년부터 2011년까지 잡스와 함께 그의 옛집을 방문하고 산책을 하며 40차례가 넘는 인터뷰를 했다. 또한 그와 관련된 100여 명의 인물 또한 인터뷰하여 내용을 실었다. 그리하여 라이벌 빌 게이츠, 애플 공동 창업자 스티브 워즈니악, 애플의 디자인을 이끈 조너선 아이브 그리고 애플의 후계자 팀 쿡의 인터뷰가 이 책에 담겼다. 독자는 『스티브 잡스』를 읽으며 다양한 시각에서 인간 스티브 잡스의 역동적인 삶을 느낄 수 있을 것이다.

이 시대 최후의 보헤미안, 모딜리아니

『모딜리아니, 열정의 보엠』

앙드레 살몽 지음, 강경 옮김, 다빈치

모딜리아니의 눈에는 설명할 수 없는 검은 불꽃이 피어올랐고 그것을 본 사람들은 몽마르트르의 이 젊은 이탈리아인에게 빛나는 운명이 기다리고 있다고 믿었다.

— 본문 53페이지

2015년 뉴욕 크리스티 경매장. 아메데오 모딜리아니(Amedeo Modigliani)의 〈누워있는 나부(Nu couche)〉가 1억7천40만 달러, 한화 1천972억 원에 낙찰되었다. 2018년 기준 전 세계 미술품 경매 사상 역대 3위에 해당하는 가격이다. 모딜리아니는 이탈리아에서 태어나 파리에서 활동한 화가로 그의 나이 서른여섯에 가난과 지병으로 요절했다. 그러나 그가 지닌 보헤미안의 기질과 뜨거운 예술혼은 척박했던 그의 삶을 환하게 빛나게 했다.

모딜리아니는 그의 정열적인 사랑 이야기 때문에 더욱 유명해졌다. 모딜리아니는 잔느 에뷔테른느를 파리의 한 카페에서 처음 만났다. 그녀에게 첫눈에 반한 모딜리아니는 곧바로 사랑을 고백했고 둘은 결혼을 약속한다. 그러나 잔느는 신앙심 깊은 가문의 딸이었고 모딜리아니는 알코올에 빠진 가난한 화가였다. 가족의 반대에 부딪힌 그녀는 부모를 떠나 모딜리아니와 함께하기를 택한다. 둘 사이에 아이가 생기자 모딜리아니의 그림에는 아이와 행복이 넘쳐났다. 그러나 결국 가난과 알코올, 지병이 겹쳐 모딜리아니는 파리의 자선병원에서 죽고 만다. 당시 모딜리아니의 아이를 뺐던 그녀는 그의 죽음에 크게 상심하여 자신의 집에서 뛰어내려 죽고 만다.

생전에 모딜리아니의 작품은 크게 주목받지 못했다. 그는 라파르트 거리의 베르트 베이유 화랑에서 처음으로 개인전을 열었다. 밖에 걸린 두 장의 누드화는 사람들의 시선을 끌었지만 경찰의 눈에 띄어 미풍양속을 해친다는 이유로 철거되었다. 전시회 또한 조기에 끝나고 만다. 그러나 그가 사망한 후 그의 그림은 에콜 드 파리의 대표작으로써 그의 비극적인 생애와 얽혀 재평가되기 시작했다. 그러나 그가 요절한 탓에 과장되거나 생략된 이야기가 떠돌았다. 그러자 프랑스의 시인이자 모딜리아니의 동료였던 앙드레 살몽이 가까이에서 지켜본 그의 모습을 객관적으로 서술하여 책으로 펴낸 것이 『모딜리아니, 열정의 보엠』이다.

모딜리아니는 열네 살에 미술 공부를 시작했다. 피렌체와 베네치아 등지에서 이탈리아의 미술사를 공부했고 1906년 파리의 몽마르트르에서 생활하기 시작했다. 그는 타고난 잘생긴 외모와 그림 실력으로 인기가 많았다. 조각에 빠졌다가 폐의 병이 악화되어 그만두었고 그 영향으로 이 시기 그의 인물화에는 조각을 연상하게 하는 풍부한 양감이 표현되어있다. 그는 긴 목과 긴얼굴을 지닌 단순화된 여성을 주로 그렸으며 그의 연인 잔느도 그림의 모델이었다. 몽환적인 인물의 표정과 묘한 색채가 특징이다.

모딜리아니는 색조를 만들어내는 데 신중하고 자기만의 형태를 생각해내는 데에도 심혈을 기울였다고 한다. 그의 그림은 힘찬 선과 묘한 색조에서 느껴지는 애수 때문에 한 편의 시와 같다는 찬사를 듣는다. 독자는 『모딜리아니, 열정의 보엠』에 실린 모딜리아니의 그림을 보며 그만의 스타일이 담긴 인물화를 감상할 수 있다. 또한 그의 생애를 읽으면서 한 예술가의 열정적인 예술혼과 인간 모딜리아니의 뜨거운 사랑을 느낄 수 있을 것이다.

투쟁을 노래하다, 민중 시인 파블로 네루다

『파블로 네루다 자서전』

파블로 네루다 지음, 박병규 옮김, 민음사

❦❀❧

칠레의 숲속에 들어가 보지 못한 사람은 이 세상을 안다고 할 수 없다. 나는 그 땅에서 그 흙에서 그 침묵에서 태어나 세계를 누비며 노래했다.

— 본문 16페이지

파블로 네루다(Pablo Neruda)는 1971년 노벨문학상을 받은 시인으로 칠레의 정신을 문학적으로 완성한 위인으로 꼽힌다. 그는 1904년 칠레의 국경마을 파랄에서 태어났다. 아버지는 철도 노동자였으며 어머니는 그를 낳고 두 달 뒤 사망했다. 새어머니의 보살핌 아래 자란 그는 시인이 되는 것을 반대하는 마초적인 아버지 때문에 필명을 사용해 활동했다. 그는 문학적 멘토로 삼았던 체코의 시인이자 소설가 얀 네루다의 성을 따 파블로 네루다라는 필명을 지었다. 1924년 그의 두 번째 시집 『스무 편의 사랑 시와 한 편의 절망의 노래』가 전 세계에 번역 출간되면서 그는 칠레에서 명성을 얻게 된다. 이 시집에서 그는 육감적이고 웅대한 시 대신 소박한 표현을 쓰고 내면세계를 추구하였다. 그의 또 다른 멘토인 노벨문학상 수상 작가 가브리엘라 미스트랄이 그에게 러시아의 고전을 소개하면서 그의 작품은 깊이를 더했다.

1927년 네루다는 외교관으로 추천받아 랑군(현재의 미얀마)로 발령된다. 낯선 아시아의 작은 나라에서 귀족들의 세속적인 삶과 소외된 민중들의 삶의 크나큰 격차를 느낀 네루다는 천천히 민중 시인으로서의 발판을 닦아나갔다. 1936년에는 스페인 내전으로 친구 로르카를 잃으며 그의 시 세계는 한층 성숙해졌다. 그 무렵 공화군의 편을 들면서 그는 영사직을 잃게 되었지만 시간이 지나 칠레 정권이 인민전선 정부로 교체되면서 다시 영사직에 복귀한다. 이때 그는 스페인 내전의 희생자들을 칠레로 망명시키는 일을 주도하였다. 1943년에는 스무 살 연상의 델리아 델 카릴과 재혼하여 그녀의 지원 아래 본격적으로 정치 활동을 시작한다. 그는 상원의원으로 선출되었고 공산당의 일원이 된다.

그는 칠레의 열악한 노동 환경을 비판하였고 노동자들은 그를 지지했다. 그러나 그가 힘을 실어주던 비델라 대통령이 독재자가 되자 네루다는 망명자 신세가 된다. 그러한 상황에서도 시의 무결함과 순수함 그리고 인류애를 전하려 노력한다. 이는 그의 자서전의 한 대목에서도 잘 드러난다. 큰 시련에도 불구하고 인류애라는 숭고한 목표를 향해 전진하고 있다고 그는 말한다. 전쟁의 위협과 핵전쟁의 공포 속에서도 그는 희망을 잃지 않았다. 파블로 네루다는 위협 속에서도 사태를 직시한다면 빛을 볼 수 있다고 말한다. 그러기 위해서는 서로를 이해해야 하며 그래야 함께 발전할 수 있다고 역설한다. 강렬한 그의 어조에서 독자는 결연한 의지를 엿볼 수 있다. 그는 희망이란 두 글자를 누구보다 가슴 깊이 지니고 있었던 것이다.

1952년 칠레로 돌아온 그는 이듬해 레닌 평화상을 받는다. 그리고 1971년 노벨문학상을 수상한다. 그러나 네루다는 수많은 상을 "나비 날개에 묻은 꽃가루처럼 덧없는 것"이라 칭하면서 이렇게 덧붙였다. "어려운 미학적 연찬을 거치고 수많은 언어의 미로를 통과한 끝에 민중 시인이 되었는데 이것이 바로 내가 받은 상이다." 그의 시를 향한 순수한 열정과 민중을 아끼는 마음을 이 책『파블로 네루다 자서전』를 통해 느낄 수 있다.

자유로운 영혼을 만나다

『그리스인 조르바』

니코스 카잔차키스 지음, 유재원 옮김, 문학과 지성사

"인간이라고요? 그게 무슨 뜻이오?"

"보쇼, 자유인이란 거요."

— 본문 520페이지

니코스 카잔차키스(Nikos Kazantzakis)는 1883년 그리스의 크레타섬에서 태어났다. 당시 크레타는 국교가 이슬람인 오스만튀르크의 지배를 받았다. 기독교도 학살이 시작되자 그의 가족은 낙소스섬으로 피난을 갔다. 이후 그는 아테네에서 법학을 공부하고 프랑스에서 니체의 철학과 불교를 접한다. 20대 후반에는 그리스를 떠나 유럽과 북아프리카 전역을 여행한다. 1917년에 갈탄 광산을 찾으며 친구인 알렉시스 조르바와 크레타에 머물렀다. 광산 사업은 망했지만 그는 그와의 추억을 『그리스인 조르바』에 남겼다.

『그리스인 조르바』의 주인공은 서른다섯의 엘리트로 작가 자신의 화신이다. 부유한 집안에서 태어나 타인의 모범이 될 만한 삶을 살았던 그는 책을 통해서 세상을 보지만 몸을 던져 행동하지는 않는 소위 먹물이자 이상주의자였다. 그는 책벌레 같은 현실을 벗어나 박해받는 노동자의 삶으로 다가가기 위해 크레타의 갈탄광으로 가려는 찰나 알렉시스 조르바를 만난다. 그리스의 악기 산투르를 부르는 그 나이든 남자에게 주인공은 완전히 매료된다.

조르바는 자유로운 영혼이었다. 그는 윤리, 종교, 국가의 틀은 겁에 질린 불쌍한 인간들이 마음 놓고 편히 살기 위해 만든 것이라고 말한다. 이로 인해서 사람들이 편을 가르고 싸우며 그 결과로 크레타 전쟁, 발칸 전쟁, 제1차 세계대전과 같은 무의미한 희생이 일어난다고 생각한다. 한편으로 그는 그런 장애물을 무너뜨릴 만큼 순수한 웃음을 가진 자이다. 다시 말해 조르바는 길들여지지 않은 영혼인 것이다. 주인공은 조르바를 만나며 인생의 전환점을 맞이하게 된다. 관념과 사상보다는 어린아이 같은 순수함으로 세상으로 뛰어드는 조르바를 보면서 세상의 틀에 맞춰 이성적으로 행동하던 예전의 그는 사라지고 마음이 향하는 곳으로 몸을 움직인다.

조르바와 주인공에게 갈탄광은 피상적인 목표였다. 그들은 그 목표를 들먹이며 세상 사람들을 속이고 해가 저물면 모래사장에서 시골풍의 음식을 차려놓고 크레타에서 생산된 포도주를 마시며 대화하기를 즐긴다. 조르바는 대화 중에 불가리아 반군에 대하여 갈탄에 대하여 또 하느님과 국가, 여자에 대하여 이야기한다. 그렇게 끊임없이 말을 하고도 성이 차지 않으면 그는 모든 것을 훌훌 내던지겠다는 듯한 표정으로 자갈밭 위에서 춤을 추었다.

인간의 삶은 시시포스가 끊임없이 바위를 밀어 올리는 것과 같다. 삶이 계속 되풀이된다면 그저 좌절하기보다는 그 안에서 능동적으로 살아가며 사소한 것에도 놀라움을 감추지 않는 사람이 되어야 한다. 조르바는 그에 걸맞는 용감한 사람이다. 언뜻 보면 제멋대로인 것처럼 보이지만 겉모습을 한꺼풀 벗겨보면 사실 낙타처럼 수동적으로 살기를 거부하고 사자처럼 치열한 삶의 태도로 자신의 삶을 살아간다. 그에게 인간이란 곧 자유다. 조르바와 주인공의 철학적인 대화 그리고 크레타섬을 묘사하는 카잔차키스의 문장이 담긴 이 책에서 독자는 생각을 확장하는 기회와 문학의 아름다움을 찾는 즐거움을 얻을 수 있을 것이다.